以太坊
智能合约开发实战

唐盛彬 ◎ 编著

机械工业出版社
China Machine Press

图书在版编目（CIP）数据

以太坊智能合约开发实战 / 唐盛彬编著. —北京：机械工业出版社，2019.4（2022.8重印）

ISBN 978-7-111-62371-7

Ⅰ. 以… Ⅱ. 唐… Ⅲ. 电子商务 – 支付方式 – 研究 Ⅳ. F713.361.3

中国版本图书馆CIP数据核字（2019）第057440号

本书从区块链的概念、原理、核心技术和应用四个方面，系统地介绍了以太坊区块链开发的相关知识。其中，重点介绍了以太坊的相关概念和原理、以太坊客户端Geth、以太坊常用智能合约开发工具、Solidity语言和智能合约开发等内容，并介绍了众筹合约和代币合约两个项目实战案例，可以让读者对智能合约开发的整体流程有一个全面的了解。另外，书中结合示例对web3.js的相关知识也做了详细介绍，以帮助读者更好地理解和利用以太坊的相关数据。

本书共17章，分为4篇，涵盖的主要内容有区块链的概念、原理与底层技术；以太坊的相关概念与原理；以太坊相关协议；以太坊客户端Geth；以太坊智能合约的其他常用工具与客户端；Solidity语言的基本概念与数据类型；使用Solidity进行以太坊智能合约开发；通过web3.js与以太坊区块链数据进行交互；众筹智能合约与代币智能合约项目实战案例。

本书内容丰富，讲解通俗易懂，案例典型，实用性强，特别适合区块链技术爱好者和智能合约开发的相关从业人员阅读，也适合区块链底层研究人员阅读。另外，本书还适合区块链培训机构作为相关课程的培训教材。

以太坊智能合约开发实战

出版发行：机械工业出版社（北京市西城区百万庄大街22号　邮政编码：100037）	
责任编辑：欧振旭　李华君	责任校对：姚志娟
印　　刷：北京捷迅佳彩印刷有限公司	版　　次：2022年8月第1版第4次印刷
开　　本：186mm×240mm　1/16	印　　张：30.5
书　　号：ISBN 978-7-111-62371-7	定　　价：119.00元

凡购本书，如有缺页、倒页、脱页，由本社发行部调换
客服热线：（010）88379426　88361066　　　　投稿热线：（010）88379604
购书热线：（010）68326294　　　　　　　　　　读者信箱：hzjsj@hzbook.com

版权所有·侵权必究
封底无防伪标均为盗版

前言

区块链技术是当下炙手可热的应用技术。甚至与区块链相关的一些名词,比如数字货币、去中心化应用、比特币和以太坊等也是开发人员经常提及的热门话题,即便不是计算机相关行业的人也可能有所耳闻。而智能合约的出现让人们意识到,区块链技术除了数字货币之外还有更广阔的应用空间。就现阶段而言,要实现智能合约的落地应用,最普及的方式就是通过以太坊智能合约而实现,它有不断完善的生态,也有一些具体的落地项目。可以预见,以太坊智能合约开发技术在未来会有更多的落地应用开花结果。

当前,以太坊区块链的开发还处在一个起步阶段,很多生态还不是很完善,相关工具、库,甚至开发语言本身都还处在不断地迭代之中,而且相关学习资料也比较少。这种情形和当年 Android 开发在国内刚起步时一样。笔者作为一个区块链技术的探索者正行走在这条道路上,觉得有必要把自己的一些经验和心得体会进行总结并集结成册,以帮助那些对区块链技术感兴趣的人,让他们少走一些弯路。这便是笔者写作本书的初衷。

本书主要介绍了利用 Solidity 语言开发以太坊智能合约的相关知识。书中涵盖了区块链与以太坊智能合约的基本原理;智能合约开发环境的搭建;各种开发、集成与测试工具的介绍,以及 Solidity 语言的详细介绍等。相信通过阅读本书,读者能较为系统地掌握以太坊智能合约开发的核心技术与要点。

本书特色

1. 内容全面、系统

本书从区块链的概念、原理、核心技术和应用四个方面展开讲解,涵盖以太坊智能合约开发的方方面面知识,如以太坊客户端、智能合约开发工具、Solidity 语言等,读者通过一本书即可较为系统地掌握以太坊智能合约开发。

2. 讲解由浅入深,循序渐进

本书讲解时从概念和原理入手,然后剖析核心技术,再辅以典型实例,尽量让前文的讲解作为后文的铺垫,一步步带领读者循序渐进地学习。这样的章节安排符合读者的学习和认知规律,学习梯度比较平滑,学习效果更好。

3．原理与实践相结合

笔者深信，只有通过动手实践，才能加深对知识的理解，所以书中不仅介绍了区块链和以太坊智能合约的相关概念和原理，而且还给出了实现方法和步骤，这样可以让读者真正学以致用，适应职场的要求。

4．一图胜千言，配合大量图示讲解

本书涉及的概念和基本原理比较多，这些概念和原理比较抽象。为了便于读者直观地理解这些知识，笔者绘制了大量的流程图和原理图帮助读者学习。真可谓一图胜千言，用文字不容易讲解清楚的内容，一幅图就可以直观地展现出来。

5．案例典型，步骤详细，代码翔实

本书注重内容的实用性，重要的知识点都配合实例进行讲解，而且在最后两章介绍了众筹和代币智能合约开发两个项目案例。书中在讲解这些实例和案例时都给出了详细的操作步骤和实现代码，并对关键代码做了详细的注释，便于读者理解。

本书内容

本书共17章，分为4篇。

第1篇　基础理论与原理篇（第1~4章）

第1章与区块链的第一次亲密接触，主要介绍了区块链的概念和原理，并介绍了区块链中的工作量证明机制、权益证明机制和委托权益证明等内容。

第2章去中心化应用——DApp，主要介绍了DApp的概念及其优缺点，还介绍了DApp如何和中心化应用进行通信。

第3章比特币那些事，主要介绍了比特币的公钥格式、私钥格式、私钥的生成和从私钥获取公钥的方法，并介绍了如何从公钥获取地址，以及测试比特币账户碰撞等。

第4章以太坊，主要介绍了以太坊涉及的基本概念和原理，如以太坊账户、以太坊交易、挖矿、GHOST协议、DAG算法和Ethash算法等。

第2篇　开发工具（第5~8章）

第5章智能合约开发常用工具，主要介绍了在以太坊智能合约开发过程中会用到的一些工具，如Git版本管理工具、Node.js和NPM等。

第6章以太坊私链神器——Ganache，主要介绍了在以太坊智能合约开发中需要使用的Ganache工具。其中，重点介绍了Ganache的图形界面、命令行工具、常用命令和参数，以及如何在项目中使用Ganache。

第 7 章以太坊官方客户端——Geth，主要介绍了 Geth 的启动命令和参数，借此认识以太坊的各个协议内容。

第 8 章以太坊钱包与浏览器，主要介绍了 MetaMask 浏览器插件的用法。MetaMask 也可以看做是一个轻钱包，可以在开发者构建 Web 应用和以太坊区块链交互时提供帮助。

第3篇　Solidity与智能合约开发（第9~14章）

第 9 章 Solidity 初遇，主要介绍了 Solidity 语言常用开发工具的安装与配置，并对 Solidity 语言的基本概念，如状态变量和局部变量做了详细介绍，另外还对 Solidity 中的运算符、控制结构和函数的常见修饰符（如 payable、view、pure 等）做了必要讲解。

第 10 章 Solidity 数据类型，主要介绍了 Solidity 的数据类型及其应用，如整型中包含的具体类型、各种字面量类型、枚举类型、结构体类型及 mapping 类型等。

第 11 章 Solidity 数据类型进阶，主要介绍了 Solidity 的一些更加复杂的数据类型，如固定大小字节数组、动态大小字节数组、地址类型、函数类型等，另外还介绍了不同数据类型之间隐式转换与显式转换的方法，以及 delete 操作应用于各个数据类型等。

第 12 章 Solidity 开发智能合约，主要介绍了使用 Solidity 开发以太坊智能合约的相关内容，涵盖 EVM 结构和数据、事件与日志、全局以太币和时间单位后缀、区块与交易的全局属性、错误处理函数、数学与 Hash 函数、ABI 编码和特殊类型函数等。

第 13 章 Solidity 开发智能合约进阶，介绍了 Solidity 和智能合约开发的进阶知识，涵盖 Solidity 数据位置与赋值、函数修改器、合约继承，以及 Solidity 的库、编译与编码风格等。

第 14 章通过 web3.js 与以太坊进行交互，主要介绍了如何使用 web3.js 与以太坊智能合约进行交互，给出了 web3.js 和账户、合约、ABI 及 IBAN 交互的多个实例。

第4篇　项目案例实战（第15~17章）

第 15 章工程化项目开发利器——Truffle，主要介绍了如何使用 Truffle 初始化项目、配置 Truffle、编译合约，以及执行部署和测试等。

第 16 章项目流程与众筹实战案例，主要介绍了一个众筹项目案例的实现过程，涉及项目的初始化、目录结构、本地测试及部署环境搭建等相关内容。

第 17 章以太坊代币标准与 ERC20 代币案例，主要介绍了以太坊代币的相关内容，涉及 ERC20 的标准接口和扩展接口，并给出了一个 ERC20 代币实例，还对 ERC20 标准代币的扩展做了介绍。

配书资源及获取方式

本书涉及的源代码等配书资源需要读者自行下载。请在机械工业出版社华章分社的网站（www.hzbook.com）上搜索到本书，然后单击"资料下载"按钮，即可在本书页面上找到配书资源下载链接。

本书读者对象

- 区块链技术爱好者；
- 区块链底层开发人员；
- 以太坊智能合约开发初学者；
- 想要系统了解智能合约开发的人员；
- 区块链 DApp 应用开发人员；
- 各类转行做区块链开发的程序员；
- 其他对区块链感兴趣的人员；
- 计算机和金融专业的学生；
- 区块链开发的培训班学员。

售后服务

因受笔者水平所限，加之成书时间较短，本书可能还有疏漏和不当之处，敬请读者指正。读者在阅读本书的过程中若有疑问，请发 E-mail 到 hzbook2017@163.com 和编辑部取得联系。

编著者

目录

前言

第1篇 基础理论与原理

第1章 与区块链的第一次亲密接触 ········ 2
- 1.1 什么是区块链 ········ 2
  - 1.1.1 区块链简介 ········ 2
  - 1.1.2 区块链的链式结构 ········ 3
  - 1.1.3 区块链上的区块常见数据 ········ 4
- 1.2 工作量证明机制（PoW） ········ 6
  - 1.2.1 区块链遭遇的问题 ········ 6
  - 1.2.2 PoW 模型 ········ 8
  - 1.2.3 PoW 为什么能防止篡改 ········ 9
- 1.3 权益证明机制（PoS） ········ 11
  - 1.3.1 什么是 PoS ········ 12
  - 1.3.2 PoS 的优势与劣势 ········ 12
- 1.4 委托权益证明（DPoS） ········ 12
- 1.5 权威证明（PoA） ········ 13
- 1.6 区块链的应用 ········ 13
- 1.7 本章小结 ········ 13

第2章 去中心化应用——DApp ········ 15
- 2.1 DApp 简介 ········ 15
  - 2.1.1 什么是 DApp ········ 15
  - 2.1.2 DApp 网络组建过程 ········ 16
  - 2.1.3 DApp 的优点 ········ 16
  - 2.1.4 DApp 存在的问题 ········ 16
- 2.2 中心化与去中心化 ········ 17
  - 2.2.1 身份验证 ········ 17
  - 2.2.2 通信 ········ 17

  2.2.3 数据交互 ························ 17
  2.2.4 系统维护 ························ 18
 2.3 DApp 网络与通信 ························ 18
  2.3.1 P2P 网络与 WWW ···················· 19
  2.3.2 P2P 网络拓扑结构类型 ·················· 20
  2.3.3 小结 ·························· 21
 2.4 DApp 货币与中心化数据交互 ··················· 22
  2.4.1 DApp 货币 ······················· 22
  2.4.2 中心化应用获取去中心化数据 ················ 22
  2.4.3 去中心化应用获取中心化数据 ················ 22
 2.5 常见的 DApp ························· 23
  2.5.1 比特币 ························· 23
  2.5.2 以太坊 ························· 23
  2.5.3 IPFS 存储系统 ····················· 23

第 3 章 比特币那些事 ·························· 25
 3.1 比特币简介 ·························· 25
  3.1.1 比特币公钥与私钥 ···················· 25
  3.1.2 数字签名 ························ 26
 3.2 椭圆曲线算法 ························· 26
  3.2.1 群 ··························· 26
  3.2.2 椭圆曲线算法定义 ···················· 28
  3.2.3 椭圆曲线几何运算 ···················· 29
  3.2.4 椭圆曲线算法的代码实现 ················· 30
  3.2.5 椭圆曲线加密与签名原理 ················· 37
 3.3 比特币私钥、公钥与地址 ···················· 39
  3.3.1 从私钥到地址 ····················· 39
  3.3.2 公钥压缩 ························ 40
  3.3.3 私钥格式 ························ 41
  3.3.4 私钥与安全 ······················· 41
 3.4 比特币交易 ·························· 44
  3.4.1 交易简介 ························ 44
  3.4.2 交易输出 ························ 44
  3.4.3 交易输入 ························ 44
  3.4.4 交易费 ························· 45
  3.4.5 付款至公钥哈希（P2PKH） ················ 45
  3.4.6 多重签名与 P2SH ···················· 46
 3.5 比特币钱包 ·························· 46
  3.5.1 钱包简介 ························ 46

		3.5.2 生成助记词	47
		3.5.3 从助记词生成种子	48
		3.5.4 从种子生成 HD 钱包	48
		3.5.5 HD 钱包密钥路径	50
	3.6	比特币相关资源	51
第 4 章	以太坊		52
	4.1	以太坊简介	52
		4.1.1 什么是以太坊	52
		4.1.2 以太坊虚拟机（EVM）	53
		4.1.3 以太坊智能合约与高级语言	53
		4.1.4 以太币单位	54
		4.1.5 以太坊发行版本与提案	54
	4.2	以太坊账户	55
		4.2.1 外部账户	55
		4.2.2 合约账户	56
		4.2.3 外部账户与合约账户的异同	56
	4.3	以太坊交易	57
		4.3.1 gas、gasPrice 与 gasLimit	57
		4.3.2 gasUsed 与交易花费	58
		4.3.3 什么是以太坊交易与消息	58
	4.4	以太坊网络	59
		4.4.1 以太坊网络简介	59
		4.4.2 以太坊与 Kademlia	59
		4.4.3 以太坊客户端	61
	4.5	挖矿	62
		4.5.1 什么是挖矿	62
		4.5.2 挖矿奖励	62
		4.5.3 以太坊区块	63
	4.6	GHOST 协议	64
		4.6.1 区块时间	64
		4.6.2 区块分叉	65
		4.6.3 普通分叉带来的问题	66
		4.6.4 GHOST 协议的具体内容	67
	4.7	Ethash 算法之 DAG	68
		4.7.1 什么是 DAG	68
		4.7.2 DAG 生成过程	69
		4.7.3 为什么要使用 DAG	69
	4.8	Ethash 算法	70

4.8.1 Ethash 算法简介 … 70
4.8.2 Ethash 算法流程 … 70
4.9 本章小结 … 71

第 2 篇　开发工具

第 5 章　智能合约开发常用工具 … 74
5.1 Git 简介 … 74
5.1.1 Git 安装 … 74
5.1.2 Git 常用命令 … 75
5.1.3 Git 资源推荐 … 76
5.2 Node.js 简介 … 76
5.2.1 什么是 Node.js … 76
5.2.2 Node.js 安装 … 77
5.3 NPM 简介 … 78
5.3.1 npm config 命令 … 78
5.3.2 NPM 与语义化版本 … 80
5.3.3 npm install 命令 … 82
5.3.4 NPM 镜像 … 83
5.3.5 NPM 的其他常用命令 … 84
5.4 webpack 简介 … 85
5.4.1 认识 webpack … 85
5.4.2 webpack 首秀 … 85
5.4.3 webpack 与 webpack-dev-server … 87
5.4.4 webpack 常用功能与配置 … 90
5.4.5 webpack 总结 … 92
5.5 Postman 简介 … 92
5.5.1 认识 Postman … 93
5.5.2 Postman 的简单用法 … 94
5.5.3 Postman 脚本 … 95
5.6 LevelDB 简介 … 96
5.6.1 认识 LevelDB … 96
5.6.2 LevelDB 文件 … 97
5.6.3 SST 结构与数据查找 … 99

第 6 章　以太坊私链神器——Ganache … 102
6.1 Ganache 简介 … 102
6.1.1 什么是 Ganache … 102

| | 6.1.2 | ganache-cli 命令安装 ··· 103 |
| | 6.1.3 | Ganache 图形界面 ··· 104 |

6.2　Ganache 常见命令参数 ·· 106
  6.2.1　挖矿时间 ·· 106
  6.2.2　主机端口与网络 ·· 106
  6.2.3　gas 相关参数 ··· 106
  6.2.4　其他参数 ·· 106

6.3　Ganache 账户 ·· 107
  6.3.1　能多给我点钱吗 ·· 107
  6.3.2　能多给我几个账户吗 ··· 108
  6.3.3　助记词相关参数 ·· 108
  6.3.4　指定账户 ·· 108
  6.3.5　锁定账户与解锁 ·· 109

6.4　Ganache 与 JavaScript ·· 109
  6.4.1　在工程中引用 Ganache 的 Provider ·· 109
  6.4.2　在工程中启动 Ganache 的 Server ·· 110
  6.4.3　配置工程中依赖的 Ganache ·· 111

6.5　Ganache 交易相关 RPC 方法 ··· 112
  6.5.1　eth_sendTransaction 方法 ··· 113
  6.5.2　eth_getTransactionCount 方法 ·· 115
  6.5.3　eth_getTransactionReceipt 方法 ·· 116
  6.5.4　eth_getTransactionByHash 方法 ·· 116
  6.5.5　交易相关的其他方法 ··· 117

6.6　Ganache 账户相关 RPC 方法 ··· 117
  6.6.1　eth_accounts 方法 ··· 118
  6.6.2　eth_getBalance 方法 ··· 118
  6.6.3　eth_coinbase 方法 ··· 119

6.7　Ganache 区块相关 RPC 方法 ··· 119
  6.7.1　eth_getBlockByHash 方法 ·· 119
  6.7.2　eth_getBlockByNumber 方法 ··· 122
  6.7.3　其他相关方法 ··· 122

6.8　Ganache 日志相关 RPC 方法 ··· 123
  6.8.1　eth_newFilter 方法 ·· 123
  6.8.2　eth_getFilterLogs 方法 ·· 124
  6.8.3　eth_getLogs 方法 ·· 125
  6.8.4　其他关联方法 ··· 126

6.9　Ganache 的其他 RPC 方法 ·· 127
  6.9.1　web3_clientVersion 方法 ·· 127

· XI ·

6.9.2 net_version 方法 ········· 127
6.9.3 eth_getCode 方法 ········· 128
6.9.4 eth_sign 方法 ········· 129

第 7 章 以太坊官方客户端——Geth ········· 130

7.1 Geth 简介 ········· 130
7.1.1 Geth 是什么 ········· 130
7.1.2 Geth 安装 ········· 130
7.1.3 Geth 相关目录 ········· 132
7.1.4 Geth 相关工具 ········· 134

7.2 Geth 子命令 ········· 134
7.2.1 Geth 子命令概述 ········· 135
7.2.2 Geth 子命令之 account ········· 136
7.2.3 Geth 子命令之 console 与 attach ········· 137
7.2.4 Geth 子命令之 copydb 与 removedb ········· 137

7.3 Geth 启动参数 ········· 138
7.3.1 Geth 数据同步模式 ········· 138
7.3.2 Geth 网络相关参数 ········· 138
7.3.3 Geth 以太坊相关参数 ········· 139
7.3.4 Geth RPC 相关参数 ········· 140
7.3.5 Geth 挖矿相关参数 ········· 141
7.3.6 Geth ethash 算法参数 ········· 142
7.3.7 Geth 交易池配置 ········· 142
7.3.8 Geth 日志参数 ········· 145
7.3.9 Geth 的其他参数 ········· 146

7.4 Geth 启动实例 ········· 146
7.4.1 Geth 启动单个节点 ········· 146
7.4.2 Geth 启动多节点组网 ········· 148

7.5 Geth 控制台与管理接口 ········· 149
7.5.1 admin 模块 ········· 149
7.5.2 debug 模块 ········· 150
7.5.3 miner 模块 ········· 151
7.5.4 personal 模块 ········· 152
7.5.5 txpool 模块 ········· 153

7.6 keystore 文件 ········· 153
7.6.1 keystore 文件简介 ········· 153
7.6.2 从密钥到密钥文件 ········· 154
7.6.3 从密钥到密钥文件流程验证 ········· 155

第 8 章　以太坊钱包与浏览器 ……………………………………………………… 158

8.1　MetaMask 插件 …………………………………………………………………… 158
- 8.1.1　MetaMask 简介 ……………………………………………………………… 158
- 8.1.2　MetaMask 安装 ……………………………………………………………… 159
- 8.1.3　第一次使用 MetaMask …………………………………………………… 160
- 8.1.4　MetaMask 的连接配置 …………………………………………………… 161
- 8.1.5　MetaMask 的其他配置 …………………………………………………… 162
- 8.1.6　MetaMask 账户管理 ……………………………………………………… 163
- 8.1.7　MetaMask 交易 ……………………………………………………………… 164
- 8.1.8　小结 ……………………………………………………………………………… 165

8.2　Ethereum Wallet 钱包 …………………………………………………………… 166
- 8.2.1　Ethereum Wallet 简介 …………………………………………………… 166
- 8.2.2　安装 Ethereum Wallet 与 Mist …………………………………………… 166
- 8.2.3　使用 Ethereum Wallet …………………………………………………… 169

8.3　Mist 与 Ethereum Wallet ……………………………………………………… 170
- 8.3.1　Ethereum Wallet 与 Mist 的区别 ………………………………………… 171
- 8.3.2　Mist 的配置与使用 ………………………………………………………… 171
- 8.3.3　小结 ……………………………………………………………………………… 172

8.4　MyEtherWallet 网页钱包 ……………………………………………………… 172
- 8.4.1　MyEtherWallet 简介 ……………………………………………………… 173
- 8.4.2　MyEtherWallet 合约交互 ………………………………………………… 174
- 8.4.3　MyEtherWallet 离线交易 ………………………………………………… 175
- 8.4.4　MyEtherWallet 的其他功能 ……………………………………………… 177

第 3 篇　Solidity 与智能合约开发

第 9 章　Solidity 初遇 ………………………………………………………………… 180

9.1　Solidity 简介 ……………………………………………………………………… 180
- 9.1.1　什么是 Solidity ……………………………………………………………… 180
- 9.1.2　智能合约示例 ………………………………………………………………… 181
- 9.1.3　Solidity 编译版本 …………………………………………………………… 182

9.2　Solidity 编辑器 …………………………………………………………………… 182
- 9.2.1　Sublime 编辑器 ……………………………………………………………… 182
- 9.2.2　Atom 编辑器 ………………………………………………………………… 185
- 9.2.3　IDEA 编辑器 ………………………………………………………………… 187

9.3　Remix 编辑器 ……………………………………………………………………… 188
- 9.3.1　Remix 简介 …………………………………………………………………… 188

- 9.3.2 Remix 文件管理 189
- 9.3.3 Remix 编辑面板与控制台 190
- 9.3.4 Remix 编译与运行面板 191
- 9.3.5 Remix 基本配置面板 193
- 9.3.6 Remix 分析配置面板 194
- 9.4 Solidity 常见概念 196
  - 9.4.1 状态变量 196
  - 9.4.2 局部变量 196
  - 9.4.3 Solidity 函数 197
  - 9.4.4 返回多值 197
  - 9.4.5 构造函数 198
  - 9.4.6 异常 200
  - 9.4.7 Solidity 注释与文档 201
- 9.5 Solidity 运算符 203
  - 9.5.1 Solidity 运算符简介 203
  - 9.5.2 Solidity 运算符注意事项 204
- 9.6 Solidity 控制结构 205
  - 9.6.1 控制结构简介 205
  - 9.6.2 判断语句 205
  - 9.6.3 for 循环 206
  - 9.6.4 while 与 do…while 循环 206
  - 9.6.5 continue 与 break 207
  - 9.6.6 三目运算符 208
- 9.7 可见性修饰符 209
  - 9.7.1 public 修饰符 209
  - 9.7.2 internal 修饰符 210
  - 9.7.3 private 修饰符 213
  - 9.7.4 external 修饰符 214
- 9.8 函数其他修饰符 216
  - 9.8.1 constant 修饰符 216
  - 9.8.2 view 修饰符 217
  - 9.8.3 pure 修饰符 217

第 10 章 Solidity 数据类型 219
- 10.1 数据类型简介 219
  - 10.1.1 值类型 219
  - 10.1.2 引用类型 220
  - 10.1.3 小结 221
- 10.2 Booleans 类型 221

- 10.2.1 Booleans 类型简介 ········· 221
- 10.2.2 Booleans 类型支持的运算符 ········· 221
- 10.3 Integers 类型 ········· 223
  - 10.3.1 Integers 类型简介 ········· 223
  - 10.3.2 Integers 类型支持的运算符 ········· 224
  - 10.3.3 Integers 整除问题 ········· 225
- 10.4 定点数类型 ········· 226
  - 10.4.1 定点数类型简介 ········· 226
  - 10.4.2 定点数类型支持的运算符 ········· 227
- 10.5 字面量 ········· 227
  - 10.5.1 字符串字面量 ········· 227
  - 10.5.2 十六进制字面量 ········· 229
  - 10.5.3 有理数字面量 ········· 230
- 10.6 Enum 类型 ········· 231
  - 10.6.1 枚举类型简介 ········· 231
  - 10.6.2 枚举类型实例 ········· 231
- 10.7 mapping 类型 ········· 232
  - 10.7.1 mapping 类型简介 ········· 232
  - 10.7.2 mapping 类型实例 ········· 232
- 10.8 struct 类型 ········· 233

第 11 章 Solidity 数据类型进阶 ········· 235

- 11.1 Solidity 固定大小字节数组 ········· 235
  - 11.1.1 固定大小字节数组类型 ········· 235
  - 11.1.2 固定大小字节数组支持的运算符 ········· 236
  - 11.1.3 固定大小字节数组的成员 ········· 236
  - 11.1.4 固定大小字节数组与字符串 ········· 237
  - 11.1.5 固定大小字节数组之间的转换 ········· 240
  - 11.1.6 小结 ········· 241
- 11.2 Solidity 动态大小字节数组 ········· 242
  - 11.2.1 动态大小字节数组简介 ········· 242
  - 11.2.2 创建动态大小字节数组 ········· 242
  - 11.2.3 动态大小字节数组成员 ········· 243
  - 11.2.4 字节数组间的转换 ········· 245
  - 11.2.5 小结 ········· 247
- 11.3 Solidity 数组 ········· 247
  - 11.3.1 固定长度数组 ········· 248
  - 11.3.2 动态长度数组 ········· 249
  - 11.3.3 二维数组 ········· 250

11.3.4 小结 ··· 251
11.4 以太坊地址类型 ·· 251
　11.4.1 地址简介 ··· 252
　11.4.2 transfer、send 与 balance ··· 254
　11.4.3 call、callcode 与 delegatecall ······································ 255
11.5 函数类型 ·· 257
　11.5.1 函数类型简介 ··· 258
　11.5.2 函数签名 ··· 258
　11.5.3 函数类型实例 ··· 260
11.6 数据类型转换 ·· 262
　11.6.1 隐式转换 ··· 262
　11.6.2 显式转换 ··· 263
　11.6.3 var 关键字 ··· 264
11.7 delete 运算符 ·· 265
　11.7.1 delete 与常见类型 ·· 265
　11.7.2 delete 与数组 ·· 266
　11.7.3 delete 与 mapping ··· 267
　11.7.4 delete 与 struct ··· 267
11.8 本章小结 ·· 268

第 12 章 Solidity 开发智能合约 270

12.1 智能合约简介 ·· 270
　12.1.1 智能合约的概念 ··· 270
　12.1.2 EVM 结构与数据 ··· 271
　12.1.3 智能合约执行 ··· 271
12.2 事件与日志简介 ·· 272
　12.2.1 事件简介 ··· 272
　12.2.2 事件主题 ··· 272
　12.2.3 事件与日志 ··· 274
12.3 Solidity 中的单位后缀 ··· 276
　12.3.1 以太币单位 ··· 276
　12.3.2 时间单位 ··· 277
12.4 区块与交易属性 ·· 279
　12.4.1 区块的相关属性 ··· 279
　12.4.2 消息的相关属性 ··· 281
　12.4.3 交易的相关属性 ··· 282
12.5 错误处理函数 ·· 283
　12.5.1 assert 函数 ··· 283
　12.5.2 require 函数 ··· 283

- 12.5.3 revert 函数 ... 284
- 12.6 数学与 Hash 函数 ... 285
  - 12.6.1 数学运算函数 ... 285
  - 12.6.2 Hash 函数 ... 285
  - 12.6.3 ecrecover 函数 ... 286
- 12.7 ABI 编码与编码函数 ... 287
  - 12.7.1 ABI 编码简介 ... 287
  - 12.7.2 ABI 编码数据类型 ... 289
  - 12.7.3 常见数据类型 ABI 编码规则 ... 290
  - 12.7.4 复杂类型 ABI 编码规则 ... 292
  - 12.7.5 ABI 编码实例 ... 295
- 12.8 特殊类型函数 ... 296
  - 12.8.1 回退函数 ... 296
  - 12.8.2 析构函数 ... 297
  - 12.8.3 函数重载 ... 298
  - 12.8.4 使用 new 创建合约函数调用 ... 299

第 13 章 Solidity 开发智能合约进阶 ... 303

- 13.1 Solidity 数据位置 ... 303
  - 13.1.1 什么是数据位置 ... 303
  - 13.1.2 memory 简介 ... 304
  - 13.1.3 storage 简介 ... 304
  - 13.1.4 calldata 简介 ... 307
  - 13.1.5 小结 ... 308
- 13.2 数据位置与赋值 ... 308
  - 13.2.1 状态变量赋值给局部 storage 变量 ... 308
  - 13.2.2 状态变量赋值给 memory 局部变量 ... 310
  - 13.2.3 局部 memory 变量赋值给状态变量 ... 310
  - 13.2.4 状态变量赋值状态变量 ... 311
  - 13.2.5 局部 memory 变量赋值给局部 memory 变量 ... 312
  - 13.2.6 局部 storage 变量赋值给局部 storage 变量 ... 313
  - 13.2.7 局部 storage 变量赋值给局部 memory 变量 ... 314
  - 13.2.8 局部 storage 变量赋值给状态变量 ... 315
  - 13.2.9 小结 ... 316
- 13.3 函数修改器 ... 317
  - 13.3.1 函数修改器简单实例 ... 317
  - 13.3.2 函数修改器复杂实例 ... 319
  - 13.3.3 小结 ... 321
- 13.4 合约继承 ... 324

13.4.1　继承简介 ·· 324
　　13.4.2　super 关键词 ·· 327
　　13.4.3　抽象合约 ·· 328
　　13.4.4　接口合约 ·· 328
13.5　Solidity 库 ·· 329
　　13.5.1　Solidity 库简介 ··· 329
　　13.5.2　Solidity 库应用实例 ·· 329
　　13.5.3　Solidity 导入源文件 ·· 330
　　13.5.4　using for 语句 ··· 331
13.6　Solidity 编译 ··· 333
　　13.6.1　solc 简介 ·· 333
　　13.6.2　solc 编译合约 ··· 336
　　13.6.3　solc 导入与库 ··· 338
　　13.6.4　solc.js 简介 ··· 340
　　13.6.5　使用 solc.js 在项目中编译单个合约 ······································ 340
　　13.6.6　使用 solc.js 在项目中编译多个合约 ······································ 342
13.7　Solidity 编码风格 ··· 344
　　13.7.1　命名风格 ·· 344
　　13.7.2　控制结构 ·· 344
　　13.7.3　函数相关风格 ··· 345
　　13.7.4　其他部分 ·· 346

第 14 章　通过 web3.js 与以太坊客户端进行交互 ······································ 347

14.1　web3.js 简介 ··· 347
　　14.1.1　web3.js 概念 ··· 347
　　14.1.2　web3.js 原理 ··· 348
　　14.1.3　web3.js 模块 ··· 348
14.2　web3.js 与以太坊节点 ·· 348
　　14.2.1　HTTP 方式 ··· 348
　　14.2.2　IPC 方式 ··· 349
　　14.2.3　WebSocket 方式 ·· 350
14.3　web3.js 工具的相关方法 ··· 350
　　14.3.1　以太币单位转换方法 ··· 351
　　14.3.2　十六进制、数字与字符串转换 ··· 351
　　14.3.3　填充字符与 getStorageAt ·· 352
14.4　web3.js 账户的相关方法 ··· 354
　　14.4.1　获取账户与账户余额 ··· 354
　　14.4.2　创建账户 ·· 355
　　14.4.3　解锁账户 ·· 356

14.4.4　账户的其他相关方法 356
14.5　web3.js 的 ABI 编码方法 357
　　14.5.1　函数签名与事件签名 357
　　14.5.2　函数单参数编码与解码 359
　　14.5.3　函数多参数编码与解码 360
　　14.5.4　编码函数调用 360
　　14.5.5　解码日志 361
14.6　web3.js 合约的相关方法 362
　　14.6.1　创建与克隆合约 362
　　14.6.2　合约部署 deploy 363
　　14.6.3　send 函数与 call 函数 369
　　14.6.4　estimateGas 函数与 encodeABI 函数 370
　　14.6.5　合约方法的调用 370
　　14.6.6　合约事件的处理 375
14.7　web3.js 交易的相关方法 380
　　14.7.1　签名简介 380
　　14.7.2　签名与交易 381
　　14.7.3　发送交易 384
　　14.7.4　签名交易与发送签名交易 386
　　14.7.5　获取交易的相关数据 387
14.8　web3.js 和 IBAN 的相关接口 388
　　14.8.1　IBAN 简介 389
　　14.8.2　BBAN、IBAN 与地址 390
　　14.8.3　IBAN 的其他方法 390
14.9　web3.js 的其他方法 391
　　14.9.1　订阅事件 391
　　14.9.2　网络及 ENS 的相关方法 392
　　14.9.3　与 Swarm 和 Whisper 交互的方法 392
14.10　与 Ethereum 相关的 JavaScript 库 393
　　14.10.1　BigNumber.js 库 393
　　14.10.2　ethjs-abi 库 395
　　14.10.3　其他 Ethereum 库 399

第 4 篇　项目案例实战

第 15 章　工程化项目开发利器——Truffle 402
15.1　Truffle 简介 402
　　15.1.1　Truffle 的主要功能 402

15.1.2　Truffle 的安装及其相关命令 403
15.2　Truffle 创建项目 404
　　15.2.1　init 命令 405
　　15.2.2　unbox 命令 406
15.3　通过 Truffle 编译项目 408
　　15.3.1　前置条件与编译 408
　　15.3.2　Truffle 编译输出 409
　　15.3.3　Truffle 编译依赖 410
15.4　Truffle 配置文件 411
　　15.4.1　网络配置 411
　　15.4.2　输出目录配置 412
　　15.4.3　测试配置 413
　　15.4.4　编译配置 413
　　15.4.5　包管理相关配置 414
15.5　Truffle 单元测试与部署 415
　　15.5.1　使用 JavaScript 测试 415
　　15.5.2　JavaScript 测试交易 417
　　15.5.3　使用 Solidity 测试 419
　　15.5.4　合约部署 419
15.6　Truffle 的其他命令 420
　　15.6.1　create 命令 420
　　15.6.2　包管理相关命令 421
　　15.6.3　其他命令 421

第 16 章　项目流程与众筹实战案例 423

16.1　合约部分 423
　　16.1.1　项目简介 423
　　16.1.2　初始化与合约目录 424
　　16.1.3　部署与测试脚本目录 424
16.2　众筹合约 425
　　16.2.1　Owned 合约 425
　　16.2.2　SafeMath 合约 426
　　16.2.3　Crowd 合约 427
16.3　合约的部署与使用 429
　　16.3.1　本地部署与测试环境搭建 429
　　16.3.2　本地部署与测试网络配置 429
　　16.3.3　本地部署 430
　　16.3.4　本地测试 430
　　16.3.5　Ropsten 网络测试部署 431

16.4 项目的 Web 部分 ·· 432
 16.4.1 初始化 Web 项目 ··· 432
 16.4.2 webpack 配置 ··· 432
 16.4.3 package.json 配置 ·· 433
 16.4.4 运行 Web 项目 ··· 434

第 17 章 以太坊代币标准与 ERC20 代币案例 ··· 437

17.1 代币简介 ··· 437
 17.1.1 ERC20 简介 ··· 437
 17.1.2 ERC223 简介 ·· 438
 17.1.3 ERC721 简介 ·· 438

17.2 ERC20 标准接口简介 ··· 438
 17.2.1 基本信息 ·· 439
 17.2.2 总额与余额 ·· 439
 17.2.3 转账与授权 ·· 439
 17.2.4 事件 ··· 440

17.3 ERC20 代币实例 ··· 440
 17.3.1 查看以太坊上已有的 Token ······································ 440
 17.3.2 创建 Token ··· 441
 17.3.3 查看和转移 Token ·· 443

17.4 扩展 ERC20 标准代币 ·· 448
 17.4.1 销毁代币 ··· 448
 17.4.2 添加 Token ··· 449
 17.4.3 冻结与解冻账户 ··· 449
 17.4.4 买卖 Token ··· 450
 17.4.5 小结 ·· 451

17.5 ERC20 代币扩展实例 ··· 451
 17.5.1 初始化项目 ·· 451
 17.5.2 添加三方库合约 ··· 452
 17.5.3 代币合约的逻辑实现 ··· 460
 17.5.4 代币合约的部署 ··· 465

第 1 篇
基础理论与原理

▶▶ 第 1 章　与区块链的第一次亲密接触

▶▶ 第 2 章　去中心化应用——DApp

▶▶ 第 3 章　比特币那些事

▶▶ 第 4 章　以太坊

第 1 章 与区块链的第一次亲密接触

近几年，区块链、比特币受到越来越多的关注。如果你没有听说过区块链，那说明你真的 OUT 了，因为就连跳广场舞的大妈都能说两句有关比特币的话题。本章，让我们先了解一下区块链。

本章主要涉及的知识点有：
- 区块链概念；
- 区块链怎样保证数据不可修改，知道节点怎样形成共识；
- PoW，工作量证明机制；
- PoS，权益证明机制。

注意：本章内容只是区块链的概念，其中的模型都是简化模型。

1.1 什么是区块链

首先我们了解一下什么是区块链、区块链的链式结构、区块链中区块的数据，以及为什么要有这些数据等。

然后介绍一个区块链的模拟工具 blockchain，读者朋友可以自己动手画一下区块链，再使用 blockchain 工具模拟挖矿的过程，相信这个过程能够加深对后面将要学习的工作量机制的理解。

1.1.1 区块链简介

很多朋友第一次听到区块链这个概念很可能是在 2017 年比特币的价格涨势最好、价格最高的那段时间。区块链技术因比特币而火热，但是它绝不仅仅止步于比特币，也不仅仅止步于加密数字货币，那么区块链究竟是什么呢？

首先，区块链是一个数据集，这个数据集的组织方式比较特殊，它把数据打包成一个一个的区块，每一个区块是一个区块链数据集的子集。区块和区块之间的数据相互关联形成逻辑上的链式结构，所以区块链因此得名，1.1.2 节中我们会具体介绍这种链式结构。

区块链技术源于比特币，最开始就是为了解决去中心化的问题，所以区块链是分布式的，可以把区块链看作一个分布式的账本。区块链上的数据是每一个参与者的机器上都拥有的，而不是只放在某一台中心机器上。

使用区块链来做什么呢？其实有太多场景。例如，使用区块链完成类似于银行的转账职能，具体会在后面介绍。现在我们关心的是区块链转账的数据如何传递给其他参与者，如果让每一个参与者都拥有区块链数据，就需要每一个参与者之间能相互通信，因此需考虑怎样组建网络。

假设已经组建好了网络，每一个参与者之间都能相互通信了，那么另一个问题来了，每一个参与者都有全部的区块链数据，怎样保证大家的数据都是一致的，或者说区块链的数据怎样不被篡改呢？

简单地来说，区块链解决的主要问题就是：分布式网络中每一个参与者的数据交换和防止数据不被参与者篡改，获得每一个参与者的认同。

1.1.2 区块链的链式结构

在上节中提到了区块链在一种逻辑上是一种链式结构，本节我们就来了解一下区块链的链式结构。

如图 1.1 所示为区块链的链式结构示意图。顾名思义，链式结构就是由很多区块（Block）串联起来形成链状的数据结构。

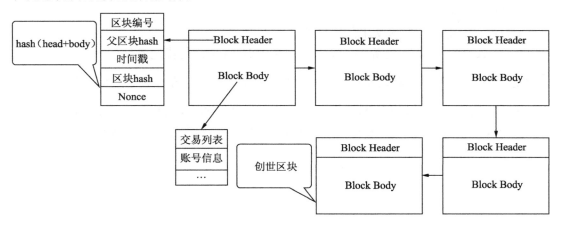

图 1.1 区块链结构示意图

每一个区块（Block）中包含一个区块头（Block Header），区块头中包含一些块的元数据信息，例如区块编号、区块 Hash 值、区块创建时间、父区块的 Hash 值和 Nonce 等数据。其中，Nonce 是用来做工作量证明的，它对于使用工作量证明机制的区块链来说很重要，所以后面会反复介绍。

每一个区块中还包含一个区块体（Block Body），区块体中包含数据交易信息和账户信息等，不同的区块链有不同的实现。

每一个 Block 会计算一个 Hash 值，这个 Hash 值会被下一个 Block 包含，这样前一个 Block 就被固定了，所以只需要简单地计算前一个 Block 的 Hash 值和自己包含的前一个 Block 的 Hash 值是否一致，这样就能判断前一个 Block 是否已被修改，每一个 Block 都确定了前一个 Block 就形成了一个链式的结构。

如上所述，区块链就能保证数据不被修改了吗？答案显然是否定的。因为可以从区块链的第一个区块开始修改，这样就能避开上面的链式验证方法。那么怎样解决这个问题呢？我们把这问题放在后面来讲解。

🔔 注意：上面介绍的区块链只是一个简化的结构，是为了方面我们更容易理解区块链。

1.1.3 区块链上的区块常见数据

1.1.2 节介绍区块链结构时提到区块链除了交易数据，还包含一些其他的数据，可以称这些数据为 Block 的元数据（Meta Data）。这些元数据如下所述。
- Index：第几区块（创世区块的索引为 0）。
- Hash：当前区块的 Hash 值。
- Previous Hash：上一个区块的 Hash 值。
- Timestamp：当前区块创建时的时间戳。
- Data：存储在当前区块上的交易信息。
- Nonce：参与 Hash 运算的数值，使区块的 Hash 值满足指定条件。

🔔 注意：我们所说的区块就是指前面提到的 Block，后文如果没有特别说明也是指相同意思。

下面我们来看一下 blockchain 模拟工具生成的一个 Block 的样子。关于 blockchain 的安装需要使用到 NPM 工具，如果读者对 NPM 不了解，可以参考第 5 章 NPM 部分的内容。

执行全局安装命令：

```
cnpm install blockchain-cli -g
```

或者：

```
npm install blockchain-cli -g
```

使用 NPM 安装完成 blockchain 后，我们就可以使用 blockchain 工具来模拟挖矿操作了，我们先来看一下帮助文档。如表 1.1 所示为 blockchain 的参数及其说明。

表 1.1 中所说的节点是运行区块链客户端的机器，或者说是使用相同协议簇的进程。

现在可以直接在命令行输入 blockchain 或者简写为 bc，如图 1.2 所示，我们输入 bc 命令查看当前区块链的状态。因为我们没有执行任何挖矿操作，所以默认只有一个创世区块。

表 1.1　blockchain 的参数及解释

命 令 参 数	命 令 解 释
help[command...]	查看命令帮助
exit	退出 blockchain
blockchain	查看区块链状态
mine	模拟挖矿
open	打开端口，接受其他节点连接
connect	连接其他节点
peers	查看已经连接的节点列表
discover	从连接节点发现新节点

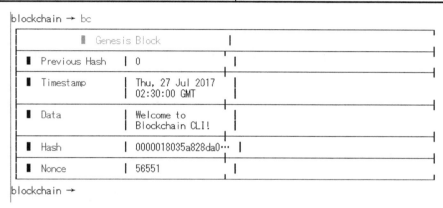

图 1.2　blockchain 创世区块

我们可以看到图 1.2 中包含的区块数据，和前面本节介绍的 Block 的元数据基本一致，只是少了一个 Index。创世区块的 Previous Hash 值为 0，因为只有创世区块比较特殊，而其他区块的 Previous Hash 值都是前一个区块的 Hash 值。

- **Timestamp** 是创建这个区块的时间。
- **Data** 相当于 1.1.2 节介绍的 Block Body 的数据，例如，在比特币中就是一些交易数据，在以太坊中可能是一些交易、账户和合约等数据。
- **Hash** 是这个区块数据的 Hash 值，就像可以为一个文件计算一个 Hash 值一样，也可以为一个区块计算一个 Hash 值。
- **Nonce** 是一个让区块 Hash 值计算满足指定条件的值，一般是一个 64 位的整数。如果现在不能理解也没有关系，1.2 节介绍工作量证明机制的时候再详细介绍。

为了更好地理解这个过程，我们再次使用 blockchain 来挖一个区块看一下，如图 1.3 所示，使用 mine<data>命令模拟挖一个新的区块，可以看到 blockchain 会计算一段时间。

计算的过程就是不断调整 Nonce 的值，然后计算整个区块数据包括 Nonce 的 Hash 值，直到找到一个让 Hash 值满足指定条件的 Nonce 值。

```
blockchain → mine "这里是区块数据"
■ Mining new block...
┌─────────────────────────────────────────┐
│              ■ Block #1                 │
├──────────────────┬──────────────────────┤
│ ■ Previous Hash  │ 0000018035a828da0…   │
├──────────────────┼──────────────────────┤
│ ■ Timestamp      │ Sun, 12 Aug 2018     │
│                  │ 08:22:00 GMT         │
├──────────────────┼──────────────────────┤
│ ■ Data           │ 这里是区块数据         │
├──────────────────┼──────────────────────┤
│ ■ Hash           │ 0000621b0bde956da…   │
├──────────────────┼──────────────────────┤
│ ■ Nonce          │ 87530                │
└──────────────────┴──────────────────────┘
■ Congratulations! A new block was mined.
■ Sending peer latest block
```

图 1.3　blockchain mine 命令

从图 1.3 中可以看到，区块（Block#1）中 Previous Hash 的值和创世区块（Genesis Block）中的 Hash 值是一致的。

🔔**注意**：Nonce 的值不是固定的，一般是从 0 开始递增，直到找到一个让整个区块的 Hash 值满足指定条件的 Nonce 值为止。

希望读者使用 mine 命令多挖几个新的区块试一下，然后使用 bc 命令看一下区块链的状态，加深对挖矿过程的理解。

读者朋友还可以通过下面的网站来执行多个节点挖矿的模拟：https://blockchaindemo.io/。

1.2　工作量证明机制（PoW）

目前很多区块链技术的应用，如比特币、以太坊都是使用工作量证明机制，所以理解了工作量证明机制，对理解区块链的很多问题都非常有帮助。

1.2.1　区块链遭遇的问题

在介绍工作量证明机制之前来模拟一个场景，先来找一下区块链存在的问题。

张三、李四、王五 3 个人斗地主，3 个人明确不赌钱，所以 3 个人商量决定计分，谁输了就请客吃饭，并找来了钱袋子作为记分员，每一局做一个记录，如图 1.4 所示。

很快，张三、李四、王五就发现了问题，钱袋子这个人吃得特别多，无论张三、李四、王五谁输了，钱袋子都是吃得最多的，他还不用请客，而且钱袋子经常找各种理由暂停服务，所以张三、李四、王五决定自己记账，具体如图 1.5 所示。

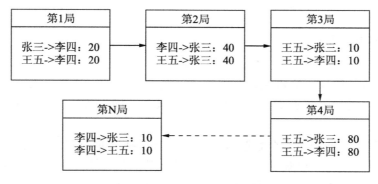

图 1.4 钱袋子记账本

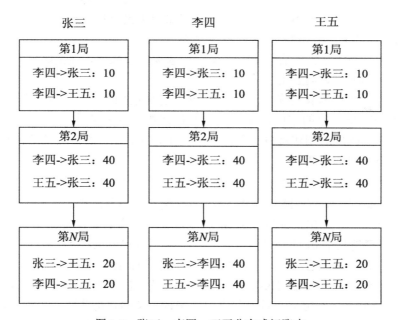

图 1.5 张三、李四、王五分布式记账本

如图 1.5 本所示，3 人都记了账，每一局记一个，这个就有点像区块链的记账过程了，大家都记账，账本分布在不同的地方，每一笔交易都记录。但是很快大家又发现了新的问题，各自的账本对不上，但是大家都说自己的账本是对的，对于大家各自记的账无法达成共识。

人是有私心的，可能会乱记一些对自己有利的记录，所以得想一个办法控制这种乱记的行为。对于网络中的分布式账本区块链来说，也同样存在这个问题，对于各个区块链网络中各个节点的账本不能达成共识，都说自己的账本是对的。

这个问题最初就是采用工作量证明机制来解决的，下一节我们就来详细介绍工作量证明机制。

1.2.2　PoW 模型

本节将介绍工作量证明机制是怎样让大家达成共识的。首先，PoW 认为参与记账的大部分人是可信的，那么对于不可信的人怎么防范呢？答案是校验和增加账本的篡改难度。

校验比较简单。假设有一个恶意 A 的节点一直广播 B 向 A 转了一笔钱，那么就要求 A 提供一个证据，就是账户 B 的私钥签名。关于公钥、私钥签名将在第 3 章介绍，这里只需要知道一个人没有办法花另一个人账户中的钱就可以了。

一个用户不能花其他用户账户里的钱就没有问题了吗？显然不是，我自己的账户我肯定有私钥，但是我的账户上不一定有钱，比如我账户上没有钱，但是我说我要花 100，私钥签名肯定也能通过校验，对于这种情况怎么办？

所以还得校验我的账户上有没有钱，怎么校验呢？查账本，但是账本可以伪造，所以又回到了记录账本的共识问题上了。

这时我们要增加账本篡改难度，那么 PoW 是怎样增加账本篡改难度的呢？

答案是增加区块创建的难度，增加区块的创建难度也就意味着篡改区块的难度增加了。那么怎样增加区块的创建难度呢？回忆一下 1.1 节中介绍的区块链结构和区块中的数据，然后看一下下面的公式：

```
SHA256(index + previousHash + timestamp + data + nonce)
```

参数是 Block 的元数据，就是计算一个 Hash 值，是不是很简单？肯定不会这么简单，所以需增加点难度，计算出来的这个 Hash 值要满足一定条件。比如，这个 Hash 值的前 4 位必须是 0，到底是几个 0，这个是变化的，通过一个 difficulty 参数进行设置，就是我们说的难度，difficulty=4 的意思是计算出来的 Hash 值前面至少有 4 个 0。

到这里肯定有读者有疑惑，Hash 值不是固定的吗？怎么能让它前面有多少个 0？这里就要介绍一下 Nonce 的作用了。对于简化模型来说，Nonce 是获取一个 Hash 值之前碰撞的次数，就是 Index、PreviousHash、Timestamp 和 Data 这些数据不变，Nonce 从 0 开始递增计算 Hash 值结果，直到计算出满足指定条件的 Hash 结果。

下面看一下这个过程的伪代码：

```
function isValidHash(hash, difficulty) {
  for (var i = 0, b = hash.length; i < b; i ++) {
     if (hash[i] !== '0') {
         break;
     }
  }
  return i >= difficulty;
}
let nonce = 0;
let hash;
let input;
```

```
let difficulty=4;
while(!isValidHash(hash,difficulty)) {
  nonce = nonce + 1;
  input = index + previousHash + timestamp + data + nonce;
  hash = SHA256(input)
}
```

> **注意**：上面代码中的 difficult 是系统动态给出的，是根据统计前面的一些区块的打包速度计算出来的。另外，工作量证明机制不仅仅是为了竞争记账，也是为了安全。

以上代码所述的过程就是工作量证明机制（PoW）。读者可能存在一些疑惑，下面再补充一些细节上的知识点，希望能够帮助读者解惑。

比特币每一笔交易都会通过广播的方式，把交易内容发送到所有的节点，我们知道计算 Hash 值的时候是包含 Data 数据的，总不能一笔交易就是一个 Block，所以比特币还有一些其他的规定。例如，每一个区块至少包含 500 笔交易，每笔交易至少以 250 字节，每一个区块的大小上限是 2MB 等。

所以挖矿的过程就是启动挖矿软件，成为一个节点，能够接收到系统中交易的广播消息，为了得到记账权，当收到 500 笔交易的时候就开始执行上面工作量证明过程的计算。当计算出满足条件的 Hash 值时就广播告诉其他节点，如果是第一个完成的就会获得记账权，也会获得奖励。

当然，其他节点也会做一下验证，因为 Block 中有 Nonce 值，所以只需要做一次 Hash 计算就可以了，这让验证变得非常容易。

本节将工作量证明机制相关的问题都讲解清楚了。还有一个问题待解决，为什么工作量证明机制能够防止账本被篡改呢？这个问题我们在下一节详细介绍。

1.2.3　PoW 为什么能防止篡改

上一节我们介绍了工作量证明机制的共识，还有一个问题必须要解决，那就是记录必须能够防止篡改。前面章节实现的区块链技术真的能防止篡改吗？

虽然不能 100%的保证账本不被篡改，但是可以让篡改成本增加，使被篡改的可能性降低到 0。下面我们来整理这个过程：把收到的交易记录打包成为一个一个的区块，每一个区块都包含一个 Hash 值，这个 Hash 值是通过区块的元数据和交易记录数据计算出来的。每一个区块都包含了前一个区块的 Hash 值，这样保证形成了链式的结构。如果要修改一个区块的内容就要重新计算后面所有区块的 Hash 值。

如图 1.6 所示，每一个区块的 Hash 计算都会应用到前一个区块的 Hash 值，通过简单的等价转换很容易就看出，当我们修改了一个区块的数据之后，它后面所有的区块的 Hash 值都通不过校验，这就意味着，从修改区块开始，后面所有区块的 Hash 值都必须重新计算。

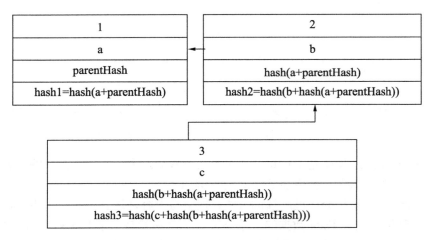

图 1.6　区块链区块 Hash 计算

图 1.6 描述的只是一个区块链 Hash 计算的简化版本，没有加入工作量证明机制，假如工作量证明机制之后 Hash 计算的难度增加，那么区块被篡改的难度会更大。

我们每一个人都有一个账本用来记账，假设有一些恶意的账本，这些账本的链的长度是不一致的，那么我们以哪一个账本（区块链）的记录为准呢？答案是总难度值最高的链，而不是最长的链。最长的链，不一定是难度最高的，这就意味着伪造成本很低，账本很容易被篡改。

修改一个区块的交易数据部分，就要修改区块的 Hash 值，不然就通不过验证，修改了区块的 Hash 值，那么后一个区块的 Hash 值也必须要修改，因为后一个区块 Hash 值的计算因素包含了前一个区块的 Hash 值。以此类推，后面的每一个 Hash 值都得重新计算。当然也可以修改后一个 Data 部分来碰撞出一个 Hash 值，这个 Hash 值恰好就是后一个区块当前的 Hash 值，不过这个难度更高。

如果没有工作量证明机制，那么 Hash 值的计算过程就会非常简单，这会存在什么问题呢？

对于这个问题，举一个比较相近的例子，一次考试，如果试题非常难，大家可能 2 小时都做不完，如果试题简单，一般同学可能要 1 小时，学霸只需要半个小时就做完了。

对于区块链来说，这意味着伪造账本的成本变得非常低。我们知道比特币一个区块至少要有 500 笔交易，这是需要一定时间的，不管计算能力有多强，都得停在最新的区块上等待，如果 Hash 计算过程非常简单，那么在生成新的区块的这个等待区间，计算能力强的节点就能够伪造所有前面区块的数据。因为计算能力强，很容易获得新区块的记账权，所以计算能力强的节点很容易就把自己的账本（区块链）伪造成为系统中的有效链。

加入工作量证明机制就是让计算 Hash 值变得困难，导致的结果就是，修改记录时，每当计算一个区块的 Hash 值时，链式已经加了一个区块，这就保证了想要篡改账本的节点永远不可能成为总难度最高的链。

但是还存在一个问题，我们知道 difficulty 是动态变化的，所以不能 100%的保证重新计算一个区块的 Hash 值的时间肯定大于生成一个新的区块的时间。另外，一个节点计算一个 Hash 值的时间可能大于生成一个新的区块的时间，如果是多个节点呢？当一个节点或者多个节点组成的计算能力超过了参与新区块 Hash 计算的计算能力时，那么就可能存在着修改账本的可能。这就是著名的 51%攻击。

举个形象的例子，A 在 B 前面一千米，两人同时向前直线跑，B 的速度比 A 快，不管 B 的速度比 A 快多少，哪怕每小时只比 A 多跑一纳米，那么 B 始终是有机会追上 A 的。

注意：前面我们提到的账本就是指区块链记录，计算能力就是算力。

对于前面的多个节点区块 Hash 计算的操作，可以从下面的网站来实际模拟一下，更加形象地感受计算和篡改区块链的难度，https://anders.com/blockchain/distributed.html。

如图 1.7 所示，每个标注框代表一个节点，节点上有一个区块链，链式是很多区块，填写了 Data 数据之后，就可以开始执行 mine 挖矿操作了。

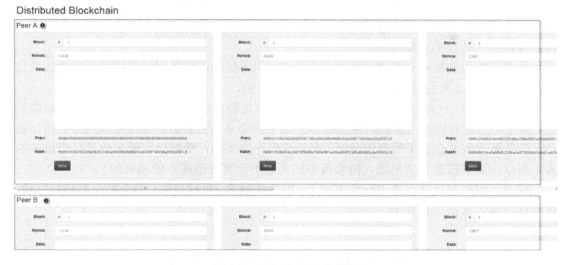

图 1.7　区块 Hash 计算模拟

1.3　权益证明机制（PoS）

本节我们来介绍权益证明机制。虽然比特币、以太坊都是使用工作量证明机制，但还是需要了解一些权益证明机制的知识，因为很快将有更多的区块链技术应用会使用权益证明机制，例如以太坊就计划在 Serenity 版本中使用权益证明机制。

为什么要使用权益证明机制替换工作量证明机制呢？前面我们也看到了工作量证明

机制需要做很多运算，而这种运算只是为了保证区块链的安全，所以也可以寻找其他机制来保证区块链的安全，从而减少这种计算带来的能源浪费。

1.3.1 什么是 PoS

权益证明机制（Proof of Stake，PoS）也称股权证明机制，PoS 通过评估账户持有代币的数量和时长来决定账户获得记账权的几率。

采用 PoS 的数字资产，系统会根据币龄分配相应的权益，币龄是持币数量和时间的乘积。例如，一个账户持有 10 个币，总共持有了 1 天，那么，此时的币龄就为 10。

1.3.2 PoS 的优势与劣势

通过前文的介绍我们知道，工作量证明机制存在两个问题，一是为了保证区块链不被修改必须做很多计算，这些计算需要消耗大量的电能，特别是当有更多的算力加入，让系统的难度增加，也就意味着消耗更多的电力，这就相当于以能源换安全；二是工作量证明机制存在 51%攻击的可能。

权益证明机制就不会造成过多的电力浪费，因为权益证明机制的记账权不是通过计算指定难度的 Hash 来完成的，而是通过币龄来决定的。

仔细想一想，权益证明机制的本质还是让持有比特币多的账号拥有更大概率的记账权利，难道不怕拥有比特币多的人篡改账本？这个需要从动机理解，篡改账本是为了自己获益，但是篡改账本会使币的价值变低，甚至变得一文不值，受到损害最多的是持币最多的人。所以，如果按照正常思维，持币最多的人是不会有篡改账本的动机的。

权益证明机制就有点像银行的方式了，银行钱最多，自行记账，但是银行不会乱记录，否则就没有人来银行存钱了。

1.4 委托权益证明（DPoS）

委托权益证明（Delegated Proof-of-Stake，DPoS）是对权益证明机制的改进，委托权益证明先通过投票选出要选取多少个候选人，再投票选出 N 个候选人，然后在创建下一个区块的时候就从 N 个候选人中随机选出一个作为区块的创建者。

与 PoS 相比，DPoS 能够让持有代币少的账户通过选举代理人的方式保证自己的权益。PoS 根据账户余额或者币龄所占的比例来计算记账权看上去很公平，但是存在一个问题，账户余额越多说明有更大概率获取记账权，有更多的收益，会进一步扩大获取记账权的概率。所以很容易造成初始化分布问题（Initial Distribution Problem），也称冷启动问题。就是早期获得代币的账户很可能不会使用这些代币，代币的流通性显然成为了一个问题。

DPoS 使用选举的方式解决了这个问题，有点像 PoW 中的矿池，单个节点算力不行，基本没有办法获取收益，如果加入矿池就可以和其他节点竞争了，虽然收益可能少了一些，但是总比不能获取任何收益要好。

1.5 权威证明（PoA）

权威证明（Proof-of-authority）和工作量证明机制这种需要网络中每一个节点都验证的方式不同，它是通过选定一些验证者，所有的数据只需要通过验证者验证就认为是合法的。而其他的节点只需要对验证者进行监督，保证验证者可信任就可以了。

PoA 似乎已经不像是去中心化应用的协议了，保证安全已经变成了对验证者的信任，或者对多数验证者的信任。

PoA 网络就是使用 PoA 机制，PoA 网络是以太坊的一个分叉，所以以太坊上可以实现的功能在 PoA 上都可以实现。

1.6 区块链的应用

区块链有很多应用场景，例如比特币的账本就使用了区块链技术，也正是因为比特币的暴涨带火了区块链技术，让区块链技术迅速发展，使更多的区块链应用落地。

有很多区块链的应用也的确为我们的生活带来了极大的方便，例如跨境转账。跨境转账因为涉及不同的国家、政策、汇率、手续费较高等因素，应用区块链技术能有效地解决这些问题。还有就是慈善捐款，由于某些原因，很多人对于捐款抱有迟疑态度，怀有善意的人很多，但是实现善意的途径却有些不可信，应用区块链技术就能解决这个问题，并且在这方面取得了不俗的成绩。

1.7 本章小结

本章介绍了一些区块链的基本知识，下面我们总结回顾一下本章的重要知识，顺便对这些知识做一个梳理，这将有助于后面章节的学习，如图 1.8 所示。

本章需要思考几个问题：最重要的是区块链的结构是怎样的？每一个 Block 至少有哪些信息？Block 与 Block 之间如何连接形成链？PoW 和 PoS 为什么有效？

工作量证明机制（PoW）作为区块链最早的共识机制，本质上利用的是指定条件 Hash 值难于计算（构造碰撞困难）但是易于验证的特点，读者可回忆一下本章介绍的特定条件的 Hash 值计算公式。

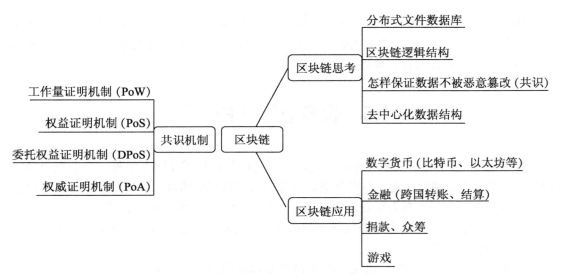

图 1.8　区块链知识回顾

如果读者对于前面的内容感觉还有一些疑惑也没有关系，在第 4 章介绍以太坊的时候，还会根据以太坊区块链的一些具体实现来介绍区块链的内容，会让读者对区块链有进一步的认识和理解。

第 2 章　去中心化应用——DApp

区块链技术只是多种去中心化应用使用的技术中的一种，但却是使用最广泛的技术之一。区块链本质上是一种分布式数据存储结构技术，是为了解决数据分布存储的共识问题。本章我们就来了解一下具体的去中心化应用（Decentralized Application，DApp），及其他一些概念和技术。

本章主要涉及的知识点有：
- 什么是 DApp；
- 去中心化和中心化应用的区别；
- P2P 网络；
- DApp 与中心化应用数据交互；
- 常见的 DApp。

2.1　DApp 简介

本节主要介绍什么是 DApp、DApp 的优点和缺点及 DApp 网络组建，了解这些内容将有助于加深对后面所学内容的理解。

2.1.1　什么是 DApp

先来给 DApp 做一个定义：DApp 是开放源代码能够运行在分布式网络上，通过网络中不同对等节点相互通信进行去中心化操作的应用。

首先，DApp 开放源代码，这样才能获得人的信任。例如比特币，尽管很多人没有读过比特币的源码，但是仍然不影响这些人相信并且持有比特币，就是因为比特币是开源的，如果有问题肯定会被发现。

去中心化应用肯定是分布式的应用，因为没有中心节点，所以必须能够在节点之间进行通信。每一个去中心化应用都有自己的通信协议，使用相同协议的节点共同组成了一个去中心化应用的网络。

> 注意：网络中的节点都是对等节点（peer），没有能完全控制整个网络的节点。

2.1.2　DApp 网络组建过程

我们知道网络中的通信有不同的层级，每一层都有自己的协议，例如运输层有 TCP、UDP 协议，网络层有 IP 协议，应用层有 HTTP 和 HTTPS 协议等。

我们常说的万维网（WWW）就是指通过 HTTP 协议连接的网络。HTTP 协议应用是一个典型的中心化应用，必须要有服务提供者，服务提供者就是一个中心节点，所有其他的用户通过服务提供者交互。例如，在一个二手交易平台上，买家和卖家都是通过访问二手交易平台获取信息，而不是卖家和买家直接通信。

DApp 不是中心化的应用，仅仅使用 HTTP 协议显然是不够的。还是以二手交易中的买家和卖家为例，在 DApp 中一个卖家如何找到一个买家呢？使用 HTTP 的 Web 应用，买家和卖家都可以通过域名服务找到中心节点的二手交易平台，但是去中心化应用如何解决发现其他的节点呢？

显然 DApp 需要实现一个新的协议来发现运行 DApp 客户端的节点，确切地说是使用相同协议或者兼容协议的 DApp 节点。

这里我们先不讨论具体的通信协议实现过程，假设我们已经有了相互发现节点的协议了，那么 DApp 组网的过程就清晰了。

首先开发 DApp，开发 DApp 源码，运行 DApp 成为一个 DApp 的节点，DApp 通过通信协议发现其他节点，这些节点共同组成一个 DApp 网络，例如比特币主网、比特币测试网络、以太坊主网和以太坊测试网等。

2.1.3　DApp 的优点

我们知道 DApp 肯定是分布式的应用，所以不存在单点故障，一个节点或者几个节点坏了完全不影响 DApp 的正常运行。

因为数据是分布式的，所以数据很难完全删除，数据不会像中心化应用那样因为中心节点故障，或者其他原因而造成数据丢失。因为 DApp 的节点是分布在网络中的，所以也不会像中心化应用那样因为各种问题而停止服务。

DApp 也比中心化应用更值得信任，因为 DApp 使用共识算法保证数据不可篡改，而中心化服务的数据不可篡改依赖于对中心节点的信任，也就是对服务提供者的信任，例如使用网银转账，是建立在对银行信任的基础之上。

2.1.4　DApp 存在的问题

从辩证主义的角度来看，一件事有好的一面，肯定就会有不好的一面，DApp 也一样存在不完美的一面。我们知道 DApp 节点分布在网络中，因此 DApp 的数据不会被轻易修改，辩证地看，也就让 DApp 升级困难。

DApp 保证了用户的匿名性，那么通常带来的问题就是用户身份的验证困难，同样，因为 DApp 的安全性高，就存在 DApp 系统更加复杂的问题。因为 DApp 的去中心化，所以 DApp 不能依赖以中心化的服务，那么生态的建立是非常缓慢的。

2.2　中心化与去中心化

前一节我们已经介绍了一些中心化和去中心化的不同应用，本节我们分类来介绍中心化应用和去中心化应用的区别，通过这些区别来了解和中心化应用相比，去中心化应用存在哪些困难。

2.2.1　身份验证

DApp 优点之一就是保证用户的匿名性，因为各种因素的限制，很多应用必须经过身份验证才能使用。在中心化的应用中，可以通过要求用户上传指定文件，如运营许可证等来验证用户的身份和资质。但是对于去中心化的 DApp 来说，身份验证是一个比较有挑战性的问题，现阶段使用的最广泛的方式就是数字证书。

其实最重要的就是私钥，谁拥有私钥，谁就是这个账户的拥有者，比特币是这样，以太坊也是这样。这种方式就不能避免其他人"碰撞"私钥，虽然碰撞到的几率很低，但还是存在这种可能性。DApp 还没有尝试次数限制或者短信验证的用户验证机制来避免这个问题。

2.2.2　通信

中心化应用和去中心化应用的通信机制也是有所不同的，主要是应用层的协议，对于中心化的应用，客户端只需要和中心节点通信，因为数据在中心节点上。但是对于去中心化的应用来说，不能仅和中心节点通信，因为根本就没有中心节点。

DApp 一般使用的是点对点协议（Peer to Peer，P2P），Peer 是对等节点，强调的是没有特殊节点，所有的节点都是平等的。这其中会涉及怎样发现其他的节点，就是使用什么节点发现协议相关，使用什么数据格式与其他节点进行数据交互等，也就是数据通信协议相关。

2.2.3　数据交互

无论是什么应用，数据都是很重要的，我们使用应用执行的操作本质上也就是数据交互问题。

使用银行的应用进行转账操作，其中就涉及很多数据的交互过程，例如检查扣款操作的发起人是否是扣款账户的拥有者，一般是通过密码和短信验证。向一个账户加款，另一个账户扣款等，这些操作都是在银行的服务器中进行，我们执行这些操作是信任银行不会多扣款，也不会少加款。

我们信任银行是因为银行有一定的信用保证。对于 DApp 的数据交互就要复杂一些，因为我们没有可信任的第三方，所以 DApp 需要使用一些机制来解决信任问题，怎样对数据达成共识，第 1 章介绍的区块链就是一个解决共识的方案。

所以 DApp 的数据交互不再是直接与中心节点交互，而是通过广播的方式。举个简单的例子，A 使用中心化的银行应用转账给 B，A 会发一条信息给银行服务器给 B 转账，然后由银行服务器进行验证；对于去中心化应用以太坊来说，A 给 B 转账，A 会通过广播的方式给所有的节点发送一条信息说 A 给 B 转账，然后其他所有的节点进行验证。

2.2.4　系统维护

系统维护也是中心化应用和去中心化应用的一个重要区别，相比中心化应用的升级，去中心化应用的升级要复杂得多。

经历过版本上线的开发人员都知道，新版本上线是一件比较痛苦的事情，对于用户量大的应用经常会放在凌晨上线，如果出了问题还会回退版本，处理数据。当然管理得比较好的公司会先升级部分服务器，然后通过不断地放量来检查有没有问题，如果有问题脚本会自动回退，如果没有问题则继续放量，实现一个逐步过渡升级的过程。

DApp 的升级是一个更加复杂的过程，中心化的应用升级都是自己的服务器，自己控制，而去中心化应用升级的过程就不是自己能够控制的了，用户升不升级，什么时候升级都是一个不确定因素，所以在代码中就会做限制，考虑不同版本的兼容问题，或者要不要兼容，兼容到哪个版本等问题。

DApp 升级和中心化的 App 客户端升级还有很大不同，中心化 App 用户不升级就不升级，保留之前的接口就可以了，但是对于 DApp 来说因为数据都一样，每一个客户端都有，所以不仅仅是保留接口那么简单的问题。

2.3　DApp 网络与通信

前面介绍了一些去中心化应用的网络和通信相关的知识，考虑到网络和通信对于理解 DApp 的重要性及对于多数 DApp 的普适性，因此还需要补充一些知识，作为前期学习。

2.3.1　P2P 网络与 WWW

首先我们来看一下 P2P 网络和我们经常使用的 WWW，也就是万维网之间的区别。其中最主要的区别就是 P2P 网络是非中心化的，而 WWW 一般是中心化的。

如图 2.1 所示为 WWW 的连接模式，都是用户通过浏览器访问指定的服务。例如，我们要在某电商网站"剁一剁"手，首先输入电商网站的网址也就是域名，或者通过搜索引擎提供的网址链接开始访问电商网站，然后就可以愉快地购物了。

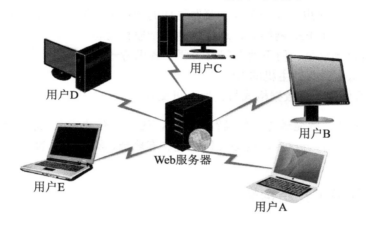

图 2.1　WWW 连接模式

这里面其实还有很多过程，其中比较重要的一步就是，通过域名服务器找到电商网站服务器的 IP 地址。

如图 2.2 所示为简单的 P2P 网络模型，每一个用户可以看作一个节点，每一个节点都可以和其他的节点连接。

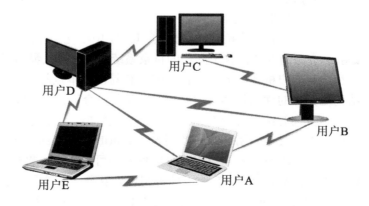

图 2.2　P2P 网络模型

和 WWW 连接同一个中心服务器不同，P2P 中的用户是相互连接的，那么问题来了，用户怎么知道彼此的 IP 地址呢？我们已经知道了访问网站是浏览器使用域名，然后通过域名解析服务器来获取网站服务器的 IP 地址，那么 P2P 网络怎么获取对方的 IP 地址呢？还有一个问题就是 WWW 使用 HTTP 或者 HTTPS 协议来进行客户端与服务器之间的交互，P2P 网络使用什么协议来进行交互呢？

> 注意：两个主机必须知道彼此的 IP 地址才能通信，如果对这一点还有疑惑的读者可以先了解一些网络方面的知识。

显然对于 P2P 网络也需要一个像浏览器这样的软件来帮助我们解决这个问题（或者说这样的软件组建了一个 P2P 网络），这样的软件一般称为客户端。

本节我们就讲到这里，留下两个问题需要读者思考一下：
- P2P 网络怎么找其他主机的 IP？
- 找到 IP 后使用什么数据格式与其他主机交互？

> 注意：知道 IP 就一定能进行通信吗？不一定，这个问题就不深入展开了，给出几个关键词供读者自行探索，这些关键词是私有地址、公网 IP、NAT 和 NAT 穿透。

2.3.2　P2P 网络拓扑结构类型

前一节我们留下了两个问题，本节我们来了解一下 P2P 网络拓扑结构，作为解决这两个问题的前置条件。

首先我们来看一下 P2P 是什么？P2P 是 Peer-to-Peer 的缩写，而不是 Person-to-Person 的缩写，Person-to-Person 是互联网金融里的概念。Peer 是对等节点的意思，更多的是强调节点的平等性。现在我们先了解一下 P2P 的网络拓扑结构。

拓扑结构是指分布式系统中各个节点之间物理或逻辑的互联关系，使用 P2P（Peer-to-Peer）协议的系统主要采用非集中式的拓扑结构。

如图 2.3 所示为常见的 P2P 网络拓扑结构分类。其中，中心化拓扑的优点是维护简单，资源发现效率高。由于资源的发现依赖中心化的目录系统，发现算法灵活高效并能够实现复杂查询。缺点是和传统客户机或服务器结构类似，容易出现单点故障。

全分布式非结构化拓扑的优点是容错性好，支持复杂的查询，节点频繁加入和退出对系统的影响小；缺点是查询的结果可能不完全，查询速度较慢，可扩展性差。

全分布式结构化拓扑主要是采用分布式散列表（Distributed Hash Table，DHT），它的优点是能够自适应节点的动态加入和退出，有着良好的可扩展性、鲁棒性、节点 ID 分配的均匀性和自组织能力；缺点是 DHT 的维护机制较为复杂，尤其是节点频繁加入或退出造成的网络波动会极大增加 DHT 的维护代价。DHT 仅支持精确关键词匹配查询，不支持内容语义等复杂查询。

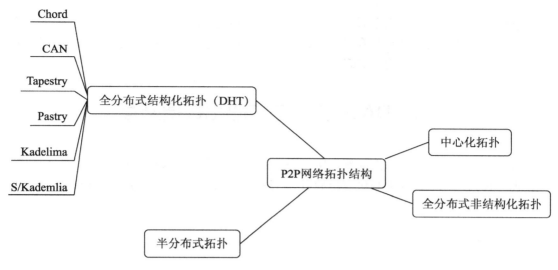

图 2.3　P2P 网络拓扑结构分类

半分布式拓扑结构的优点是结合中心化拓扑结构和全分布式非结构化拓扑结构的优点做了一些平衡，可扩展性、可靠性、可维护性、节点发现效率都不错，同时也意味着这些优点都不突出。

2.3.3　小结

前面两节介绍了一些与 P2P 网络相关的知识，因为只是简单介绍，知识之间的关联性不是特别紧密，所以本节我们做一个简单的小结，把前面的知识做一个简单的串联，以便于读者更好地理解 DApp 网络。

从 2.3.1 节的介绍中我们知道了 P2P 网络和常见的 Web 网络不同，不能通过域名来获取 IP，进而进行连接。从 2.3.2 节介绍的 P2P 网络拓扑结构我们知道，虽然不能通过域名来获取 IP，但是节点自身可以通过其他方式来获取其他节点的 IP，其中最常用的是 DHT 方式。

下面我们就以以太坊为例来介绍 P2P 网络的连接和通信。首先我们需要启动以太坊客户端，启动以太坊客户端的时候，它就会自动尝试连接其他节点，问题是怎样获取到其他节点的 IP 呢？

以太坊采用的方式是将一些确定节点的 IP 写在源码之中，通过这些 IP 可以连接到对应的节点，这些节点维护着一张分布式哈希表（DHT），表中存放有其他节点的 IP，通过这些 IP 可以连接到对应的节点。

哈希表中存放的不是所有节点的 IP，而是通过算法存放了一些最近的节点的 IP，这样可以减少连接数量和广播数量。当要向其他节点发送消息的时候，只需要对哈希表中的节点进行广播就可以了，因为每一个节点的哈希表不同，所以最终可以广播到所有的节点。

怎样保证一个消息发送之后每一个节点都能收到消息，以及怎样防止收到重复的消息等问题都是 P2P 网络拓扑结构和具体算法解决的。如果想要了解详细的内容，需要研究具体的算法，例如以太坊使用的 Kadelima。

2.4　DApp 货币与中心化数据交互

因为中心化应用存在单点问题，所以去中心化应用不能依赖中心化应用。因此 DApp 只能通过其他方式来获取中心化应用的数据，这一节我们就来介绍 DApp 的内部货币和如何获取中心化数据。

2.4.1　DApp 货币

DApp 是没有中心节点的，也就是没有服务提供者，在 DApp 中的节点既是服务的提供者，也是服务的消费者，但问题是节点的运行需要网络和计算资源，显然不能在享受服务的时候才提供服务，我们需要稳定的网络节点来提供服务，所以需要一些激励机制。DApp 内部货币就应运而生了，例如比特币这样的纯数字货币，其实就是打包交易，打包成功可以用奖励和收取交易费的方式来激励用户提供服务。

以太坊也通过争取打包交易来获取奖励和交易费的方式来激励用户提供服务，其他的 DApp 基本类似，有交易共识，所以这些 DApp 内部货币是有价值的。

2.4.2　中心化应用获取去中心化数据

中心化应用想要获取去中心化应用的数据是比较容易的，因为数据和协议都是开源的，所以可以直接从其他的节点下载数据。

像以太坊这样的 DApp，很多客户端直接提供了访问数据的接口，只需要下载以太坊客户端，同步以太坊的区块链数据，然后通过以太坊客户端提供的接口来访问需要的数据就可以了。

关于去中心化应用的生态问题，我们的应用基本都会给一个 Web 的应用来访问链上的数据，其实这就算是典型的中心化 Web 应用访问去中心化应用的数据。

2.4.3　去中心化应用获取中心化数据

反过来，去中心化应用要获取中心化的数据就是一件比较困难的事情了。因为中心化应用的数据往往是不开放的，例如银行的交易记录不是想要获取就能够获取的。

另外，像以太坊智能合约是不能发起 HTTP 请求的，所以只能通过其他方案来获取中心化的数据。例如 Oraclize，其可以通过智能合约调用发起一个查询，抓取指定数据源的数据，并且能够提供真实性证明。

2.5 常见的 DApp

前面几节介绍了一些 DApp 的概念，以及和中心化应用的区别，本节我们来介绍一个常见的 DApp。

2.5.1 比特币

比特币算知名度最高的 DApp，是一个最早的数字货币，也是纯粹的数字货币。比特币使用的很多技术也基本上成了其他 DApp 的"标配"，例如区块链技术和工作量证明机制等。

还有一个大家比较关心的问题，就是比特币的合法性。首先需要明确的一点是，比特币是合法的，问题的关键在于比特币被定义为什么类，是一种货币，还是一种商品，亦或是其他分类。

国内比特币被定义为虚拟商品，不能作为货币流通，但是比特币交易作为一种互联网上的商品买卖行为，普通民众在自担风险的前提下拥有参与的自由。最重要的是金融机构和支付机构不得以比特币为产品或服务定价。所以比特币是合法的，在国内只是限制了金融机构和支付机构把比特币作为投资标的，在美国比特币被当作一种大宗商品，在英国和欧盟比特币被当作一种货币。

2.5.2 以太坊

以太坊也是热门的 DApp，和比特币不同的是，以太坊的目标是做一个 DApp 应用平台，而不仅仅是一个数字货币。最显著的特点就是以太坊支持智能合约，这就为以太坊在很多应用场景的落地提供了夯实的基础，例如在众筹、慈善、中介和公证等很多方面智能合约都能够发挥它的作用。

2.5.3 IPFS 存储系统

IPFS（InterPlanetary File System）是一个去中心化的存储系统，使用分布式哈希表（Distributed Hash Table，DHT）和 Merkle 有向无环图（Directed Acyclic Graph，DAG）数据结构。

IPFS 的节点并不存储全部文件，而是存储节点需要的文件。如果一个文件只被很少的节点需要，那么该文件很有可能从网络中消失。

在 IPFS 中存储一个文件时，该文件会被分成很多小于 256KB 的数据块（chunk），并生成每个数据块的哈希，网络中的节点在一个哈希表中存储它们需要的 IPFS 文件及其哈希。

IPFS 文件有以下 4 种类型。

- blob：代表一个实际存储在 IPFS 中的文件数据块。
- list：代表完整的文件。
- tree：代表目录。
- commit：代表其他文件版本历史中的快照。

IPFS 中的数据结构和 Git 的数据结构相似，其实就是借鉴了 Git 中的数据结构来实现版本管理。

用户如果想要从网络中下载文件时，只需要 IPFS 的 list 文件的哈希。如果想下载目录，则只需要 IPFS 的 tree 文件的哈希。每个文件都由一个哈希进行标识，所以文件名不容易记住。如果更新文件，就需要与想下载该文件的所有人分享新的哈希。为了解决这个问题，IPFS 使用 IPNS 功能，允许用户自行认证的名字或者人性化的名字指向 IPFS 文件。

第 3 章 比特币那些事

由于以太坊的很多知识是从比特币借鉴过来的,例如私钥和公钥的生成都选择的是椭圆曲线,并且参数都选择的是 spec256k1,数字签名使用的是椭圆曲线数字签名,所以本章我们介绍一些比特币的相关知识。

本章主要涉及的知识点有:
- 比特币加密技术;
- 比特币地址计算;
- 比特币交易;
- 比特币钱包。

3.1 比特币简介

本节将介绍比特币的一些基本概念,理解这些概念有助于理解比特币,以及其他的数字货币。

3.1.1 比特币公钥与私钥

前面已经介绍了一些比特币的相关知识,我们知道比特币是一种数字货币,底层技术使用了区块链技术。在使用比特币的过程中最常听到的就是比特币地址和私钥,地址是由公钥生成的,这部分内容我们后面介绍,这里先来了解一下比特币公钥和私钥。

其实比特币的私钥就是一个使用随机数生成算法生成的满足一定条件的大整数,这和具体的实现相关,当然也有一些强制的要求,例如小于 N,其中 N 是椭圆曲线参数。

比特币的公钥其实是椭圆曲线上的一个点,是通过私钥计算得到的,就是椭圆曲线的生成点 G 乘以私钥。生成点是固定的,属于椭圆曲线的参数,比特币选择的是 secp256k1 参数。乘法是椭圆曲线乘法,这些内容将在 3.2 节椭圆曲线算法中详细介绍。

这里需要记住的是,比特币的私钥是一个大整数,公钥是椭圆曲线上的一个点,在后面的章节中我们还将不断地强调这个内容。

3.1.2 数字签名

数字签名的主要应用场景是防止数据被篡改，例如经常在下载文件的时候会看到后面有一个 MD5 哈希值，这个哈希值就可以当作文件的一个签名。下载完文件计算一下文件的 MD5 值，将其和下载时候提供的 MD5 值进行比较，如果一致，就可以确定文件没有被修改，如果不一致，则说明文件已经被篡改了。

在比特币中，数字签名不仅仅被用来防止数据被篡改，还被用来证明是账户私钥拥有者发起的交易。

我们知道，在中心化应用中我们可以通过密码或者短信的方式验证用户，但是在比特币中不行，不能发送密码，显然也不能发送私钥，私钥无论什么时候都不应该暴露，怎么办呢？答案是使用私钥签名，利用私钥和公钥的关系来验证签名，验证签名使用的私钥就是公钥对应的私钥。如果签名相同，说明是使用的公钥对应的私钥的签名，那么认为是账户的拥有者发起的交易。

3.2 椭圆曲线算法

比特币作为一个热门的数字货币，经过时间的考验是能够保证账户安全的，而比特币的安全都是建立在一系列的加密算法和签名上。本节就来简单了解一下这些加密算法和相关的 Hash 函数。

3.2.1 群

在介绍其他内容之前，我们先来了解一下群相关的知识，这里的"群"不是 QQ 群，但是比 QQ 群要难于理解。加密的要求就像要执行某种运算过程，这个运算过程要正向这算很容易，但是逆向运算不容易，甚至不能进行逆向运算。对于加、减、乘、除运算的逆运算都非常容易，不能直接用于加密，所以才有移位、替换之类的算法，这些算法就是自定义的。

群是一种代数结构，是一个拥有满足封闭性、结合律、单位元、逆元的二元运算的代数结构，可能会感觉很抽象，我们一一解释一下。首先看二元运算，我们一般看到的加、减、乘、除都是二元运算，就是对两个元素的操作。接下来看代数结构，那什么是代数结构呢？

代数结构是指包含了一个及一个以上的运算的非空集合。简化一下（集合和运算），集合就是一类东西，运算就是像加、减、乘、除这样的计算，当然也可以是自定义的运算。比如要定义一个#运算 1#1=3 也是可以的，但关键是运用，能用在什么地方，如加密。

上文介绍了群是一种代数结构,可以用符号($G,\#$)表示,其中G代表一个非空集合,#代表一种运算。

接下来我们来看一下什么是群的封闭性、结合律、单位元、逆元。
- 封闭性:对于集合G中的任意2个元素a和b,都有$a\#b$也属于集合G。
- 结合律:对于集合G中的任意3个元素a、b、c,都有$(a\#b)\#c=a\#(b\#c)$。
- 单位元:集合G中存在元素z对于集合G中的任意元素b都有$z\#b=b$。
- 逆元:假设集合G的单位元为z,对于集合G中的任意元素a存在元素b,使得$a\#b=z$。

如果代数结构($G,\#$)满足上面的 4 个条件,那么就可以称($G,\#$)是一个群。如果对于集合G中的任意元素a和b,满足$a\#b=b\#a$,那么这个群就是一个阿贝尔群。我们可以看到如果群满足交换律,就是一个阿贝尔群。

现在我们就可以自己定义一个群了,例如:($Z,+$)是一个阿贝尔群。其中Z就是整数集合,+运算就是我们一般意义上的加法运算。

很明显任意两个整数相加都是整数,所以满足封闭性。对于整数加法$(a+b)+c=a+(b+c)$显然是满足的,有单位元 0,对于任意的整数+0 都等于整数本身,逆元对于任何一个整数都有相反数,所以满足逆元。

毫无疑问,加法也满足交换律,所以($Z,+$)是一个阿贝尔群。如图 3.1 所示为阿贝尔群与群的异同,阿贝尔群是群的一个特例,阿贝尔群比群多满足一个交换律,后面我们介绍的内容其实就是定义在椭圆曲线上的一个阿贝尔群。

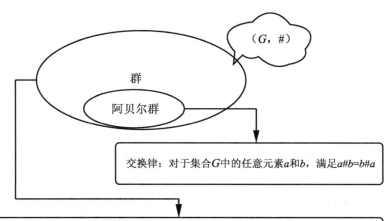

图 3.1 群与阿贝尔群

> 注意:我们只需要知道群是一种代数结构,包含数据集合和定义在集合上的运算就可以了。

3.2.2 椭圆曲线算法定义

我们已经知道椭圆曲线加密算法是和定义在椭圆曲线上的阿贝尔群相关。应该注意的是，椭圆曲线不是一个阿贝尔群，但是椭圆曲线加密算法利用了定义在椭圆曲线上的阿贝尔群，这也就是为什么要叫椭圆曲线加密算法的原因。

椭圆曲线加密算法利用的是阿贝尔群$(G,\#)$的定义，为了不和一般意义的+运算混淆，我们这里定义的运算符是#。对于一个群肯定是有集合的，所以我们先来看一下$(G,\#)$中的集合G的范围：

$G:\{(x,y)$属于$\mathbf{R}, y^2=x^3+ax+b, 4a^3+27b^2 \ne 0\} \cup \{0\}$

x,y是实数，并且是椭圆曲线上的点，其实就是椭圆曲线上的点加上一个单位元0点的集合。单位元就是群定义中单位元的意义。

🔔注意：0是指单位元。

群的另一个重要的要素就是运算，我们先来看运算#的定义：对于椭圆曲线上的任意3个非0点M, N, P，它们进行#运算的结果为单位元，即下面的表达式都是满足的：

$M\#N\#P=0$

$N\#M\#P=0$

$P\#N\#M=0$

$P\#M\#N=0$

……

也就是说，定义中没有指定#运算，也没有限定顺序，所以很容易推出#运算满足交换律和结合律。单位元已经有了，接下来就是逆元了。

我们来看群$(G,\#)$是如何定义逆元的，对于椭圆曲线上关于X轴对称的点互为逆元。根据之前#运算的定义有：$M\#N\#P=0$。假设P'是点P关于X轴对称的点，那么P'就是点P的逆元，所以有：$P\#P'=0$，$M\#N=P'$。$M\#N=P'$是我们推导出来的最重要的结论，不要混淆了。

建议最好不要使用+来代替#，因为使用+符号，因为很容易认为是普通的加法运算，而使用加法运算才有的性质，如交换律、结合律等，这些都没有定义，也没有推导，所以这些定律都是不对的。举个简单的例子，一下使用+运算来定义下面的问题。

因为$M+N+P=0$，P的逆元是$-P$，所以$M+N=-P$，所以$P+(-P)=0$，所以满足逆元。这就是典型的被习惯性的思维所误导，想想看P是椭圆曲线上的点，$-P$是什么？$P+(-P)$又是什么？

记住,椭圆曲线加密使用的阿贝尔群的逆元是我们定义的,关于X对称的点互为逆元。$M\#N=P'$是我们推导出来的，为的就是利用这种对称的特性，因为我们定义的#运算需要能转换为代数运算实现才有意义。

想一下，直线和椭圆曲线的交点个数可能为 0、1、2、3 个，有兴趣的读者可以研究一下椭圆曲线方程和直线方程解的个数。考虑 3 个交点的情况，根据我们的定义和推导，3 个点的任意 2 个点相#等于第 3 个点的对称点。再考虑 2 个相同的点相#的情况，就是这个点的椭圆曲线的切线与椭圆曲线的交点，所以一个点加上它本身就是它与椭圆曲线切线同椭圆曲线交点的对称点。

这些运算都可以很容易地转换为代数运算，所以实现也就相对容易。

3.2.3 椭圆曲线几何运算

根据前面一节的推论，我们来介绍椭圆曲线上的几何运算。首先来看逆元运算，我们已经知道了椭圆曲线上关于 X 轴对称的点互为逆元。如图 3.2 所示，椭圆曲线上的点的逆元运算非常简单，就是椭圆曲线上点关于 X 轴对称的点，椭圆曲线上的点 P 和点 P' 互为逆元。

如图 3.3 所示为椭圆曲线上的加法。椭圆曲线上的加法也很简单，椭圆曲线上的点 M 加椭圆曲线上的点 N 的结果就是过椭圆曲线的点 M 和 N 做直线，这条直线与椭圆曲线交于第 3 点 P，过 P 点做关于 X 轴垂直的点 P'（即关于 X 轴对称），则 P' 点被称为 $M+N$ 的结果。

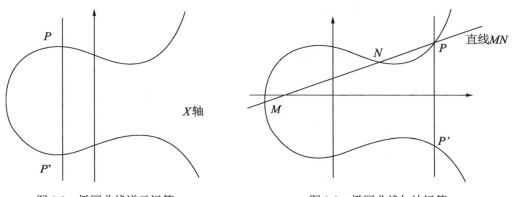

图 3.2　椭圆曲线逆元运算　　　　图 3.3　椭圆曲线加法运算

根据推论得到结果：$M+N=P'$。代数运算的时候可以先计算直线 MN 的斜率，通过直线与椭圆曲线的交点计算出 P 和 P'。

如图 3.4 所示为过 M 点做椭圆曲线的切线，然后做逆元运算，这个和椭圆曲线的乘法有些关系。

椭圆曲线的乘法我们还没有定义，椭圆曲线的乘法是用来表示多个点相加的，也可以表示一个数乘以一个点。例如：

$2M = M + M$

$5M = M + M + M + M + M$

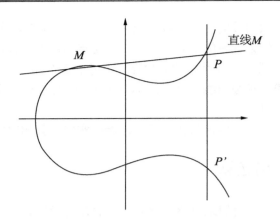

图 3.4 椭圆曲线乘法运算

椭圆曲线上的一个点 M 加上自身 M，就是 2M，等于过椭圆曲线上的点 M 做椭圆曲线的切线，切线与椭圆曲线的另一个交点 P，P'是椭圆曲线上 P 点关于 X 轴对称的点。那么：

2M = P'

乘法运算应用比较多，以太坊和比特币的公钥就是通过乘法运算获取的。

🔔**注意**：椭圆曲线的运算都是被限定在有限域之内。

3.2.4 椭圆曲线算法的代码实现

本节我们把几何运算转换为代数运算通过代码来实现，这里给出一个简单的 Java 代码实现示例，了解一下怎样从几何运算转换为代数运算。

当然，如果对比特币非常感兴趣，可以直接看比特币源码，或者看一下 Bitcoinj，或者 bitcoinjs-lib 的代码，其中比特币源码使用的是 C++语言，Bitcoinj 使用的是 Java 语言，bitcoinjs-lib 使用的是 JavaScript 语言。

首先求直线与椭圆曲线的交点，可以通过直线的斜率计算，假设椭圆曲线上有一条直线 MN，并与椭圆曲线分别相交于 M(XM,YM)、N(XN,YN)、P(XP,YP)三点。可以很容易地求出直线 MN 的斜率 k：

```
k = (XN-XM)/(YN-YM)
```

那么已知点 M、N 可以算 P 点的坐标：

```
XP=k^2-XM -XN
YP=YN+k(XM -XN)
```

这个推论过程读者可以自己计算一下，过 M、N、P 三点的直线、过 M 点平行与 X 点的直线、过 N 点平行于 Y 轴的直线与过 P 点平行于 Y 轴的直线，这四条直线构成的两个相似的直角三角形，可以利用三角形的相似性定律进行计算。对于前面介绍的乘法情况，也就是切点的情况，斜率 k 为：

$k=(3XM^2+a)/2YM$

XM 是切点的横坐标，YM 是切点的纵坐标，这是通过椭圆曲线方程计算的。下面我们先看一下椭圆曲线方程参数的代码：

```java
import java.math.BigInteger;
public enum SecP256 {
//椭圆曲线 secp256 K1 参数
    K1(
            new BigInteger("0", 16),                                    // 参数 a
            new BigInteger("7", 16),                                    // 参数 b
            new BigInteger("FFFFFFFFFFFFFFFFFFFFFFFFFFFFFFFF
            FFFFFFFFFFFEFFFFFC2F", 16),                                 // 参数 p
            new BigInteger("79BE667EF9DCBBAC55A06295CE870B07029BFCDB2DCE
            28D959F2815B16F81798", 16),                                 //生成点 G 横坐标
            new BigInteger("483ADA7726A3C4655DA4FBFC0E1108A8FD17B448
            A68554199C47D08FFB10D4B8", 16)                              //生成点 G 纵坐标
    );
    private BigInteger a, b, p, gx, gy;
    SecP256(BigInteger a, BigInteger b, BigInteger p, BigInteger gx,
    BigInteger gy) {
        this.a = a;
        this.b = b;
        this.p = p;
        this.gx = gx;
        this.gy = gy;
    }
    public BigInteger getA() {
        return a;
    }
    public BigInteger getB() {
        return b;
    }
    public BigInteger getP() {
        return p;
    }
    public BigInteger getGx() {
        return gx;
    }
    public BigInteger getGy() {
        return gy;
    }
}
```

椭圆曲线有很多参数，比特币和以太坊选择的都是 Secp256K1。解释一下，上面所述代码中的 a 和 b 就是椭圆曲线方程中的 a 和 b，Secp256K1 中的 a=0，b=7 时，椭圆曲线方程变成了下面的样子：

$y^2 = x^3 + 7$

这里单独介绍一下 P，在椭圆曲线的运算中，计算的并不是完全域下的值，而是有限

域下的值。简单地说，就是计算最后会执行一次 mod 运算，这个 mod 的值就是 p。在 Secp256K1 参数中 p 的值如下：

```
FFFFFFFFFFFFFFFFFFFFFFFFFFFFFFFFFFFFFFFFFFFFFFFFFFFFFFFEFFFFFC2F
```

参数中最后一个值就是生成点 $G(X,Y)$，其中 X 和 Y 如下：

```
X: 79BE667EF9DCBBAC55A06295CE870B07029BFCDB2DCE28D959F2815B16F81798
Y: 483ADA7726A3C4655DA4FBFC0E1108A8FD17B448A68554199C47D08FFB10D4B8
```

有了参数，我们还需要一个椭圆曲线方程方程类，代码如下：

```java
package org.ecc.elliptic;
import java.math.BigInteger;
import java.security.SecureRandom;
/**
 * 椭圆曲线方程：y^2 = x^3 + ax + b.
 */
public class EllipticCurve {
    public static final SecureRandom om = new SecureRandom();
    private BigInteger a, b, p;
    /**
     * 生成点
     */
    private ECPoint generator;
    public static final BigInteger COEFA = new BigInteger("4");
    public static final BigInteger COEFB = new BigInteger("27");
    public static final int PRIMESECURITY = 500;
    /**
     * 椭圆曲线方程：y^2 = x^3 + ax + b.
     */
    public EllipticCurve(BigInteger a, BigInteger b, BigInteger p) {
        this.a = a;
        this.b = b;
        this.p = p;
        if (!p.isProbablePrime(PRIMESECURITY)) {
            throw new RuntimeException("不安全参数");
        }
        if (isSingular()) {
            throw new RuntimeException("");
        }
    }
    public EllipticCurve(SecP256 secP256){
        this.a = secP256.getA();
        this.b = secP256.getB();
        this.p = secP256.getP();
        this.generator = new ECPoint(this,secP256.getGx(),secP256.getGy());
    }
    public BigInteger getSecretKey(){
        return new BigInteger(this.p.bitLength() + 17,om);
    }
    public ECPoint getPublicKey(){
        if(this.generator == null)
            throw new RuntimeException("请设置生成点");
        return this.generator.multiply(getSecretKey());
```

```java
}
/**
 * 获取公钥
 * @param prk
 * @return
 */
public ECPoint getPublicKey(BigInteger prk){
    if(this.generator == null)
        throw new RuntimeException("请设置生成点");
    return this.generator.multiply(prk);
}
/**
 * 4a^3 + 27b^2 != 0
 * @return
 */
public boolean isSingular() {
    BigInteger aa = a.pow(3);                   //a^3
    BigInteger bb = b.pow(2);                   //b^2
    BigInteger result = ((aa.multiply(COEFA)).add(bb.multiply(COEFB))).mod(p);
    if (result.compareTo(BigInteger.ZERO) == 0)
        return true;
    else
        return false;
}
/**
 * 椭圆曲线上的方程满足：
 * y^2 = x^3 + ax + b
 * @param q
 * @return
 */
public boolean onCurve(ECPoint q) {
    if (q.isZero())
        return true;
    BigInteger ySquare = (q.gety()).modPow(new BigInteger("2"), p);
    BigInteger xCube = (q.getx()).modPow(new BigInteger("3"), p);
    BigInteger x = q.getx();
    BigInteger dum = ((xCube.add(a.multiply(x))).add(b)).mod(p);
    if (ySquare.compareTo(dum) == 0)
        return true;
    else
        return false;
}
public BigInteger geta() {
    return a;
}
public BigInteger getb() {
    return b;
}
public BigInteger getp() {
    return p;
}
public String toString() {
    return "y^2 = x^3 + " + a + "x + " + b + " ( mod " + p + " )";
}
```

}

上面所述的代码比较简单，本质上就是对椭圆曲线的抽象，封装了椭圆曲线相关的参数，可以检查参数是否合法。下面我们直接来看对于椭圆曲线上的点的抽象，椭圆曲线算法，本质上还是椭圆曲线上的点的变换，即从一个位置到另一个位置，直接给出代码如下：

```java
import java.math.BigInteger;
public class ECPoint {
    public final static BigInteger TWO = new BigInteger("2");
    public final static BigInteger THREE = new BigInteger("3");
    private EllipticCurve mother;
    private BigInteger x, y;
    private boolean iszero;
    private ECPoint[] fastcache = null;
    private ECPoint[] cache = null;
    /**
     * 椭圆曲线乘法转换为加法，缓存乘法运算结果 p,2p,3p…255p
     */
    public void fastCache() {
        if (fastcache == null) {
            fastcache = new ECPoint[256];
            fastcache[0] = new ECPoint(mother);
            for (int i = 1; i < fastcache.length; i++) {
                fastcache[i] = fastcache[i - 1].add(this);
            }
        }
    }
    /**
     * @param mother 椭圆曲线方程
     * @param x      点的 x 坐标
     * @param y      点的 y 坐标
     **/
    public ECPoint(EllipticCurve mother, BigInteger x, BigInteger y) {
        this.mother = mother;
        this.x = x;
        this.y = y;
        if (!mother.onCurve(this)) {
            throw new RuntimeException("");
        }
        iszero = false;
    }
    public ECPoint(EllipticCurve e) {
        x = y = BigInteger.ZERO;
        mother = e;
        iszero = true;
    }
    /**
     * 椭圆曲线上的点相加
     * @param q 要加的点
     **/
    public ECPoint add(ECPoint q) {
        if (!hasCommonMother(q)) {
            throw new RuntimeException("不是同一个椭圆曲线");
        }
```

```java
            if (this.iszero)
                return q;
            else if (q.isZero())
                return this;
            BigInteger y1 = y;
            BigInteger y2 = q.gety();
            BigInteger x1 = x;
            BigInteger x2 = q.getx();
            //两点的斜率,非0
            BigInteger alpha;
            if (x2.compareTo(x1) == 0) {
                if (!(y2.compareTo(y1) == 0))           //对称
                    return new ECPoint(mother);         //对称相加 0 点
                else {                                  //相等
                    //斜率 alpha = (3x^2+a)/(2y)
                    alpha = ((x1.modPow(TWO, mother.getp())).multiply(THREE)).
                        add(mother.geta());
                    alpha = (alpha.multiply((TWO.multiply(y1)).modInverse
                        (mother.getp()))).mod(mother.getp());
                }
            } else {                                    //非对称,不相等
                //斜率 alpha = (x1-x2)/(y1-y2)
                alpha = ((y2.subtract(y1)).multiply((x2.subtract(x1)).
                    modInverse(mother.getp())))).mod(mother.getp());
            }
            BigInteger x3, y3;
            //x3 = alpha^2 - x1 - x2
            x3 = (((alpha.modPow(TWO, mother.getp())).subtract(x2)).subtract
                (x1)).mod(mother.getp());
            //y3 = y1 + alpha * (x3 - x1) 或者 y3 = y2 + alpha * (x3 - x2)
            y3 = ((alpha.multiply(x1.subtract(x3))).subtract(y1)).mod
                (mother.getp());
            return new ECPoint(mother, x3, y3);
        }
    /**
     * 椭圆曲线乘法
     * @param coef
     * @return
     */
    public ECPoint multiply(BigInteger coef) {
        ECPoint result = new ECPoint(mother);
        byte[] coefb = coef.toByteArray();
        if (fastcache != null) {
//类似于 N = 2^0 + 2^1 + 2^2 ....+ 2^n fastcache 中缓存的是次方的结果
            for (int i = 0; i < coefb.length; i++) {
                result = result.times256().add(fastcache[coefb[i] & 255]);
            }
            return result;
        }
//如果 cache 为空,则先计算 cache 内容
        if (cache == null) {
            cache = new ECPoint[16];
            cache[0] = new ECPoint(mother);
```

```java
            for (int i = 1; i < cache.length; i++) {
                cache[i] = cache[i - 1].add(this);
            }
        }
        for (int i = 0; i < coefb.length; i++) {
            result = result.times16().add(cache[(coefb[i] >> 4) & 15]).
                times16().add(cache[coefb[i] & 15]);
        }
        return result;
    }
    /**
     * 乘法转换为加法,计算 16 倍乘法运算结果
     * @return
     */
    private ECPoint times16() {
        ECPoint result = this;
        for (int i = 0; i < 4; i++) {
            result = result.add(result);
        }
        return result;
    }
    /**
     * 乘法转换加法,计算 256 倍乘法运算结果
     * @return
     */
    private ECPoint times256() {
        ECPoint result = this;
        for (int i = 0; i < 8; i++) {
            result = result.add(result);
        }
        return result;
    }
    public BigInteger getx() {
        return x;
    }
    public BigInteger gety() {
        return y;
    }
    public EllipticCurve getMother() {
        return mother;
    }
    public String toString() {
        return "(" + x.toString() + ", " + y.toString() + ")";
    }
    public boolean hasCommonMother(ECPoint p) {
        if (this.mother.equals(p.getMother())) return true;
        else return false;
    }
    public boolean isZero() {
        return iszero;
    }
}
```

ECPoint 就是对椭圆曲线上的点的抽象,其中最重要的是 add 方法,我们先来回忆一下椭圆曲线上加法的几何操作。椭圆曲线上的点 *A* 加上椭圆曲线上的点 *B*,就是过 *AB* 的

直线与椭圆曲线相交于 P,点 P 关于 X 轴对称的点 P'就是 A 加 B 的结果。可以看出基本是几何变换,add 就是通过代数的方式,计算出 P'的坐标。

有一个小技巧,就是缓存计算结果,因为椭圆曲线的乘法终归还是和一般意义的乘法不同,它转换为椭圆曲线加法之后还是一个几何操作,所以计算复杂度和一般意义的乘法也是不同的。

上面的描述可能有点抽象,我们来看一个具体的例子,例如要计算 7*M,其中*表示椭圆曲线乘法。首先转换为椭圆曲线加法:

$7*M = M+M+M+M+M+M+M$

回忆一下椭圆曲线的加法的几何运算,M+M 会得到一个新的点,这个点和点 M 相加又会得到一个新的点。这就意味着椭圆曲线加法运算使用的代数运算会执行 6 次。当不是 7 而是一个非常大的数的时候,可能就不是这么简单了,例如从私钥计算公钥,就是使用私钥乘以生成点,其中私钥就是一个大整数。

怎样解决这个问题呢?前面介绍了椭圆曲线算法利用的是一个群,并且是一个阿贝尔群。群是一种代数结构,包含运算和集合,椭圆曲线算法就是其中的运算部分。所以椭圆曲线加法也拥有阿贝尔群运算的性质,椭圆曲线满足交换律和结合律。所以:

$2*M = M+M$
$4*M = M+M+M+M = 2*M+2*M$
$7*M = M+M+M+M+M+M+M = M+2*M+4*M$

我们需要把 $2*M$ 缓存起来,计算 $4*M$ 只需要 1 次运算,所以我们需要计算的是 $M+M$,$2M+2M$,$M+2M$,$3M+4M$ 总共 4 次运算就可以了。如果计算 $N*M$,当 $N=7$ 的时候还不能体现出缓存的优势,可以尝试计算 $N=16$,$N=32$……

FastCache 就是处理上面这个问题的,不过缓存的都是 2 的倍数。为什么要这样做呢?把 N 写成二进制形式就很容易看出来了,例如:

$7 = 111(2) = 2^0 + 2^1 + 2^2 = 1 + 2 + 4$

3.2.5 椭圆曲线加密与签名原理

先来看一下椭圆曲线的加密原理,首先有私钥 priKey 和公钥 pubKey,其中:

```
pubKey = priKey * G
```

G 是椭圆曲线参数规定的生成点。上面的代码是一个几何运算,G 是椭圆曲线上的一个点,priKey 是一个大整数,pubKey 是椭圆曲线上的一个点。当要发送消息 M 的时候,会随机生成一个随机数 r,发送的内容有两个,一个是 r*G,另一个是 M+r*pubKey。

解密的时候,就使用:

```
M+r*pubKey-priKey*(r*G)
```

我们知道椭圆曲线的乘法本质就是加法,而加法是满足交换律和结合律的,所以可以执行下面的变换:

```
M+r*pubKey-priKey*G*r
M+r*pubKey-pubKey*r = M
```

使用私钥能很容易地计算出原始消息 M。接下来学习使用椭圆曲线算法进行签名和签名验证过程，先来看使用私钥签名的过程。

如图 3.5 所示，在使用椭圆曲线算法进行签名的过程中，首先使用密码学安全的伪随机数生成器（CSPRNG）生成一个随机数 r，然后通过 r 计算一个中间点 Med(mx,my)，随后计算要发送消息签名的哈希值 H，最后根据 H 和私钥计算 s 的值。发送的值包括消息 message、中间点 Med(mx,my)和 s。

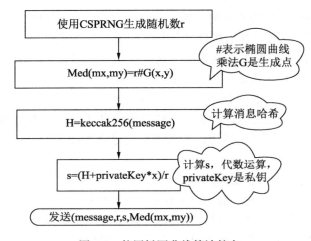

图 3.5　使用椭圆曲线算法签名

当消息被发送到拥有公钥节点的时候，节点怎样验证签名呢？如图 3.6 所示，在使用椭圆曲线算法进行签名验证的过程中，首先根据获得的消息 message 计算哈希值 H，再计算一个中间点 D(dx,dy)，然后将其与接收到的中间点 Med(mx,my)进行对比，如果相同，就验证通过；否则不通过。

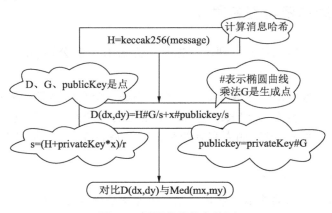

图 3.6　椭圆曲线签名验证

使用这个运算过程的验证是有效的，我们知道 Med(mx,my)=r#G(x,y)，我们只需要证明 D(dx,dy)也等于 r#G(x,y)就可以了。把 H#G/s+x#publicKey/s 表达式中的 publicKey 使用 privateKey#G 替换，s 使用(H+privateKey*x)/r 替换。替换比较简单，麻烦的是要证明 x#(privateKey#G)/s = (x*privateKey/s)#G，这需要严格的证明。

> 注意：区分其中的代数运算和几何运算。

3.3 比特币私钥、公钥与地址

前面已经简单地提到一些关于比特币的私钥和公钥的内容，本节我们来更多地了解一下比特币的私钥、公钥和地址相关的内容。主要包括怎样获取私钥、怎样计算公钥和地址、私钥和公钥的格式，以及私钥碰撞等。

3.3.1 从私钥到地址

我们介绍了比特币的使用可以通过 CSPRNG 生成，当然也可以自定义，只要范围在 1~n-1 之间就可以，其中 n 是椭圆曲线参数 secp256k1 中的 n 值。有了私钥 privateKey，计算公钥就非常容易了，使用椭圆曲线乘法：

```
publicKey(px,py) = privateKey * G(x,y)
```

其中，*表示椭圆曲线乘法，G 是椭圆曲线参数 secp256k1 中指定的生成点 G。公钥已经计算出来了，那么怎样计算地址呢？这个过程就稍微复杂一点了，如图 3.7 所示，首先通过 CSPRNG 生成一个随机数作为私钥，然后通过私钥计算公钥，我们知道公钥是一个点，不能直接计算 Hash 值，所以需要做一下转换，怎样转换呢？首先拼接上一个 04 前缀，然后拼接公钥的横坐标，再拼接公钥的纵坐标得到 data。

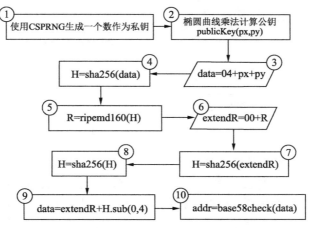

图 3.7 从私钥到地址

对 data 中间值求 sha256 哈希值，再对结果求 ripemd160 哈希值，拼接上 00 作为前缀得到 extendR。然后对 extendR 计算两次 sha256 哈希，取前 4 个字节拼接到 extendR 最后作为校验码得到 data，最后计算 data 的 base58check 值就得到比特币地址了。

流程图看上去不复杂，逻辑也比较清晰，但是要计算这个过程还有许多细节问题，例如区分数字和字符串。在流程中有很多拼接过程，拼接之后要被当作十六进制数字，而不是字符串来计算 Hash。

3.3.2 公钥压缩

压缩公钥是为了减少比特币交易的字节数，从而节省那些运行区块链数据库的节点磁盘空间。公钥是椭圆曲线上的一个点，把点转换为数字使用的方式是加上 04 前缀，拼接上点的横坐标 X，然后拼接上点的纵坐标 Y，所以公钥转换为数字有 520 位，其中十六进制前缀 04 占一个字节 8 位，X 坐标 256 位，Y 坐标 256 位。

公钥是怎样压缩的呢？对于比特币来说，椭圆曲线的参数确定了，也就意味着确定了椭圆曲线，所以我们可以通过横坐标 X 计算得到纵坐标的值 Y。我们只需要存储点 X 的值，当需要纵坐标 Y 的值时做一次计算就可以了。如图 3.8 所示为公钥的格式获取流程图，非压缩格式加上 04 前缀主要是为了区分公钥有没有被压缩。

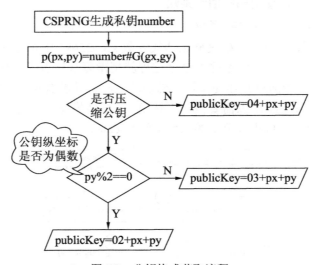

图 3.8 公钥格式获取流程

判断纵坐标的奇偶性，是因为椭圆曲线的 Y 值计算有开方运算，所以要区分 Y 的正负值，如果 Y 是正数，就添加 02 前缀，如果 Y 是负数，则添加 03 前缀。奇偶性判断和正负判断有什么关联呢？我们知道，椭圆曲线的运算都是被限定在有限域内的，在 p 阶有限域内，奇偶性和正负性相关。其中 p 是椭圆曲线参数中指定的，比特币使用 secp256k1 的 p 值为：

FFFFFFFF FFFFFFFF FFFFFFFF FFFFFFFF FFFFFFFF FFFFFFFF FFFFFFFE FFFFFC2F

也就是下面表达式的值：

$2^{256} - 2^{32} - 2^9 - 2^8 - 2^7 - 2^6 - 2^4 - 1$

注意：p 是一个素数。

3.3.3 私钥格式

私钥有多种格式，最常见的就是十六进制格式，例如：
18E14A7B6A307F426A94F8114701E7C8E774E7F9A47E2C2035DB29A206321725

私钥还有两种格式，一种是 WIF（Wallet import format），另一种是 WIF-compressed。WIF 格式和 WIF-compressed 格式差不多，我们先来看怎样通过私钥计算 WIF。如图 3.9 所示，与从私钥到地址相比，私钥转换为 WIF 格式就容易多了。

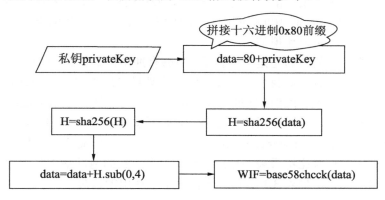

图 3.9　私钥转换为 WIF 格式

首先私钥添加一个十六进制前缀 80，再计算两次 sha256 作为一个中间值 H，然后在 data 的最后拼接上 H 的前 4 个字节作为校验码，得到 data，最后对 data 计算 base58check 就获取到地址的 WIF 格式了。WIF-compressed 格式和 WIF 格式的计算流程基本一致，只是先为私钥添加 01 后缀再计算。例如要把私钥：
18E14A7B6A307F426A94F8114701E7C8E774E7F9A47E2C2035DB29A206321725

转换为 WIF-compressed 格式，首先添加一个 01 后缀，变为：
18E14A7B6A307F426A94F8114701E7C8E774E7F9A47E2C2035DB29A206632172501

然后再执行和 WIF 同样的流程，获取到的就是 WIF-compressed 格式。因为 WIF-compressed 格式的计算流程基本和 WIF 一样，这里就不给出流程图了。

3.3.4 私钥与安全

比特币的地址是公开的，例如，可以在 https://bitinfocharts.com/top-100-richest-bitcoinaddresses-1.html 地址中查看到比特币比较多的一些地址。知道了地址，我们可以计算公钥，就是从公钥到地址的逆向过程。通过私钥是可以计算出公钥的，我们可以通过不断地生成随机数来计算公钥进行"碰撞"。

我们不需要从地址逆向计算公钥，而是根据从私钥到地址中介绍的不断生成随机数，然后计算地址，最后和目标地址对比就可以了。

既然私钥可以"碰撞"，那么比特币还是安全的吗？这要看从什么角度来看待这个问题。先来看一下碰撞到私钥的概率，我们知道私钥 key 的范围是[1,n)，其中 n 是椭圆曲线参数 secp256k1 指定的值，n 的值为：

FFFFFFFFFFFFFFFFFFFFFFFFFFFFFFFEBAAEDCE6AF48A03BBFD25E8CD0364141
115792089237316195423570985008687907852837564279074904382605163141518161494337

上面一行是十六进制，下面一行是十进制，对于 10^{77} 这种级别的计算，读者可以使用自己觉得最快的机器和最快的语言尝试一下做 100 亿次空循环，看需要多长时间，一般的机器大概在 10 秒左右，而 100 亿的则是 10^{10} 秒而已，并且从生成随机数到计算地址这个过程都不是空循环可以比拟的。

如果读者认为上面的数据还是不够直观，不够有冲击性，那么可以自己动手来"碰撞"一下私钥尝试一下。在这之前我们还需要了解一个地址 P2SH（Pay-to-Script Hash）地址，这个也是我们常见的地址。P2SH 地址是在交易中创建的，计算 P2SH 地址和使用公钥计算地址的流程基本一致，不过使用的不是公钥，而是脚本，并且使用的前缀也不是 0x00，而是 0x05，所以最后使用 base58check 编码得到的地址的前缀是 3，而不是 1。

通过前面提供的查看比特币最多地址的链接，查看到的地址基本是 1 和 3 开头的。比特币中会使用很多前缀，如表 3.1 所示为比特币中常使用的前缀。

表 3.1 比特币相关前缀

类 型	版 本 前 缀	base58check前缀
比特币地址	0x00	1
P2SH地址	0x05	3
测试网络比特币地址	0x6F	m或者n
私钥WIF格式	0x80	5或者K或者L
扩展私钥	0x0142	6P
扩展公钥	0x4088B21E	xpub

在表 3.1 中只需注意前两个地址就可以了。可以在前面给的查看比特币最多地址的链接中抓取比特币最多的地址。我们只保留前缀为 1 的地址，前缀为 3 的地址基本无法"碰撞"，因为脚本组合方式太多，读者后面学习了 P2SH 就会明白原因。

下面给出一个简单的 JavaScript 版本的"碰撞"测试，使用的是 bitcoinjs-lib 库。我们先创建一个目录，然后在目录下创建一个 JavaScript 文件，假设名字为 conclusion.js，文件内容如下：

```
const bitcoin = require('bitcoinjs-lib')
//找几个比特币较多的地址
constrichAddrs=['16ftSEQ4ctQFDtVZiUBusQUjRrGhM3JYwe','16rCmCmbuWDhPj
WTrpQGaU3EPdZF7MTdUk','183hmJGRuTEi2YDCWy5iozY8rZtFwVgahM']
const N = 1000
// 使用 prototype 方式给 Array 对象添加一个 contains 函数,用于检查是否包含指定元素
Array.prototype.contains = function (obj) {
    var index = this.length
    while (index--) {
        if (this[index] === obj) {
            return true
        }
    }
    return false
}
function conclusion(){
    for(let i=0;i<N;i++){
//使用 bitcoinjs-lib 函数生成公钥和私钥
        var keyPair = bitcoin.ECPair.makeRandom()
//通过公钥计算地址
        var { address } = bitcoin.payments.p2pkh({ pubkey: keyPair.
        publicKey })
//检查地址是否包含在要碰撞的比特币地址中,如果包含则打印出私钥
        if(richAddrs.contains(address)){
            console.log(address)
console.log(keyPair.privateKey.toString('hex'))
        }
    }
    console.log("conclusion " + N + " times done!")
}
conclusion()
```

首先导入 bitcoinjs-lib 库,richAddrs 中有 3 个地址,是 3 个比特币比较多的地址,扩展了一下 Array 对象,添加一个检查数组中是否包含指定对象的方法。conclusion 方法是碰撞测试,使用 coin.ECPair.makeRandom 生成密钥对,然后通过 bitcoin.payments.p2pkh 方法计算公钥对应的地址,并检查地址是否包含在 richAddrs 中。

要执行上面的代码涉及后面所讲的一些 Node 和 NPM 的知识,读者可以先大概看一下第 5 章的相关内容。当然也可以先暂时不管,直接在刚刚创建的目录下使用终端执行下面的命令:

```
cnpm init --yes
cnpm i bitcoinjs-lib -S
node conclusion.js
```

⚠️**注意**:虽然相关知识可以先不管,但是还需要安装 Node 和 CNPM 工具,如果只安装了 NPM 工具,可以把 cnpm 命令替换为 npm 命令。

读者可以尝试添加更多的地址,把 N 值变得更大一些进行更多的碰撞测试。

3.4 比特币交易

交易是非常重要、也比较复杂的一部分,比特币的交易部分和以太坊的交易部分还是有很大的差别,本节我们主要介绍比特币交易涉及的一些基本概念和基本流程,了解比特币是如何交易的。

3.4.1 交易简介

比特币是纯粹的数字货币,所以比特币的交易就是转账的过程,每一笔转账是一个交易,交易的合法性验证是通过检查私钥签名进行的。

比特币会将交易打包成为区块,可以通过比特币浏览器来查看相应的交易、区块中的交易,以及地址关联的交易等信息。有很多网站可以查看比特币相关的数据,例如 https://www.blockchain.com/explorer 或者 https://bitinfocharts.com/bitcoin/explorer/ 都可以查看。

3.4.2 交易输出

和交易相关的就是交易的输入和输出,其中有一个非常重要的概念 UTXO(unspent transaction outputs),所有 UTXO 的集合被称为 UTXO 集,每一个交易都会使 UTXO 集产生变化,这个过程被称为状态转换。

在交易输出中有两个重要的内容,一个是金额,是 UTXO 有多少可以使用的比特币;另一个是锁定脚本,可以看做一把锁,只有能解开这把锁的人才有资格消费这个 UTXO 中的比特币。如表 3.2 所示为比特币交易输出系列化格式,交易在发送的时候需要进行系列化,主要作用就是 UTXO 对象转换为字节系列。

表 3.2 比特币交易输出系列化格式

长 度	描 述
8字节(amount)	比特币金额,单位聪(satoshi)
1-9字节变长	锁定脚本的长度
变长字节(Locking script)	锁定脚本内容

3.4.3 交易输入

交易的输入是花费比特币,需要引用需要花费的 UTXO,并且提供解锁脚本,解锁脚本就是私钥签名和公钥。UTXO 是和比特币账户相关联的,也是和地址相关联的。要使用 UTXO 中的比特币,就要证明 UTXO 中的比特币是自己的。

那么怎样证明呢?答案是通过私钥证明。公钥大家都知道,私钥只有自己知道,所以有 UTXO 对应地址的私钥就证明是 UTXO 中的比特币所有者。但是交易发起者不能直接发送私钥,因为这样私钥就暴露了,所以使用私钥签名代替私钥。只要私钥签名被验证,也就相当于私钥被验证。如表 3.3 所示为比特币交易输入系列化格式,和交易输出一样,交易输入也有自己的编码格式。

表 3.3 比特币交易输入系列化格式

长 度	描 述
32字节	交易Hash
4字节	要使用UTXO索引
1-9字节变成字节	解锁脚本长度
变长字节	解锁脚本内容
4字节	序列号,表示锁定时间,0xFFFFFFFF表示禁用

交易输出的内容主要包含 32 个字节的交易 Hash,4 字节的交易要使用的 UTXO 索引,然后是解锁脚本长度和解锁脚本内容,最后 4 字节是交易锁定时间。

3.4.4 交易费

大多数交易包含交易费,交易费作为矿工打包一笔交易到区块中的一种奖励。成功挖到某区块的矿工将得到该区内包含的交易费用,这是为了激励读到的人来打包交易以保证安全,同时通过对每一笔交易收取小额费用来防止对系统的滥用。

交易费是基于交易的规模来计算的,根据比特币网络中的算力确定。不同的矿工(比特币客户端)可能会依据许多不同的参数对待打包交易进行优先级排序,例如交易费用。这意味着有更大费用的交易可能被打包进下一个挖出的区块中,反之交易费不足或者没有交易费的交易可能会被推迟,基于尽力而为的原则在几个区块之后被处理,甚至不被处理。交易费不是强制的,但是交易费将提高处理优先级。

3.4.5 付款至公钥哈希(P2PKH)

P2PKH(Pay-to-Public-Key-Hash),字面上的意思是"付款至公钥哈希"。比特币网络中的大多数交易花费都是由 P2PKH 脚本锁定的输出。这些输出都含有一个锁定脚本,将输入锁定为一个公钥哈希值,可以计算得到比特币地址。由 P2PKH 脚本锁定的输出可以通过提供一个公钥和由相应私钥创建的数字签名来解锁。

换一个看法,可以把锁定脚本看做比特币地址,而解锁脚本可以看做一个地址对应的签名。椭圆曲线使用私钥签名，可以通过公钥验证，所以锁定脚本和解锁脚本组合到一起就可以进行验证了。锁定脚本和解锁脚本的示例如下：

```
OP_DUP OP_HASH160 <Public Key Hash> OP_EQUALVERIFY OP_CHECKSIG
<Signature>  Public Key
```

3.4.6 多重签名与P2SH

3.4.5节介绍了P2PKH，只包含一个公钥和一个私钥签名。多重签名机制主要是为了防范盗窃、挪用和遗失。多重签名中有两个参数M和N，表示如果多重签名锁定脚本中包含N个公钥，那么解锁脚本中必须要有N个私钥签名验证通过才会验证通过（M<=N）。我们来看一下M-N多重签名的锁定脚本与解锁脚本实例：

```
2 <PuKA> < PuKB> < PuKC> 3 CHECKMULTISIG
<Signature B> <Signature C> 2 <PuKA> <PuKB> <PuKC> 3 CHECKMULTISIG
```

第一行是多重签名锁定脚本，第一个数字2是M，表示解锁脚本至少需要2个签名，后面是公钥，公钥后面的数字3是N，表示公钥的个数是3。第二行是多重签名的解锁脚本，首先是2个签名，后面2是签名的个数，接着是公钥，数字3是公钥个数。

P2SH和P2PKH差不多，不过不是支付到地址，而是支付到脚本哈希。支付到脚本哈希的比特币没有和私钥绑定怎么使用呢？签名加上锁定脚本就可以了，锁定脚本用来计算哈希是否匹配，签名用来验证是否包含指定的私钥，这和多重签名的解锁过程是一致的。

3.5 比特币钱包

这一节我们来介绍比特币管理私钥、地址等与钱包相关的内容。我们后面章节将要重点介绍的以太坊也有钱包的概念，并且很多的内容都是从比特币中借鉴而来的，所以比特币钱包的基本原理，对于以太坊的钱包也基本适用。

3.5.1 钱包简介

首先了解什么是比特币钱包。关于比特币钱包，有两个概念，一个是指"钱包应用"，另一个是指"存放私钥的文件"。我们不用纠结于区分这两个概念，很多时候对于我们来说只需要知道钱包中有密钥就可以了。

钱包可以分为两个大类，第一类是非确定性钱包，就是一对密钥，密钥之间没有关联性；第二类是确定性钱包，所有的密钥都是由一个密钥生成的，这个密钥被称为钱包的种子（seed）。

使用确定性钱包只需要记住种子就可以，通过相同的种子会生成相同的密钥。通过种子生成密钥的方式也有很多种，最常使用的就是树状结构，通过这种方式生成的钱包就是我们后面章节常用的 HD 钱包（分层确定性钱包）。

3.5.2 生成助记词

使用过数字货币钱包的朋友应该对助记词不陌生，助记词主要是为了避免我们去记忆复杂的私钥或者密码。只需记住助记词，就可以恢复我们使用相同助记词创建的钱包中的密钥，下面我们来看一下助记词的生成流程。

如图 3.10 所示，首先生成一个 N 位的随机数，计算 N 的 sha256 哈希值 code，然后取 code 的前 M 位拼接到 N 的最后作为校验码，按 11 位进行分段，最后把每一段的值与预定义的单词字典映射得到助记词。

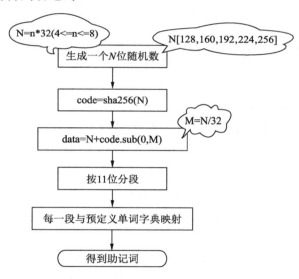

图 3.10 助记词生成流程图

生成的随机数 N 的位数、校验码位数 M 及最后助记词的个数的关系如表 3.4 所示。

图 3.10 所示的流程是 BIP39 的规范，想要了解助记词字典或者更多的内容，可以访问 https://github.com/bitcoin/bips/blob/master/bip-0039.mediawiki，助记词字典中定义了 2048 个单词，所以会按 11 位分段，因为 2^11=2048，这样可以保证每一段都会映射到一个单词上。

表 3.4 助记词关系表

随机数位数N	校验码位数M	总 位 数	助记词个数
128	4	132	12
160	5	165	15

随机数位数N	校验码位数M	总 位 数	助记词个数
192	6	198	18
224	7	231	21
256	8	264	24

3.5.3 从助记词生成种子

3.5.1 节提到了一个概念——种子（seed），后面章节会经常用到种子。本节我们介绍从助记词生成种子的过程。如图 3.11 所示，首先生成一个随机数，然后根据随机数计算获得助记词，这是上一节的内容。

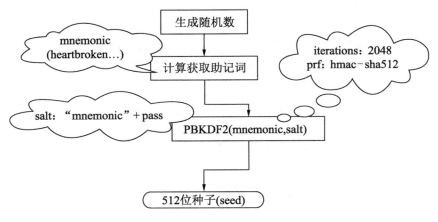

图 3.11　从助记词生成种子

有了助记词之后，我们使用密钥生成函数 PBKDF2 来生成种子，PBKDF2 密钥生成函数主要有两个参数，即 password 和 salt，这里我们使用 mnemonic 助记词作为 password，salt 使用常量 mnemonic 拼接上 pass，pass 是可选的，如果没有提供就会使用 mnemonic 作为 salt。

当然，PBKDF2 还有一些其他的配置选项，例如 iterations 表示迭代次数，这里迭代 2048 次，prf 参数表示使用哪个哈希函数，这里使用的是 HMAC-SHA512。

3.5.4 从种子生成 HD 钱包

HD 钱包（Hierarchical Deterministic wallet），就是分层确定性钱包，为什么叫做分层确定性钱包呢？顾名思义，首先是分层的，然后是确定的，这样看太过于抽象，我们下面具体介绍一下为什么名字中有分层和确定。

前一节我们已经计算得到了种子 seed，那么怎样通过种子获取密钥呢？如图 3.12 所示，对种子再一次通过 HMAC-SHA512 计算哈希值。高 256 位作为私钥，有私钥很容易就能计算出公钥了；低 256 位作为链码。

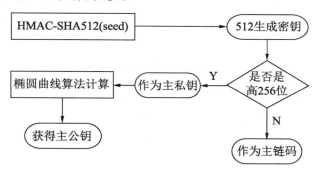

图 3.12　从种子生成私钥

通过种子计算得到的私钥、公钥和链码又被称为主私钥、主公钥和主链码。既然是分层，肯定就会有下一层，我们可以通过主私钥、主公钥和主链码计算子私钥、子公钥和子链码，如图 3.13 所示，我们看到主要有 4 个输入参数，分别是私钥、公钥、链码及索引，第一层的输入就是通过种子计算得到的主私钥、主公钥和主链码。索引是自定义的范围，在 0~2^31-1 之间，所以每一层最多衍生出 2^31 个密钥。

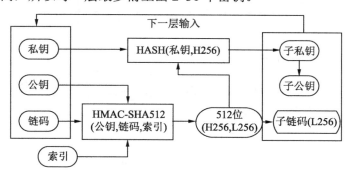

图 3.13　密钥衍生流程图

获取子密钥的过程也比较简单，就是对上一层的公钥、链码加上一个自定义的索引计算 HAMC-SHA512 哈希值。高 256 位和私钥计算子私钥，低 256 位作为子链码。其中获取的子密钥、子公钥和子链码可以作为下一层的输入。

上面的流程存在一个问题，在介绍这个问题之前我们先来了解一下什么是扩展密钥相关的知识。如图 3.14 所示为扩展密钥相关的内容，需要注意的是，扩展公钥和扩展私钥的前缀，扩展私钥无论什么时候都不应该暴露，但是扩展公钥却有可能会暴露。

图 3.14 扩展密钥

扩展公钥暴露有什么风险呢？前面我们介绍衍生密钥的时候知道，可以通过公钥和链码计算子链码，扩展公钥中恰好包含了公钥和链码。因为公钥的公开性，所以这意味着可以计算全部公钥对应的子链码，如果有一个子私钥被意外暴露，那么所有的子私钥都会被暴露。

为了解决这个问题，产生了一种新的密钥衍生方式，强化密钥衍生（hardened derivation），也称为硬化密钥衍生。强化密钥衍生的流程和密钥衍生的流程基本相同，只不过它不是使用公钥来计算子链码，而是使用私钥来计算子链码，如图 3.15 所示为强化密钥衍生的流程图，没有使用公钥作为参数计算子链码，取而代之的是使用了私钥作为 HMAC-SHA512 参数来计算子链码。

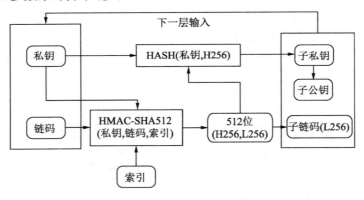

图 3.15 强化密钥衍生

> 注意：强化密钥衍生使用的索引取值范围与密钥衍生的索引取值范围不同，强化密钥衍生的索引取值范围为 $2^{31} \sim 2^{32}-1$。

3.5.5 HD 钱包密钥路径

关于 HD 钱包，最后介绍的内容就是路径，在第 6 章中使用 Ganache 的时候就会看到 HD 钱包密钥路径。路径是以 m 或者 M 为前缀的，m 表示私钥，M 表示公钥，每一层有正斜杠分隔，层之间是索引数字，例如主密钥生成的第一个密钥是 m/0，主密钥生成的第一个公钥是 M/0。

另外我们还会经常看到路径中的索引有撇号，例如 m/44'/60'/0'/0，其中撇号表示是通过强化密钥衍生的索引，实际的索引号要加上 2^31，现在读者就可以理解为什么密钥衍生和强化密钥衍生要区分索引号的范围了。

还有一个问题是密钥衍生的数量巨大带来的导航问题，这个问题的解决如果感兴趣的读者可以了解一下 BIP43 和 BIP44 相关的内容。

3.6 比特币相关资源

在本章中，我们简单介绍了比特币相关的内容，在最后这一节将简单地介绍一些比特币相关的资源，想要对比特币有进一步了解的读者可以参考。

- 比特币：https://bitcoin.org/en/；
- 比特币开发：https://bitcoin.org/zh_CN/development#more；
- 比特币 github 仓库：https://github.com/bitcoin/bitcoin。

除了官方实现的比特币客户端之外，还有一些其他语言实现的比特币客户端和库，对于 C 和 C++ 不熟悉的读者，也可以参考一些其他语言实现的代码库。

熟悉 Java 的朋友可以看一下 bitcoinj，参考网址如下。

- bitcoinj：https://bitcoinj.github.io/；
- bitcoinj 仓库：https://github.com/bitcoinj/bitcoinj。

熟悉 JavaScript 的朋友可以看一下 bitcoinjs-lib，参考网址如下。

- bitcionjs-lib: https://github.com/bitcoinjs/bitcoinjs-lib。

熟悉 Go 的朋友可以看一下：

- https://github.com/btcsuite/btcd。

第 4 章 以太坊

以太坊不仅是一种数字货币，也可以把它看做是一个去中心化应用的平台。以太坊和比特币的区别之一是以太坊支持智能合约，所以我们可以通过以太坊发行自己的代币，通过合约创建各种服务部署到以太坊上，为其他人提供服务。

本章我们从以太坊的一些基本概念开始梳理，讲述其中涉及的知识点，希望能够帮助读者建立一个以太坊的认知图谱。本章主要涉及的知识点有：

- 以太坊的基本概念；
- 以太坊账户；
- 以太坊交易；
- 以太坊网络；
- 以太坊 GHOST 协议；
- 以太坊 Ethash 算法。

🔔 注意：本章内容不包含动态数组（注意技巧样式的应用）。

4.1 以太坊简介

由于读者还没有对以太坊形成完整的知识结构，可能需要一些其他的知识才能串联起来，所以对于难以理解的内容可以先暂时跳过去，等对以太坊有一个整体概念了，再次阅读，相信读者就会有不同的理解和认知了。

4.1.1 什么是以太坊

以太坊是一个任何人都可以创建和运行去中心化应用的区块链平台。但是没有任何人可以控制或者拥有以太坊，它是由很多世界各地的人建立的开放源码项目。

🔔 注意：我们上面提到的以太坊特指以太坊整个生态，而不是指以太币，请读者不要混淆。

以太坊作为和比特币对标的项目，它的设计更具有适应性和灵活性，可以容易地创建应用在以太坊上运行。以太坊和许多平台一样，例如 Android 平台，遵循 Android 的规范，使用 Java 或者 Kotlin 语言就可以开发了，以太坊则可以使用 Solidity 或者其他语言就可以进行开发。

应用开发完毕后要发布。像 Android 这类平台上的应用，开发完成一般需要发布到第三方平台上，然后用户才能下载、安装，这些平台往往有各种限制。以太坊不一样，以太坊开发完成之后可以直接部署在以太坊平台上，没有任何限制。其他人要使用这些开发的应用也不需下载，只需要调用开发者提供的接口或者开发者建立在接口上的服务就可以了。另外，如果开发者要使用其他人开发的以太坊应用，还可以看到其他人的源码。

当然，以太坊像比特币一样，也提供了自己的数字货币——以太币，可以进行收款、付款、转账等各种交易。

4.1.2 以太坊虚拟机（EVM）

其实我们使用 Solidity 编写的一般不叫应用，而是叫合约——智能合约。那么代码写好在什么地方运行呢？肯定不能直接在机器上运行，需要有限制，所以以太坊提供了以太坊虚拟机来执行代码。

虚拟机是不认识像 Solidity 这样的高级语言的，所以需要编译，把 Solidity 代码编译为虚拟机字节码（bytecode），其他语言也一样，都会被编译为虚拟机字节码后才能在以太坊上运行。

所以我们能使用不同的语言来编写智能合约，也可以自己设计一门语言来编写智能合约，当然前提是能够编写出编译器，把自己设计的语言编译为以太坊虚拟机字节码的编译器。

> **注意**：后文如果不特别说明，我们使用的字节码都是指以太坊虚拟机字节码，虚拟机就是指以太坊虚拟机。

4.1.3 以太坊智能合约与高级语言

从专业角度来说，什么是智能合约呢？智能合约是以太坊区块链上指定地址的代码和数据集合，智能合约能够直接相互发送消息，同时也能执行图灵完备计算。智能合约是建立在以太坊虚拟机字节码基础之上的。

我们一般不会直接编写字节码，而是使用像 Solidity 这样的以太坊高级语言。前面我们也提到了 Solidity，Solidity 是可以用来编写以太坊智能合约的高级语言，它和 JavaScript 很像，这也是我们后面章节将要重点介绍的以太坊高级语言。

推荐读者使用 Solidity 语言，其使用的人比较多，意味着更好的生态，能找到更多的资源，有问题也更容易找到答案，我们后面章节重点介绍的也是 Solidity 语言。

4.1.4 以太币单位

以太坊有自己的货币——以太币,以太币的最小单位是 wei,当然还有一些其他的单位,下面我们就来看一下以太币不同单位之间的换算关系。如表 4.1 所示,表中包含很多单位,常用的是 wei 和 ether。其他的基本也有规律,K 是 1000 倍(3 个 0),M 是 100 万倍(6 个 0),G 是 10 亿倍(9 个 0)。不管是什么单位,后面相应加 0 就可以了。

表 4.1 以太币单位换算

单 位	换算为wei	科 学 计 数
wei	1	1
Kwei(babbage)	1000	1e3
Mwei(lovelace)	1000000	1e6
Gwei(shannon)	1000000000	1e9
microether(szabo)	1000000000000	1e12
milliether(finney)	1000000000000000	1e15
ether	1000000000000000000	1e18
Kether	1000000000000000000000	1e21
Mether	1000000000000000000000000	1e24
Gether	1000000000000000000000000000	1e27
Tether	1000000000000000000000000000000	1e30

一般使用 wei 作为单位,因为很多单位太大需要用小数表示,而很多语言对小数的支持不好,容易出现精度问题。

4.1.5 以太坊发行版本与提案

首先了解一下以太坊的开发情况和未来的计划,如表 4.2 所示。Olympic testnet 和 Frontier 主要是用于测试,Homestead 是第一个稳定版本,在 1150000 个区块的时候引进,因为它不兼容之前的一些协议,所以 Homestead 是一个硬分叉。

表 4.2 以太坊开发线路里程碑

编 号	版 本	开 始 时 间
0	Olympic testnet	2015-05
1	Frontier	2015-07-30
2	Homestead	2016-03-14
3	Metropolis	未来
4	Serenity	未来

EIPs(Ethereum Improvement Proposals)是以太坊改进提议,读者可以通过 https://gitter.im/

ethereum/EIPs 参与讨论。例如 Homestead 版本就应用了 EIP2 的一个提议，把合约创建的费用从 21000 增加到了 53000。更多 EIPs 的内容可以参考 https://github.com/ethereum/EIPs 和 https://eips.ethereum.org/。

如表 4.3 所示为以太坊提案的不同状态以及含义，我们主要应该关注的是 Accepted 和 Final 状态的提案。

表 4.3 以太坊提案状态

状　　态	描　　述
Draft	公开考虑阶段
Accepted	计划接受，期待包含在下一个硬分叉
Final	在上一个硬分叉被接受
Deferred	考虑将来实现

4.2 以太坊账户

本节我们来介绍以太坊的账户，以太坊的账户模型和比特币非常相似，例如都有椭圆曲线算法，并且以 secp256k1 作为参数。但是以太坊的账户模型也针对性地做了一些修改以适应以太坊的需求，例如以太坊的账户分为外部账户和合约账户。

4.2.1 外部账户

以太坊有一种账户类型叫做外部账户（Externally Owned Accounts，EOAs）。以太坊的外部账户和比特币的账户模型是一样的，私钥是使用 CSPRNG 生成的数字，地址是通过公钥计算获取到的，不过以太坊计算地址的方式和比特币有所不同。下面我们就来看一下以太坊地址计算流程，如图 4.1 所示。首先使用密码学安全伪随机数生成器生成一个数字 N 作为私钥，然后通过椭圆曲线乘法计算获取公钥 P(px,py)，其中 G 是生成点，在椭圆曲线参数 secp256k1 中被定义。

然后拼接公钥 P 的横坐标和纵坐标得到中间值 data，计算 data 的 keccak256 哈希值得到 256 位 32 字节值 H，取 H 的最后 20 个字节就是以太坊外部账户的地址。和比特币的地址计算流程相比，以太坊的地址计算实在是太"友好"了，没有前缀和后缀，也没有校验码，直接拼接公钥计算 keccak256 哈希，截取最后 20 字节就完成了地址的计算。

注意：以太坊的地址计算过程不可逆，也就是不能通过地址获取公钥，因为哈希是不可逆的，并且只是被截取部分数据。

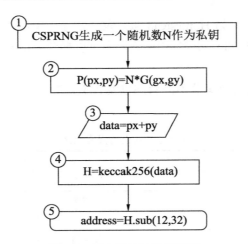

图 4.1　以太坊地址计算流程

上面我们介绍了以太坊地址的计算，那么外部账户有哪些属性，可以执行哪些操作呢？接下来我们就来看一下外部账户的特性和可执行操作：

- 有一个以太币余额属性，表示账户余额。
- 可以发送交易（以太币发送或者接受，触发合约代码）。
- 被一个私钥控制。
- 没有关联的合约代码。

4.2.2　合约账户

和比特币不同的是以太坊还有一种名为合约账户的账户类型，因为与比特币纯粹的数字货币不同，以太坊支持智能合约。智能合约可以看做一个特殊的账户，在以太坊中被称为是合约账户，它的特殊之处在于关联了可执行的智能合约代码。

合约地址是在合约创建过程中生成的，一般是根据合约数据计算得到，当然也可以通过创建外部地址的方式得到。下面我们来看一下合约账户拥有的属性和可以执行的操作。

- 有一个以太币余额属性，表示账户余额。
- 关联有合约代码。
- 合约可以被交易触发执行或者接收到其他合约消息执行。
- 可以执行任意复杂的操作，操作它的永久存储区，调用其他合约等。

4.2.3　外部账户与合约账户的异同

上一节我们了解了以太坊账户分为两种，一种是外部账户，另一种是合约账户，这两种账户有什么异同呢？其实外部账户和合约账户基本是一样的，以太坊虽然区分了两种账户，但是在数据结构上还是一致的，只是在具体的实现上有所差异。如图 4.2 所示，我们可以看到外部账户和合约账户有相同的属性，它们分别是 none、balance、storageRoot 和 codeHash。

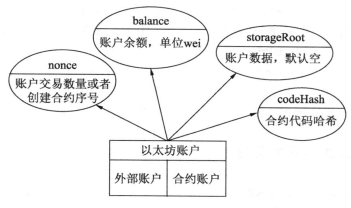

图 4.2 以太坊账户属性

账户属性中的 nonce 和区块链工作量证明机制的 nonce 有很大不同，工作量证明机制中的 nonce 是指计算指定 Hash 执行碰撞的次数；而账户中的 nonce 属性是指这个账户完成了多少笔交易，它和交易中的 nonce 一起是为了防止重播攻击。

账户的 balance 属性，对于外部账户和合约账户来说都一样，是账户中拥有的以太币的数量，注意这里的单位是 wei。storageRoot 是存储的账户数据，storageRoot 是一个树状结构，13.1 节中介绍的合约中数据位置为 storage 的数据就存储在这里。codeHash 是合约代码的哈希值，对于外部账户来说没有合约代码，所以外部账户的 codeHash 值是空字符串的哈希值。

4.3 以太坊交易

以太坊的交易由于涉及智能合约，所以比比特币的交易更加复杂，本节我们简单了解一下以太坊的交易，以及涉及的一些基本概念，建立读者对以太坊交易的一个基本印象。

4.3.1 gas、gasPrice 与 gasLimit

首先来了解两个基本的概念：gas 和 gasPrice。在以太坊中细化了交易费相关的内容，交易肯定会有交易费用，以太坊中引入了一个中间概念 gas，字面意思是"汽油"，我们可以把它理解为一种燃料或者能量，在以太坊交易涉及的各种操作都需要 gas，比如存储一个数据、创建一个合约、执行一次 Hash 计算都需要 gas。

一个交易使用的能量 gas 可以作为衡量一个交易的计算量,需要越多的计算和存储就会花费更多的 gas。当然仅仅有 gas 是不够的,我们还需要为 gas 定价,就像汽油有价格一样,gas 也有价格,所以就有了 gasPrice。

为什么不直接评估操作执行需要多少钱,而是引入 gas 和 gasPrice 呢?这是因为要考虑到具体的网络情况,让 gasPrice 根据市场变化而决定。这样当网络中的计算能力(算力)低的时候,就需要更高的 gasPrice,从而吸引更多人加入。

另外还有一个概念 gasLimit,表示限制最多使用的 gas,主要是考虑到遇到错误的时候尽量减小损失。例如,本来一个正常的合约调用只需要很少的 gas,但因为错误造成了死循环,如果没有 gasLimit 就会一直运行,不断消耗 gas,而 gas 是要花钱的。

4.3.2 gasUsed 与交易花费

上一节我们了解了 gas、gasPrice 和 gasLimit,知道交易是需要 gas 的,但是到底需要多少 gas 呢?以太坊对操作需要的 gas 做了一些规定,例如交易的基本费用是 500gas、合约创建是 53000gas、交易数据每一个字节需要 5gas 等。

正是因为每一个操作都有明确的需要多少 gas,所以我们可以对交易或者合约调用需要的 gas 进行评估。gasUsed 就是执行所有操作需要的 gas 总和。交易的花费就是一个交易需要使用多少以太币,假设交易花费为 totalCost,那么:

```
totalCost = gasUsed * gasPrice
```

4.3.3 什么是以太坊交易与消息

transaction 指交易,以太坊的交易是指区块链上的外部账户向另一个外部账户发送存储消息的签名数据包。感觉有点抽象,我们换一个说法,可以简单地看做是以太坊的一个账户向另一个账户转账。接下来我们来看一下交易包含的属性,也就是签名数据包的具体内容。如图 4.3 所示为以太坊交易中包含的属性,其中 gasLimit 表示这笔交易最多允许使用的 gas 的数量。

gasPrice 是指定这笔交易 gas 的价格,这个完全是定义的,一般的钱包会给一个均值作为默认值,gasPrice 会直接影响到交易完成的时间,所以不要设置得太低。

nonce 是一个随机数,但是会影响交易的执行,如果交易的 nonce 小于发起交易账户的 nonce 属性会被直接丢弃,如果大于发起交易账户的 nonce 就会排队等待,直到账户 nonce 属性达到交易设置的 nonce 时才有可能被执行,可以利用交易的 nonce 属性来覆盖之前的交易。

from 是交易发起方的地址,to 是交易接收方的地址,value 是 from 要发送给 to 的以太币的金额。

数据签名主要用来证明交易的合法性,检查是否是 from 地址对应私钥签名的数据以判断是否接受交易。对于转账来说，data 是可选数据，对于合约创建来说，data 是编译之后的合约字节码，对于合约方法调用来说，data 是合约方法签名和参数编码。

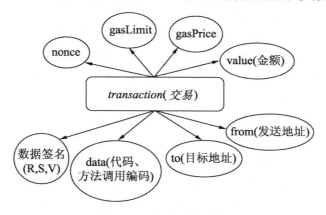

图 4.3 以太坊交易属性

消息（message），其本质上还是一个 transaction，不过消息是由合约产生，是当合约执行 call 或者 delegatecall 的时候产生，而不是由外部产生。

4.4 以太坊网络

读者可能会经常听到一个词：以太坊主网。以太坊主网到底是什么意思呢？本节将介绍以太坊网络相关的知识点，希望帮助读者对以太坊网络有一个整体认知。

4.4.1 以太坊网络简介

我们知道以太坊是一个分布式的系统，第 2 章我们介绍了，对于分布式的 DApp 来说网络模式是 P2P 方式，以及 P2P 网络和我们的常见的 Web 网络的区别，也了解了一些 P2P 的网络拓扑结构。

以太坊也是 P2P 中的分布式哈希表（DHT）拓扑结构，更加具体的实现是类 Kademlia 算法，就是对 Kademlia 做了一些修改。

由于以太坊是一个分布式的系统，需要和其他的节点进行数据交互，所以我们需要了解以太坊网络。理解以太坊的网络，有助于理解在以太坊中遇到的其他相关的问题。

4.4.2 以太坊与 Kademlia

以太坊有一个节点发现协议规范，v4 版本可以参考 https://github.com/ethereum/devp2p/

blob/master/discv4.md。

在 https://github.com/ethereum/devp2p/ 中有一些其他的协议，包括 devp2p 应用层协议和基于 TCP 的 RLPx 传输层协议。我们来了解一下节点发现协议。在以太坊中每一个节点都有一个 NodeID，用来唯一标识一个节点，NodeID 是在节点启动时生成的。

在 Kademlia 中一个概念叫做节点之间的距离，距离被定义为两个节点对应的 NodeID 的异或值。例如，假设有节点 A 的 NodeID 为 NodeIDA，节点 B 的 NodeID 为 NodeIDB，那么节点 A 与节点 B 的距离为：

```
distance(A,B) = keccak256(NodeIDA) XOR keccak256(NodeIDB)
```

其中，XOR 是位的异或运算，就是对应二进制位上的值相同则为 0，不同则为 1。每一个以太坊节点都按距离维护着一张路由表，如图 4.4 所示。路由表中维护着 256 个 bucket，bucket 直译为"桶"，每一个桶中存放最多 k 个 Node，Node 表示节点数据，最主要的就是 NodeID，而 NodeID 主要由节点对应的 IP 和节点使用的端口组成。

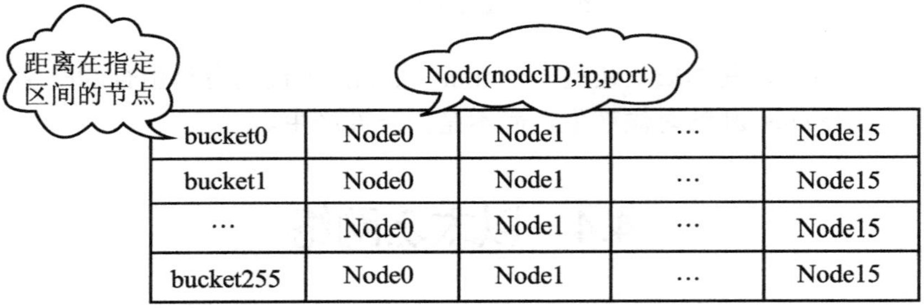

bucket0	Node0	Node1	…	Node15
bucket1	Node0	Node1	…	Node15
…	Node0	Node1	…	Node15
bucket255	Node0	Node1	…	Node15

（距离在指定区间的节点 → bucket0；Nodc(nodcID,ip,port) → Node0）

图 4.4　以太坊路由表

⚠注意：在以太坊中，k 的值被设置为 16，表示每一个 bucket 中最多保存 16 个节点信息。

其中，每一个 bucket 中存放的 Node 都和本地节点（节点自身）的距离在指定范围之内，范围在[2^i,2^(i+1))，0<=i<256。例如，bucket1 中的 Node 的距离落在[2,4)区间，bucket255 中的 Node 的距离落在[2^255,2^256)区间。

回忆一下距离的计算方式，使用的是异或运算，这个区间的距离其实就是 keccak256 哈希运算之后有多少位前缀相同。我们有了路由表就知道其他节点使用的 IP 和 port 了，所以就可以和其他节点进行连接通信了。接下来看一下怎样通过一个 NodeID 找到对应的节点信息，如图 4.5 所示。

我们先从路由表中找到距离目标节点 T 最近的 N 个节点，然后向这 N 个节点发起查询请求，这 N 个节点会返回自身路由表中距离目标节点 T 最近的 N 个节点信息，通过迭代这个过程，就有可能查找到 NodeID 为指定值的节点信息。

我们已经知道可以通过 NodeID 来查找对应节点的信息，那么问题来了，节点启动的时候怎样初始化路由表？以太坊的解决方案是在源码中本就包含了一些节点信息，节点启动的时候,首先会根据这些节点信息来连接这些节点,根据这些节点的路由表信息来初始化自己的路由表。这个过程和查找指定 NodeID 的节点信息类似。就是把查询节点的 T 设置为节点自己的 NodeID,然后向已知的 N 个节点发送查询请求,然后通过返回节点组成自己的路由表。

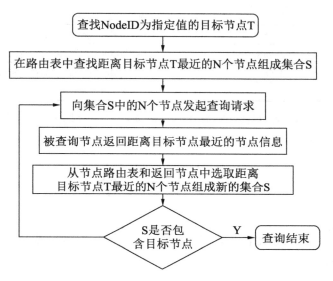

图 4.5 查找 NodeID 为指定值的节点信息

和查询指定节点 NodeID 不同,初始化路由表不需要查找指定的 NodeID 节点,只需要找到一些距离自己最近的节点来初始化路由表就可以了,所以不能一直循环下去,需要参数来限定查询次数。在以太坊中这个参数被设置为 8,就是迭代 8 次。

另外,还有一个问题就路由表刷新,因为不断会有新的节点加入,老的节点离开,所以需要不断更新路由表。我们知道,指定距离范围的 bucket 最多只能存储 16 个节点,所以有时候会抛弃一些节点信息数据,以太坊会尽量保证最早的节点在路由表中,因为这意味这这些节点更加稳定。这就能解释为什么刚刚启动节点的时候可连接节点比较少了。

4.4.3 以太坊客户端

其实前面提到的节点,从某种意义上来说指的就是以太坊的客户端。那么以太坊的客户端又是什么?其实以太坊从某种角度来看就是一系列的协议和规范,例如数据如何编码、如何进行数据交互、如何加入网络等。

协议已经确定了,那么具体怎样实现,使用什么语言实现都是根据自己的喜好了。我们把实现了以太坊相关协议和规范的应用叫做以太坊客户端。如表 4.4 所示为以太坊常见的客户端,其中我们使用最多的就是 Go-ethereum 客户端,Go-ethereum 也被称为 Geth,是由以太坊基金会使用 Go 语言所开发的。

表 4.4 以太坊常见客户端

客户端	语言	代码库
Go-ethereum	Go	https://github.com/ethereum/go-ethereum
Parity	Rust	https://github.com/paritytech/parity-ethereum
Cpp-ethereum	C++	https://github.com/ethereum/aleth
Pyethapp	Python	https://github.com/ethereum/pyethapp
Ethereumjs-lib	JavaScript	https://github.com/ethereumjs/ethereumjs-lib
Ethereum(J)	Java	https://github.com/ethereum/ethereumj

第 7 章我们会详细介绍 Geth 的使用，如果读者对以太坊的底层原理比较感兴趣，也可以看一下 Geth 的源码。

4.5 挖　　矿

本节我们介绍一下大家比较感兴趣的话题——挖矿，以及所涉及的相关概念，帮助读者了解整个挖矿的过程。

4.5.1 什么是挖矿

挖矿只是一个比喻，对比于稀缺贵重金属需要实际挖矿而言，数字货币运算的挖矿指的是一种计算。以太坊中挖矿的单位一般是区块，我们一般说的矿工挖出一个区块，就是指一个运行以太坊客户端的节点从现有的交易池中选择出一些交易，记录在一个块中，并且计算出一个指定的值。

完成了上面的过程会有一些奖励，就是以太币，这就算是挖到矿了，以太坊中称为挖出一个区块。总结一下，挖矿就是通过在区块链中创建、验证、发布和传播区块来保护网络的一种方式。

至于为什么能够通过挖矿来保护网络，可以回顾一下第 1 章介绍的工作量证明机制的相关内容。

4.5.2 挖矿奖励

前一节我们提到了成功挖出一个区块的矿工会有一些奖励，那么这个奖励包含哪些部分呢？

- 静态区块奖励，5 个以太币。
- 区块中所有交易 gas 花费，与当前 gasPrice 相关。

- 包含叔块的额外奖励。

其中，静态区块奖励是会逐渐减少的，最开始是 5 个以太币，现在是 3 个以太币，区块中的交易使用 gas 并不是以太币，所以会乘以交易设置的 gasPrice。另外，包含叔块也会有一些奖励，下一节将什么是叔块。

4.5.3 以太坊区块

本节来了解一下以太坊区块链中的区块，如图 4.6 所示为以太坊区块结构示意图。以太坊区块链中的区块主要分为两部分，一部分是区块头，这部分内容比较多稍后介绍；另一部分是区块体，区块体中包含交易列表和叔块列表。

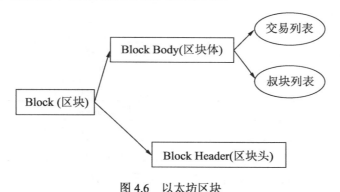

图 4.6 以太坊区块

如图 4.7 所示为区块头中包含的属性，内容有点多，下面会详细介绍每一个属性的含义。读者了解了每个属性的含义后可以多看几遍图，复述每个属性的含义及其作用。

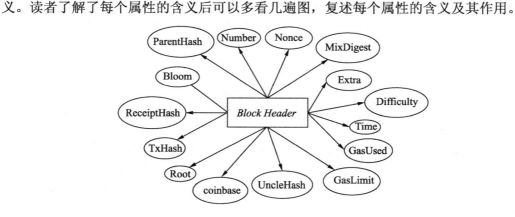

图 4.7 区块头属性

如表 4.5 所示为以太坊区块头中包含的属性与含义，内容比较多，都是和区块与交易相关的。

表 4.5 以太坊区块头属性

属　　性	含　　义
ParentHash	父区块哈希值
UncleHash	叔块列表的哈希值
Coinbase	挖出区块的矿工地址
Root	状态树根节点Hash
TxHash	交易树根节点Hash
ReceiptHash	交易收据树根节点Hash
Bloom	Bloom日志过滤器
Difficulty	区块难度
Number	区块号
GasLimit	区块内所有gas消耗上限
GasUsed	区块内所有交易执行消耗gas的总和
Time	区块时间戳
Extra	附加数据，可以由矿工设置
MixDigest	工作量证明Hash值
Nonce	工作量证明中的随机数

了解区块头中的属性很重要，其中 ParentHash 是父区块的 Hash 值，是为了组成链式结构，UncleHash 是叔块 Hash 值，叔块是为了保证以太坊区块链安全而引入的。Coinbase 是挖出区块的矿工地址，也就是获得挖出区块奖励的地址，Root 是和账户相关的根 Hash 值，TxHash 是和交易相关的根 Hash 值，ReceiptHash 是和交易收据相关的根 Hash 值。

因为账户、交易和交易收据的内容比较多，在区块头中只包含了它们的 Hash 值，但是这些 Hash 值是一个根 Hash 值，是通过内容计算获取的，只要有交易、账户或者交易收据被修改，相应的 Hash 值也会修改，所以可以放在区块头中作为工作量证明机制的参数。

4.6　GHOST 协议

以太坊的 GHOST 协议是一个非常重要的协议，它需要结合前面的区块链、挖矿、工作量证明机制的知识才能更好地理解。如果能够理解 GHOST，那么对于以太坊的理解基本能够加深一个层次。正是因为 GHOST 比较重要，所以本节我们尽量使用比较简化的模式来梳理一下 GHOST 及其相关的知识。

4.6.1　区块时间

我们使用网银转账，需要确认银行是否转账成功。有的银行需要 30 秒就能确认，有的银行需要 2 小时才能确认。以太坊从根本来说是为了完成交易，因此也需要确认一笔交易是否成功，我们一般希望交易在一个比较确定的范围内被确认。

因为交易会被打包在区块之中，所以控制区块产生的时间在一定程度上可以控制交易被确认的时间。区块产生的时间如何控制呢？我们知道工作量证明机制中有一个难度值 difficulty，这个难度值可以控制区块产生的时间。

难度值的计算在 EIP2：https://github.com/ethereum/EIPs/blob/master/EIPS/eip-2.md 中做了一些调整，难度计算公式如下：

```
block_diff = parent_diff + parent_diff // 2048 * max(1 - (block_timestamp
- parent_timestamp) // 10, -99) + int(2**((block.number // 100000) - 2))
```

其中，//表示整除。以太坊通过调整区块难度把区块产生时间控制在 15 秒左右，所以我们可以认为以太坊的区块时间是 15 秒，当然这不是一个绝对的时间，因为工作量证明机制使用的时间是不确定的。

一个区块时间不好控制，但是多个区块的平均时间就好控制了。以太坊会把 30 000 区块当作一个纪元，只要把一个纪元的时间控制在 125 小时左右就可以了。

4.6.2 区块分叉

区块分叉分为 3 种，分别是普通分叉、软分叉和硬分叉。其中软分叉和硬分叉是因为修改源码造成的。如果修改的源码，只要求以太坊网络中的 50%以上的算力升级到新的版本，那么这个分叉叫做软分叉。如果修改了源码，要求以太坊网络中的所有节点都必须升级到新的版本，那么这个分叉叫做硬分叉。

通过以太坊的开发路线，知道以太坊的当前版本是 Homestead，Homestead 就是一个要求硬分叉的版本。想要了解更加详细的内容可以参考 EIP606，网址为 https://github.com/ethereum/EIPs/blob/master/EIPS/eip-606.md。

应当注意分叉针对的是区块链数据，例如，Homestead 版本的主网要求大于等于 1150000 的区块号的产生必须是由 Homestead 版本产生。如图 4.8 所示为以太坊区块链硬分叉示意图，就是把区块链数据从区块号为 1150000 的区块分成了两部分。

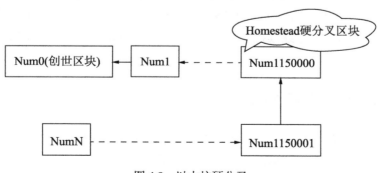

图 4.8 以太坊硬分叉

需要硬分叉，是因为之前的版本不能兼容后面版本的数据，比如前面提到的 EIP2 中修改了难度计算公式，如果还使用之前的版本计算区块难度显然是不行的。

那么怎么办呢？大家可以都升级到 Homestead 版本，在 Homestead 版本中计算区块难度的时候判断一下区块号是否小于 1150000，如果区块号小于 1150000 就使用之前的难度计算方式，如果区块号大于等于 1150000 就使用新的难度计算方式。区块 1150000 就成了一个分水岭，所以叫分叉也是比较合理的。

如图 4.9 所示为以太坊的普通分叉示意图，和软分叉、硬分叉不同，以太坊的普通分叉不是由修改源码造成的。

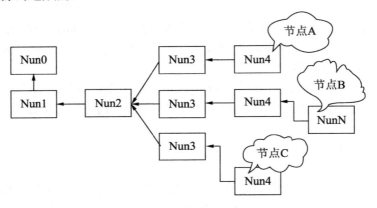

图 4.9　以太坊普通分叉

既然不是修改源码造成的分叉，那是什么原因引起的呢？答案是，不同的节点挖出了相同的区块造成的。以太坊通过控制区块的难度来控制区块时间在 15 秒左右，在 15 秒这个时间内可能有很多节点都挖出了一个有效区块。

这种情况是非常常见的，一个节点在挖出区块之后会广播自己挖出的区块，但是因为网络原因，其他的节点并不是都能第一时间收到这个广播消息，这是 P2P 网络拓扑结构决定的，读者可以回忆一下 4.4 节的内容。

如图 4.9 所示，有 3 个节点分别为节点 A、节点 B 和节点 C。它们都在第二个区块作为父区块，挖出了区块 3，但是因为网络原因，它们都还没有收到其他两个节点也挖出了节点 3 的广播，所以它们会继续挖节点 4，从而造成了区块链的分叉，这个分叉就叫做普通分叉。

4.6.3　普通分叉带来的问题

前面介绍了以太坊普通分叉，那么普通分叉会带来哪些问题呢？又是如何解决的呢？我们先来看普通分叉会带来的问题。我们知道不管有多少分叉，最终只有一条链式合法，是哪条链式合法呢？总难度最大的那一条链式是合法的。

那么问题来了，节点 A、B、C 这 3 个节点都挖出了区块 3，都在开始挖区块 4，当收到其他两个节点挖出区块 3 的时候怎么处理呢？答案是争取早点比其他节点先挖出区块 4，那么自己的链就是难度最大的链了。

其他的节点也这么想，那么大家就在不同的链上工作，算力就被分散了。更加危险的是，就算是有节点先挖出了节点 4，也有节点可能继续在自己的链上挖，这样是在做无用功，但是当分叉变多，算力不断地被分散在不同的链上，那么网络好、连接节点多、算力高的节点或者矿池就有可能存在修改区块链的风险。

因为工作在分支上的节点的算力并没有为整个网络做出贡献，这样对于算力小的节点来说，就算比算力大的节点先挖出区块，算力大的节点也可能不接受。因为算力大的节点知道，当算力被分散的时候，经过一段时间后，自己的链肯定能够成为难度最大的链。

4.6.4　GHOST 协议的具体内容

知道了普通分叉带来的问题，那么怎样解决呢？其实就是把算力小的节点组合起来。

对于以太坊来说当然没有公会这种组织，所以使用 GHOST（Greedy Heaviest Observed Subtree）协议来解决这个问题。在了解 GHOST 怎样解决问题之前，我们先来了解一下叔块和无效块的概念。如图 4.10 所示为叔块和无效区块的示意图，主链之外的其他链上的区块都是无效区块。

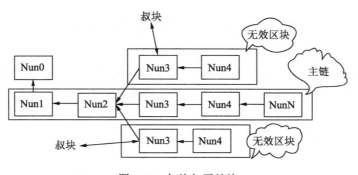

图 4.10　叔块与无效块

知道了叔块和无效区块，我们来看 GHOST 怎么解决普通分叉带来的问题。每一个节点为了不让自己白干，在自己的链上继续挖矿，从而产生了很多无效的区块，这样造成了算力浪费。

GHOST 解决这个问题的方案很直接，就是鼓励挖矿的矿工把叔块加入区块中并且给挖出叔块的矿工一些奖励，同时也给包含叔块的矿工一些奖励。回忆一下我们介绍区块结构的时候，区块体中一个叔块列表就是如此。

当然，叔块也有一些限制条件，比如叔块只能是当前区块的第 k 代祖先的孩子。k 的范围是 $2<=k<=7$。k 有范围是有意义的，如果 k 没有最大值，那么就有节点只计算叔块，

但太早的叔块也没有意义。

> **注意**：被包含的叔块不能是直接的祖先块，只能是祖先的孩子，而包含孙子辈之后的块，不能是 Parent 块的孩子。

那么挖出叔块的奖励是怎样的呢？只要一个叔块区块被包含，那么挖出叔块的矿工获得的奖励计算方式如下：

```
(uncle.Number + 8 -header.Number)/8 * blockReward
```

其中，blockReward 就是前面提到的静态区块奖励，当然最多包含到第 7 个祖先的孩子，所以最少有 1/8 * blockReward 的奖励。

每一个区块最多可以包含 2 个叔块，每包含一个就额外获得 1/32*blockReward 的奖励。GHOST 协议的主要内容就是奖励包含叔块，以解决快速确认带来的潜在安全问题，下面对以太坊实现的 GHOST 协议中要求，当前区块 B 包含的叔块必须满足的条件总结如下：

- 每一个区块必须有一个父块，包含 0 或者多个叔块。
- 叔块必须是 B 的第 k 代祖先的直系区块，$2<= k <= 7$。
- 叔块不能是 B 的祖先。
- 叔块必须有合法的区块头，但是不必提前验证，甚至不必是合法的区块。
- 叔块必须没有被其他的区块包含。

4.7　Ethash 算法之 DAG

在以太坊中，DAG 是和工作量证明机制相关的概念，这一节我们来简单了解一下 DAG 的相关内容，以便更好地理解 4.8 节 Ethash 算法的相关内容。

4.7.1　什么是 DAG

DAG（Directed Acyclic Graph）是有向无环图，在以太坊中也可以把它看做一个数据集，主要是用来作为工作量证明机制的一部分。

DAG 数据每一个纪元（epoch）生成一次，一个纪元就是 30000 个区块时间，以太坊的区块时间大约是 15 秒，也就是说 DAG 数据每 125 小时或者 5.2 天左右生成一次。因为 DAG 数据集很大，所以需要很长时间来生成。如果客户端的实现按要求生成会存在一个问题，就是每一个纪元开始的第一个区块都要等 DAG 生成完了才能进行，所以每一个纪元的第一个区块会等很长时间。

但是 DAG 只依赖于区块号，所以可以提前生成，一般可以维护两个 DAG 数据集，这样就能保证纪元和纪元之间的平滑过度。DAG 数据集可以在多个客户端实例之间共享，因为 DAG 只和区块号相关，所以不同实例的 DAG 相同，是可以共享的，一般客户端都可以配置 DAG 目录和是否生成 DAG 数据集。

如果启动多个以太坊客户端，让一个客户端生成 DAG 数据集就可以了，其他的客户端配置 DAG 目录和生成相同的 DAG 数据集就可以了。DAG 数据比较大，所以存放在文件中，DAG 对数据做了分页，一个页的大小是 128 字节，挖矿的时候读取文件内存之间的映射数据。

4.7.2　DAG 生成过程

首先根据区块号计算一个种子 seedhash，然后根据 seedhash 计算出一个 16MB 的 cache 数据，最后根据 16MB 的 cache 数据计算出 1GB 的 DAG 数据集。

上面的 3 层关系有点像是伪随机数，就是对于给定的区块号总是生成相同的 seedhash，相同的 seedhash 生成相同的 cache，相同的 cache 又生成相同的 DAG。

更加具体的过程就是根据区块号 Number 计算这个区块是哪一个纪元 epoch 的区块，再根据 epoch 计算一个 seedhash 值，再根据 seedhash 值计算 DAG 数据集。这样就保证了每一个纪元的 DAG 数据是一致的。

对于全节点，例如矿工，就必须生成 DAG 数据，因为挖矿的过程是根据 HeadHash 和 Nonce 及从 DAG 中随机选取的数据的 Hash 值来计算最终的 mixHash。而对于轻节点或者验证节点，只需要验证，所以只需要缓存 cache 数据，然后根据需要重新生成指定的 DAG 数据就可以了。

4.7.3　为什么要使用 DAG

为什么要使用 DAG 呢？是为了限制专用矿机对整个网络的影响，一是为了公平，二是为了避免潜在的安全隐患。

为什么使用 DAG 能限制专用矿机呢？因为内存和带宽限制。我们以 Ethash 算法为例，Ethash 会利用 HeaderHash、Nonce 和 DAG 中的一个 page 页的 128 字节数据计算混合 Hash 值，这个过程会循环 64 次，这意味着必须读取 64×128=8192 字节的数据。这对于现在随便就是几个 GB 的独立显存来说，缓存 1GB 的数据完全没有问题，所以不用每次计算都通过 CPU 去读文件数据。这样就能发挥出显卡或者专业矿机做简单运算的优势。但是有一个问题，就是显卡带宽是有限制的，显卡芯片和显存之间的数据传输被限制了。假设显卡的带宽为 8GB/s，做一次 Ethash 只使用 8192 字节数据，那么 1 秒钟最多执行 Ethash 的算法次数为 8×10^20KB/8KB=10^20 次。

对于 CPU 来说，带宽被限制无所谓，因为只能执行这么多次的运算，需要的数据就这么多，但是对于 GPU 不一样，本来对于 Hash 运算这种简单运算，GPU 能做更多次运算，但是因为带宽限制传输不了那么多数据，GPU 多余的计算能力也无用武之地。

这个可以用木桶理论来说明，如果一个木桶想要装满水，就必须要求组成木桶的每块木板一样长，否则水就会从最短的那块木板（即缺口）处流出来。对于 GPU 来说，最短的那块木板就是显卡带宽。Ethash 就是利用了 GPU 的这个缺陷来限制 GPU 和其他专业矿机的能力。

当然也可以设计更高带宽的 GPU 或者专业矿机，但是这意味着更高的成本，当一件事情的收益变小的时候，做的人自然就少了。

4.8 Ethash 算法

本节我们来了解一下以太坊工作量证明机制使用的具体算法——Ethash 算法，了解 Ethash 算法能够更好地理解工作量证明机制。

4.8.1 Ethash 算法简介

Ethash 是一个工作量证明机制的算法，可以表示为 ethash(header_hash,nonce)<=M/d，其中 header_hash 是不包含 nonce 和 mixHash 的 Hash 值，nonce 是一个随机值，M 一般是一个极大的常量，d 表示 difficulty 难度值，根据之前的区块时间动态计算而来。M/d 表示一些文档中经常描述的 target 目标值，因为对于一个块，M 和 d 都是固定的，所以 target 也是一个常量（相对）。

一个完整的过程就是，找到一个 nonce 值，使用 head_hash 和 nonce 通过 Ethash 算法的计算过程计算得出一个值小于等于 target。

4.8.2 Ethash 算法流程

下面介绍一下 Ethash 算法流程，帮助读者理解 Ethash 算法，具体如图 4.11 所示。

首先函数接受一个 header_hash 值,这个 header_hash 的计算没有包含 nonce 和 mixHash 的值，还有一个 nonce 值，这个是要碰撞的值。

然后用 header_hash 和 nonce 计算一个中间的 Hash 值，使用这个 Hash 值和从 DAG 数据集中随机获取 DAG 页 dagPage 的值计算混合 Hash 值 mixHash，这个过程会循环 64 次，是为了限制 GPU 和专业矿机。

最后得到的 mixHash 值再和最开始的中间 Hash 值 mediumHash 做一次 Hash 计算获得结果 result，如果这个结果小于等于目标值 target，就表示碰撞成功，返回 nonce 和 mixHash 的值。如果大于目标值 target，那么就重新尝试一个 nonce 值，开始新一轮的碰撞，直到找到一个 nonce 让计算结果小于等于 target 的值。

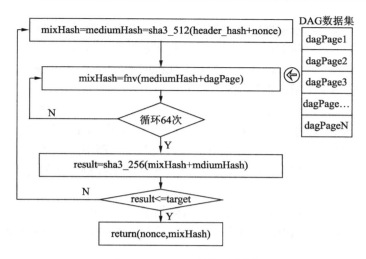

图 4.11 Ethash 算法流程图

4.9 本章小结

本章我们介绍了以太坊的相关内容，内容比较多，对于想要深入了解以太坊或者做以太坊智能合约开发的读者，这些内容非常重要。如图 4.12 所示为以太坊中包含的重要内容。

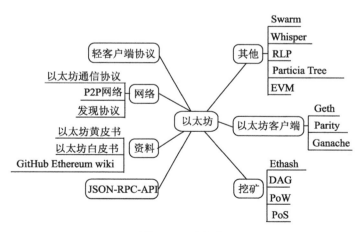

图 4.12 以太坊

以太坊最重要的是相关协议，我们可以在以太坊的白皮书和黄皮书中找到对应的内容。白皮书主要是介绍以太坊的愿景和重要组成，黄皮书是更加具体的原理与实现。如果想要深入了解以太坊，查找相关资料，建议在 GitHub 上的 Ethereum 的 wiki 中查找。

以太坊众多协议中，最重要的是网络相关协议，P2P 选择什么样的拓扑结构，怎样发现其他节点等都是在网络相关协议中规定的。挖矿相关协议主要是共识算法，现阶段使用的是工作量证明机制（PoW），使用的算法是 Ethash 算法，因为 PoW 为人诟病的是资源浪费，以太坊计划将来使用权益证明机制（PoS）。

了解这些协议最后的途径是什么？就是读相关实现的代码，一般是选择对应客户端的代码来阅读。推荐以太坊基金会的 Go-ethereum 客户端，即 Geth 客户端，有支持文注释要好很多。由于以太坊区块链庞大的数据量问题，很多用户都不会选择安装全节点，而是使用一些轻客户端，一些全节点客户端也会提供一些选项来控制数据的同步，所以有了轻客户端协议。

为了更好地对外提供服务，以太坊客户端提供了一个 API，使用的是 JSON-RPC 协议，一般将之称为 JSON-RPC-API，这样很多轻节点连接全节点，通过 JSON-RPC-API 来和以太坊交互。

以太坊还有很多其他内容，例如，交易中会使用到 RLP 编码，运行智能合约的以太坊虚拟机和区块头中根 Hash 相关的 Particia Tree、Merkle Tree 等，感兴趣的读者可以深入了解。

第 2 篇
开发工具

▶▶ 第 5 章　智能合约开发常用工具

▶▶ 第 6 章　以太坊私链神器——Ganache

▶▶ 第 7 章　以太坊官方客户端——Geth

▶▶ 第 8 章　以太坊钱包与浏览器

第 5 章 智能合约开发常用工具

在介绍新的内容之前，我们先了解一些智能合约开发的常用工具，这些工具将会在以太坊智能合约开发过程中用到。

本章介绍的主要工具有：
- Git；
- Nodejs；
- NPM；
- webpack；
- Postman；
- LevelDB。

注意：本章可能会涉及一些后面章节的知识，如果读者有疑惑可以先了解后面的章节，然后再回过头看相关内容以便互补。

5.1 Git 简介

本节先简单介绍一下 Git 的内容，因本书用到的不多，所以不深入讲解，但会给出一些相关的学习资源推荐，希望能够对感兴趣的朋友有所帮助。

Git 是一个版本管理工具，开发 Git 的原因是 Linux 项目组有开发者试图破解当时 Linux 项目使用的版本管理工具 BitKeeper，被 BitKeeper 的开发公司 BitMover 发现后不再免费给 Linux 使用。

5.1.1 Git 安装

Git 的安装很简单，特别是在 Windows 系统下的安装。首先在 https://git-scm.com/ 下载对应系统的安装包。如图 5.1 所示为 Git 官网下载安装页面示意图，如标注 2 所示，可以选择自己需要的版本下载并安装。

进入图中标注 1 的页面有一些 GUI client，是通过图形界面的方式使用 Git，里面推荐了一些常见的 Git 图形界面工具，例如 SourceTree 和 GitHub Desktop 等。

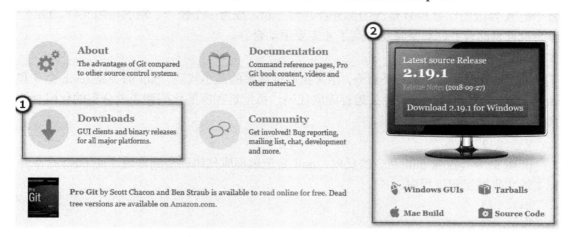

图 5.1　Git 下载

5.1.2　Git 常用命令

本节我们简单介绍一些常用的 Git 命令，了解这几个命令之后基本就能使用 Git 工具了。首先是 clone 命令，用来复制一个库，这是经常使用的一个命令，例如我们在 GitHub 上看到一个项目想了解一下，就可以使用：

```
git clone https://github.com/ethereum/go-ethereum.git
```

上面的 https://github.com/ethereum/go-ethereum.git 是 Go-ethereum 库的地址，通过上面的命令可以把 go-ethereum 的源码下载到本地的当前目录下，就可以执行一些修改与测试的操作了。接下来我们来看一下 fetch 命令，fetch 命令本身使用比较少，但是了解 fetch 命令有助于我们理解一个常用的命令 pull。完整的 fetch 命令格式如下：

```
git fetch remote_repo remote_branch_name:local_branch_name
```

该命令是从远程库 remote_repo 的 remote_branch_name 分支，创建一个 local_branch_name 分支。我们看到更多的是：

```
git fetch
```

因为一般使用的是默认的远程库 origin 所关联的库，默认使用 master 分支，创建的本地分支也是 master 分支。另一个重要的命令是：

```
git merge
```

对于初学者很少会用到这种命令，如果不熟悉 Git，使用 merge 是非常容易出错的，而且不熟悉 Git 的原理，merge 出了问题也不好解决。

此处我们并不介绍 merge 的详细使用，而是简单了解一下 merge 是什么。顾名思义，

merge 是用来合并代码的，例如 A 和 B 都修改了一个文件的代码，那么可以通过 merge 命令把 A 修改的部分和 B 修改的部分合并到一起，成为一个统一、新的可用文件。Git 一般会执行自动合并，如果发生冲突了才需要手动合并。

```
git pull
```

pull 是使用非常多的一个命令，用来拖取远程库的最小代码，pull 命令是 fetch 命令和 merge 命令的结合体，表示先去远程库取代码，再把远程库的代码和当前分支的代码合并到一起。

```
git push
```

push 命令有点像 pull 命令的反向，pull 是把远程库代码同步到本地，而 push 命令是把本地代码同步到远程库。

```
git add
git commit
```

add 命令是把本地修改添加到本地缓存区，commit 命令是把缓存区的命令添加到本地库，然后就可以使用 push 命令把本地库推送到远程库了。另外，还有一些 git reset、git stash、git log 等常用的命令就不一一介绍了。

5.1.3 Git 资源推荐

本节推荐一些 Git 的学习资源，首先最有效的是官方文档，网址为 https://git-scm.com/docs，里面基本有所有命令的详细说明，包括不同的参数意义和示例。

在 https://git-scm.com/book/zh/v2 中有一些新手资源，对于初学者是非常有帮助的，并且其中还提供了 PDF 文档可供下载。

如果读者不习惯使用 Git 命令行，或者 Git 的图形界面工具，可以了解一下 SourceTree（网址为 https://www.sourcetreeapp.com/）这是使用比较多的 Git 图形界面工具。

最后推荐一本 Git 相关的书《Git 权威指南》，对于想要了解 Git 的原理的读者可以参考一下。

5.2 Node.js 简介

因后面章节介绍的很多内容使用的工具都需要依赖 Node.js，所以这里先简单了解和学习 Node.js，对 Node.js 比较熟悉的读者，可以跳过这一部分内容。

5.2.1 什么是 Node.js

Node.js 是一个基于 Chrome V8 引擎的 JavaScript 运行环境，使用了一个事件驱动、非阻塞式 I/O 的模型。Node.js 的包管理器 NPM，是全球最大的开源库生态系统，因为它让 JavaScript 可以作为后端语言使用。

在前后端分离的应用中，前端服务器相对烦琐，在 Node.js 出现之前的解决方案是使用 JSON 文件来模拟接口数据的，Node.js 出现之后就完全可以使用它来搭建服务器，目前也有很多其他工具可以帮我们更快地完成这个工作。

当然，也有越来越多的工具依赖于 Node.js，比如 5.4 节将要介绍的以太坊私链搭建工具 ganache-cli、webpack 等。5.3 节将介绍 NPM 工具是一个 JavaScript 的包管理工具，NPM 对 JavaScript 的作用就好比 Maven 对 Java 的作用一样。

通过 NPM 可以非常方便地安装很多好用的工具，一般通过 npm install xxxx-cli 命令安装的 xxxx-cli，这个工具是依赖于 Node.js 的。

5.2.2　Node.js 安装

本节以 Windows 系统为例，简单介绍 Node.js 的安装过程。首先到官网 https://nodejs.org/en/ 下载 Node.js。如图 5.2 所示为 Node.js 官方网站的下载页面，其中标注 ①是 Node.js 的文档链接，可以通过这个链接找到更多关于 Node.js 的文档。

图 5.2　Node.js 下载示意图

我们直接下载 Node.js 推荐的版本就可以了，这里选择 LTS 版本，当然也可以选择 Current 体验一下最新的版本，但选择最新版本可能会遇到一些未知的 bug，而这些 bug 可能暂时还没有解决方案，要自己去探索，所以还是建议选择 LTS 版本，这也是官方建议。选择最新版本也有好处，一些新的特性只有在新版本中才有。

如图 5.3 所示，在安装 Node.js 的时候默认一起安装 NPM，建议不要去除 NPM 选项，和 Node.js 一起安装，后面会用到。

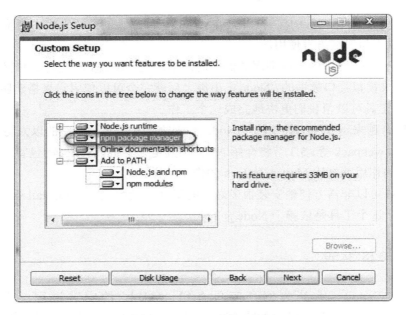

图 5.3　Node.js 安装可选项

安装完成之后，我们可以通过 npm –v 和 node –v 命令来检查是否安装成功。

5.3　NPM 简介

5.2 节我们已经提到了 NPM，本节我们来学习更加细节的知识。读者也可以暂时跳过这一节，等后面章节使用到 NPM 的时候，再带着问题回来看 NPM，学习效率会得到有效的提升。

5.3.1　npm config 命令

config 是 NPM 非常重要的一个子命令，虽然使用比较少，却非常重要。下面我们就来具体看一下 NPM 的 config 子命令。

比如使用 NPM 遇到了一些问题，我们首先要知道这台机器上的 NPM 配置参数是怎样的，这样才能更好地进行问题定位。我们可以使用下面的命令来查看 NPM 的配置参数：

```
npm config ls -l
```

我们可以看到 NPM 设置的参数情况，这些参数绝大多数都是使用默认的配置，但是有些参数可以手动配置一下，比如 NPM 的安装模块路径和 NPM 的缓存文件路径。所以我们需要修改 NPM 配置的命令，修改之后需要查看，NPM 也为我们提供了查看指定配置的命令，命令格式如下：

```
npm config set key value
npm config get key
```

对于 Windows 系统，一般情况下 C 盘是系统盘，NPM 的安装模块和安装缓存用户目录默认就是在 C 盘下。如果不希望安装在 C 盘，则需要修改两个配置，NPM 一个是 prefix 配置参数，用来控制 NPM 安装模块相关工具的根目录，另一个是 cache 配置参数，可以控制 NPM 安装缓存目录。

修改之前首先要确定将 prefix 和 cache 目录修改为哪一个目录，这完全可根据个人喜好。但为了更好管理还是要做简单地规划，首先来看一下 Node.js 安装之后的根目录，如图 5.4 所示，我们可以看到除了 node 在根目录下，NPM 也在这个目录下。

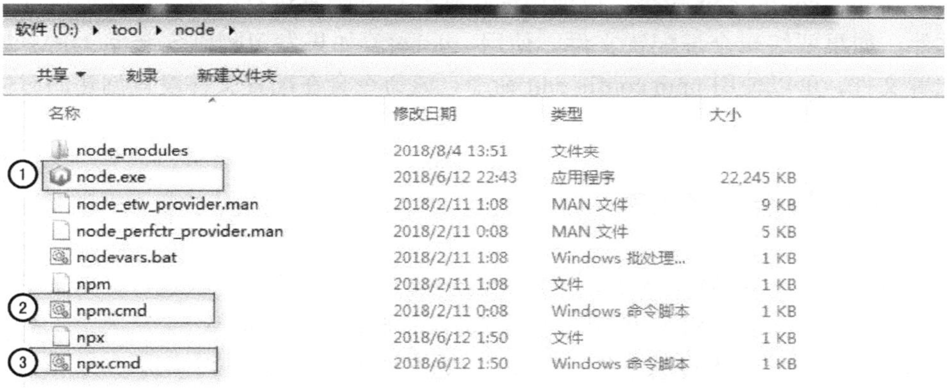

图 5.4　Node.js 根目录

值得注意的是，根目录下有一个 node_modules 目录就是 NPM 目录，如图 5.5 所示。对于前端项目根目录下的 node_modules 目录来说，存放的是该项目依赖的 JavaScript 包。

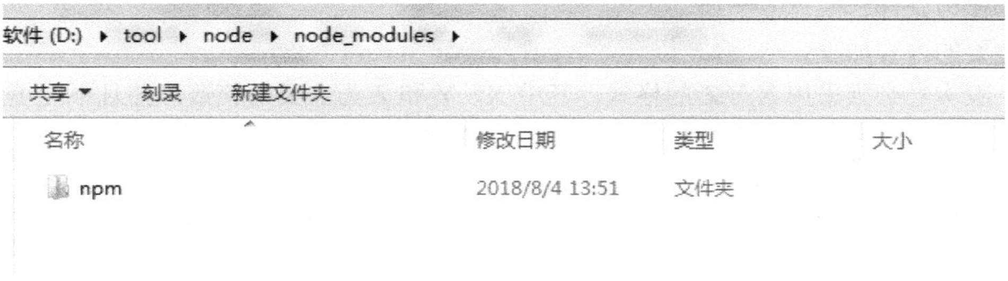

图 5.5　Node.js 初始的模块目录

Node.js 下的 node_modules 目录不同，它存放的是 NPM 模块，NPM 中是 NPM 的源码。所以我们可以把直接把 NPM 的 prefix 和 cache 配置设置到 Node.js 的根目录下，这样 NPM 通过全局安装的文件就会和 NPM 在相同的目录下。在控制台执行：

```
npm config set prefix "D:\tool\node"
npm config set cache "D:\tool\node\\node_cache"
```

node_cache 目录不用手动创建，NPM 会在第一次需要使用到 cache 目录的时候自动创建。npm config 的其他一些子命令如下：

```
npm config set <key> <value> [-g|--global]
npm config get <key>
npm config delete <key>
npm config list [-l] [--json]
npm config edit
npm get <key>
npm set <key> <value> [-g|--global]
```

其中，npm config edit 命令可以使用编辑软件打开配置进行编辑，默认编辑的是用户配置文件，如果要编辑全局配置文件，使用--global。如果发现刚刚安装完 NPM 却没有找到配置文件，可以使用 npm config edit 命令，该命令会在配置文件没有创建的时候自动创建。

5.3.2　NPM 与语义化版本

在介绍更多关于 NPM 的知识之前，我们先来了解一下语义化版本。首先来了解一下 SemVer 规范 2.0.0 标准。NPM 遵循的就是 SemVer 规范 2.0.0 标准。

SemVer 是一个关于发布版本命名的规范，版本格式为：主版本号.次版本号.修订版本号（major.minor.patch），版本号递增规则如下。

- 主版本号：当作不兼容的 API 修改。
- 次版本号：当作向下兼容的功能性新增。
- 修订版本号：当作向下兼容的问题修正。
- 先行版本号及版本编译信息可以加到"主版本号.次版本号.修订版本号"的后面，作为延伸。

主要的内容如下：

- 版本号必须采用 X.Y.Z 的格式，其中 X、Y 和 Z 为非负的整数，并且不能填充 0。X 是主版本号，Y 是次版本号，Z 为修订版本号。版本号必须以数值来递增。例如，1.1.1 -> 1.2.0 -> 1.3.0。
- 标记版本号的软件发布后，不能改变该版本的内容。任何修改都必须使用新版本号发布。
- 主版本号为 0（0.y.z）的软件处于开发初始阶段，一切都可能随时被改变。这样的公共 API 不应该被视为稳定版。
- 1.0.0 的版本号用于界定公共 API 的形成。这一版本之后所有的版本号更新都基于公共 API 及其修改内容。
- 修订版本号 Z（x.y.Z | x > 0）必须在只做了向下兼容的修正时才递增。

- 次版本号 Y（x.Y.z | x > 0）必须在有向下兼容的新功能出现时递增。在任何公共 API 的功能被标记为弃用时也必须递增。每当次版本号递增时，修订版本号必须归零。
- 主版本号 X（X.y.z | X > 0）必须在有任何不兼容的修改被加入公共 API 时递增。每当主版本号递增时，次版本号和修订版本号必须归零。
- 先行版本号使用-再加上[0-9A-Za-z-]组成的标识符不能留白，不能补 0。例如 1.0.0-x.7.z.92。
- 版本编译信息在修订版本号或先行版本号之后，先加上一个+再加上[0-9A-Za-z-]组成的标识符不能留白，例如 1.0.0-beta+exp.sha.5114f85。

在 NPM 中还有一些用来限定范围的符号，这个不是 SemVer 的规范，但是很多符号也会使用，比如后面将会介绍的合约编译标注中的这几个符号：^，~，*，x，-，>，>=，<，<=，=。

其中，- 表示范围，例如 version=1.0.0 - 1.2.0，那么 version 的范围就是 1.0.0<=version<=1.2.0，注意-两边的空格，另外需要注意的是两个边界值都满足条件。

x 和*表示的含义是一样的，表示任意，例如 version=1.2.x 或者 version=1.2.*，那么 version 表示的范围是 1.2.0<=version<1.3.0。

^表示的意思是在[major,minor,patch]这个顺序表示的版本号不允许最左边非零数字变化。因为^用得比较多，下面来多看几个例子就能理解了，如下：

```
version=^1.2.3，那么 version 的范围就是 1.2.3<=version< 2.0.0
version=^0.2.3，那么 version 的范围就是 0.2.3<=version<0.3.0
version=^0.0.3，那么 version 的范围就是 0.0.3<=version<0.0.4
```

下面再看几个带 x 和省略的例子：

```
version=^1.2.x，那么 version 的取值范围是 1.2.0<=versioin<2.0.0
version=^0.0.x，那么 version 的取值范围是 0.0.0<=versioin<0.1.0
version=^0.0  ，那么 version 的取值范围是 0.0.0<=versioin<0.1.0
version=^1.x  ，那么 version 的取值范围是 1.0.0<=versioin<2.0.0
version=^0.x  ，那么 version 的取值范围是 0.0.0<=versioin<1.0.0
```

~表示如果指定了次版本号，只允许修订版本号可以改变，如果没有指定次版本号，那么就允许改变次版本号和修订版本号编号。

我们还是通过几个例子来理解一下~的含义：

```
version=~2.3.4，那么 version 的取值范围是 2.3.4<=version<2.4.0
version=~1.2.3，那么 version 的取值范围是 1.2.3<=version<1.3.0
version=~1.2  ，那么 version 的取值范围是 1.2.0<=version<1.3.0
version=~1    ，那么 version 的取值范围是 1.0.0<=version<2.0.0
version=~0.2.3，那么 version 的取值范围是 0.2.3<=version<0.3.0
version=~0.2  ，那么 version 的取值范围是 0.2.0<=version<0.3.0
version=~0    ，那么 version 的取值范围是 0.0.0<=version<1.0.0
```

> 注意：上面示例中的取值范围不是 NPM 打包的版本号，而是 NPM 选择安装依赖包的版本选择范围，这个可以在后面的 install 命令中指定，会写入 package.json 这个文件中。

了解上面介绍的 SemVer 规范很有必要，例如 9.3 节使用 remix 的时候可能会看到 version=soljson-v0.4.24+commit.e67f0147.js，我们就能知道这个版本是什么意思了。

另外，我们用的 NPM 和 15.6.2 节将要介绍到的 EthNPM 也使用 SemVer 规范，了解这些知识可以帮助我们选择和限定到合适的版本。

5.3.3　npm install 命令

先来了解一下 npm install 命令是什么。npm install 就是安装项目的依赖包，可以通过 npm install 命令把项目依赖的 JavaScript 包安装到项目的 node_modules 目录下，也可以通过-g 或者--global 参数安装在 NPM 全局安装目录下（前文我们也提到过）。

npm install 命令如果不带有任何参数，就会安装 package.json 文件中所配置的依赖。package.json 相当于是 NPM 行为的配置文件，后面配有实例。npm install 有一个别名就是 npm i，可以使用 npm i 来代替 npm install 命令。另外，npm install 命令有几个比较重要的参数如下：

```
-P, --save-prod
-D, --save-dev
-O, --save-optional
--no-save
-E, --save-exact
-B, --save-bundle
```

-P 参数是打包的时候会包含包中依赖的 JavaScript 包。执行完之后会在 package.json 的 dependencies 中添加安装包的信息。这个参数是默认参数。

-D 参数是开发时候的依赖，运行的时候不需要。通过这个命令安装包会把信息保存在 package.json 的 devDependencies 列表中。初学者可能不理解这个参数运行时不需要它，为什么还要安装？其实通过-D 工具安装的往往是一些工具包，例如用来处理 CSS 文件、JS 文件、运行本地服务器等的 JavaScript 包，在 5.4 节中我们会看到。

-O 参数是安装可选的依赖，这个用得比较少，使用这个命令会把安装包的信息添加到 package.json 的 optionalDependencies 列表中。

--no-save 参数表示不把依赖信息添加到 package.json 文件中。

-E 参数是指定下载安装依赖包的版本必须是指定版本，而不是默认地限定主版本的版本范围。

这里既然说到了版本，就简单介绍一下 NPM 的安装依赖的版本问题。我们可以通过 xxx@version 的方式来指定安装哪一个版本的依赖，例如：

```
npm install -g vue@2.5.0
```

上面的命令就是指定安装 Vue 的 2.5.0 版本？其实不是，我们知道 NPM 包的版本使用的是 SemVer 规范的 2.0.0 版本，都是 X.Y.Z 这种形式，其中 X 是包的主版本，Y 是次要版本，Z 指的是修订版本。通过-D 参数下载安装的依赖包默认限制的是主版本，例如：

```
npm install -g -D vue@2.5.0
```

我们前面介绍的 NPM 版本范围的^符号，默认使用^符号。就是使用上面的命令 NPM 下载依赖 Vue 的 version 范围是 2.5.0<=version<3.0.0。在 package.json 的 devDependencies 列表中体现是版本号前面有一个脱字符(^)前缀。有限制主版本的符号，当然就会有限制次要版本和修订版本的符号，限制次要版本的是～符号，限制修订版本的符号是 X 或者 x 或者*。

npm install 命令是 NPM 中使用最多的一个命令，这里只简单介绍了几个最常用的参数，其他的参数不再一一解说，读者可查阅相关资料。

5.3.4　NPM 镜像

我们知道 NPM 是一个 JavaScript 包管理工具，可以从中央仓库下载我们需要的 JavaScript 依赖包，也可以上传自己的 JavaScript 包给别人使用。

但有一个问题是保存这些 JavaScript 包的中央仓库访问量很大，并且是国外的服务器。一个项目可能会依赖很多 JavaScript 包，这样下载会非常慢，怎么办呢？一般解决这类问题的办法就是搭建私服或者使用其他的镜像。可以把镜像看做一个副本，是副本就有数据同步的问题，如怎么同步，多久同步一次。

当然我们可以不关心这些问题，直接使用淘宝的 NPM 镜像，淘宝的镜像默认是 10 分钟同步一次。要使用 NPM 镜像很简单，第一种办法是使用--registry 参数指定，就是执行以下命令：

```
npm install -g xxxx --registry=https://registry.npm.taobao.org
```

这种方式麻烦的地方在于，每一次都需指定 registry 输入镜像地址。如果是 Linux 系统，可以通过系统的 alias 命令来添加一个 NPM 命令：

```
alias mynpm="npm --registry=https://registry.npm.taobao.org "
```

然后使用 mynpm 命令就可以了。第二种方式是使用 CNPM 工具，先安装 CNPM：

```
npm install -g cnpm --registry=https://registry.npm.taobao.org
```

然后就可以了使用 CNPM 命令来代替 NPM 命令了。安装 CNPM 之后，我们再来看 Node.js 的根目录和 node_modules 目录，如图 5.6 所示。安装 CNPM 之后，node 的目录下多了一个 CNPM 的命令行工具，我们知道 node 在安装的时候设置 node 目录添加到 path 中，所以在其他目录下可以直接使用 CNPM 命令。

如图 5.7 所示为安装 CNPM 之后 node.js 的 node_modules 目录，其实这个才是 CNPM 模块源码的真正目录，CNPM 命令最终还是通过 node.js 执行目录中的代码来完成相应功能。

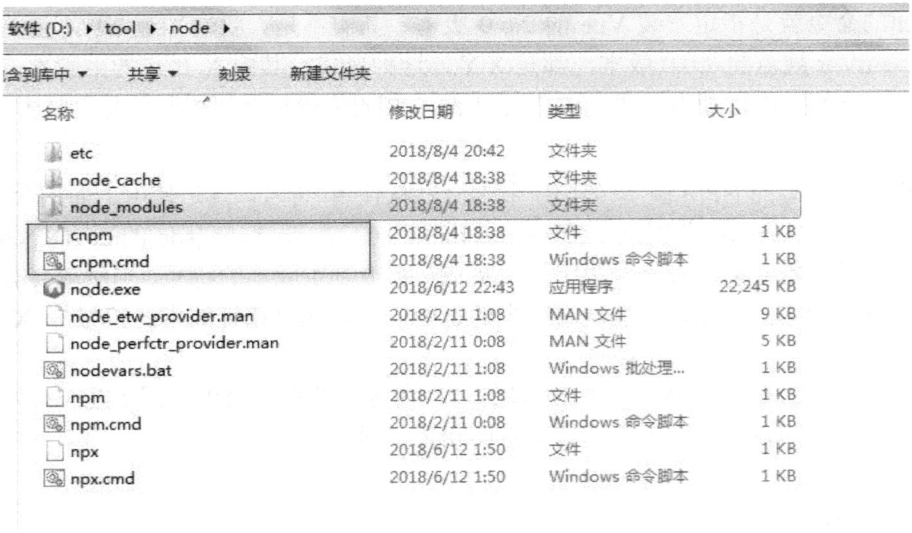

图 5.6 安装 CNPM 之后的 Node.js 根目录

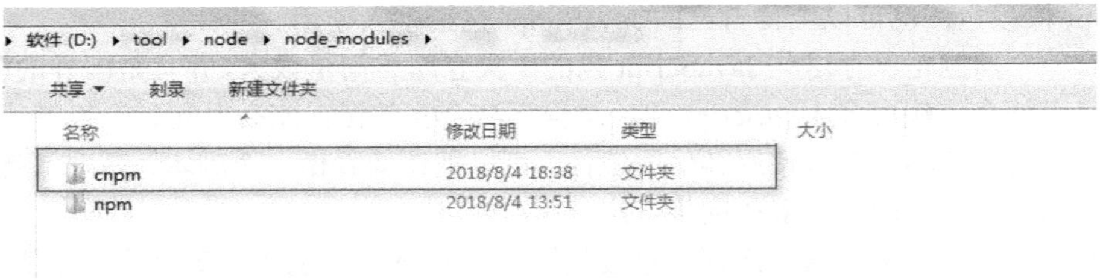

图 5.7 安装 CNPM 之后的 Node.js 的 node_modules 目录

5.3.5 NPM 的其他常用命令

本节我们来学习 NPM 的常用命令参数，因为本节不是主要介绍 NPM 内容，所以没有介绍 NPM 每一个参数的使用。了解这些命令可以在我们遇到一些常见的 NPM 问题时，知道使用哪个 NPM 命令来定位问题。这些命令是：

```
npm init
npm cache clean
npm update
npm help
npm list
npm prune
npm view module_name dependencies
npm view module_name version
npm home module_name
npm docs module_name
```

npm init 是后面章节中会经常用到的一个命令，用来初始化 JavaScript 项目，会使用 --yes 参数，也会使用一些默认信息来创建项目。

cache 是安装包的缓存，一般会在一定时间之内执行安装，是从缓存中获取的，如果安装出错了，一般要先执行 npm cache clean 清除缓存文件再重新执行安装命令。

update 是更新指定的包，view 是查看指定模块的依赖或者版本，home 可以打开对应的模块 home 页面，docs 可以打开对应模块的文档页面。

list 可以查看当前项目已经安装的依赖模块，prune 可以删除当前项目没有使用和依赖的模块。help 可以查看对应的文档，例如想要查看 install 命令的文档，就可以使用 npm help install 命令。

5.4 webpack 简介

webpack 是一个模块化的打包工具，我们后面章节会用到，本节将介绍 webpack 的安装和应用。

5.4.1 认识 webpack

webpack 是一个前端资源打包工具。它将根据模块的依赖关系进行静态分析，然后将这些模块按照指定的规则生成对应的静态资源。

webpack 具体执行的工作就是对用户定义的入口文件进行分析代码，根据文件中的 require 和 exports 等关键词进行依赖分析，加载相应的文件合并分析，最终根据用户定义将所有的依赖输出到指定文件中。

webpack 本身处理的是 JS 文件，如果要处理其他文件则需要指定相应的 loader，webpack 还支持插件机制，可以定义一些插件来处理特定的流程。

5.4.2 webpack 首秀

要使用 webpack，首先要安装 webpack，其安装非常简单，可以直接使用 NPM 命令进行安装。命令如下：

```
npm install -g webpack
npm install --save-dev webpack
```

上面两条命令分别是进行全局安装和项目目录下的安装，如果使用 webpack 命令行，则直接全局安装。下面通过一个例子来看一下 webpack 做了哪些工作。我们先看一下目录，如图 5.8 所示，共有 3 个文件，其中 index.html 文件，是我们最终访问的文件。

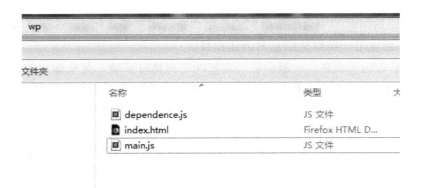

图 5.8 webpack 首秀目录

文件内容如下：

```
<!DOCTYPE html>
<html lang="en">
  <head>
    <meta charset="utf-8">
    <title>Webpack First Show</title>
  </head>
  <body>
    <div id='content'>
    </div>
    <script src="index.js"></script>
  </body>
</html>
```

从 index.html 的内容中可以看到引用了一个 index.js 的 js 文件，这个文件现在目录中还不存在。main.js 假设是我们的 webpack 入口文件，文件内容如下：

```
const dependence = require('./dependence.js');
document.querySelector("#content").appendChild(dependence());
```

非常简单，就是引用了一个 dependence.js 的文件，然后执行 JS 方法，在 ID 为 content 中添加了一个子元素，子元素的内容就是 dependence，如果熟悉 JS 的读者，就可以猜到 dependence.js 文件导出的应该是一个函数。下面通过 dependence.js 来验证一下我们的猜想：

```
module.exports = function() {
  var append = document.createElement('div');
  append.textContent = "dependence.js:append!";
  return append;
};
```

果然，dependence.js 中导出的是一个函数。这个函数也较简单，就是创建一个元素，并且把 div 元素的内容设置为 dependence.js:append!。现在 webpack 登场，一个简单的 webpack 命令：

```
webpack main.js -o index.js
```

该命令的意思就是以 main.js 为入口，分析出所有的依赖，并且打包输出到 index.js

文件中。如图 5.9 所示，我们可以看到命令执行完之后，目录下多了一个 index.js 文件。

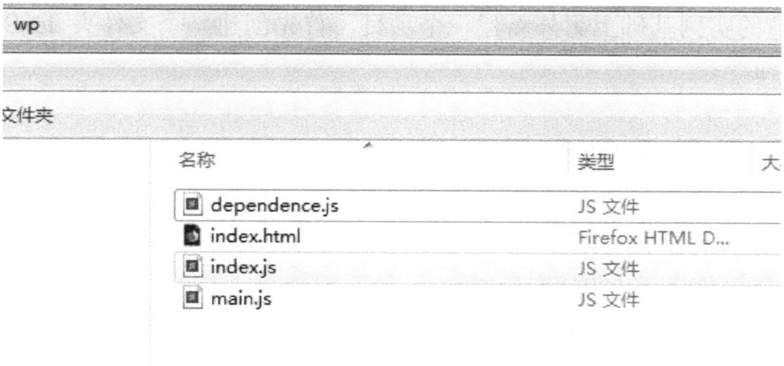

图 5.9　webpack 打包之后的文件

index.js 文件的内容如下：

```
!function(e){var t={};function n(r){if(t[r])return t[r].exports;var
o=t[r]={i:r,l:!1,exports:{}};return e[r].call(o.exports,o,o.exports,n),
o.l=!0,o.exports}n.m=e,n.c=t,n.d=function(e,t,r){n.o(e,t)||Object.
defineProperty(e,t,{enumerable:!0,get:r})},n.r=function(e){"undefined"!
=typeof Symbol&&Symbol.toStringTag&&Object.defineProperty(e,Symbol.
toStringTag,{value:"Module"}),Object.defineProperty(e,"__esModule",
{value:!0})},n.t=function(e,t){if(1&t&&(e=n(e)),8&t)return e;if(4&t&&"object"
==typeof e&&e&&e.__esModule)return e;var r=Object.create(null);if(n.r(r),
Object.defineProperty(r,"default",{enumerable:!0,value:e}),2&t&&"string"!
=typeof e)for(var o in e)n.d(r,o,function(t){return e[t]}.bind(null,o));
return r},n.n=function(e){var t=e&&e.__esModule?function(){return e.default}:
function(){return e};return n.d(t,"a",t),t},n.o=function(e,t){return Object.
prototype.hasOwnProperty.call(e,t)},n.p="",n(n.s=1)}([function(e,t){e.
exports=function(){var e=document.createElement("div");return e.textContent=
"dependence.js:append!",e}},function(e,t,n){const r=n(0);document.
querySelector("#content").appendChild(r())}]);
```

看得出来，以上是压缩之后的代码。现在打开 index.html 就会看到 dependence.js:append!内容。我们知道 index.html 并没有引用 main.js，也没有引用 dependence.js，而是引用了 index.js，这也证明 webpack 把 main.js 和 dependence.js 的内容打包到 index.js 中了。

这显然有利于在进行开发时模块化工作，我们可以按模块来创建 JS，需要时使用 webpack 打包到一个或者几个文件之中就可以了，这样可以减少客户端的请求。

5.4.3　webpack 与 webpack-dev-server

webpack-dev-server 应该是 webpack 使用最多的工具了，本节我们将介绍 webpack-dev-server 的相关应用和配置。

webpack-dev-server 的作用是在本地启动一个服务器来访问我们开发的内容，这样做的好处是可以实现真正的前、后端分离，通过本地服务器就可以进行调试，不需要后端服务器。

在 5.4.2 节的实例基础上另外新建一个项目，首先创建一个文件夹 devSev，然后在文件目录下执行命令：

```
cnpm init --yes
```

上面的命令是使用默认值初始化一个 package.json 文件。然后执行命令：

```
cnpm i webpack -D
cnpm i webpack-dev-server -D
cnpm i webpack-cli -D
cnpm i html-webpack-plugin -D
```

在上述命令中，i 是 install 的简写，不是命令参数，所以不用加-，-D 是--save-dev 的简写,意思是在项目目录下安装依赖。然后新建一个 src 目录,把 5.4.2 节的 main.js 和 index.js 文件复制过来，再创建一个 webpack.config.js 文件，内容如下：

```
const path = require('path');
const HtmlWebpackPlugin = require('html-webpack-plugin');
const HtmlWebpackPluginConfig={
    title: 'webpack-server',
    filename: 'index.html',
    template: './template/template.html',
    inject:'body'
}
module.exports = {
    entry: './src/main',
    output:{
        filename:'index-[hash].js',
        hashDigestLength: 8
    },
    devServer: {
      contentBase: path.join(__dirname, "../dist"),
      port: 8088,
      open:true,
      index:"index.html",
      inline:true,
      hot:false,
      compress:true
    },
    plugins: [new HtmlWebpackPlugin(HtmlWebpackPluginConfig)]
}
```

webpack.config.js 是 webpack 的配置文件，主要是 webpack 有很多可以配置的参数，所以我们不能每一次都用命令行的方式输入一大堆参数，可以指定参数的配置文件，把配置参数写入配置文件中。

webpack 默认的配置文件名称是 webpack.config.js 或者 webpackfile.js，使用 webpack 的时候如果不指定配置文件，默认会在当前目录下搜索这两个文件。如果项目简单，则可直接使用 webpack.config.js 或者 webpackfile.js 文件，如果项目比较复杂，可以创建一个 build 目录再存放配置文件,配置文件可以根据环境用途不同使用如 webpack.base.config.js、webpack.devolopment.config.js 和 webpack.production.config.js 之类的名称。然后使用：

```
webpack -config webpack-config-file
```
命令来指定配置文件。上面的配置文件中我们配置了一个 html-webpack-plugin 插件，这个插件是用来生成 HTML 文件。webpack 打包之后是 JS 文件，没有办法直接看到效果，一般会创建一个 HTML 文件，引用 JS 文件来查看是否达到我们预期的效果，html-webpack-plugin 插件就是用来生成这样的 HTML 文件。

html-webpack-plugin 插件中有 3 个比较重要的配置：第一个是 filename，用来控制生成 HTML 文件的名字，其和 webpack-dev-server 配合使用；第二个是 template，是用来指定生成 HTML 文件的模板，默认是一个空 body 的 HTML 文件，一般是不能满足需求的，需要重新指定一个；第三个是 inject，是用来控制生成 HTML 引用打包好的 JS 的位置，就是：

```
<script type="text/javascript" src="index-69c5d69f.js"></script>
```
存放的位置。这个值可以是 String 或者 Boolean 类型，有 true、false、body 和 head 这 4 个选项。想要了解更多 html-webpack-plugin 插件的内容，可以参考 https://github.com/jantimon/html-webpack-plugin。我们已经知道了 webpack.config.js 配置文件中的 entry 是入口，可以是多个，可以使用下面的方式：

```
entry:{
       './src/main',
       './src/main2'
}
```

output 是打包之后的输出文件，从代码中可以看出，此处使用了 index-[hash].js，其中 hash 会在打包的时候使用一个 Hash 值代替，这样可以避免之前的缓存，hashDigestLength 可以控制 Hash 值的长度。

plugins 用于配置插件，这里我们配置了一个插件是 html-webpack-plugin，plugins 插件是一个数组，新的插件加到数组中就可以。

最后我们来看一下 webpack-dev-server 的配置，用来启动本地服务器，其中 contentBase 参数是用来控制服务器的根目录。上面的 contentBase 配置使用到一个 __dirname 常量，__dirname 在 Node.js 启动的时候被设置为项目根目录，webpack-dev-server 其实使用的是 Node.js。

port 用于设置服务器端口，open 设置使用命令的时候自动打开浏览器。index 是默认打开的文件，inline 支持页面修改时自动刷新。hot 用于配置支持热替换，需要 HotModuleReplacementPlugin 插件。compress 用于配置是否压缩，如果设置为 true，就可以看到响应头中有 Content-Encoding:gzip。

配置介绍完了，我们看一下最后的目录，如图 5.10 所示为项目的目录，其下的 template 中存放了一个 template.html 文件是 html-webpack-plugin 的模板文件。

文件内容如下：
```
<!DOCTYPE html>
<html lang="en">
```

```
<head>
  <meta charset="utf-8">
  <title>Webpack First Show</title>
</head>
<body>
  <div id='content'>
  </div>
</body>
</html>
```

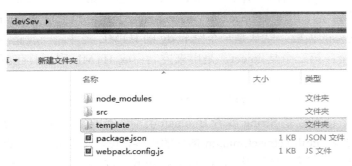

图 5.10　webpack-dev-server 目录

其实就是 5.4.2 节介绍的 index.html 文件。现在我们所有的文件和配置都已经准备好，只需要使用 webpack 打包，或者使用 webpack-dev-server 命令启动一个本地服务器。

一般不直接使用命令行启动，而是把命令配置在 NPM 的 package.json 文件中，配置很简单，可以在 package.json 的 script 中配置。示例如下：

```
"scripts": {
    "test": "echo \"Error: no test specified\" && exit 1",
    "build": "webpack --config webpack.config.js",
    "server": "webpack-dev-server --config webpack.config.js --open",
    "start": "webpack-dev-server --config webpack.config.js"
}
```

然后在项目根目录下使用：

```
cnpm run build
cnpm run server
cnpm start
```

这是执行 scripts 中配置的对应命令。最后一行不是写错了，而是 scripts 中的 start，可以省略 run。可以把 webpack 配置文件 webpack.config.js 中的 open：true 注释掉，对比一下：

```
cnpm run server
cnpm start
```

从中可以发现，open 参数用来控制是否打开浏览器，cnpm start 也是执行 start 的对应命令。

5.4.4　webpack 常用功能与配置

前面我们讲解了 webpack-dev-server，本节通过一个具体的例子来了解一下 webpack

的常用功能与配置，主要的内容包括：CSS 处理、实时页面刷新、打包和打包清理。

webpack 和 NPM 结合使用才能更加方便，因为 webpack 很多 loader 和 plugin 都是 JS 模块，所以要先安装对应的 JS 模块。webpack 配置的很多模块通用性非常强，所以其他项目可以当目标使用，只需要直接复制配置文件然后执行 npm install 命令。

这里我们直接在上一节的例子上修改。先来看一个 webpack 的配置文件：devtool: 'eval-source-map'这个配置是为了调试，因为 Webpack 打包是压缩之后的文件，不好调试，devtool 是帮助调试的。

babel 相关的配置是为了把最新的浏览器还不支持的语法编译成现在浏览器支持的语法，安装相关的依赖，如下：

```
cnpm i babel-core -D
cnpm i babel-loader -D
cnpm i babel-preset-env -D
```

如果自定义配置的 babel 选项比较多，那么 babel 的配置可以不写入 webpack 配置文件 babel-loader 的 options 中，而是写在.babelrc 文件中，熟悉 Linux 的读者知道 rc 文件一般是配置文件，bablerc 文件的内容示例如下：

```
{
  "presets": [
    ["env", {
      "targets": {
        "browsers": ["last 2 versions", "safari >= 7"]
      }
    }]
  ]
}
```

关于 babel 更多的配置，可以参考 https://www.babeljs.cn/docs/plugins/preset-env/，css-loader 和 style-loader 主要是处理 CSS，我们知道 webpack 主要是打包 JS 文件，而 css-loader 和 style-loader 结合可以把样式表嵌入 webpack 打包后的 JS 文件中。其中，css-loader 能够使用类似@import 和 url(...)的方法实现 require 函数的功能。style-loader 将所有计算后的样式加入页面中。

css-loader 和 style-loader 安装命令如下：

```
cnpm i style-loader -D
cnpm i css-loader -D
```

HotModuleReplacementPlugin 是热替换插件，就是支持在修改代码之后，自动刷新实现实时预览。clean-webpack-plugin 是一个插件，是用来在打包的时候自动删除之前打包生成的文件插件。插件安装命令如下：

```
cnpm i clean-webpack-plugin -D
```

我们添加一个 CSS 文件，文件名为 bg.css，内容如下：

```
#content{
    background: red;
```

```
        font-size: 55px;
}
```

修改一下 main.js 的内容，把 CSS 文件引入，修改后的 main.js 内容如下：

```
const dependence = require('./dependence.js');
import './bg.css';
document.querySelector("#content").appendChild(dependence());
```

然后就可以执行命令：

```
cnpm start
```

此时浏览器被自动打开了，页面样式如图 5.11 所示。读者可以亲自动手试一下，并尝试修改 bg.css 的内容来改变页面背景，可以看到不用手动刷新，页面背景自动改变了。

图 5.11　项目页面

5.4.5　webpack 总结

webpack 的内容还有很多，感兴趣的读者可以访问 webpack 官方文档 https://webpack.js.org/concepts/，查看更多的内容。

除了我们前面介绍的一些 loader 还有一些常用的 loader，具体说明如下。

- file-loader：处理 require('./xxx.png')，将图片当成一个 JS 模块。
- html-loade：r 是将 HTML 的 src 标签中配置有特定 data 属性的图片，转为由 require 的方式来导入。
- postcss-loade：CSS 处理过程相关，包括预处理，项目地址为 https://github.com/postcss/postcss。
- eslint-loader：代码风格和语法检查，相关规则可以参考 http://eslint.cn/docs/rules/。

5.5　Postman 简介

Postman 是一个 HTTP 请求工具，可以模拟很多类型的 HTTP 请求，不用我们自己写代码去模拟 HTTP 请求。相比 Fiddler 这种能发送 HTTP 请求的抓包工具，Postman 可以配置的类型更加丰富，比如认证功能的支持就比 Fiddler 好很多。

5.5.1 认识 Postman

首先可以到 Postman 官网 https://learning.getpostman.com/下载对应系统的安装包。下载之后，执行安装。

安装完成之后，如图 5.12 所示为 Postman 的主界面，我们首先来看几个 Postman 相关的概念，理解这些概念有助于使用 Postman。

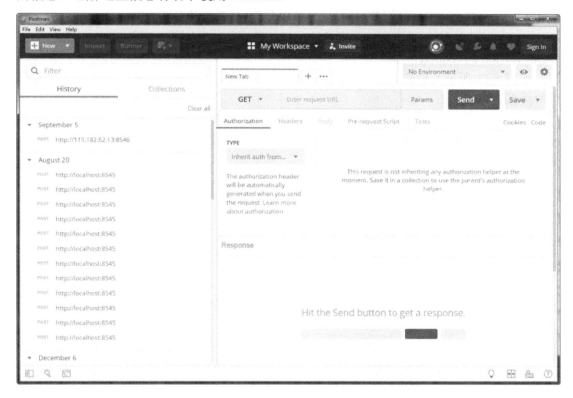

图 5.12　Postman 主界面

Collection：在 Postman 中其用来管理 HTTP 请求分类，一般是一个大类建立一个 Collection，这样更方便管理，也方便分享。例如可以建立一个 elasticsearch 来管理 elasticsearch 相关请求，建立一个 ganache 来管理 ganache 相关请求。

Folder 是文件夹的意思，在 Postman 中也用来管理 HTTP 请求分类，可以用来做 Collection 的子分类。比如可以在 ganache 的 Collection 文件夹下建立一个 account 的 folder 文件用来管理账户相关的 HTTP 请求。

Environment 是环境的意思，就是一些标记替换的工作，有点像 Windows 的环境变量，使用一个%path%来表示配置的搜索路径。在 Postman 中可以配置一个 key 和 value，然后可以使用{{key}}的方式来访问 value，environment 的作用域可以是 collection，也可以是 global，可以选择配置。

History 是请求的历史记录，Runner 是 HTTP 执行器，是以 collection 为集合执行的，主要用来测试接口，和 tests 配合使用，可以批量测试接口是否有问题。

5.5.2　Postman 的简单用法

本节将介绍Postman 的简单用法，虽是简单使用，但我们还是要先建立一个ganache-rpc 的 collection，并且在 collection 中建立一个 other 文件夹用来存放请求，建立一个 client_version 的 request。

如图 5.13 所示为创建好的 collection、folder 和 request 之后的结构，可以看到三者的层级关系。

如图 5.14 所示，为了说明 Environment 的使用，这里添加一个简单的 Environment，命名为 ganache，在这个 Environment 中我们添加一个 ganache 变量，值为 http:localhost:8545。

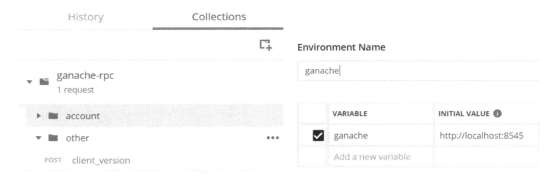

图 5.13　collections　　　　　　图 5.14　添加一个 ganache 变量

🔔**注意**：变量可以添加多个，变量的名称可以随意命名。

如图 5.15 所示为添加了一个 HTTP 请求，不过有很多可以配置的地方。

图 5.15 中标注①位置是配置 Environment 的位置，标注 4 是配置 Cookies 的位置，添加 Cookies 之前必须先添加 Domain，也就是域名。code 是代码片段，Postman 为常见语言提供了常见功能的代码片段。

标注②是配置 URL 和请求方式、参数等的位置。请求方式有很多，最常用的是 Post、Get、Head、Delete 和 Put。Params 用来设置请求参数，一般 Get 请求才会使用 6Params 参数。Send 是发送请求，Save 是保存请求，可以把请求保存在指定文件夹中以便管理。

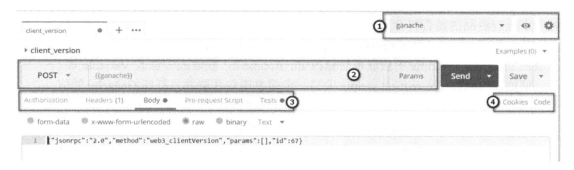

图 5.15　client_version 请求

标注③的位置是其他一些请求设置，包括认证（Authorization），用来做身份认证，支持很多方式，包括 Auth1.0、Auth2.0 和 Basic Auth 等认证方式。Headers 用来设置请求头部。Body 是请求体，Body 有多种方式，可以是 form-data 即 multipart 的方式，x-www-form-urlencoded 方式表示把请求参数编码为 URL 的方式，例如 name=tim&age=20 这种方式。binary 是二进制方式，可以传文件。raw 方式可以是文本、JavaScript 脚本、XML 格式和 JSON 格式，一般 JSON 格式使用比较多。

示例的 client_version 请求，是一个简单 Post 类型的 raw 格式使用 JSON 格式的请求。我们看到 URL 地址栏里是{{ganache}}，其实就是在 Ganache Environment 中配置的，执行时会替换为 http://localhost:8545。Body 中选择的是 raw 方式，使用的是 JSON 格式，内容如下：

```
{
    "jsonrpc": "2.0",
    "method": "web3_clientVersion",
    "params": [],
    "id": 67
}
```

返回值如下：

```
{
    "id": 67,
    "jsonrpc": "2.0",
    "result": "EthereumJS TestRPC/v2.1.5/ethereum-js"
}
```

> 注意：Ganache 的内容我们还没有介绍，所以这里可以先通过其他示例测试一下，也可以先暂时跳过。

5.5.3　Postman 脚本

在 5.5.2 节中还有两个内容没有介绍，一个是 Pre-request scripts，另一个是 Test scripts。Pre-request scripts 是在请求之前执行的脚本，Test scripts 是在请求之后执行的脚本，主要是用来检查返回值是否符合预期。

首先我们来看一下 Pre-request scripts。Pre-request scripts 是在请求之前执行的脚本，可以在 Pre-request scripts 中获取或者修改 Environment，获取或者修改 Variable 等。

例如，可以在 Pre-request scripts 中写一个简单语句获取并且打印 Ganache 的值：

```
console.log(pm.environment.get("ganache"));
```

打开 Postman 的 console 可以看到，快捷键为 Ctrl+Alt+C。

Tests 非常实用，和 Runner 配合使用可以批量测试接口，我们看一个简单的 Tests 例子，还是以 client_version 请求为例，添加 Tests 脚本如下：

```
pm.test("Status code is 200", function () {
    pm.response.to.have.status(200);
});
pm.test("Body matches string", function () {
    pm.expect(pm.response.text()).to.include('"jsonrpc":"2.0"');
});
pm.test("JSON-RPC2.0", function () {
    var jsonData = pm.response.json();
    pm.expect(jsonData.jsonrpc).to.eql("2.0");
});
```

其中，pm.test 是执行测试，第一个参数是测试名称，第二个参数是函数，是要执行测试，可以检查返回值的 HTTP 状态值，可以检查返回的 Body 中是否包含指定字符串，可以把字符串解析为 JSON 格式，再检查指定的 key 是否是期望值。

如果读者有兴趣了解更多关于 Postman 脚本的内容，可以访问 https://www.getpostman.com/docs/v6/postman/scripts/test_scripts。

5.6　LevelDB 简介

了解 LevelDB 数据库有助于理解以太坊区块链数据存储和功能实现，并且以太坊客户端 Geth 中很多地方都会使用 LevelDB 数据库。本节将简单介绍 LevelDB 数据库，主要是 LevelDB 的文件结构和生成问题。

5.6.1　认识 LevelDB

LevelDB 是由 Ghemawat 和 Jeff Dean 开发的 key-value 非关系型数据库存储系统，是基于 LSM（Log-Structured-Merge Tree）的典型实现。LSM 的原理是：当读写数据库时，首先记录读写操作到 log 文件中，然后操作内存数据库，当达到 checkpoint 时，则写入磁盘，同时删除相应的 log 文件，后续重新生成新的内存文件和 log 文件。

在具体实现上，LevelDB 内部采用内存缓存机制，首先会存储在内存的一个 Memtable 中，Memtable 的存储结构采用了跳表结构，待达到 checkpoint 时，Memtable 会转换为

Immutable Memtable，然后 Immutable Memtable 会 Dump 到磁盘，保证数据库的高效运转。

图 5.16 所示为跳表的结构示意图，查找指定值是从最上层开始的。当待查找的值在查找区间之内就进入下一层，直到找到待查找值时结束，如果查找到最后一层都没有该值，说明待查找的值不存在，这就是空间换时间的结构。

举一个简单的例子，例如查找值 30，在第 1 层属于区间 25～+∞，进入第 2 层，找到区间 25～30，进入第 3 层，然后在 25～30 的区间内找到值 30。

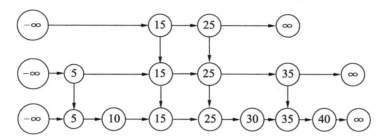

图 5.16 跳表结构示意图

LevelDB 的一些特性如下：
- key 和 value 都是任意长度的字节数组。
- entry（即一条 K-V 记录）默认按照 key 的字典顺序存储，可以重写这个排序函数。
- 提供的基本操作接口有 Put、Delete、Get 和 Batch 函数接口。
- 支持批量操作以原子操作进行。
- 可以创建数据全景的 snapshot（快照），并允许在快照中查找数据。
- 可以通过前向迭代器和后向迭代器编译数据，迭代器会隐含创建一个 snapshot。
- 自动使用 Snappy 压缩数据。
- 外部操作（如文件系统操作等）通过一个虚拟接口使用，用户可以对操作系统定制相应操作。

LevelDB 的一些局限如下：
- 不是一个 SQL 数据库，不具有关系数据模型，不支持 SQL 查询，也不支持索引。
- 在同一时间只有一个进程（可能是多线程）访问一个数据库。
- 没有客户端-服务器模型的支持。

关于 LevelDB 更多的信息，可以参考 https://github.com/google/leveldb。

5.6.2 LevelDB 文件

在看 LevelDB 文件之前，我们来实际测试一下 LevelDB 的使用，以便于更好地理解 LevelDB 文件。这里使用 LevelDB 的 Python 版本，首先安装 LevelDB 的 Python 库文件，可以直接使用以下命令进行安装：

```
pip install leveldb
```

对于 Windows 可以直接在 https://github.com/happynear/py-leveldb-windows 下载 LevelDB 的 Windows 库,下载构建好的 pyd 文件,放到 Python 根目录下 Lib 的 site-package 目录下。我们使用 Python 来测试一下 LevelDB:

```
#--encoding:utf-8--
import leveldb
db = leveldb.LevelDB('./data')
def leveldbPutGetDelete():
    db.Put('leveldbPutGetDelete','leveldbPutGetDelete')
    print db.Get('leveldbPutGetDelete')
    db.Delete('leveldbPutGetDelete')
    # print db.Get('leveldbPutGetDelete')
def leveldbRangIter():
    for i in xrange(10):
        db.Put(str(i), 'string_%s' % i)
    print list(db.RangeIter(key_from = '2', key_to = '5'))
    print list(db.RangeIter(key_from = '2', key_to = '5',reverse=True))
def leveldbRangeIterKeyValue():
    for i in xrange(10):
        db.Put(str(i), 'string_%s' % i)
    keys = list(db.RangeIter(include_value = False))
    print keys
    keys_values = list(db.RangeIter())
    print keys_values
def leveldbWriteBatch():
    wb = leveldb.WriteBatch()
    for i in xrange(20,1000):
        wb.Put(str(i),str(i))
    db.Write(wb)
def leveldbSnapshot():
    db.Put('sameKey','db')
    snapshotOne = db.CreateSnapshot()
    db.Put('sameKey','one')
    snapshotTwo = db.CreateSnapshot()
    print db.Get('sameKey')
    print snapshotOne.Get('sameKey')
    print snapshotTwo.Get('sameKey')
def leveldbSameKey():
    db.Put('sameKey','sameKeyOne')
    print db.Get('sameKey')
    db.Put('sameKey','sameKeyTwo')
    print db.Get('sameKey')
if __name__ == '__main__':
    # leveldbSnapshot()
    # leveldbSameKey()
    # leveldbPutGetDelete()
    # leveldbWriteBatch()
    # leveldbRangIter()
    leveldbRangeIterKeyValue()
```

LevelDB 提供的使用方法非常简单,就是添加、删除和查找,另外 LevelDB 还支持快照和批量操作。如图 5.17 所示为使用 LevelDB 数据库生成的相关文件,其中 log 是日志文件，我们知道 LevelDB 写操作是先写日志，日志可以用于数据恢复，这样可以避免数据丢失。

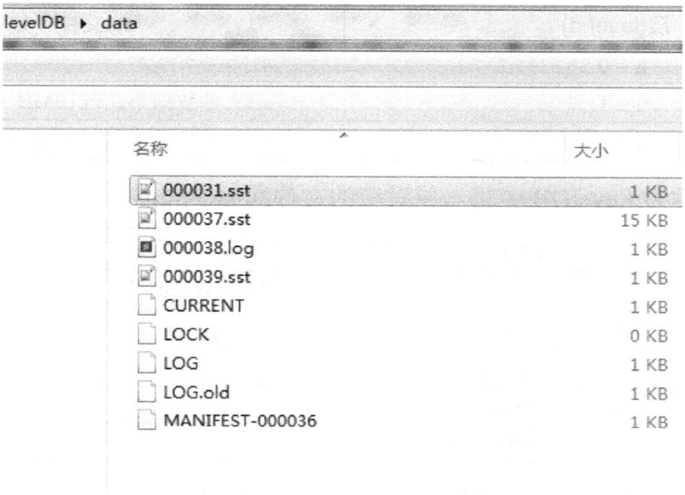

图 5.17　LevelDB 中的文件

图中的 sst 文件（sorted string table files）就是具体的数据文件，有序地存储着 key 和 value 的信息。MANIFEST 文件用来记录 sst 各个文件的管理信息，比如属于哪个 Level、文件名称、第一个 key 和最后一个 key 的值等。

CURRENT 文件随着数据的插入和删除等操作，LEVELDB 会进行 COMPACTION 操作，这些操作会产生新的 sst 文件，也会删除旧的 sst 文件，所以 MANIFEST 文件也会发生变化。但是这个过程不会直接删除旧的 MANIFEST 文件，而是会创建一个新的 MANIFEST 文件，而 CURRENT 则用来指出当前可用的 MANIFEST 文件。

5.6.3　SST 结构与数据查找

前面我们已经知道 sst 文件是存储数据的主要文件，本节就来看一下 sst 文件的结构和数据查找。LevelDB 是一个 key-value 数据库，内存中存储在 Memtable 和 Immutable-Memtable 之中。当数据存储到阈值时就会 dump 到磁盘的 sst 文件中。

LevelDB 是一个分层数据库，为了加速查找，对数据进行了分层，回想跳表原理，其实在内存中 Memtable 就是一个跳表结构。LevelDB 分层之后的数据可能存储在不同的 sst 文件之中，每一层可以有多个 sst 文件，当然 sst 也有一些限制，每一个 sst 文件不超过 2MB，也可以自行配置。另外，每一层的 sst 文件个数也有限制。

如表 5.1 所示为 LevelDB 每一层中对应的文件个数及文件大小的限制说明，其中第 0 层最多有 4 个文件，第 1 层中所有 sst 文件数据总和不超过 10MB，大于等于两层时每一层的所有文件数据总和不能超过 10 的层数次方 M。

表 5.1 LevelDB的sst文件限制

层(level n)	sst文件个数
n = 0	4
n = 1	sst文件数据不超过10MB（5个）
n >= 2	sst文件数据不超过10^nM（$10^n/2$个）

如表 5.2 所示为 LevelDB 中每一层对应的文件和 key 的范围。

表 5.2 LevelDB每层对应文件及key范围

level	文　件	最　小　值	最　大　值
level-0	000031.sst	aaa	aaz
level-0	000033.sst	aay	abz
level-1	000037.sst	bbc	bbz
level-1	000038.sst	bca	bdz

区块链的数据普遍是几百个 GB，放在内存中不现实，所以数据存储在 sst 文件中，但是如何查找数据？例如，我们知道一个交易的 Hash，怎样查找交易的相关信息呢？

LevelDB 是通过确定要查找的 key 在哪一层，然后从层对应的 sst 文件中查找具体的数据。找到了对应的 sst 文件，其中的数据结构是怎样的？如何在 sst 文件中找到 key 所对应的 value？LevelDB 的 sst 文件结构比较复杂，下面我们简单介绍一下。

- Data Block：存储具体的 k-v 数据。
- Meta Block：存储索引过滤信息，用于快速定位 key 是否存在于 Data Block 中。
- Meta Index Block：存储 Meta Block 的偏移位置及大小。
- Index Block：存储 Data Block 的偏移位置及大小。
- Footer：存储 Meta Index Block 和 Index Block 的偏移位置及大小。

其中，Data Block 不仅是 k-v 数据，还包含其他结构，比如重启点的个数、重启点和 Entry 等。Entry 中就是存储的 k-v 数据，但是还可以细分，Entry 中存放了共享 key 长度、非共享 key 长度、非共享 key 值、value 的长度和 value 的内容。为什么这么复杂呢？是为了节约存储空间，我们看表 5.2 中 key 的范围，例如 aab 到 aaz，在这个范围内有相同的前缀 aa，这个前缀存储一次就可以，这样就可以节约很多空间。

如表 5.3 所示，假设 entry0 的 key 是 love，entry1 的 key 是 lovely，那么 entry0 就可以不存储 key 的内容，只需要存储前缀共享长度 4，对于 entry1 只需要存储 ly 和共享长度 4，查找时拼接上共享前缀即可。

但是当共享前缀丢失时，那么所有内容都不能用了，这时重启点就有了用武之地，每隔几个 entry 就会存储设置一个重启点，重启点会存储全部 key 的内容，如果有一个出现问题，只会影响几个 entry。更多的关于 LevelDB 底层的数据合并（compaction）、日志文件结构等内容这里就不详细介绍了，有兴趣的读者可以自己查阅相关资料。我们主要理解 LevelDB 的查询过程，这样能更好地理解区块链的数据，例如账户信息、storage 等存储和查找过程。

表 5.3 共享前缀

	key共享长度	key非共享长度	key非共享内容	value长度	value内容
entry0	4	0	' '	4	love
entry1	4	2	'ly'	6	lovely

第 6 章　以太坊私链神器——Ganache

在介绍以太坊智能合约之前，需要熟悉一些工具。本章就来了解一下 Ganache。Ganache 的前身是 testRPC，它可以帮助我们搭建一个以太坊的私链，用于智能合约本地开发。

本章主要涉及的知识点有：
- 什么是 Ganache；
- Ganache 安装；
- Ganache 图形界面；
- Ganache 常用命令参数；
- JSON-RPC-API。

> 注：JSON-RPC 是一个通用协议，这里的 JSON-RPC-API 是指以太坊客户端使用 JSON-PRC 协议提供的接口，不同的以太坊客户端可能有不同的扩展实现。标准的接口可以参考 https://github.com/ethereum/wiki/wiki/JSON-RPC。

6.1　Ganache 简介

本节我们首先了解一下什么是 Ganache，学习一下 Ganache 的命令行安装和图形界面的安装，为后面的命令学习做准备工作。

6.1.1　什么是 Ganache

以太坊的很多操作需要 gas 费用，按照现在以太坊的价格如果在主链上开发测试的话，成本太高。

有读者可能会说以太坊还有很多测试链，的确如此，但是测试链的速度很慢，确认交易需要很长时间，所以为了开发，我们需要搭建自己的私链。

有很多客户端可以帮助我们完成这个工作，本章介绍的 Ganache 就是这样一个以太坊客户端。Ganache 可以帮助我们快速启动一个以太坊私链来做开发测试、执行命令、探测区块链状态等。

6.1.2 ganache-cli 命令安装

Ganache 是用 JS 代码写的，可以直接在 Node.js 上运行，官方也提供了 ganache-cli 工具，我们可以直接通过 NPM 安装 ganache-cli，具体命令如下：

```
cnpm install -g ganache-cli
```

安装好了 ganache-cli，我们启动 Ganache 客户端创建一个私链，执行下面的命令：

```
ganache-cli
```

如图 6.1 所示为通过命令行 ganache-cli 启动 Ganache 客户端的输出，Ganache 默认为我们创建了 10 个账户。

图 6.1　启动 Ganache

标注①所示为默认创建账户的地址。标注②是这些账户地址对应的私钥。标注③是 HD 钱包的助记词和路径，使用其他钱包时可以通过助记词导入这些账户和私钥。标注④是默认的 Gas Price、Gas Limit、JSON-RPC 监听的地址和端口，Ganache 默认监听的端口是 8545。

6.1.3 Ganache 图形界面

除了使用命令行的方式，Ganache 还提供了一个图形界面工具，可以从下面的链接下载 Ganache 的图形界面工具：

    https://github.com/trufflesuite/ganache
    https://truffleframework.com/ganache

Ganache 的图形界面工具安装非常简单，安装好 Ganache 图形界面工具，然后启动。如图 6.2 所示为 Ganache 图形界面的主界面，标注①的区域是面板选项部分。默认选中的是标注①所示的账户面板（ACCOUNTS）。

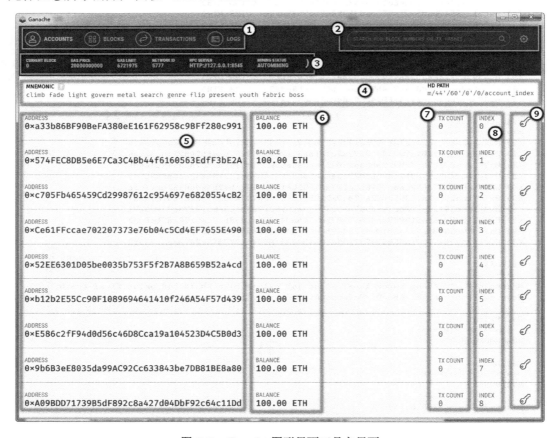

图 6.2　Ganache 图形界面工具主界面

另外，可以通过 BLOCKS 面板来查看我们搭建的私链区块，通过 TRANSACTIONS 面板选中交易面板来查看交易，通过 LOGS 面板来查看日志。标注②是搜索和配置，可以搜索区块和交易，一般是根据区块号或者交易 Hash 值进行搜索，配置可以设置 Ganache 的一些基本信息，后面会具体介绍。

标注③显示搭建私链的状态信息和配置信息，其中，CURRENT BLOCK 是当前所在的区块高度，GAS PRICE 是 gas 价格，GAS LIMIT 是每一笔交易默认的 gas 费用上限。NETWORK ID 是当前私链的网络 ID，RPC SERVER 是监听 RPC 请求地址。

标注④是和 HD 钱包的相关内容，前面是助记词，后面是钱包路径。标注⑤是账户地址，标注⑥是账户余额，标注⑦是账户交易数量，手动签名交易需要使用，标注⑧是账户索引，有一些 API 可以通过索引来访问账户，标注⑨可以查看账户私钥。

对于 BLOCKS 和 TRANSACTIONS 等面板，读者可亲自动手探索。下面我们再介绍一下 Ganache 图形界面工具配置。如图 6.3 所示为配置 Ganache 接受 RPC 调用的服务器，HOSTNAME 没什么可修改的，PORT 可以修改，如果使用，那么建议修改。之前有黑客通过扫描 8545、8546 等端口，利用以太坊的 unlockAccount 命令漏洞来攻击以太坊，所以为了安全建议尽量不要使用默认端口。

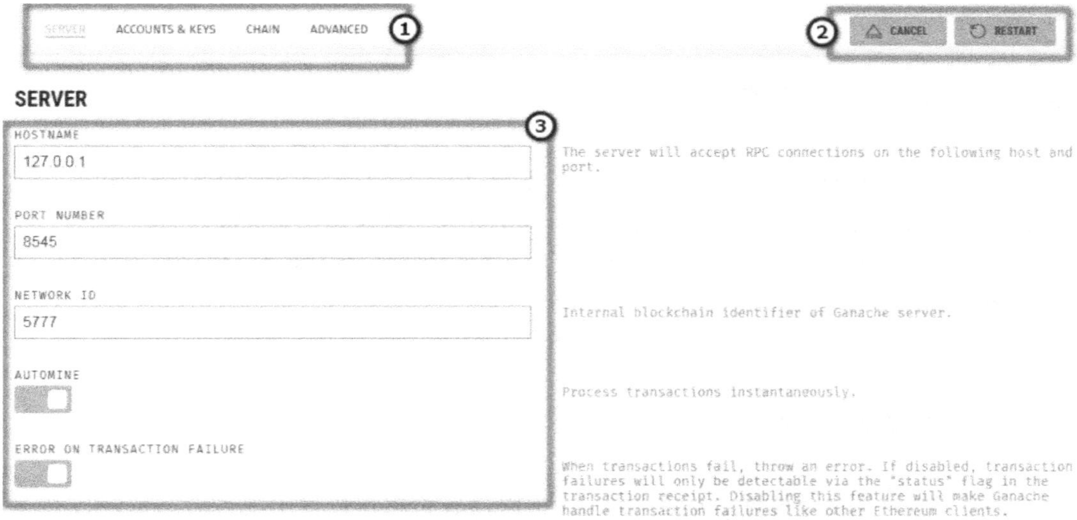

图 6.3　Ganache 图形界面工具 server 配置

我们可以看到标注 1 所在的选项还有 ACCOUNTS&KEYS 选项，可以配置生成的账户数量和助记词，可以选择固定助记词或者动态助记词，为了方便测试，一般选择固定助记词，Ganache 图形界面工具默认使用固定助记词。CHAIN 可以配置 GAS LIMIT 和 GAS PRICE，ADVANCED 配置和区块链无关，配置是否禁止 Ganache 收集信息。

标注②是取消或者保存重启。读者可以亲自对这些配置进行修改和重启 Ganache 进行验证。标注③主要可以配置端口和网络 ID，以及自动挖矿。

6.2 Ganache 常见命令参数

虽然 Ganache 的图形界面工具使用非常方便，但是 ganache-cli 为我们提供了更多的配置选项，有时使用 ganache-cli 能方便我们实现某些需求。

本节会涉及后面第 8 章 MetaMask 和第 14 章 web3.js 中的相关内容，学习了后面的相关内容后，再来看这部分的内容会对这些内容有新的理解。

6.2.1 挖矿时间

Ganache 默认在交易产生时进行挖矿，为每一笔交易挖一个新的区块，但是也可以通过-b 或者—blockTime 参数来指定模拟挖出区块的时间。

```
ganache-cli -b 10
```

通过上面的命令启动一个以太坊测试节点，就会每 10 秒钟产生一个新的区块，不管这中间有没有交易产生。

6.2.2 主机端口与网络

ganache 可以接受 RPC 调用，通过-h 或者--hostname 参数来设置监听主机，当然 Ganache 也可以设置监听端口，通过-p 或者--port 方式，默认端口是 8545。

以太坊是区分网络的，Ganache 也提供了设置参数用于设置网络 ID 和区分网络，使用-i 或者--network 参数即可。

```
ganache-cli -h 127.0.0.1 -p 8545 -i 8888
```

6.2.3 gas 相关参数

gas 相关部分主要是设置 gas 价格和 gas 上限，gas 价格可以使用-g 或者--gasPrice 参数来设置，gas 上限可以使用-l 或者--gasLimit 来设置。

```
ganache-cli -g 20000000
ganache-cli -l 10000000
```

6.2.4 其他参数

-v 参数不是 version 的缩写，而是 verbose 的缩写，控制 Ganache 打印冗余信息。主要是针对 RPC 调用信息，例如没有使用-v 参数，Ganache 只会输出 RPC 的调用方法，如

eth_getBlockByNumber，而使用-v 参数会输出调用的请求体，例如：

```
{
    "id": 5156508106328661,
    "jsonrpc": "2.0",
    "params": [
      "0x2",
      true
    ],
    "method": "eth_getBlockByNumber"
}
```

这一个参数有时对于开发调试时非常有用。-v 参数既然不是打印 Ganache 的版本，那么应该有其他参数来控制打印版本，这个参数就是 version 参数。version 参数没有缩写形式，只能同--version 指定。--mem 参数会打印 Ganache 内存使用统计信息，信息如下：

```
{
  rss: 230801408,
  heapTotal: 207163392,
  heapUsed: 180977928,
  external: 16945200
}
```

其中，rss 就是实际使用的物理内存大小。

> 注意：打印了内存信息，就不会打印其他信息。

-f 或者--fork 可以从其他运行的以太坊实例 fork 一个分支，这里发 fork 和 GitHub 的 fork 非常相似，就是从指定的位置开始分叉。例如，现在想创建一个新的区块链数据，但是新的区块链数据的前 100 个区块数据希望和运行在本地使用 8545 端口的以太坊数据一样，就可以使用 fork 创建一个分支，具体命令如下：

```
ganache-cli -f http://127.0.0.1:8545@100
```

其中，@后面是区块号，例如@100 就是从区块号 100 开始分叉。

--noVMErrorsOnRPCResponse 参数用于不返回 RPC 调用错误，--allowUnlimitedContractSize 参数用于禁用合约大小限制。

6.3　Ganache 账户

本节我们介绍和账户相关的一些配置参数，账户在以太坊中是一个非常重要的概念，了解账户相关配置够加深对以太坊的理解。

6.3.1　能多给我点钱吗

在开发测试阶段经常会遇到这样的问题，能给我的账户里加一点钱吗？对于这样的要求，当然只能说"好"。

对于使用其他账户给指定账户转以太币这种操作显然不符合一个进步技术青年的要求。还好 ganache-cli 为我们提供了一个-e 参数来指定每一个账户的默认余额，或者使用—defaultBalanceEther 也可以，但一般还是使用-e 参数。示例如下：

```
ganache-cli -e 10000
```

现在我们可以对那些对我们说"能多给我一点钱吗？"的人豪气地回应："想要多少"，当然前提是私有测试链的以太坊。

6.3.2 能多给我几个账户吗

对于这个问题，ganache-cli 也提供了解决方案，Ganache 图形界面也提供了修改初始账户数量的配置接口。我们可以使用-a 参数或者--accounts 来指定创建的用户数量。示例如下：

```
ganache-cli -a 50
```

6.3.3 助记词相关参数

前面我们已经介绍了分层确定钱包（HD），知道可以使用助记词来恢复钱包，Ganache 也提供了 3 个和助记词相关的参数。

一个是-d 或者--deterministic，这个参数是让 Ganache 启动测试节点时使用固定的预定义助记词，这样其他连接 Ganache 的轻钱包不用每一次重新导入助记词。另一个是-m 或--mnemonic 参数用来指定助记词，使用相同的助记词会生成一个相同的 HD 钱包。

最后一个是-s 或者--seed 参数，-s 参数可以指定一个种子用来生成助记词，然后使用助记词生成 HD 钱包，相同的种子会生成相同的助记词，从而生成相同的 HD 钱包。

```
ganache-cli -d
ganache-cli -m "boil razor arrest first space chicken social explain leader
soon unique upset"
ganache-cli -s "hello"
```

6.3.4 指定账户

Ganache 可以使用--account 参数指定账户，形式如下：

```
ganache-cli --account="<privatekey>,balance" [--account="<privatekey>,balance"]
```

其中，privatekey 是以 0x 开头的十六进制 64 位私钥，balance 是以 wei 为单位指定账户余额，可以是十进制数字，也可以是十六进制数字。下面我们看一个示例：

```
ganache-cli --account="0x7adebfe292a985869bbf14b19edbc0f19bb4fba01c32
cde8a0dc35683d3a9ec4,0xDE0B6B3A7640000"
--account="0x773c56e2c0d9e50c783a5eb6da1ef17fd6475d05ecb2944d8488549bec
40112a,0x1BC16D674EC80000"
```

🔔 注意：使用--account 参数不会生成 HD 钱包。

6.3.5 锁定账户与解锁

Ganache 默认是没有锁定账户，可以使用-n 参数或者--secure 参数来锁定账户，锁定账户之后就不能使用账户，所以可以使用-u 或者--unlock 解锁指定账户。示例如下：

```
ganache-cli --secure --unlock "0x785ab07ebf5b44f96d58860d3995d2e7a81d
5a4b" --unlock "0x70ea9304e7cdc2e01cc2ec7b318c0622100ebc02"
ganache-cli -n -u 0 -u 1
```

启动时一般使用自动生成的账户，如果不知道账户信息（使用固定助记词和指定账户除外），可以使用第二种简写方式。Ganache 主要是用于测试，一般不会锁定账户，当然测试账户相关的 RPC 接口时会用到。

6.4 Ganache 与 JavaScript

Ganache 其实本质上是一个使用 JavaScript 实现的以太坊客户端，不过 Ganache 客户端是一个为了开放测试使用的客户端。

Ganache 图形界面和 ganache-cli 都只是对 Ganache 做了一些封装，然后在 Node.js 运行而已，所以除了使用封装好的图形界面和 ganache-cli 命令行，还可以通过 JavaScript 直接使用 Ganache 相关的功能，本节我们就来看一下如何利用 JavaScript 直接使用 Ganache 功能。

6.4.1 在工程中引用 Ganache 的 Provider

很多轻钱包或者其他工具基本都使用了 web3.js，这里只简单提一下，希望读者能对 web3.js 的 Provider 有一个简单的印象。

web3.js 是以太坊相关的库，它本身没有以太坊数据，所以需要连接以太坊节点，并且通过以太坊节点提供的 JSON-PRC-API 来获取对应的数据。Provider 就是 web3.js 处理节点连接的模块。我们可以任意建立一个文件夹，然后在文件夹下执行下面的命令：

```
cnpm init --yes
cnpm i web3
cnpm i ganache-cli
```

上面的命令就是初始化一个工程，然后安装 Web3 和 ganache-cli 依赖。我们建立一个 accounts.js 文件，文件内容如下：

```
//引入 web3.js 依赖
const Web3 = require("web3");
```

```
//引入 ganache-cli 依赖
const ganache = require("ganache-cli")
//使用 Ganache 创建一个 provider 给 web3.js 使用
var web3 = new Web3(ganache.provider())
//getAccounts 获取账户信息，返回的是一个 Promise，成功执行 then，失败执行 catch
web3.eth.getAccounts().then(function(result){
    console.log(result);
}).catch(function(err){
    console.log(err);
});
```

上面的例子涉及一些 web3.js 的内容，读者可以先跳过这一节，了解了 web3.js 内容之后，再回过头来看。构建 Web3 实例需要一个 Provider 来指定连接节点的信息，这里就导入了一个 ganache-cli 实例，通过 ganache-cli 实例来获取 Provider。

最后通过 web3.js 的 Eth 模块中的 getAccounts 方法获取客户端管理的账户信息，返回的只是地址信息。执行下面的命令：

```
node accounts.js
```

输出如下：

```
[ '0x1B345Fe19DaafaAEf3563060993210A9D74cBC17',
  '0xE3274111ab0b1B7f0cDf30f702f4CA2b3dfd3428',
…部分省略
    ]
```

可以看到和我们使用 ganache-cli 命令行一样。利用这种方式使用 Ganache 非常有用，特别是在开发过程中，这样可以避免每次都使用 Ganache 图形界面或者命令行来启动一个节点。

6.4.2 在工程中启动 Ganache 的 Server

Ganache 除了可以直接提供 Provider 之外，还可以作为一个 HTTP Server，这样其他的一些服务或者应用就可以通过 HTTP 的方式调用对应的接口。使用非常简单，我们使用上一节建立的工程，不过要添加一个依赖 CircularJSON，执行下面的命令安装：

```
cnpm i circular-json -S
```

然后在工程目录下创建一个 server.js 文件，文件内容如下：

```
//引入 fs 模块，用于读写文件
const fs = require('fs');
//引入 ganache-cli 用于提供测试服务
const ganache = require("ganache-cli")
//引入 circular-json 用于格式化输出对象
const CircularJSON = require('circular-json');
var server = ganache.server()
//监听 8545 端口
server.listen(8545, function(err, blockchain) {
    console.log(err)
    // console.log(blockchain)
```

```
        // fs.writeFileSync('blockchain.txt',CircularJSON.stringify(blockchain))
//输出 ganache-cli 中区块链数据结构及内容到 blockchain 文件中
        fs.writeFileSync('blockchain.txt',CircularJSON.stringify(blockchain,
        null,'\t'))
//打印钱包助记词
        console.log(blockchain.mnemonic)
});
```

启动服务器不需要 web3.js，但是需要文件，所以引入 Node.js 的 fs 模块和 circular-json 将对象转换为字符串，因为对象中有循环引用，所以不能直接使用 JSON，而是使用了 CircularJSON。

上面设置监听端口为 8545，回调函数中我们打印了一下 blockchain 的助记词，当然也可以打印其他 blockchain 中的数据。blockchain 的数据比较多，所以没有直接使用 console 输出，而是写入 blockchain.txt 文件中，多看这个文件有助于理解以太坊区块链数据结构。

因为数据比较多，这里就不一一给出 blockchain 的数据了，感兴趣的读者可以自己动手试一试，然后看一下 blockchain 文件中的数据。

6.4.3 配置工程中依赖的 Ganache

本节来了解一下 Ganache 作为工程依赖的使用配置，其实 Ganache 提供的默认配置基本够用，不过为了更好地实现一些特别需求，我们可以多了解一些 Ganache 的配置。

Ganache 作为工程依赖的配置和命令行使用命令参数基本一致。如表 6.1 所示为 Ganache 工程依赖常用的配置。

表 6.1　Ganache 常用配置项

参　　数	说　　明
accounts	和命令行的--acounts 相同
logger	实现了 log 方法的对象，例如 console,用于输出日志
mnemonic	字符串，设置助记词
port	整数，设置端口
seed	字符串，设置种子
total_accounts	数字类型，账户数量
default_balance_ether	每一个生成账户，默认的以太坊数量
network_id	整数，网络 ID
locked	boolean 值，是否锁定账户
unlocked_accounts	数组，不锁定的账户、地址或者索引值
db_path	区块数据存放位置
verbose	输出对象和返回对象

我们还是来修改一下 6.4.2 节中的例子，修改后的内容如下：

```javascript
//导入fs依赖,用于文件读写
const fs = require('fs');
// 导入ganache-cli 作为服务
const ganache = require("ganache-cli");
//导入circular-json用于格式化输出对象
const CircularJSON = require('circular-json');
let logOptions = {
  flags: 'a',
  encoding: 'utf8',
};
//配置输出选项
let stdout = fs.createWriteStream('./stdout.log', logOptions);
//配置输出日志
let logger = new console.Console(stdout);
let options = {
//设置日志输出器
        "logger": logger,
//设置助记词
        "mnemonic": "film bind rail critic diamond tourist aim audit master
        odor major rabbit",
//设置账户数量
        "total_accounts": 20,
//设置每一个账户的以太币
        "default_balance_ether": 200,
//设置数据库路径
        "db_path":"./db",
        "verbose":true
    };
//使用指定配置启动服务
let server = ganache.server(options)
server.listen(8545, function(err, blockchain) {
    // console.log(err)
    // console.log(blockchain)
    // fs.writeFileSync('blockchain.txt',CircularJSON.stringify(blockchain))
    fs.writeFileSync('blockchain.txt',CircularJSON.stringify(blockchain,
    null,'\t'))
    console.log(blockchain.mnemonic)
});
```

上面的例子我们添加了一个 options,配置一个 logger 让日志输出到文件中,指定 mnimonic 来生成账户,生成账户的数量指定为 20 个,每一个账户的余额指定为 200Ether,指定区块链数据存放位置为当前目录 db,日志的输出为请求对象和返回对象。

对于 Provider 也一样,可以通过下面的方式创建:

```
ganache.provider(options)
```

6.5 Ganache 交易相关 RPC 方法

以太坊使用 JSON-RPC 协议用于提供 RPC 服务,现在使用的版本是 JSON-RPC 2.0,

Ganache 也实现了这个协议。本节我们就来了解一些交易的 RPC 方法,对于其他以太坊客户端,这些方法的调用也一致,因为使用的是相同的协议,应用相同的规范。

现在我们还不了解 web3.js,不直接使用 JavaScript 来调用,因此使用 Postman 来调用 Ganache 的 RPC 接口。

6.5.1 eth_sendTransaction 方法

eth_sendTransaction 是一个非常重要的方法,eth_sendTransaction 方法的返回值非常简单,就是 32 字节表示交易哈希值,如果交易处于 pending 状态,交易的 Hash 为 0x0。

eth_sendTransaction 方法的参数是一个对象。如表 6.2 所示为参数对象包含的属性,其中的大部分属性都很好理解,有两个属性需要特别说明一下。

表 6.2 eth_sendTransaction参数对象属性

属性	说明
from	20字节,发送交易地址
to	20字节,交易目标地址,如果是创建合同可以省略
gas	提供给交易的gas,默认值为90000,可选。会返回没有使用完的gas
gasPrice	gas的价格,可选
value	整型,发给交易的Ether,可选
data	编译好的合约代码或者调用方法签名和编码的参数
nonece	整型,允许使用相同的nonce来覆盖pending状态的交易
to	20字节,交易接收地址,如果是创建合约交易则为空

说明:pending 状态是指加入了交易池,处于等待执行的状态。

一个是 data,这个可以是编译好的合约,交易表示创建一个新的合约,也可以是要调用的合约方法签名和编码参数,这个内容会在第 12 章中详细介绍。

另一个是 nonce,和 PoW 共识机制中的 nonce 不同,这个 nonce 是 from 关联的账户交易数量,主要是用于防止重播攻击。

nonce 在 eth_sendTransaction 中可以选择,默认获取 from 账户的当前交易数量,也可以手动设置,如果设置大于 from 账户的 nonce,交易就会在交易池中 pending,如果小于 from 账户的交易数量,就有可能会替换还处于 pending 状态的相同 nonce 交易。我们使用 Postman 来模拟这个 HTTP 请求,请求体如下:

```
{
    "jsonrpc": "2.0",
    "method": "eth_sendTransaction",
    "params": [{
        "from": "0x8f6a689f14cb0e25107545c5ff73a9c246c59b62",
        "to": "0xc3e82fd7731d14c1fed5922d92f611c9c573aa9f",
```

```
            "gas": "0x76c0",
            "gasPrice": "0x9184e72a000",
            "value": "0xDE0B6B3A7640000",
            "data": ""
        }],
        "id": 1
}
```

如上例所示，jsonrpc 参数是指定 JSON-RPC 协议的版本，现在使用的是 2.0 版本。method 是指定 JSON-RPC 的方法。params 是这种方法的参数。id 是整型值，是一个自定义值，用于区分不同的请求，返回值中会原样返回，这样能关联上对应的请求。

参数中设置是从地址 0x8f6a689f14cb0e25107545c5ff73a9c246c59b62，向地址 0xc3e82fd7731d14c1fed5922d92f611c9c573aa9f 转 1Ether（value 的值 0xDE0B6B3A7640000，单位为 wei，转化为 Ether 就是 1Ether）。

因为不是创建合约，也没有调用合约，只是简单地转换为以太坊，所以 data 为空。如图 6.4 所示为在 Postman 中发送 HTTP 请求，使用 Post 方式提交，地址是 Ganache 的 rpc 设置地址，默认是 http://localhost:8545。

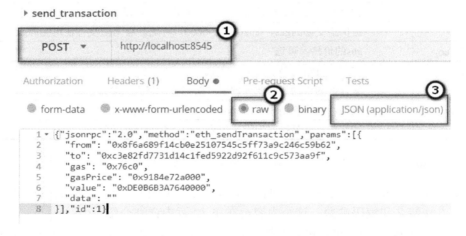

图 6.4　使用 Postman 发送交易

选择 raw 方式，格式是 JSON 格式。Header 中会自动添加 content-type 为 application/json。最后执行方法的返回值为：

```
{
    "id": 1,
    "jsonrpc": "2.0",
    "result": "0x87ae02f958f054f8a52b1793d7e5252802438572eba9ec7457eb6c6bd6b3c53a"
}
```

注意：后面小节中我们使用的方式都是相同的，不给出 Postman 的相关截图了，只是给出请求体和返回值。

6.5.2 eth_getTransactionCount 方法

eth_getTransactionCount 方法是用来查询和账户关联的交易数量的方法，与前面提到要设置的 nonce 值稍有区别。在 eth_sendTransaction 方法中可以省略这个值，因为 eth_sendTransaction 方法会自动调用 eth_getTransactionCount 方法获取这个默认值。

如表 6.3 所示为 eth_getTransactionCount 的参数和返回值。blockNum 的取值在后面经常用到，这里统一介绍一下。

表 6.3 eth_sendTransaction参数对象属性

方法	参数	返回值
eth_getTransactionCount	DATA，20字节，要查询的地址。blockNum:区块号，或者"latest"表示最近区块，"earliest"表示创世区块或者"pending"表示待添加区块	DATA,整数，地址关联账户交易数量

如表 6.4 所示为 blockNum 不同值的取值，字符串只能是"latest"、"earliest"、"pending"中的一个。

表 6.4 blockNum取值

取值	说明
"latest"	字符串常量，表示最近的区块
"earliest"	字符串常量，表示最早区块，即创世区块
"pending"	字符串常量，表示当前节点真正打包的区块
num，QUANTITY	大整数，表示区块号

另外，很多参数限制了参数类型，有两个参数需要注意，一个参数是 DATA 表示的是字节类型，另一个参数是 QUANTITY 为大整数类型。使用 Postman 发送请求，设置方法的请求体为：

```
{
    "jsonrpc": "2.0",
    "method": "eth_getTransactionCount",
    "params": ["0x8f6a689f14cb0e25107545c5ff73a9c246c59b62", "latest"],
    "id": 1
}
```

上面的请求体就是查询账户 0x8f6a689f14cb0e25107545c5ff73a9c246c59b62 执行的交易总数量。方法的返回值为：

```
{
    "id": 1,
    "jsonrpc": "2.0",
    "result": "0x6"
}
```

返回值相对简单，就是一个整数上面是 0x6，表示 0x8f6a689f14cb0e25107545c5ff73a9c246c59b62 这个账户到当前区块为止已经参与了 6 笔交易。

6.5.3 eth_getTransactionReceipt 方法

eth_getTransactionReceipt 是使用非常多的接口，用来获取交易收据，或者说是交易回执的方法。eth_getTransactionReceipt 方法的参数非简单，就是要查询的交易的 Hash 值。返回值比较多，我们看一下 eth_getTransactionReceipt 的返回值对象中包含的属性，如表 6.5 所示，如果要查询的交易不存在则返回空。

表 6.5　eth_sendTransaction 参数对象属性

属　　性	说　　明
transactionHash	32 字节，交易 Hash
transactionIndex	整数，交易在区块中的索引
blockHash	32 字节，交易所在区块的 Hash 值
blockNumber	交易所在的区块号
from	交易发起地址
to	20 字节，交易接收地址，如果是创建合约交易则为空
cumulativeGasUsed	当交易执行的时候，交易所在区块总共使用的 gas 值
gasUsed	交易使用的 gas 值
contractAddress	20 字节，合约地址，如果是创建合约交易，否则为空
logs	数组，日志数组，这个交易产生的日志
logsBloom	256 字节，布隆过滤器，轻客户端用于快速检索日志
root	32 字节，交易后的 stateroot
status	交易状态 1(成功) 或者 0(失败)

注意：其中 root 和 status 参数是非标准的可选项，不是每一个以太坊客服端都会返回这两个属性。

6.5.4 eth_getTransactionByHash 方法

eth_getTransactionByHash 方法也是一个比较常用的方法，可以使用交易 Hash 来获取交易的相关信息。eth_getTransactionByHash 的参数非常简单，是一个类型为字节的交易 Hash，返回值是一个对象，对象中的属性稍微复杂一些。

如表 6.6 所示为 eth_getTransactionByHash 的返回对象中的参数，可以看到有很多属性，这些属性和第 4 章中介绍的一样。

另外还有两个和 eth_getTransactionByHash 相似的方法，一个是 eth_getTransaction ByBlock

HashAndIndex 使用的参数是 Block 的 Hash 值和交易在区块中的索引。另一个是 eth_getTransactionByBlockNumberAndIndex 使用的是区块号和交易在区块中的索引。返回值都是一样的，如表 6.6 所示。

表 6.6　eth_getTransactionByHash返回值对象属性

属　性	说　明
blockHash	32字节，区块Hash值，如果区块处于pending状态则为空
blockNumber	大整数，区块号
from	20字节，发起交易的地址
gas	大整数，最多使用的gas
gasPrice	大整数，gas的价格
hash	32字节，交易的Hash
input	字节，交易伴随的数据
nonce	大整数，交易nonce
to	20字节，交易接收地址，如果是创建合约，则为null
transactionIndex	大整数，交易在所在区块中的索引，如果交易处于pending状态则为null
value	大整数，发送的以太币，单位wei
v	大整数，椭圆曲线签名中的recovery id
r	32字节，椭圆曲线签名中的r
s	32字节，椭圆曲线签名中的s

6.5.5　交易相关的其他方法

本节我们简单介绍一下交易相关的其他方法，感兴趣的朋友可以根据前面的内容，动手测试一下这些方法。

eth_sendRawTransaction 方法是一个比较复杂的方法，因为涉及一些需要我们自己动手处理的数据。比如需要我们自己获取 nonce 值，使用私钥对数据进行签名等。使用像 MetaMask 这样的以太坊轻节点执行交易，底层最终调用的都是这个方法。因为连接的以太坊全节点没有我们的私钥，不能为交易签名。

eth_getBlockTransactionCountByHash 和 eth_getBlockTransactionCountByNumber 分别是使用区块的 Hash 值和区块号来获取一个区块中的交易总数的方法。

6.6　Ganache 账户相关 RPC 方法

前一节我们了解了常见交易相关的 RPC 方法，本节我们来了解和以太坊账户相关的 RPC 方法。

6.6.1 eth_accounts 方法

eth_accounts 方法非常简单，没有参数，返回值是一个数组，就是客户端管理的账户列表。直接来看一个例子，还是使用 Postman 发送请求，代码如下：

```
{
    "jsonrpc": "2.0",
    "method": "eth_accounts",
    "params": [],
    "id": 1
}
```

eth_accounts 方法没有参数，返回值如下：

```
{
    "id": 1,
    "jsonrpc": "2.0",
    "result": [
        "0x8f6a689f14cb0e25107545c5ff73a9c246c59b62",
        "0xc3e82fd7731d14c1fed5922d92f611c9c573aa9f",
...部分输出省略

    ]
}
```

eth_accounts 方法的返回值也非常简单，就是以太坊客户端管理账户的列表，注意只有账户的地址信息。

6.6.2 eth_getBalance 方法

eth_getBalance 方法也是一个比较常用的方法，用来查看对应地址有多少以太币。其参数和返回值也比较简单，参数有两个，一个是要查询账户地址，是一个 20 字节的值；另一个是 blockNum，这个值可以参考表 6.4 中的内容，表示要查询哪一个区块中对应账户剩余的以太币。我们来看一个实际的例子，使用 Postman 发送请求体如下：

```
{
    "jsonrpc": "2.0",
    "method": "eth_getBalance",
    "params": ["0xd6cb994db1aa73ac6c37c3e82b8c8796e7473a6b", "latest"],
    "id": 1
}
```

上面的请求表示，查询地址 0xd6cb994db1aa73ac6c37c3e82b8c8796e7473a6b 最近的区块中还有多少以太币。返回值如下：

```
{
    "id": 1,
    "jsonrpc": "2.0",
    "result": "0x56bc75e2d63100000"
}
```

上面的结果 0x56bc75e2d63100000 表示地址 0xd6cb994db1aa73ac6c37c3e82b8c8796e7473a6b 在最近的区块中还有多少以太币，单位是 wei，十六进制表示。

6.6.3 eth_coinbase 方法

eth_coinbase 方法主要返回的是客户端的挖矿收益地址，这个方法比较有用，特别是在检查挖矿收益等相关的测试时。eth_coinbase 方法没有参数，返回值是一个 20 字节大小的地址，代表的是客户端挖矿收益地址。

我们使用 Postman 来执行一下 eth_coinbase 方法，执行的请求体为：

```
{
    "jsonrpc": "2.0",
    "method": "eth_coinbase",
    "params": [],
    "id": 100
}
```

请求体非常简单，没有参数。eth_coinbase 方法返回值如下：

```
{
    "id": 100,
    "jsonrpc": "2.0",
    "result": "0x8f6a689f14cb0e25107545c5ff73a9c246c59b62"
}
```

看上面的 result 中是返回的结果，表示 0x8f6a689f14cb0e25107545c5ff73a9c246c59b62 是客户端的挖矿收益地址。

6.7　Ganache 区块相关 RPC 方法

前面我们已经介绍了交易和账户的相关方法，本节我们来了解一下以太坊区块的相关 RPC 方法。了解区块的相关方法还是有用的，因为查询区块相关数据的情况比较多，熟悉区块相关属性，可以让我们在需要相关数据时更加得心应手。

6.7.1　eth_getBlockByHash 方法

eth_getBlockByHash 方法是一个用来查询交易区块信息的方法。eth_getBlockByHash 方法有两个参数，第一个参数是 32 字节的区块 Hash 值，第二个参数是 Boolen 变量，用来决定是否返回详细的区块交易信息。如表 6.7 所示为 eth_getBlockByHash 方法返回对象的属性，可以看到这些属性和第 4 章介绍的区块属性是一样的。

表 6.7 eth_getBlockByHash返回值对象属性

属　　性	说　　明
hash	32字节，区块Hash值，如果区块处于pending状态则为空
parentHash	32字节，父区块Hash值
blockHash	32字节，交易所在区块的Hash值
number	区块号，如果是pending状态则为空
nonce	8字节，PoW生成的值，如果区块处于pending状态则为空
sha3Uncles	32字节，叔块的sha3值
transactionRoot	32字节，区块交易树的根Hash值
stateRoot	32字节，区块状态树的根Hash值
receiptsRoot	32字节，区块交易收据树的根Hash值
miner	20字节，挖出区块的矿工收益地址
logsBloom	256字节，布隆过滤器，轻客户端用于快速检索日志
difficulty	整数，区块难度
totalDifficulty	整数，到该区块为止，区块的总难度
extraData	区块的附加数据
size	区块的大小，单位字节
gasLimit	该区块运行使用的最大的gas值
gasUsed	该区块所有交易使用的总的gas值
timestamp	区块被校验的时间戳
transations	数组，完整的交易对象或者交易Hash
uncles	数组，叔块数组

还是用Postman来发送一个eth_getBlockByHash方法的JSON-RPC请求，请求体如下：

```
{
    "jsonrpc": "2.0",
    "method": "eth_getBlockByHash",
    "params": ["0x88e466c1036814ed82b271de59661f0545b3ad3873215c5a48a9a19c0f088f31", true],
    "id": 1
}
```

方法的返回值如下：

```
{
    "id": 1,
    "jsonrpc": "2.0",
    "result": {
        "number": "0x5",
        "hash": "0x88e466c1036814ed82b271de59661f0545b3ad3873215c5a48a9a19c0f088f31",
        "parentHash": "0x746b678f9b563a0996fe1d4600854c0a5e576b06eebfafc806305b6873756370",
        "mixHash": "0x0000000000000000000000000000000000000000000000000000000000
```

```
            00000000000000",
            "nonce": "0x0000000000000000",
            "sha3Uncles": "0x1dcc4de8dec75d7aab85b567b6ccd41ad312451b948a7413
f0a142fd40d49347",
            "logsBloom": "省略",
            "transactionsRoot": "0x56e81f171bcc55a6ff8345e692c0f86e5b48e01
b996cadc001622fb5e363b421",
            "stateRoot": "0x2a15d42721c45155f19611066afe13fd7ae1402b11965
dc15be6d95a54b64562",
            "receiptsRoot": "0x56e81f171bcc55a6ff8345e692c0f86e5b48e01b996
cadc001622fb5e363b421",
            "miner": "0x0000000000000000000000000000000000000000",
            "difficulty": "0x0",
            "totalDifficulty": "0x0",
            "extraData": "0x",
            "size": "0x3e8",
            "gasLimit": "0x6691b7",
            "gasUsed": "0x5208",
            "timestamp": "0x5b975011",
            "transactions": [
                {
                    "hash": "0x6f71df4c901757b0166afa818259e0f8376cce97ce60850
5054dc247e7bbb948",
                    "nonce": "0x03",
                    "blockHash": "0x88e466c1036814ed82b271de59661f0545b3ad387
3215c5a48a9a19c0f088f31",
                    "blockNumber": "0x05",
                    "transactionIndex": "0x0",
                    "from": "0x8f6a689f14cb0e25107545c5ff73a9c246c59b62",
                    "to": "0xc3e82fd7731d14c1fed5922d92f611c9c573aa9f",
                    "value": "0x0de0b6b3a7640000",
                    "gas": "0x76c0",
                    "gasPrice": "0x09184e72a000",
                    "input": "0x0"
                }
            ],
            "uncles": []
        }
    }
```

上段代码中，result 中是输出结果，number 表示区块号，hash 表示区块的哈希值，parentHash 表示区块父区块的哈希值，mixHash 是工作量证明机制计算的哈希值，nonce 表示工作量证明机制计算的随机值，sha3Uncles 表示叔块的哈希值，logsBloom 表示 Bloom 日志过滤器，transactionsRoot 是交易的根哈希值，stateRoot 是账户的根哈希值，receiptsRoot 表示交易收据的根哈希值，miner 表示挖出该区块的矿工的地址，difficulty 表示区块的难度，totalDifficulty 表示从创世区块到该区块的总难度，extraData 是区块附加数据，由挖出区块的矿工设置，一般为空，size 表示区块大小，gasLimit 表示区块的 gas 限制，gasUsed 表示区块使用的 gas，timestamp 表示区块的时间戳，transactions 是区块中包含的交易。

因为我们使用的是 ganache-cli 模拟，所以区块的难度为 0，矿工的收益地址也是 0x0000000000000000000000000000000000000000，也没有叔块。

6.7.2　eth_getBlockByNumber 方法

eth_getBlockByNumber 方法也是一个用来查询区块信息的方法，但是参数使用的是区块号，而不是区块的 Hash 值。eth_getBlockByNumber 方法也有两个参数，第一个参数是用来指定区块号的，第二个是 Boolean 值，用来控制是否返回完整的交易信息。

我们还是通过 Postman 来执行一下 eth_getBlockByNumber 方法，方法体如下：

```
{
    "jsonrpc": "2.0",
    "method": "eth_getBlockByNumber",
    "params": ["0x5", false],
    "id": 1
}
```

方法的返回值如下：

```
{
    "id": 1,
    "jsonrpc": "2.0",
    "result": {
        "number": "0x5",
        "hash": "0x88e466c1036814ed82b271de59661f0545b3ad3873215c5a48a9
a19c0f088f31",
        "parentHash": "0x746b678f9b563a0996fe1d4600854c0a5e576b06eebfaf
c806305b6873756370",
        "mixHash": "0x00000000000000000000000000000000000000000000000
00000000000000",
        "nonce": "0x0000000000000000",
        "sha3Uncles": "0x1dcc4de8dec75d7aab85b567b6ccd41ad312451b948a7413
f0a142fd40d49347",
...部分输出省略，同 6.7.1 节

    }
}
```

这个区块其实和上一个 eth_getBlockByHash 区块获取的是同一个区块，对比一下，我们把第二个参数设置为 false 之后，可以看到变化的是返回值中的 transactions，当参数为 false 时，返回的不是完整的交易信息，而是交易的 Hash 值。

6.7.3　其他相关方法

本节介绍几个和区块相关的其他方法。首先来看一个使用非常多的方法 eth_blockNumber，这个方法非常简单，没有参数，返回的是以太坊当前区块的区块号，如果使用 ganache-cli 命令行启动 Ganache，然后使用 MetaMask 相关的工具来连接，会发现不断地在打印 eth_blockNumber 被调用。

- eth_getUncleCountByBlockHash 通过区块的 Hash 值来获取区块中叔块的数量。

- eth_getUncleCountByBlockNumber 通过区块号来获取区块中叔块的数量。
- eth_getUncleByBlockHashAndIndex 通过区块 Hash 和叔块索引来获取叔块。
- eth_getUncleByBlockNumberAndIndex 通过区块号和叔块索引来获取叔块。

> 注意：返回的叔块和获取的区块对象属性是一样的。

6.8　Ganache 日志相关 RPC 方法

以太坊的日志和事件是比较重要的内容，日志可以帮助我们更好地检索关注的内容。本节我们先介绍一下日志的相关 RPC 方法，结合后面的 web3.js 事件和日志相关接口回顾本节的内容，相信就会有更多的收获。

6.8.1　eth_newFilter 方法

eth_newFilter 方法是创建一个过滤器，用来过滤日志。eth_newFilter 方法的返回值非常简单，就是创建过滤器的 ID，如表 6.8 所示为 eth_newFilter 方法的参数属性，一般用来过滤日志，所以要指定开始区块和结束的区块。address 参数是指定过滤哪个合约产生的日志。

表 6.8　eth_newFilter 参数对象属性

属　　性	说　　明
fromBlock	搜索日志开始的区块，取值见表6.4
toBlock	搜索日志结束的区块，取值见表6.4，可选
address	20字节，合约地址，可选
topics	topics，数组，32字节数组，由于过滤日志主题，可选

我们来看一个实例，还是使用 Postman 来执行请求体，内容如下：

```
{
    "jsonrpc": "2.0",
    "method": "eth_newFilter",
    "params": [{
        "topics": ["0x9cc4d20bed33e9cc82468fe65d2388e059e1d57da74f9eaf654
        ad6bd19bd337f"]
    }],
    "id": 100
}
```

其中，topics 是一个数组，可以为空，为空表示匹配所有的日志，最多有 4 个，分别对应事件的 4 个主题，按顺序匹配。

例如，[]是匹配所有日志，[A]是匹配第一个主题为 A 的事件，[null,A]表示匹配第二个主题为 A 的所有事件，[A,B]表示匹配第一个主题是 A、第二个主题是 B 的所有事件。[[A,B],[C,D]]表示匹配第一个主题为 A 或者 B、第二个主题为 C 或者 D 的所有事件。

返回值如下：

```
{
    "id": 100,
    "jsonrpc": "2.0",
    "result": "0x5"
}
```

返回值是新创建的 Filter 的 filterID。如上所示，result 的结果是 0x5，表示新创建的 filter 的 ID 是 5。

6.8.2　eth_getFilterLogs 方法

eth_getFilterLogs 方法是用来获取事件日志的方法，参数非常简单，就是调用 eth_newFilter 方法返回的 ID。返回值稍微复杂一点，是一个对象数组。如表 6.9 所示为使用 eth_getFilterLogs 方法的返回值对象锁包含的属性，可以看到属性还是比较多的。

表 6.9　eth_getFilterLogs返回值对象属性

属性	说明
removed	如果日志被删除了（由于链数据重新组织），则为true，否则为false
logIndex	区块日志的索引,如是pending则为null
transactionIndex	创建日志交易的索引，如是pending则为null
transactionHash	创建日志交易的Hash值，如是pending则为null
blockHash	日志所在区块Hash值，如是pending则为null
blockNumber	日志所在区块号，如是pending则为null
address	创建日志合约地址，32字节
data	非索引（没有用indexed的参数）事件参数
topics	数组，事件主题，长度为0-4,32字节

下面我们来看一个有 Postman 请求的实例，请求体如下：

```
{
    "jsonrpc": "2.0",
    "method": "eth_getFilterLogs",
    "params": ["0x5"],
    "id": 100
}
```

eth_getFilterLogs 方法的参数非常简单，就是 filterID，这里使用上节创建的 filter 得到的 ID。执行后，返回值如下：

```
{
    "id": 100,
    "jsonrpc": "2.0",
```

```
    "result": [
        {
            "logIndex": "0x0",
            "transactionIndex": "0x0",
            "transactionHash": "0x00454c9264dc750f7b3d7c17d0b864f62dc0292
a6303b31e462f325d37e9d2e6",
            "blockHash": "0x5d33da4ca8c1aaeb0839de5c2e877ee71d300e2ea423
ec1717223fbc06dc4f03",
            "blockNumber": "0xe",
            "address": "0x751a215f5eac29651034174ac20d2042e3a0cfde",
            "data": "0x00000000000000000000000000000000000000000000000000
0000000000000b",
            "topics": [
"0x9cc4d20bed33e9cc82468fe65d2388e059e1d57da74f9eaf654ad6bd19bd337f",
"0x000000000000000000000000000000000000000000000000000000000000000a",
"0x000000000000000000000000000000000000000000000000000000000000000b"
            ],
            "type": "mined"
        }
    ]
}
```

可以看到，eth_getFilterLogs 执行后，返回值是一个数组，数组中的对象属性 logIndex 表示日志在区块中的索引，transactionIndex 表示输出日志的交易在区块的索引，transactionHash 表示输出日志的交易哈希值，blockHash 表示日志所在区块哈希值，blockNumber 表示日志所在区块的区块号，address 表示输出日志的合约地址，data 是日志非 indexed 数据，topic 是日志主题，就是 indexed 的部分数据。

6.8.3　eth_getLogs 方法

日志还有一个方法是 eth_getLogs 方法，该方法可以看做是 eth_newFilter 方法和 eth_getFilterLogs 方法的结合体。我们来看一下 eth_getLogs 方法的参数对象属性，如表 6.10 所示。从中可以看到该方法的参数和 eth_newFilter 方法相比（见表 6.8），除了多了一个暂时还没有实现其功能的 blockHash 参数，其他的参数均一样。

表 6.10　eth_sendTransaction参数对象属性

属　　性	说　　明
fromBlock	搜索日志开始的区块，取值参考表6.4
toBlock	搜索日志结束的区块，取值参考表6.4
address	20字节，合约地址，可选
topics	topics，数组，32字节数组，由于过滤日志主题，可选
blockHash	32字节，日志的区块Hash，可选（未实现）

如果设置了 blockHash，则 fromBlock = toBlock = 区块 Hash 为 blockHash 的区块。请求体如下：

```json
{
    "jsonrpc": "2.0",
    "method": "eth_getLogs",
    "params": [{
        "topics": ["0x9cc4d20bed33e9cc82468fe65d2388e059e1d57da74f9eaf654ad6bd19bd337f"]
    }],
    "id": 100
}
```

返回值如下:

```json
{
    "id": 100,
    "jsonrpc": "2.0",
    "result": [
        {
            "logIndex": "0x0",
            "transactionIndex": "0x0",
            "transactionHash": "0x00454c9264dc750f7b3d7c17d0b864f62dc0292a6303b31e462f325d37e9d2e6",
            "blockHash": "0x5d33da4ca8c1aaeb0839de5c2e877ee71d300e2ea423ec1717223fbc06dc4f03",
            "blockNumber": "0xe",
            "address": "0x751a215f5eac29651034174ac20d2042e3a0cfde",
            "data": "0x000000000000000000000000000000000000000000000000000000000000000b",
            "topics": [
"0x9cc4d20bed33e9cc82468fe65d2388e059e1d57da74f9eaf654ad6bd19bd337f",
"0x000000000000000000000000000000000000000000000000000000000000000a",
"0x000000000000000000000000000000000000000000000000000000000000000b"
            ],
            "type": "mined"
        }
    ]
}
```

6.8.4 其他关联方法

日志过滤使用的是 filter 方式,eth_newFilter 方法除了创建日志过滤器,还可以创建新区块过滤器。通过 eth_newBlockFilter 方法创建,可以监听新的区块创建事件。还可以通过 eth_newPendingTransactionFilter 方法创建过滤器,用于监听新的待定交易的到达时候。

创建了过滤器后,可以使用 eth_getFilterChanges 方法来获取过滤器监听到的变化,eth_getFilterChanges 方法返回的是一个数组,对于新区块创建的过滤器返回的是新创建区块 Hash 数组,对于待定交易返回的是交易 Hash 数组,对于日志就是返回前面介绍的对象数组。此外,还有一个 eth_uninstallFilter 方法,用来卸载过滤器,其参数就是创建过滤器时获取的过滤器 ID。如果卸载成功则返回 true,如失败则返回 false。

6.9 Ganache 的其他 RPC 方法

本节我们简单介绍一些其他的 RPC 方法，这些方法有的可能不常见，但是在一些特殊的场景，能够帮助我们解决一些问题。

6.9.1 web3_clientVersion 方法

web3_clientVersion 方法比较简单，没有参数，用来查看以太坊客户端的客户端及其版本。我们来看一个实例，还是使用 Postman 发送请求体如下：

```
{
    "jsonrpc": "2.0",
    "method": "web3_clientVersion",
    "params": [],
    "id": 100
}
```

web3_clientVersion 方法没有参数，所以 Params 为空列表。请求返回值如下：

```
{
    "id": 100,
    "jsonrpc": "2.0",
    "result": "EthereumJS TestRPC/v2.1.5/ethereum-js"
}
```

返回的 result 中就是结果，因为我们使用的是 ganache-cli，所以可以看到 TestRPC、ethereum-js 等关键词，当然也有对应的版本 v2.1.5。由于返回的是字符串，不同的客户端可能有不同的格式，所以不要过于依赖这个返回值来解析数据。

6.9.2 net_version 方法

net_version 方法用于返回节点所在网络的 ID，这个方法比较常用，可以用来判断当前的网络环境是测试网络还是主网。

net_version 方法也没有参数。如表 6.11 所示为 net_version 方法常见的一些返回值。

表 6.11　net_version方法的常见返回值

值	网　　络
1	以太坊主网
2	Morden测试网络，不被推荐使用
3	Ropsten测试网络
4	Rinkeby测试网络
42	Kovan测试网络
其他值	其他网络

我们还是通过一个简单实例来了解一下 net_version 的使用,使用 Postman 执行方法请求,请求体如下:

```
{
    "jsonrpc": "2.0",
    "method": "net_version",
    "params": [],
    "id": 100
}
```

net_version 方法没有参数,所以 Params 是一个空列表[],net_version 方法的返回值如下:

```
{
    "id": 100,
    "jsonrpc": "2.0",
    "result": "1536636499075"
}
```

因为我们使用的是 ganache-cli,ganache-cli 的网络 ID 是启动时的时间戳,所以我们可以看到 result 的值是 1536636499075。

6.9.3 eth_getCode 方法

eth_getCode 方法是查询合约地址对应合约代码的方法,该方法只有两个参数,第一个参数是合约地址,第二个参数是区块号,可以是整数或者"latest"、"earliest"或者"pending",详情参考表 6.4。如果不是合约地址,或者指定的区块合约还没有创建,则会返回 0x0;如果是合约地址,并且指定区块合约已经创建,则会返回合约的字节码。

我们使用 Postman 来执行 eth_getCode 方法请求,请求体如下:

```
{
    "jsonrpc": "2.0",
    "method": "eth_getCode",
    "params": ["0x42cac9b30f5a04bd6c2884b987d2f03a663d9b71", "latest"],
    "id": 1
}
```

上面的请求体表示,获取地址为 0x42cac9b30f5a04bd6c2884b987d2f03a663d9b71 的合约在最近的区块(最近的区块是指最新挖出的区块)合约字节码。方法返回值为:

```
{
    "id": 1,
    "jsonrpc": "2.0",
    "result":
"0x6080604052600080fd00a165627a7a72305820a4e08d9a5e1d84a790391fe2c5dc03
fa52e3eef184f63167fff944bc2b29957f0029"
}
```

代码中,返回值中的 result 其实就是一个非常简单的合约字节码。

6.9.4 eth_sign 方法

eth_sign 方法是用于消息签名的方法，eth_sign 方法有两个参数，第一个参数是要签名的地址，第二个参数是要签名的消息。

使用第一个参数地址对应私钥会对消息进行签名，自动在消息签名上加上一个固定的前缀：

```
"\x19Ethereum Signed Message:\n" + len(message)
```

签名公式如下：

```
sign(keccak256("\x19Ethereum Signed Message:\n" + len(message) + message)))
```

sign 是椭圆曲线签名算法，message 是待签名的消息，len(message)表示消息的长度。我们来看一个具体的例子，使用 Postman 执行请求体，内容如下：

```
{
    "jsonrpc": "2.0",
    "method": "eth_sign",
    "params": ["0x47b7d81e728db1eed983450488c3f8abf8aea2bc","0x48656c6c6f"],
    "id": 1
}
```

使用 47b7d81e728db1eed983450488c3f8abf8aea2bc 地址对应的私钥对消息 0x48656c6c6f 进行签名，0x48656c6c6f 其实就是"Hello"的 UTF-8 编码。请求返回值如下：

```
{
    "id": 1,
    "jsonrpc": "2.0",
    "result": "0xf63e45ffd92b2bd6e0ec14e9b85c88fe1f7fb9a72783b6e1508120451
f6d3d49505d8645d648e9d77216f7a17a9d21e99ffa63b92ded7024e8174da2f2
c1f2cb01"
}
```

请求结果可以分为 3 部分，第一部分的 32 字节是椭圆曲线签名结果中的 r 的值：

f63e45ffd92b2bd6e0ec14e9b85c88fe1f7fb9a72783b6e1508120451f6d3d49

第二部分的 32 字节是椭圆曲线签名结果的 s 值：

505d8645d648e9d77216f7a17a9d21e99ffa63b92ded7024e8174da2f2c1f2cb

最后一部分是一个字节 01，是 v 的值。

第 7 章 以太坊官方客户端——Geth

本章我们介绍一下以太坊基金会开发的以太坊客户端 Geth。Geth 在某些方面和 Ganache 差不多，也可以用来搭建以太坊的私链，但 Geth 涉及的知识比 Ganache 更多，Geth 的可配置选项也更多，有更大的灵活性。

本章主要涉及的知识点有：
- 什么是 Geth；
- Geth 安装；
- Geth 子命令；
- Geth 命令启动参数；
- Geth 控制台与管理接口；
- Keystore 文件。

注意：这里说的 Geth 是指 Go-ethereum 客户端。

7.1 Geth 简介

本节首先介绍 Geth 的基本概念，了解 Geth 是什么，学习 Geth 的安装和启动。另外还会介绍 Geth 的常用工具，这些工具可以帮助我们更好地进行开发和测试。

7.1.1 Geth 是什么

Geth 是一个以太坊客户端，实现以太坊相关的协议，通过 Geth 来同步以太坊区块链的数据，进行挖矿。

Geth 还可以作为一个完全节点，为其他轻节点提供服务，比如我们可以通过 MetaMask 或者 web3.js 访问 Geth 节点进行交易、查询等操作。

7.1.2 Geth 安装

Geth 的安装包下载地址为 https://geth.ethereum.org/downloads/。如图 7.1 所示，标注①

是各个系统的 Geth 安装版本下载链接，最后一个是源码，这些链接是根据系统和位数显示。标注②是可以选择其他系统的下载版本，标注③是可以选择对应的系统位数、版本、安装包及归档文件。

图 7.1　Geth 下载页面

这里直接下载对应的安装包文件即可，下载完成后执行安装程序，完成安装后的目录如图 7.2 所示。

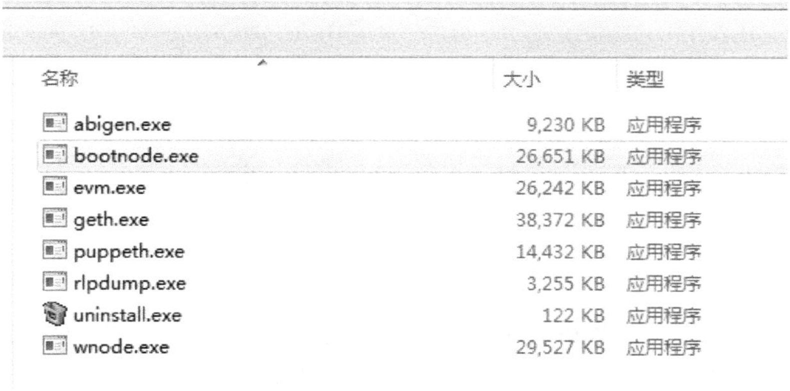

图 7.2　Geth 安装目录

Geth GitHub 地址为 https://github.com/ethereum/go-ethereum/；
Geth 其他版本源码地址为 https://github.com/ethereum/go-ethereum/releases。

7.1.3 Geth 相关目录

本节学习 Geth 相关目录，了解这些目录存储的是什么数据，这些数据的作用是什么。不管使用 Ethereum Wallet 还是 Mist，或是直接使用 Geth 命令行工具都会生成如图 7.3 所示的目录。在 Windows 系统中使用 Mist 或 Ethereum Wallet 时，会在用户 Roaming 目录下生成一个 Ethereum 目录，这个目录中包含有两个文件夹，一个是 geth 文件夹，另一个是 keystore 文件夹。

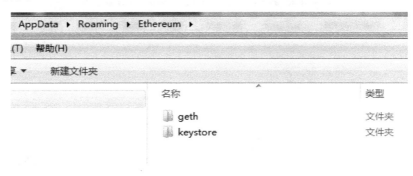

图 7.3 Geth 目录

如果使用 Geth 命令行工具启动以太坊节点，则会在--datadir 参数指定的目录下生成这两个文件夹。keystore 文件夹存放着很多文件，每一个文件代表一个账户，文件中存储了该账户的相关信息，如图 7.4 所示。

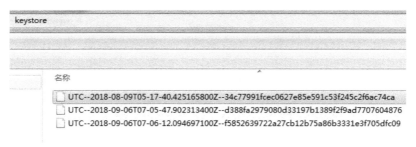

图 7.4 keystore 目录

Geth 中存放的则是一些和以太坊区块链相关的信息，下面我们先来看一下 geth 目录中的文件。如图 7.5 所示为 geth 的数据目录，其中 nodekey 文件存储的是以太坊节点 ID，其实和前面介绍的 NodeID 一样，用来唯一标识节点，主要用于节点之间的发现和通信。

chaindata、lightchaindata 和 nodes 文件夹中存放的是区块链数据，是不同的同步方式产生的目录，例如 lightchaindata 就是 light 数据同步产生的目录。这 3 个数据文件夹中的数据结构基本相似，这里只看一下 chaindata 目录。

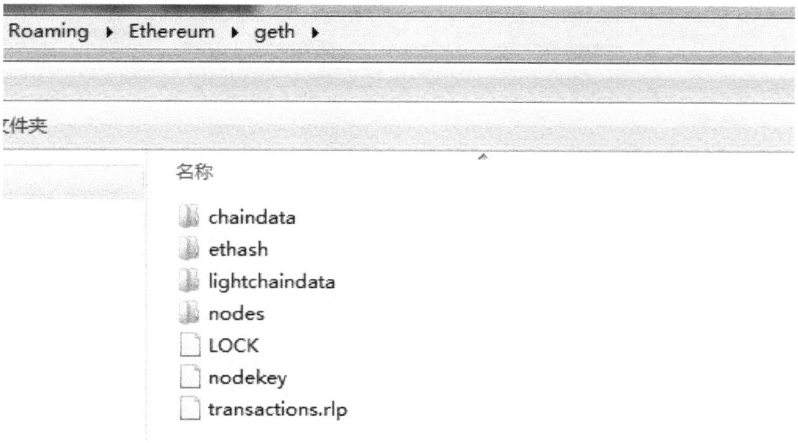

图 7.5　geth 数据目录

如图 7.6 所示为 chaindata 目录，其实和前面介绍的 LevelDB 目录结构非常相似，只不过数据文件的后缀名不同，LevelDB 数据后缀名是 sst，而以太坊区块链数据后缀名使用的是 ldb，其实以太坊区块链数据存储使用的就是 LevelDB，ldb 是 LevelDB 的缩写。

图 7.6　chaindata 目录

还有一个目录是 ethah 目录，如图 7.7 所示。这个和以太坊挖矿相关，我们知道现在以太坊使用 PoW 共识方式，使用的共识算法是 ethash 算法，ethash 目录就是存放 ethash 算法 DAG 缓存数据和 DAG 数据。

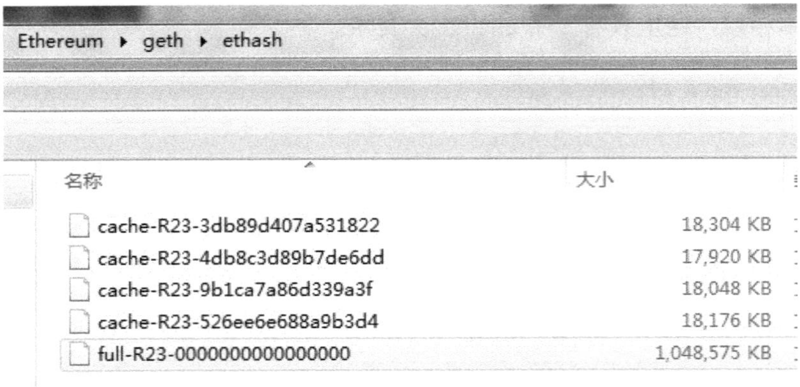

图 7.7 ethash 目录

7.1.4 Geth 相关工具

通过 Geth 安装完后的目录，除了 Geth 之外还有一些其他程序，这些程序可以帮助我们做一些工作，本节就来简单了解一下这些工具的作用。

Abigen：我们一般通过 JavaScript 连接到以太坊全节点和以太坊合约交互，abigen 可以帮助我们生成指定语言的代码直接与以太坊进行交互。

abigen 可以通过合约的 abi 合约字节码或者合约源码为参数来生成对应语言的代码，默认生成代码的语言是 Go 语言，可以通过 lang 参数修改。下面来看两个命令实例。

```
abigen -sol Hello.sol -pkg main -lang java -out Hello.java
abigen -abi Hello.json -type Hello -pkg main -out Hello.go
```

Bootnode：是实现了节点发现协议的部分，可以使用 bootnode 来测试、了解节点发现协议。bootnode 有很多参数要指定监听地址、生成 node key(NodeID)的字符串等，可以使用 bootnode -h 命令来查看更多的参数信息。

evm：可以看做是一个独立的合约字节码的调试工具，也可以通过 evm -h 来查看信息。

Rlpdump：是 rlp 解码相关的工具，来看一个简单的示例：

```
rlpdump -hex d3846a61766182676f8a4a6176615336372697074
```

读者可以动手试一下，查看输出的内容。**Puputh** 是一个创建新的以太坊网络的向导程序。

7.2 Geth 子命令

Geth 非常复杂，包含很多内容，提供了很多子命令来管理不同的功能模块，当然这些子命令也会有一些参数。所以本节先来学习 Geth 提供的子命令，详细介绍一下常用的子命令，简单介绍一下不常用的子命令，来帮助我们更好地理解和使用 Geth。

7.2.1 Geth 子命令概述

本节先对 Geth 的子命令做一个简单的概述,如表 7.1 所示,介绍一些简单的子命令使用方法,后面将介绍一些比较重要的子命令。

表 7.1 Geth子命令

命 令 参 数	命 令 解 释
account	管理账户
attach	启动交互式JavaScript环境
bug	上报bug
console	启动交互式JavaScript环境
copydb	从文件夹创建本地链
dump	Dump一个指定的块
dumpconfig	打印geth全部配置
export	导出区块链到文件
import	导入一个区块链文件
init	启动并初始化一个新的创世纪块
js	执行指定的JavaScript文件
license	显示许可信息
makecache	生成ethash验证缓存,用于测试
makedag	生成ethash 挖矿DAG,用于测试
monitor	监控和可视化节点指标
removedb	删除区块链和状态数据库
version	打印版本号
wallet	管理Ethereum预售钱包
help,h	显示一个命令或帮助一个命令列表

如表 7.1 所示为 Geth 的子命令,其中 makecache 和 makedag 子命令是用于生成 PoW 共识算法使用的 cache 数据和 DAG 数据,命令的模式如下:

```
geth makecache blockNum outputdir
geth makedag blockNum outputdir
```

因为初始 cache 和 dag 都和区块号相关,所以必须指定区块号,另外需要指定数据的输出目录。geth version 子命令用于打印当前使用的 Geth 版本号,简单但实用,geth help 或 geth h 子命令用于查看 Geth 帮助。

geth bug 子命令用于上报 Geth 的 bug,很少使用;geth licensse 子命令用于查看 Geth 的许可信息,体现了项目严谨的一面。geth dumpconfig 子命令非常有用,可以导出 Geth 当前的配置信息。

7.2.2 Geth 子命令之 account

账户管理对于 Geth 非常重要，毕竟这里面可都是钱，所以本节就来了解一下账户管理的子命令 account。

account 是 Geth 的一个子命令，其又包含 4 个子命令，分别如下。

- list：打印已经存在的账户。
- new：创建一个新的账户。
- update：更新一个已经存在的账户。
- import：导入一个私钥到新账户。

下面来逐个了解 account 命令的这些子命令。首先来看 new 子命令，new 是创建一个账户，用法非常简单。我们来看一些示例：

```
geth account new --lightkdf
geth account new --datadir ./data
geth account new --keystore ./ks
geth account new --password passfile.txt
```

new 子命令有 4 个可选的参数，其中，ligthkdf 参数用来降低 kdf 生成函数的强度，以减少内存和 CPU 的使用。

datadir 参数用来指定数据目录，默认是在用户数据目录下。例如，对于 Windows 来说就在 C:\Users\Administrator\AppData\Roaming\Ethereum 目录下，Administrator 是用户名，不同的用户各不相同。生成的账户会在该目录下的 keystore 目录中。

keystore 参数是直接指定 keystore 目录，不用通过 datadir 目录来间接指定账户的存储目录。

password 参数用来指定密码文件，不使用交互模式（如输入命令，然后提示输入密码），而是直接指定密码存放的文件。

account 的 list 子命令用来列举所有账户，下面来看几个示例：

```
geth account list
geth account list --datadir ./data
geth account list --keystore ./ks
```

list 子命令有两个参数，其中，datadir 参数用于指定数据目录，在 datadir 目录下查找 keystore 目录中的文件，也可以使用 keystore 参数直接指定 keystore 目录。默认使用的 datadir 参数和 new 命令使用的 datadir 参数一样，也是在前面介绍的用户的数据目录下。

import 子命令和 new 子命令的参数一样，参数的含义也相同，不过 import 子命令是导入一个已经存在的私钥，注意是指定的文件，文件中的私钥是十六进制，没有 0x 前缀，一次只导入一个，就算有多个，也只会导入第一个，示例如下：

```
geth account import privateKey.txt
```

其中，privateKey.txt 是存放私钥的文件，感兴趣的读者可以启动 Ganache，把 Ganache

生成的私钥保存到 privateKey.txt 文件中尝试一下。

account 的最后一个子命令是 update，用来更新账户，参数选项有 3 个，分别是 datadir、keystore 和 ligthkdf。参数可以是地址或账户索引，多个使用空格分开。示例如下：

```
geth account update e59045843ca0c5bfed1c2c32bfccf68f4187b2dd 1
```

上面的命令会更新账户 e59045843ca0c5bfed1c2c32bfccf68f4187b2dd 和第一个账户，更新账户需要输入创建账户时的密码，并且需要提供新的密码，更新账户时会解锁账户。

7.2.3　Geth 子命令之 console 与 attach

Geth 的 console 子命令使用来打开 Geth 的控制台，以太坊实现了一个 JavaScript Runtime Envirnment（JSRE），所以可以通过控制使用 JavaScript 与以太坊进行交互。

attach 子命令是附加到其他的节点，attach 附加到其他节点时会自动打开控制台，然后在控制台执行操作，并对 attach 附加到的节点进行操作。

下面我们来看几个 console 和 attach 命令的示例：

```
geth --dev console
geth attach ipc:\\\\.\\pipe\\geth.ipc
geth attach http://127.0.0.1:8545
geth attach ws://127.0.0.1:8546
```

7.2.4　Geth 子命令之 copydb 与 removedb

除了从其他节点同步区块链的数据之外，Geth 还允许复制目录，Geth 提供了 copydb 子命令来完成这个操作。

如表 7.2 所示为 copydb 子命令的相关选项，--datadir 参数是必选项，copydb 命令并不是简单的执行复制操作，还会执行 PoW 验证等操作，不过 PoW 证明可以通过 --fakepow 参数来关闭。

表 7.2　copydb子命令参数

参　　数	参　数　解　释
--datadir	源数据目录，包含database和keystore
--syncmode	数据同步方式fast、full、light
--testnet	预配置PoW测试网络
--rinkeby	预配置PoA测试网络
--cache value	使用的缓存大小单位M，默认1024
--fakepow	禁用PoW验证

相比于 copydb 命令，removedb 命令就非常简单了，直接执行下面的命令就可以了：

```
geth removedb --datadir dir
```

上面的命令就是删除数据目录为 dir 的区块链数据。

7.3 Geth 启动参数

Geth 启动控制参数非常多，从这些参数中也可以检查自己对于以太坊相关知识是否有遗漏。当我们需要使用 Geth 作为以太坊客户端搭建私链进行开发测试时，通过这些参数可以灵活地适应具体需求。本节就来了解一下 Geth 相关的启动参数。

7.3.1 Geth 数据同步模式

我们知道以太坊是一个分布式应用，有自己的协议，通过以太坊协议把不同的节点连接成为一个以太坊网络。当我们启动一个 Geth 时相当于启动了一个以太坊节点，新启动的节点需要和其他的节点进行连接和数据同步，Geth 如何控制这个过程的呢？

Geth 有一个 syncmodel 参数，该参数有 3 个可选项，分别是 fast、full 和 light。

- full 模式：从创始区块开始到最新区块结束，获取区块的 header 和 body，从创始块开始校验每一个元素，需要下载所有区块数据信息。full 模式速度最慢，但是能获取所有的历史数据。
- fast 模式：获取区块的 header 和 body，在同步到当前块之前不进行任何验证（非常消耗 CPU）。同步历史数据后，像 full 节点一样进行后面的同步操作。
- light 模式：仅获取当前状态。验证元素需要向 full 节点发起相应的请求。

还有一种不同步数据的模式，不是使用 syncmode 参数控制，而是使用 nodiscover 参数，表示不发现节点，不发现节点当然不同步数据。下面看几个 Geth 启动实例：

```
geth console
geth --syncmode=full
geth --syncmode=fast
geth --syncmode=light
geth --nodiscover
```

这里之所以把 geth console 放进来，是因为 geth console 模式使用的是 fast 模式。

注意：--fast 和 --light 参数已经不被推荐使用，请使用 syncmode=fast 和 syncmode=light 代替。

7.3.2 Geth 网络相关参数

前面我们在第 4 章介绍以太坊时了解了以太坊的网络，本节我们就来介绍一下和以太坊网络相关的配置，这些配置和前面介绍的知识结合在一起会对以太坊的网络加深理解。

如表 7.3 所示为 Geth 网络相关的参数。其中，bootnodes 参数是用来设置以太坊启动节点，前面我们已经介绍过以太坊客户端是如何找到它的第一个节点来初始化路由表。

表 7.3 Geth网络相关参数

命 令 参 数	命 令 解 释
--bootnodes value	设置P2P启动节点，多enode-urls之间以逗号分隔
--bootnodesv4 value	设置P2P-v4启动节点，多enode-urls之间以逗号分隔
--bootnodesv5 value	设置P2P-v5启动节点，多enode-urls之间以逗号分隔
--port value	网卡监听端口，默认值:30303
--maxpeers value	最大的网络节点数量，如果设置为0，网络将被禁用,默认值为25
--maxpendpeers value	最大尝试连接的数量，如果设置为0，则将使用默认值,默认值为0
--nat value	NAT端口映射机制(any|none|upnp|pmp|extip:,默认"any")
--nodiscover	禁用节点发现机制
--v5disc	启用实验性的RLPx V5(Topic发现)机制
--netrestrict value	限制在指定IP网络，使用CIDR-masks模式
--nodekey value	P2P节点密钥文件
--nodekeyhex value	十六进制的P2P节点密钥，用于测试

💡 说明：表 7.3 中的 enode-urls 是指 NodeID@ip:port，其中，NodeId 前面介绍过，Geth 的 NodeID 可以在 Geth 数据目录下 geth 目录的 nodekey 文件中找到，ip 就是节点所在的 IP 地址，端口是节点通信使用的端口。

我们知道在源代码中配置了一些初始化节点的信息，但是可能因各种原因并不想连接这些节点，这时可以通过 bootnodes 参数对这些初始节点进行修改，下面是一个示例。

```
geth --bootnodes "enode://pubkey1@ip1:port1 enode://pubkey2@ip2:port2"
```

多个启动节点之间用逗号分开，其中 pubkey 就是我们前面介绍的 NodeID，公钥通过 keccak256 哈希得到。port 是节点发现协议使用的端口，maxpeers 是指定 Geth 最多连接的节点，maxpendpeers 是最大尝试连接的数量。有数量限制是因为网络连接会消耗资源。

nat 指定端口映射模式。nodiscover 是不启用节点发现协议，一般测试链使用。v5disc 是指定使用节点发现协议的版本。netrestrict 是限制发现节点在指定的网络范围内。nodekey 用来设置节点密钥，密钥用于校验节点，节点的 NodeID 也是通过密钥计算得到的。

7.3.3　Geth 以太坊相关参数

本节我们主要了解一下 Geth 以太坊相关的参数，主要是一些配置、数据存储等相关的参数。如表 7.4 所示，我们可以通过 config 指定启动时的配置文件，通过 datadir 指定数据存储的目录，通过 keystore 指定密钥存储的目录。

表 7.4　Geth以太坊相关参数

命令参数	命令解释
--config value	指定配置文件
--datadir value	数据库和keystore密钥的数据目录
--keystore	keystore存放目录，默认在datadir内
--nousb	禁用监控和管理USB硬件钱包
--networkid value	网络标识符(1=Frontier,2=Morden,3=Ropsten,4=Rinkeby,默认1)
--testnet	Ropsten网络，预先配置的POW测试网络
--rinkeby	Rinkeby网络，预先配置的POA测试网络
--syncmode value	同步模式(fast,full,light)
--ethstats value	上报以太坊状态服务的URL，格式为nodename:secret@host:port
--identity value	自定义节点名
--lightserv value	服务于轻服务器请求时间最大百分比，0~90，默认值为0
--lightpeers value	最大轻客户端节点数量，默认值为20
--lightkdf	通过降低KDF强度减少RAM和CPU使用

networkid 参数非常重要，用来指定网络 ID 区分不同的网络，如主网的 networkid 是 1，Ropsten 测试网络的 networkid 是 3。如果是测试可以直接使用 testnet 或者 rinkeby 参数。syncmode 是指定数据的同步模式，identity 用于指定自定义节点标识。

7.3.4　Geth RPC 相关参数

本节我们来了解一下 Geth 和 RPC 相关参数，前面介绍 JSON-RPC 时介绍了很多方法，本节我们就来了解一下这些 RPC 的服务配置，如表 7.5 所示，与 Ganache 默认启动 RPC 服务不同，Geth 必须要通过 RPC 参数来启动 RPC 服务。rpcaddr 参数指定地址，rpcport 参数指定监听端口，rpcapi 参数指定开发哪些 API。

表 7.5　Geth RPC相关参数

命令参数	命令解释
--rpc	启用HTTP-RPC服务器
--rpcaddr value	HTTP-RPC服务器接口地址，默认值为localhost
--rpcport value	HTTP-RPC服务器监听端口，默认值8545
--rpcapi value	基于HTTP-RPC接口提供的API
--ws	启用WS-RPC服务器
--wsaddr value	WS-RPC服务器监听接口地址，默认值为localhost
--wsport value	WS-RPC服务器监听端口，默认值8546
--wsapi	value

（续）

命令参数	命令解释
--wsorigins value	websockets请求允许的源
--ipcdisable	禁用IPC-RPC服务器
--ipcpath	用于IPC的在datadir里socket/pipe文件名
--rpccorsdomain value	允许跨域请求的域名列表，逗号分隔，浏览器强制
--jspath	JavaScript加载脚本的根路径，默认值为"."
--exec value	执行JavaScript语句
--preload value	预加载到控制台的JavaScript文件列表，逗号分隔

ws参数也是指定RPC服务，不过使用的是WebSocket方式，而不是HTTP方式，wsaddr参数指定地址，wsport参数指定端口，wsapi参数指定开发的API。wsorigins参数指定允许请求源，如果是*表示都可以，rpccorsdmain参数用于指定可以跨域的域名。

ipcpath参数用来设置IPC文件的路径，通过IPC的方式来实现连接，ipcdisable参数是应用IPC模式。

jspath参数用来指定JavaScript脚本的路径前缀，exec参数用来执行命令，preload参数用来指定预加载的JavaScript脚本。下面看几个关于JavaScript脚本相关参数的示例：

```
geth --exec "eth.blockNumber" attach http://127.0.0.1:8545
geth --exec 'loadScript("./js/printAccounts.js")' attach http://127.0.0.1:8545
geth --jspath "./js" --exec 'loadScript("printAccounts.js")' http://127.0.0.1:8545
geth --preload "./js/printAccounts.js,./js/admin.js" console
```

7.3.5 Geth挖矿相关参数

很多读者可能对挖矿的细节感兴趣，所以本节我们简单介绍几个和挖矿相关的参。如表7.6所示为Geth挖矿相关的参数。mine参数是允许节点挖矿，minertherads参数是指定挖矿使用的线程数量，etherbase参数用于设置挖矿收益的地址。

表7.6　Geth挖矿相关参数

命令参数	命令解释
--mine	打开挖矿
--minerthreads value	挖矿使用的CPU线程数量，默认值为8
--etherbase value	挖矿奖励地址，默认第一个账户
--targetgaslimit value	最低的gasLimit，默认值为4712388
--gasprice value	挖矿接受交易的最低gas价格
--extradata value	矿工设置的额外块数据，默认为客户端版本号

targetgaslimit参数用于设置区块gas目标的最低值，如果少了就多打包一些交易在块

中。gasprice 参数用来设置接受交易最低的 gasprice，如果交易的 gasprice 低于这个值就不打包。extradata 参数用来设置区块的 extra 数据，回忆一下区块属性中包含的 extra 属性，就是这个参数设置的。

7.3.6　Geth ethash 算法参数

本节我们介绍一下和工作量证明机制算法 ethash 相关的参数，如表 7.7 所示。其中，cachedir 是用于设置缓存目录。cachesinmem 参数如果换一种写法，即 caches-in-mem，那么读者就知道这个参数其实是设置 ethash 算法在内存中的缓存个数。

cachesondisk 参数（caches-on-disk）用于设置保存在磁盘上的 ethash 缓存个数。dagdir 参数用于设置 dag 数据存储的目录。Dagsinmem 参数（即 dags-in-mem）用于设置内存中存储 DAG 数据的个数，dagsondisk 参数（即 dags-on-disk）用于设置 DAG 数据在磁盘上的个数。

表 7.7　Geth ethash算法参数

命 令 参 数	命 令 解 释
--ethash.cachedir value	ethash算法验证缓存目录，默认datadir目录内
--ethash.cachesinmem value	在内存保存的最近的ethash缓存个数，每个缓存16MB，默认2个
--ethash.cachesondisk value	在磁盘保存的最近的ethash缓存个数，每个缓存16MB，默认3个
--ethash.dagdir value	保存ethash算法DAGs目录，默认在用户目录
--ethash.dagsinmem value	在内存保存的最近的ethash算法DAGs个数，每个1GB以上，默认1个
--ethash.dagsondisk value	在磁盘保存的最近的ethash算法DAGs个数，每个1GB以上，默认2个

7.3.7　Geth 交易池配置

以太坊交易池相关的参数比较重要，本节我们就来介学习 Geth 中和交易池相关的参数，如表 7.8 所示，要理解这些配置，需要先了解以太坊交易的流程。

表 7.8　Geth交易池相关配置

命 令 参 数	命 令 解 释
--txpool.nolocals	为本地提交交易禁用价格豁免
--txpool.journal value	本地交易日志，用于重启本地交易恢复，默认为"transactions.rlp"，表示保存交易的RLP编程数据
--txpool.rejournal value	重新生成本地交易日志的时间间隔，默认1小时
--txpool.pricelimit value	加入交易池的最小的gas价格限制，默认为1
--txpool.pricebump value	新交易gasPrice高于多少就替换之前的交易，默认为10
--txpool.accountslots value	每个账户保证可执行的最少交易槽数量，默认为16
--txpool.globalslots value	所有账户可执行的最大交易槽数量，默认为4096

(续)

命令参数	命令解释
--txpool.accountqueue value	每个账户允许的最多非可执行交易槽数量,默认为64
--txpool.globalqueue value	所有账户非可执行交易最大槽数量,默认为1024
--txpool.lifetime value	非可执行交易最大缓存时间,默认为3小时

Geth 接收交易有两种方式,一种是连接到自身轻节点或者自身提交的交易,一种是其他客户端节点广播的交易。接收到交易之后 Geth 会把交易广播出去。

Geth 交易池中有两个队列,一个是 pending 队列,另一个是 future 队列。pending 队列是可以执行的交易队列,future 是因为条件不能满足,暂时不能执行的交易队列,比如发送交易账户的 Nonce 值小于交易设置的 Nonce 值等。

pending 队列的大小是由参数 txpool.accountslots 和参数 txpool.globalslots 控制,txpool.accountslots 表示每一个账户处于 pending 队列中的交易个数,txpool.accountslots 表示所有账户处于 pending 队列的交易个数。

控制 future 队列的参数是 txpool.accountqueue 和 txpool.globalqueue。txpool.accountqueue 参数设置每个账户处于 future 队列中的交易最多个数,txpool.globalqueue 参数设置所有账户的交易总和允许在 future 队列的最大个数。txpool.lifetime 参数设置交易在 future 队列中存储的最大时间,默认 3 小时,超时将被移除。

不管接收交易的以太坊节点是否接受交易,都会把交易广播出去,因为自己暂时不能交易并不代表其他节点不能交易。这也就能解释为什么有时我们使用 MetaMask 提交了交易,明明处于 pending 状态,但是在 Etherscan 网站却查不到对应的交易,这是因为交易在 MetaMask 访问的节点是在 pending 队列中,但是在 Etherscan 访问的节点很有可能在 future 队列中,所以通过 Etherscan 查看 pending 交易查不到。

如图 7.8 所示为一个交易添加到交易池的简化版流程图,主要是判断交易是否能够加入交易池,是否能够加入交易池的 pending 队列,加入交易池的是不是 future 队列。

检查时还有一个替换策略,由 txpool.pricebump 参数控制,就是如果 gas price 的价格高于队列中最低的 gas price,并且高于最低 gas price 的百分比(默认是 10%),就替换掉交易池中 gas price 价格最低的交易,但是在 from 和 Nonce 相同的情况下才替换。

这里只是交易添加到交易池的部分逻辑,还有一些细节地方,比如本地交易,可能不检查价格,会记录本地磁盘日志等操作。执行到最后,会将交易添加到 future 队列中,这部分逻辑我们简化了。前面的交易加入交易池相关流程中有一步是验证交易,下面我们来看一个交易验证相关的简化流程图。

如图 7.9 所示,交易是否能够加入交易池还和一个配置有关,即交易价格,设置参数是 xpool.pricelimit。txpool.pricelimit 是控制交易要加入交易池的最小价格,默认是 1。如果交易的 gas price 低于 txpool.pricelimit,那么只会把交易广播出去,而不会加入到交易池中。

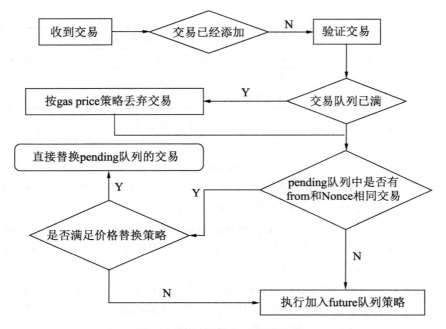

图 7.8 添加交易到交易池流程图

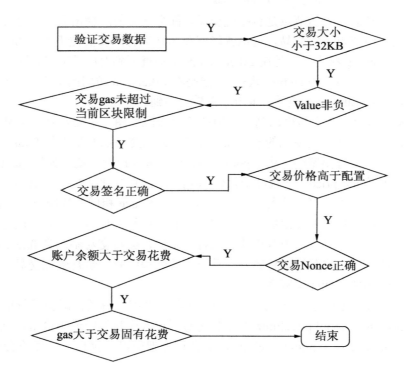

图 7.9 交易验证简化流程图

另外有一个和交易价格相关的参数 txpool.nolocals，一般 gas price 相关的检查不会检查本地交易，txpool.nolocals 参数就禁用这种不检查的参数。

注意：本地交易仅仅指节点本身提交的交易，而不包括连接到节点的轻节点提交的交易。

关于交易验证还有两个需要注意的地方，一个是交易的大小不能超过 32KB，这里的交易大小指的是交易被编码之后的 data 部分的大小，具体可以参照第 6 章的 eth_sendTransaction 和 eth_sendRawTransaction 这两个方法，目的是为了防止 DDos 攻击；另一个是交易的 gas 不能超过当前区块的 gas 限制，这个也会影响交易被打包。想要了解更加具体的流程，可以看 Geth 源码，源码在目录文件 go-ethereum/core/tx_pool.go 中。另外，和 journal 日志相关的配置一般不会修改，对整个交易过程的影响也不大，只是优化本地的交易流程。

7.3.8 Geth 日志参数

本节认识一下 Geth 日志参数，主要是控制日志输出粒度和节点运行 CUP、内存、区块等信息。如表 7.9 所示为 Geth 日志参数，其中，metrics 参数是允许生成相关的数据信息，fakepow 参数用于禁用工作量机制验证。

表 7.9 Geth日志参数

命 令 参 数	命 令 解 释
--metrics	启用metrics收集和报告
--fakepow	禁用PoW验证
--verbosity value	日志粒度(0=silent,1=error,2=warn,3=info,4=debug,5=detail,默认3)
--vmodule value	每个模块日志粒度,=,多个使用逗号分隔，如eth/*=6,p2p=5
--backtrace value	指定打印日志语句，如block.go:271
--debug	打印调用位置
--pprof	启用pprof-HTTP服务器
--pprofaddr value	pprof-HTTP服务器监听接口，默认值为127.0.0.1
--pprofport value	pprof-HTTP服务器监听端口，默认值为6060
--memprofilerate value	按指定频率执行内存情况分析，默认为524288
--blockprofilerate value	按指定频率执行区块分析，默认值为0
--cpuprofile value	将分析写入指定文件
--trace value	将代码执行追踪写入指定文件

verbosity 是控制日志粒度的参数，默认为 3，info 级别。vmodule 参数用于为不同模块指定不同日志输出级别的参数。debug 参数会打印调用位置。pprof、pprofadd 和 pprofport 参数用于指定输出日志信息的服务器和地址端口。memprofilerate 参数用于指定内存分析

频率，blockprofilerate 参数用于指定区块分析频率，cpuprofile 参数用于将 CPU 分析写入指定文件。

7.3.9 Geth 的其他参数

本节我们来了解一下 Geth 的一些其他参数，如表 7.10 所示，其中，dev 参数是使用比较多的一个参数，启动本地私钥用于开发测试时会加上这个参数。

表 7.10 Geth的其他参数

命 令 参 数	命 令 解 释
--dev	使用PoA共识机制,默认预分配一个开发者账户并且会自动开启挖矿模式
--dev.period value	开发者模式下挖矿周期，默认为0，仅在交易时
--cache value	给内部缓存分配多少内存，默认为1024MB
--cache.database value	用于数据库I/O的缓存占缓存的百分比，默认75
--cache.gc value	trie树调整最多使用的内存占比，默认25
--trie-cache-gens value	保存多少代trie-node在内存中，默认120
--gpoblocks value	用于检查gas价格的最近块的个数，默认20
--gpopercentile value	gasPrice参考价为最近交易的gasPrice的百分位比，默认60
--shh	启用Whisper
--shh.maxmessagesize value	可接受的最大的消息大小，默认值1048576
--shh.pow value	可接受的最小的PoW，默认值0.2
--unlock value	需解锁账户用逗号分隔
--password value	用于非交互式密码输入的密码文件
--vmdebug	记录VM信息

dev.period 参数是指定挖矿周期，默认为 0，就是使用 dev 参数在开发者模式下，只有在交易产生时才执行挖矿操作。cache 参数指定缓存大小，cache.database 参数指定用于数据库 IO 的缓存百分比。cache.gc 参数是 trie 树调整时使用内存最大占比，unlock 参数用于设置要接收的账户。gpoblocks 参数和 gpopercentile 参数用来计算 gasPrice 推荐价格。

7.4 Geth 启动实例

上节我们学习了关于 Geth 启动的配置参数，本节就来介绍几个 Geth 启动实例，主要是启动单实例和启动集群。

7.4.1 Geth 启动单个节点

先来看一个经常遇到的场景，我们要使用 Geth 搭建一个私链，并希望其他的轻节点

能够连接,就是希望开发 RPC 服务,像前面使用 Ganache 一样,如下:

```
geth --dev --datadir ./data --rpc
```

我们可以使用--dev 参数让 Geth 以开发者模式启动,最好还是通过 datadir 参数指定一个存储数据的目录。必须使用 rpc 参数,因为 Geth 模式没有开启 RPC 服务。当然,rpc 端口和地址是默认的,端口默认是 8545,地址是 127.0.0.1,也可以通过 rpcport 和 rpcaddr 修改。

和 Ganache 不一样,Geth 没有默认账户,如果需要默认账户怎么办?我们可以通过创世区块来指定内置账户。创世区块可以通过一个 JSON 文件来指定,下面我们给一个创世区块 genesis.json 文件内容的示例:

```
{
    "config": {
        "chainId": 18,
        "homesteadBlock": 0,
        "eip155Block": 0,
        "eip158Block": 0
    },
    "alloc": {
        "0x61f4c9cfd449b4ea1e5cd387eeda89b4f59290f5": {
            "balance": "100"
        },
        "0x34cb6fc3087a54854a64db620d3987792a6a20c5": {
            "balance": "200"
        },
        "0x4ef5c9c79b86a27bf3adb2febb0aadcdd2cca290": {
            "balance": "1000000000000000000"
        }
    },
    "coinbase": "0x0000000000000000000000000000000000000000",
    "difficulty": "0x20000",
    "extraData": "",
    "gasLimit": "0x2fefd8",
    "nonce": "0x0000000000000042",
    "mixhash": "0x0000000000000000000000000000000000000000000000000000000000000000",
    "parentHash": "0x0000000000000000000000000000000000000000000000000000000000000000",
    "timestamp": "0x00"
}
```

genesis 中配置的是一些区块中包含的属性,包含在 config 中,例如 chainid,一般是指网络 ID,homesteadBlock、eip155Block 和 eip158Block 是 3 个需要硬分叉的区块,设置为 0 表示不分叉。alloc 是要预设值的账户信息,键是账户地址,值是账户余额,单位是 wei。

其他的是区块信息,coinbase 表示矿工收益地址,diffuiculty 表示区块难度值,以太坊主网的创世区块难度值就是 0x20000,后面的区块是动态计算,在第 4 章已经介绍过。

有了 genesis.json 文件,我们就可以执行下面的命令初始化创世区块。

```
geth --datadir ./data init genesis.json
```

数据目录根据自己的需求设置，我们使用 init 来指定初始化创世区块的文件，genesis.json 文件名和配置创世区块的文件名可以相同，不一定为 genesis。然后我们可以使用下面的命令启动 Geth：

```
geth --datadir ./data --rpc --networkid 18 console
```

注意，datadir 指定和初始化创世区块时保持一致，通过 import 子命令导入才可以看到初始化的账户。

7.4.2　Geth 启动多节点组网

前面启动的以太坊客户端使用 networkid 参数不同于常见的以太坊网络 networkid，它只有一个节点，根本算不上一个网络，那么要测试多个节点组成的网络怎么办？

其实可以在一台机器上启动多个节点，也可以在不同机器上启动多个节点。在一台机器上启动多个以太坊节点其实和启动单个节点区别不大，需要注意的是 networkid 必须相同，这样才能进行通信，组成一个网络。要发现节点，需要手动添加一下节点的 NodeID，或者启动时指定 NodeID。

另外就是一台机器上，端口不能重复，例如一个节点的 RPC 使用了 8545，那么另一个节点的 RPC 就不能使用 8545，当然如果是不同的机器则不存在这个问题。当然不同的节点使用不同的数据目录，最多只能由一个 IPC 通信端点，或者禁用 IPC 通信。

有些资料把启动多个节点叫做搭建 Geth 集群，其实不太准确，因为集群一般是指对外提供的服务是一致的，而我们启动的多个 Geth 节点有些不同，如每一个节点的账户信息不同。当然因为区块链数据一致，所以其他的相关数据还是相同的，如账户对应的余额。

其他的不多介绍，直接来看如何启动多个节点。首先启动一个节点：

```
geth --rpc --datadir nodeA --networkid 18 --rpcapi "db,eth,net,web3,personal,web3" --ipcdisable --port 61910 --rpcport 8110 --rpccorsdomain "*" console
```

其中最重要的是使用 datadir 参数指定数据目录，使用 networkid 参数指定网络 ID，使用 ipcdisable 参数禁用 IPC 通信。port 参数指定节点发现协议使用端口。rpccorsdomain 参数设置可以使用 RPC 接口的域名，*表示没有限制。要想多个节点组成一个网络，需要指定 networkid 的值相同，这里的 networkid 就是指网络 ID。例如，节要加入以太坊主网，那么 networkid 就应该指定为 1，另外要设置已经有的节点 NodeID，例如：

```
geth --rpc --datadir nodeB --networkid 18 --rpcapi "db,eth,net,web3,personal,web3" --ipcdisable --port 61911 --rpcport 8111 --rpccorsdomain "*"
--bootnodes "enode://135e5b4334327d20abcec61f83014050e035dc6451b7ab486848e49fcc6c8eef66fc5f62d01a83490c8d531848545b682e70a6baa4ee4bc388ec661560c693db@127.0.0.1:61910" console
```

重要的是 networkid 相同，bootnodes 参数用来设置初始化路由表的节点信息，因为一般来说源码中的默认节点信息在私有网络中是没有的，所以需要通过 bootnodes 来指定。值可以是前面启动的节点信息，对于 Geth 来说，启动一个节点在终端会有输出信息，将信息复制一下就可以。当然，也可以不在启动时指定 bootnodes 参数，7.2 节我们会介绍通过控制台的管理接口也可以设置节点信息。

7.5 Geth 控制台与管理接口

本节我们来了解一下 Geth 控制台的使用，主要是学习一些 Geth 管理接口，以加强我们对于 Geth 的控制力。前面介绍过两个和控制台相关的 Geth 子命令，一个是 console，另一个是 attach。

7.5.1 admin 模块

我们首先来看一下 admin 模块下的相关接口。admin 模块下的命令是和 Geth 相关的命令。例如，添加节点信息、设置数据目录、查看节点信息、查看连接到远程节点的个数等都和 Geth 相关。如表 7.11 所示为 admin 模块的全部命令，表格中已经对每一个方法做了简单说明。

表 7.11 Geth admin 的相关方法说明

方 法	方 法 说 明
addPeer	添加一个 node 的信息，用于节点发现
datadir	获取 datadir 目录，就是节点的数据目录
nodeInfo	查看当前节点的节点信息
peers	已连接的远程节点的个数
setSolc	设置 solc 编译器的路径
startRPC	启动 RPC 服务
startWS	启动 WS 服务
stopRPC	停止 RPC 服务
stopWS	停止 WS 服务

下面来看一下这些方法的实例。

```
admin.addPeer("enode://a19e7a52f85cef629b717be4640c30be1f1bfe931eee7fee
812e7c60ccd2ec8907f4bc551eda9604a9926bd9afd2afb405aa24181154baeee0ff79e13
bb28b84@127.0.0.1:30303")
admin.datadir
admin.nodeInfo
admin.peers
admin.setSolc("D:/ptool/solidityc")
admin.startRPC("127.0.0.1", 8545)
admin.startWS("127.0.0.1", 8546)
admin.stopRPC()
admin.stopWS()
```

这些方法非常有用，例如，我们启动时忘记添加 RPC 参数，可以通过 admin.startRPC 命令来启动 RPC 服务。

7.5.2 debug 模块

debug 模块下有很多命令，主要是和日志、Geth 运行统计情况、追踪区块信息等相关的使用命令，比较复杂，有一些命令需要具备 Go 语言的相关知识才能更好理解。如表 7.12 所示为 debug 模块的相关命令，命令非常多，但很好理解，读者可以亲自动手测试一下。

表 7.12　Geth debug 的相关方法说明

方　　法	方　法　说　明
backtraceAt	指定日志追踪位置，和配置参数 backtrace 一致
blockProfile	写入区块信息到文件，有两个参数，第一个参数用于设置文件，第二个参数用于设置持续多少秒
cpuProfile	写入 CPU 信息到文件，有两个参数，第一个参数用于设置文件，第二个参数用于设置持续多少秒
dumpBlock	输出一个区块信息
gcStats	获取 gc 信息
getBlockRlp	获取区块的 RLP
goTrace	将 Go 运行时信息写入磁盘，接受两个参数，第一个参数用于设置文件，第二个参数用于设置持续多少秒
memStats	获取运行时内存信息
seedHashsign	获取指定区块的 seedHash 值
setBlockProfileRate	设置收集区块信息频率
setHead	设置指定区块为当前区块，慎用
stacks	输出 stack 中的 gorutines
startCPUProfile	写入 CPU 信息到指定文件
startGoTrace	写入 Go 运行时信息到指定文件中
stopCPUProfile	停止写入 CPU 信息
stopGoTrace	停止写入 Go 运行时信息
traceBlock	打印区块的信息，参数是区块的 RLP 编码和可选配置参数
traceBlockByNumber	打印区块的信息，参数是区块号和可选配置参数
traceBlockByHash	打印区块的信息，参数是区块的 Hash 值和可选配置参数
traceBlockFromFile	打印区块的信息，参数是包含区块的 RLP 编码的文件和可选配置参数
traceTransaction	重放指定交易，参数交易 Hash 值和配置参数
verbosity	设置日志级别
vmodule	设置模块日志级别
writeBlockProfile	写入区块信息到指定文件
writeMemProfile	写入内存信息到指定文件

下面是 debug 模块下的命令实例。

```
debug.backtraceAt("server.go:443")
debug.blockProfile(file, seconds)
debug.cpuProfile(file, seconds)
debug.dumpBlock(10)
debug.gcStats()
debug.getBlockRlp(number, [options])
debug.goTrace(file, seconds)
debug.memStats()
debug.seedHash(number, [options])
debug.setHead(number)
debug_setBlockProfileRate
debug_stacks
debug.startCPUProfile(file)
debug_startGoTrace
debug_stopCPUProfile
debug.startGoTrace(file)
debug.traceBlock(tblockRlp, [options])
debug.traceBlock("0xblock_rlp")
debug.traceBlockByNumber(number, [options])
debug.traceBlockByHash(hash, [options])
debug.traceBlockFromFile(fileName, [options])
debug.traceTransaction(txHash, [options])
debug.verbosity(level)
debug.vmodule("eth/*=6")
debug.vmodule("p2p=6")
debug.vmodule("server.go=6")
debug.writeBlockProfile(file)
debug.writeMemProfile(file string)
```

7.5.3　miner 模块

miner 模块是和挖矿相关的命令，其中有一些常用的命令，例如 miner.start，测试时会经常使用这个命令来开启挖矿，start 接受一个参数，表示使用多少线程来挖矿。如表 7.13 所示为 miner 模块下的相关命令。

表 7.13　Geth miner 的相关方法说明

方　　法	方　法　说　明
setExtra	设置当前节点挖出区块的 extra 的值
setGasPrice	设置 gasPrice，如果交易的 gasPriced 低于该值，则不被接受
start	开始挖矿，参数为挖矿使用线程数
stop	停止挖矿
getHashrate	获取算力
setEtherbase	设置当前节点矿工的收益地址

miner.stop 表示停止挖矿。在开启挖矿之前，我们一般需要先使用 setEtherbase 设置一下挖矿收益地址。

```
miner.setExtra(string)
miner.setGasPrice(number)
miner.start(number)
miner.stop()
miner.setEtherbase(address)
```

以上就是 miner 模块相关命令的实例，miner.setExtra 设置区块的 Extra 值，如果自己挖出一个区块，区块的 Extra 可以通过 setExtra 进行设置，还可以修改 gas price，修改获取网络中的算力。

7.5.4 personal 模块

personal 模块下主要是和账户与交易相关的命令，对于管理 Geth 节点来说有很多比较重要的命令。如表 7.14 所示为 personal 模块下的相关命令，有一些命令经常用到，如使用 listAccounts 命令可以查看账户列表。unlockAccount 命令用于解锁账户，因为 Geth 默认锁定账户，所以 unlockAccount 命令是经常使用的一个命令。

表 7.14 Geth personal 的相关方法说明

方　　法	方 法 说 明
ecRecover	返回签名地址
importRawKey	导入私钥
listAccounts	查看账户列表
lockAccount	锁定账户
newAccount	创建新的账户
unlockAccount	介绍指定账户
sendTransaction	发送交易
sign	签名交易

unlockAccount 的第一个参数是要解锁的账户，第二个参数是创建账户时的密码，第三个参数是要解锁的时间，单位是秒。

```
personal.importRawKey(keydata, passphrase)
personal.listAccounts
personal.lockAccount(address)
personal.newAccount()
personal.unlockAccount(address, passphrase, duration)
personal.sendTransaction(tx, passphrase)
personal.sign(message, account, [password])
personal.ecRecover(message, signature)
personal.unlockAccount("0x5e97870f263700f46aa00d967821199b9bc5a120")
personal.unlockAccount("0x5e97870f263700f46aa00d967821199b9bc5a120",
"foo", 30)
```

以上是 personal 模块下的一些命令示例，使用最多的是 unlockAccount、listAccount 和 importRawKey。

7.5.5 txpool 模块

txpool 模块是和交易池相关的命令，txpool 命令只有 3 个，都是查看交易池信息的命令，比较简单。如表 7.15 所示为 txpool 模块下的相关命令，content 命令是查看交易池的内容，inspect 命令也是查看交易池内容，不过视图不同，会对 gas 做计算，status 命令可以查看交易池状态，这个命令非常有用，可以看到当前交易队列的情况。

表 7.15　Geth txpool 的相关方法说明

方　法	方　法　说　明
content	获取交易池的内容
inspect	获取交易池的内容，gas 相关
status	查看交易池状态，多少 pending 交易，多少 queued 交易

7.6　keystore 文件

前面我们已经介绍了 Geth 有一个 keystore 目录用来存放密钥文件，Geth 会为每一个密钥生成一个密钥文件。那么这些文件与密钥有什么关系？文件中包含哪些内容？这些内容的生成流程是怎样的？本节就来解答这些问题。

7.6.1　keystore 文件简介

前面我们已经了解过 keystore 目录，目录中包含的文件是密钥文件，Geth 是在有新的密钥产生时生成，文件的名称示例如下：

```
UTC--2018-08-09T05-17-40.425165800Z--34c77991fcec0627e85e591c53f245c2f6ac74ca
```

就是密钥创建的 UTC 时间拼接上了密钥对应的地址。文件内容如下：

```
{
"address": 008aeeda4d805471df9b2a5b0f38a0c3bcba786b,
    "crypto" : {
        "cipher" : "aes-128-ctr",
        "cipherparams" : {
            "iv" : "6087dab2f9fdbbfaddc31a909735c1e6"
        },
"ciphertext" :"5318b4d5bcd28de64ee5559e671353e16f075ecae9f99c7a79a38af5f869aa46",
        "kdf" : "pbkdf2",
        "kdfparams" : {
            "c" : 262144,
            "dklen" : 32,
```

```
            "prf" : "hmac-sha256",
"salt" :"ae3cd4e7013836a3df6bd7241b12db061dbe2c6785853cce422d148a624ce0bd"
        },
        "mac" : "517ead924a9d0dc3124507e3393d175ce3ff7c1e96529c6c555ce9
        e51205e9b2"
    },
    "id" : "3198bc9c-6672-5ab3-d995-4942343ae5b6",
    "version" : 3
}
```

从内容中没有看到密钥，因为密钥被加密了，初次看文件很难直接看出被加密的密钥内容。涉及内容比较多，我们先来了解一下文件的内容。

首先，最外层说明如下。
- id：这个是 UUID，可以作为文件名，uuid.json。
- version：表示的是文件格式的版本。
- address：密钥对应的地址。
- crypto：加密密钥相关的内容。

在 crypto 对象中：
- cipher：表示适用加密算法，最常见的是 aes-128-ctr。
- cipherparams：表示加密算法使用到的参数。
- ciphertext：表示密钥加密之后的内容。
- kdf：表示密钥生成算法，最常见的是 pbkdf2 和 scrypt 这两个算法。
- kdfparams：表示密钥生成算法使用的参数。
- mac：可以看做是校验码。

看到这里，可能有读者会有一些疑问，例如，我们已经有密钥了，要密钥生成算法做什么，密钥到底是怎么加密的等问题，下节我们就来讲解从密钥到密钥文件的流程。

7.6.2 从密钥到密钥文件

本节我们将之前内容串联一下，弄清楚密钥文件中各个部分的关系及和密钥的关系。如图 7.10 所示为从密钥到密钥文件的流程图，首先使用密钥生成函数 KDF（Key Derivation Function）计算获取到派生密钥（DK）。

KDF 函数主要有两个，一个是 PBKDF2（Password-Based Key Derivation Function 2）函数，另一个是 scrypt 函数。不同的 KDF 函数需要的参数 kdfparams 不一样，但是都需要一个 pass 参数，pass 就是创建密钥时要求输入的密码。

获取的派生密钥 DK，可以使用 cipher 加密算法来加密密钥 secret，cipher 最常用的是 ase-128-ctr，使用的是 AES 算法，128 表示密钥长度为 128 位，即 16 字节，ctr 表示加密，填充方式使用的是 ZeroPadding。

我们使用派生密钥 DK 的前 16 个字节作为加密密钥 secret 的密钥。注意区分两个密钥，一个是以太坊的私钥，一个是 AES 加密算法使用的密钥。派生密钥的后 16 个字节拼接上密钥加密之后的 ciphertext 作为 MacBody，计算 MacBody 的 keccak256 哈希值得到 MAC 值。

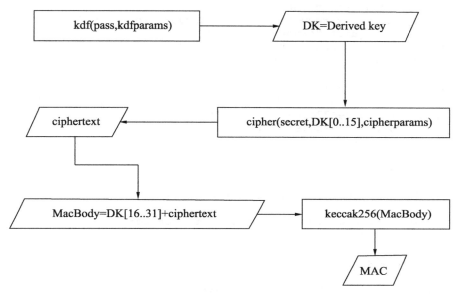

图 7.10　密钥到密钥文件流程图

7.6.3　从密钥到密钥文件流程验证

本节我们来简单验证一下这个流程，主要是了解一下使用的加密库，这样读者可以使用这些加密库进行更多的测试和验证。通过下面的数据进行验证：

```
UUID: 3198bc9c-6672-5ab3-d9954942343ae5b6
Password: testpassword
Secret:
7a28b5ba57c53603b0b07b56bba752f7784bf506fa95edc395f5cf6c7514fe9d
```

其中很多数据都是动态生成的随机值，例如 KDF 的 salt、迭代次数等。当然也有一些是固定的，例如生成密钥的长度固定位 32 字节。下面我们简单计算一下其中涉及的值，首先创建一个目录，名称没有要求，在目录下使用终端执行下面的命令：

```
cnpm init --yes
cnpm i web3 -S
cnpm i crypto-js -S
cnpm i scrypt -S
```

上面的命令就是使用默认值初始化一个项目，并且为项目安装了依赖，Web3 后面会详细介绍，crypto-js 是一个加密库，实现了加密算法和 Hash 函数，scrypt 是用来处理 scrypt 算法的模块。下面创建一个文件，文件名无特殊要求，这里假设文件名为 index.js，index.js

文件中的内容如下：

```javascript
const CryptoJS = require("crypto-js")
const ctr = require('crypto-js/mode-ctr')
const zeropadding = require('crypto-js/pad-zeropadding')
const SHA3 = require("crypto-js/sha3");
const scrypt = require('scrypt')
const Web3 = require("web3")
//测试 PBKDF2 函数
function testPbkdf2(){
    constsalt=CryptoJS.enc.Hex.parse('ae3cd4e7013836a3df6bd7241b12db061
    dbe2c6785853cce422d148a624ce0bd')
    const pass = "testpassword"
//配置 PBKDF2 函数参数
    const config = {
        keySize: 256/32,
        iterations: 262144,
        hasher:CryptoJS.algo.SHA256.create()
    }
    var dk = CryptoJS.PBKDF2(pass, salt, config)
    console.log(dk.toString())
}
//测试 scrypt 函数
function testScrypt(){
    const pass = Buffer.from("testpassword")
    constsalt=Buffer.from("ab0c7876052600dd703518d6fc3fe8984592145b591
    fc8fb5c6d43190334ba19","hex")
//配置 scrypt 函数参数
    const config = {
        N:262144,
        r:1,
        p:8
    }
    var result = scrypt.hashSync(pass, config, 32, salt);
    console.log(result.toString("hex"));
}
//测试 AES 算法
function testAes(){
    var key = CryptoJS.enc.Hex.parse('f06d69cdc7da0faffb1008270bca38f5')
    var iv = CryptoJS.enc.Hex.parse('6087dab2f9fdbbfaddc31a909735c1e6')
    vardata=CryptoJS.enc.Hex.parse('7a28b5ba57c53603b0b07b56bba752f7784
    bf506fa95edc395f5cf6c7514fe9d')
    const cipher = CryptoJS.AES.encrypt(data, key, {
        mode: ctr,                            //加密模式使用 ctr
        padding: zeropadding,                 //填充方式使用 zeropadding
        iv: iv                                //设置加密向量
    });
    console.log(cipher.ciphertext.toString())
}
//测试 Mac 函数
function testMac(){
    var web3 = new Web3()
    varhash=web3.utils.keccak256('0xe31891a3a773950e6d0fea48a71885515318
    b4d5bcd28de64ee5559e671353e16f075ecae9f99c7a79a38af5f869aa46')
```

```
        console.log(hash)
}
testPbkdf2()
testAes()
testScrypt()
testMac()
```

上面包含了通过 PBKDF2 和 scrypt 密钥生成函数计算派生密钥，通过派生密钥使用 AES 算法加密密钥，通过派生密钥和加密后的密钥计算 MAC 的值。

上面实例使用到的测试数据，如密钥、salt、iv、n 等参数来自于 https://github.com/ethereum/wiki/wiki/Web3-Secret-Storage-Definition 中的实例数据。

建议读者使用 Geth 创建几个账户，然后结合前面介绍的流程图和上面的实例字节验证一下 Geth 如何从密钥导出密钥文件。

第 8 章 以太坊钱包与浏览器

本章我们主要学习以太坊钱包，包含轻钱包 MetaMask、以太坊基金会开发的 Ethereum Wallet、网页钱包 MyEtherWallet（MEW）和 Parity 钱包。另外会介绍一个以太坊浏览器 Mist。Mist 也是以太坊基金会开发的项目，我们将介绍 Mist 的基本用法及与常见的 Web 浏览器的区别。

本章主要涉及的知识点有：
- MetaMask 简介与安装；
- MetaMask 配置；
- MetaMask 基本使用；
- Ethereum Wallet 钱包；
- Mist 以太坊浏览器；
- MyEtherWallet 网页钱包。

注意：目前，Ethereum Wallet 和 Mist 都是 beta 版本的。

8.1　MetaMask 插件

本节我们来了解一下 MetaMask 的相关内容，主要是基本概念和用法，能帮助我们更好地学习其他相关知识。

8.1.1　MetaMask 简介

一般 MetaMask 是作为一个浏览器插件使用，可以看做是一个轻量级的钱包，它提供了很多和以太坊交互的接口，降低了实际项目中与以太坊交互的开发成本。

本质上 MetaMask 是使用 web3.js 和以太坊节点进行交互的，通过 HTTP 请求调用以太坊客户端提供的 RPC 接口。MetaMask 的所有功能都可以通过 web3.js 来实现，不过使用 MetaMask 能简化开发工作。

> 注意：MetaMask 现在使用的 web3.js 版本是 0.2x.xx 版，这个版本和 1.0.0 版本有很多差异。

8.1.2 MetaMask 安装

在 MetaMask 官网 https://metamask.io/ 上找到下载 Chrome、Firefox、Opera 等浏览器 MetaMask 插件对应的下载链接。如图 8.1 所示为 Firefox 的 MetaMask 下载页面，直接单击 Add to Firefox 按钮就可以安装 MetaMask 插件，非常方便。

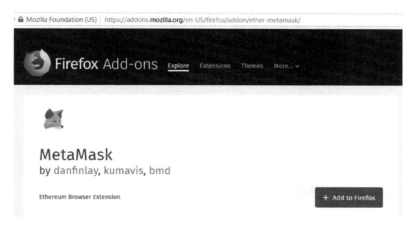

图 8.1　MetaMask Firefox 下载

如图 8.2 所示为 Chrome 浏览器下载 MetaMask 的页面，Chrome 浏览器插件下载页面需要 VPN 才能打开，MetaMask 只是为了测试使用的话，也可以通过其他网站直接下载 crx 文件进行安装。

图 8.2　Chrome MetaMask 插件下载

如图 8.3 所示，可以打包 MetaMask 插件，选择要打包的插件，主要是看 ID，这个 ID 和插件的存放位置有关，打包时需要这个目录。

图 8.3 打包插件

如图 8.4 所示为 Chrome 插件的目录，对于 Windows 来说，目录是在用户目录下的 AppData\Local\Google\Chrome\User Data\Default\Extensions。

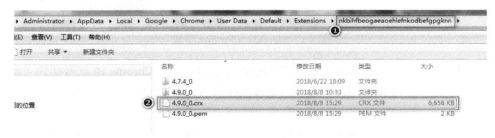

图 8.4 插件目录

具体的目录就是我们在浏览器中查看的对应插件 ID，打包好的 crx 包也在这个目录下。MetaMask 插件 GitHub 地址是 https://github.com/MetaMask/metamask-extension。

8.1.3 第一次使用 MetaMask

安装好 MetaMask 后，第一次使用有一点不同，需要同意 MetaMask 相关的协议，导入钱包。如图 8.5 所示，第一次打开 MetaMask 会出现一个用户使用协议，刚刚开始不能单击 Accept 按钮，把标注②所示的滚动条拉到最后，就可以单击标注①所示的 Accept 按钮了。

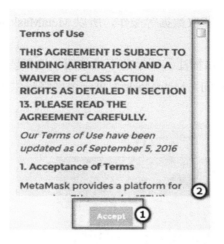

图 8.5 MetaMask 使用协议

如图 8.6 所示为创建新的 DEN，或者导入 DEN 的面板，这是 MetaMask 存储账户的格式，类似于 keystore。

我们可以通过钱包种子（Wallet Seed）来恢复账户，这里的钱包种子就是助记词，如图 8.7 所示。

图 8.6 创建新用户　　　　　　图 8.7 导入账户

我们可以启动 ganache-cli，之后会看到 12 个助记词，MetaMask 也使用 12 个助记词，所以可以把 ganache-cli 生成的助记词复制到 Wallet Seed 输入框中，然后为这个钱包设置密码，MetaMask 会自动根据助记词生成对应的账户。

8.1.4　MetaMask 的连接配置

MetaMask 是一个轻钱包，本身不保存以太坊数据，需要先连接到以太坊的其他全节点客户端才可以执行交易、获取数据等操作，所以 MetaMask 可以配置要连接的全节点客户端。

如图 8.8 所示，可以单击标注①所示的下拉按钮，选择要连接的网络。以太坊有很多不同的网络，用于不同的目的，MetaMask 为每一个网络提供了默认的连接设置。

图 8.8　选择以太坊网络

其中比较常用的是标注②所示的主网，标注③中的都是测试网络，但是一般使用 Ropsten 网络。标注④所示是连接本地的以太坊客户端，一般是自己搭建的私链。单击标注⑤所示部分可以自定义连接配置。

8.1.5　MetaMask 的其他配置

单击 Customer RPC 后的面板，如图 8.9 所示，内容比较多，标注①所示的是配置连接以太坊客户端的 IP 和端口，就是 PRC 服务的 IP 地址和端口。

标注②是选择以太坊兑换为法币的单位，根据实时价格计算，可以在执行交易确认时候显示，让我们头脑保持清醒，告诉我们这个操作需要多少钱。标注③可以下载状态日志，里面很多内容比较有用，主要是账户关联的交易信息，有时我们可以用这些信息来排查问题，另外还包含了最近的一些区块数据及其他相关数据。

标注④可以查看助记词，就是我们导入的助记词，但需要密码，就是导入助记词时设置的密码。标注⑤是重置账户，主要是清除交易记录，但是以太坊的账户数据不会恢复初始状态，这个功能主要是为了方便测试。

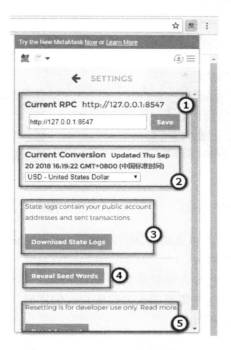

图 8.9　MetaMask 以太坊网络配置

8.1.6　MetaMask 账户管理

MetaMask 常见的操作包括账户管理，创建账户、导入账户，导出账户、复制账户地址及查看账户二维码等，本节我们就来学习一下 MetaMask 账户管理的知识。

如图 8.10 所示，单击①会出现下拉框，可以看到当前已有的账户，如标注②所示，就是当前选中的账户。标注③是创建一个新的账户，标注④是导入账户。我们先来看一下每一个账户的用途。

如图 8.11 所示，单击标注①，会出现标注②所示的下拉框，从上到下分别是在 Etherscan 网站查看账户的相关信息，这是一个连接，可直接跳转到 Etherscan 网站，可以查看到账户的余额和关联交易等信息。

Show QR Code 是查看地址的二维码，可以把这个二维码发给其他人，这样其他人就可以向这个地址转账。Copy Address to clipboard 是复制地址到粘贴板。Export Private Key 是导出私钥，建议不要使用，有安全隐患，所以保存好助记词和密码即可。

如图 8.12 所示为导入以太坊账户的私钥，就是前面选择导入私钥的地方，导入有两种方式，上面这种方式是直接导入私钥，在下拉列表框中选择 Private Key，然后在输入框中输入私钥，单击 IMPORT 按钮即可。

图 8.10　创建账户相关　　　　　图 8.11　账户的相关信息

如图 8.13 所示，也是导入以太坊私钥，不过是 keystore v3 的格式，就是在 Geth 数据目录下 keystore 目录的文件格式。

首先，如标注①所示选择导入私钥格式为 JSON File，然后选择要导入的 JSON 文件，一个文件就一个账户，标注③中需要输入创建账户时的密码。因为 keystore 是加密的，没有直接存放私钥，要通过密码计算。

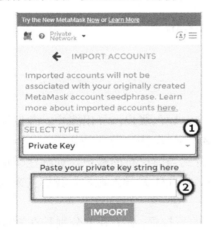

图 8.12　导入以太坊私钥　　　　图 8.13　导入以太坊 keystore v3 格式

8.1.7　MetaMask 交易

我们主动使用 MetaMask 执行的交易一般是发送以太币，更多的是在项目中引用 MetaMask 的 web3.js 对象执行交易，这才能体现 MetaMask 作为一个浏览器插件的正确打开方式。不过我们还没有介绍 web3.js，所以这里先看一下怎样使用 MetaMask 发送以太币。

如图 8.14 所示为选择账户单击 SEND 之后进入的面板，发送以太币比较简单，在标注①处选择或者输入接受以太币的地址，在标注 2 的地方输入以太币的金额，然后单击 NEXT 按钮即可。

> **注意**：这里的单位不是 wei，而是 ether，千万不要弄错了。

在标注③处可以添加一些附加数据，发送以太币时，一般不填写。其实还可以买以太币，选择账户单击 BUY 按钮，有两个选择，一个是 Coinbase，另一个是 ShapeShift。Coinbase 是一家比特币交易所，但在国内不能使用。ShapeShift 是通过比特币购买以太币，只要有比特币账户就可以。

如图 8.15 所示为 MetaMask 交易确认示意图。我们通过 MetaMask 或者 MetaMask 注入的 Web3 对象发起的交易都会唤醒这个页面，可以修改交易属性中的可配置参数，主要是 Gas Limit 和 Gas Price 这两个值。

图 8.14 发送以太币

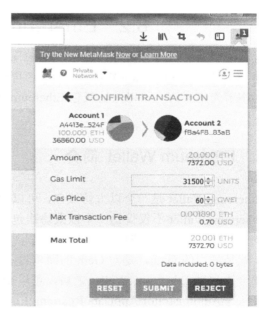

图 8.15 确认交易

当然，我们也可以看到一些需求确认的数据，如 Amount 是要发送的以太币的数量，即交易属性中的 value(input)值；Max Transaction Fee 是最大的交易费用金额；Max Total 是总费用金额，可以看到都有以太坊和美元两种表示，其中美元选项可以配置，可以根据以太币兑换对应货币的汇率实时计算出来。

8.1.8 小结

最后对 MetaMask 做一个总结，在最新的 beta 版本界面中 MetaMask 做了很大改动，在后面内容中有时也会使用新的版本。无论是最新版本还是现有版本，基本功能还是保持一致的，重要的是知道 MetaMask 能做什么，这样我们在面对新版本时能快速上手。

MetaMask 是一个浏览器插件，作用是向网页注册一个 Web3 对象，这样我们要开发一个 Web 应用让用户和我们的合约交互时，就可以使用 MetaMask 为我们配置好的远程节点来处理交易。

MetaMask 也是一个轻钱包，可以管理账户，导入、导出账户，还可以从助记词生成账户。MetaMask 作为一个钱包还可以发送以太币，并查看账户信息，例如账户的余额、账户拥有的 Token，但是 MetaMask 现在还不能发送 Token。

对于开发测试来说，MetaMask 还有一个比较重要的功能，就是查看日志信息，在 MetaMask 日志中可以看到很多交易相关的数据，这些数据能够帮助我们调试和理解交易。

8.2 Ethereum Wallet 钱包

本节主要学习 Ethereum Wallet，初学者可能会对 Ethereum Wallet 和 Mist 的区别容易混淆。本节先来了解一下以太坊钱包 Ethereum Wallet，以及如何配置使用，如何避免数据同步。

8.2.1 Ethereum Wallet 简介

Ethereum Wallet 是一个以太坊钱包，可以使用它来管理以太坊账户，执行转账等。当然，Ethereum Wallet 不仅仅是一个以太坊钱包，还可以部署合约，和合约进行交互，和以太坊的 Token 进行交互。我们知道钱包也是一个节点，那肯定是某种客户端，其实 Ethereum Wallet 就是使用的 Geth，是对 Geth 的简单封装。

第一次启动 Ethereum Wallet 之后，可以查看用户的数据目录，Windows 系统大概是在 C:\Users\Administrator\AppData\Roaming\Ethereum Wallet 路径下（用户名不同，用户目录会有所不同）找到 Ethereum Wallet 目录，在 binaries 目录中存放着 Geth 的应用程序。

Ethereum Wallet 是一个全节点，需要同步所有的区块链数据，需要很长时间，没有同步完数据的版本不能使用，新的版本不采用这种模式。新版本采用的模式是先连接到一个远程节点，再开启数据同步，在本地节点数据同步没有完成时先和远程节点进行交互，当本地数据节点同步完成时就切换到直接和本地节点交互状态，并且节点的同步方式也是可以配置的。

8.2.2 安装 Ethereum Wallet 与 Mist

本节我们来看一下 Ethereum Wallet 和 Mist 的安装，并且对这 Ethereum Wallet 和 Mist

的数据目录做一点修改。

首先在 https://github.com/ethereum/mist/releases/ 下载 Ethereum Wallet 和 Mist。如图 8.16 所示为 Ethereum Wallet 和 Mist 的下载页面，这里我们只截取了 Ethereum Wallet 部分，在下载页面选择 Ethereum Wallet 和 Mist 的 Windows64 位版本，请读者根据自己的系统选择相应的版本。

图 8.16　Ethereum Wallet 和 Mist 下载

对于 Windows，有 exe 的和 zip 两种后缀，细心的读者会发现 exe 后缀包是对应 zip 版本的 win32 和 win64 总大小。如果读者有 Windows 系统编写安装程序的经验，就可以看到其实 exe 版本就是一个安装包，包含 win32 和 win64 版本，安装时根据系统版本复制对应的文件即可。

所以这里我们选择 Win64 的 zip 文件直接解压，节约下载时间和网络资源。如图 8.17 所示，在 D 盘新建一个 EthTool 文件夹，然后在该文件夹下新建 Mist 文件夹和 Wallet 文件夹，Mist 和 Ethereum Wallet 就分别解压在这两个文件夹里。

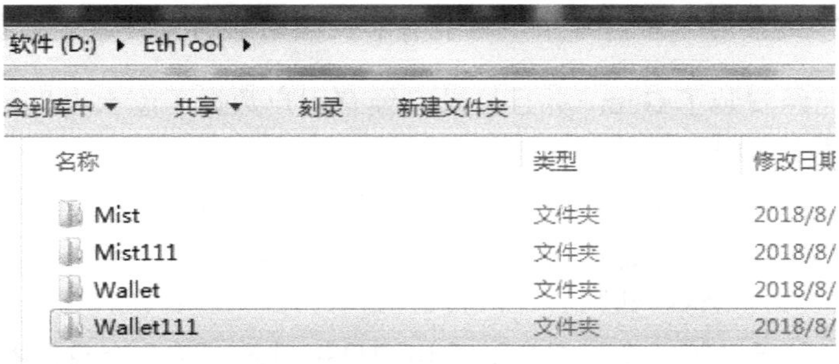

图 8.17　Ethereum Wallet 和 Mist 安装路径

Windows 用户目录下的 APPData 文件下有一个 Roaming 文件夹，存放的是用户安装软件的配置、用户数据等，如图 8.18 所示。

图 8.18　Roaming 文件夹

Mist 和 Ethereum Wallet 的用户数据也是存放在这个目录下，并且没有办法配置。我们知道 Mist 和 Ethereum Wallet 要同步以太坊的数据，这些数据很大，C 盘（系统盘）可能装不下这些数据，所以要想办法解决这个问题。

如何解决这个问题？Mist 和 Ethereum Wallet 会在 Roaming 目录下新建一个 Ethereum 目录和一个 Ethereum Wallet 目录用来存放数据，所以我们可以为这两个目录分别创建一个符号链接。具体操作如下：

这里我们在 F 盘的 EthData 目录下创建 Ethereum 和 Ethereum Wallet 目录，然后使用 mklink 创建符号链接：

```
mklink /D "C:\Users\Administrator\AppData\Roaming\Ethereum" "F:\EthData\
Ethereum"
mklink /D "C:\Users\Administrator\AppData\Roaming\Ethereum Wallet" "F:\
EthData\Ethereum Wallet"
```

注意：创建符号链接时，当前目录下不能有和链接同名的文件或者目录。

有时候我们已经安装了 Geth，并且目录已经有用户数据了怎么办？这个很好解决，使用 mklink 的/J 参数，如下：

```
mklink /J "C:\Users\Administrator\AppData\Roaming\Ethereum" "F:\EthData\
Ethereum"
mklink /J "C:\Users\Administrator\AppData\Roaming\Ethereum Wallet" "F:\
EthData\Ethereum Wallet"
```

/J 参数会将源目录（第一个目录参）剪切到目标目录（第二个目录参数），并且使用源目录名称作为新创建符号链接的名称。

8.2.3 使用 Ethereum Wallet

Ethereum Wallet 作为一个以太坊钱包，不仅仅可以用来管理账户，还可以用来处理合约，下面就来看一下 Ethereum Wallet 的使用。

如图 8.19 所示为 Ethereum Wallet 的主界面，标注①所示的是管理菜单，当前 Ethereum 菜单内容虽然较少，但非常实用，如备份账户。标注②是常用的一些功能面板，包括 Wallet，可以通过 Wallet 来管理账户。

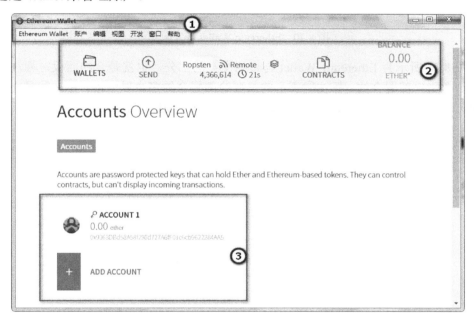

图 8.19　Ethereum Wallet 主界面

SEND 可以发送以太币，从指定的账户向其他的账户发送以太币，可以是别人的账户，也可以是自己的账户。当然我们也可以看到一些网络连接情况，比如连接哪一个网络、区块状况、远程节点、信息等。

CONTRACT 是进入合约交互的面板，我们还可以看到账户余额等信息。标注③可以看到账户的概览情况，当前只有一个账户，可以通过 Add Account 添加账户。如图 8.20 所示，我们可以对以太坊钱包进行配置，最重要的是 3 个，分别是以太坊节点、网络和 Sync mode。

通过以太坊节点可以查看到连接到的以太坊客户端信息；网络是选择要连接到哪个网络，可以是主网、Ropsten 网络、Rinkeby 网络；Sync mode 是指定以太坊区块链数据的同步模式，有 light、fast、full、No Sync，测试使用时可以不用同步数据。

图 8.20 Ethereum Wallet 开发配置

如图 8.21 所示为 Ethereum Wallet 与合约交互的部分，也就是合约面板，标注①是配置从哪一个账户部署合约，标注②所示的是要给部署合约多少以太币，标注③是合约的代码部分。还有一些其他配置，如设置 gas price 等，配置完后单击 deploy 按钮即可。

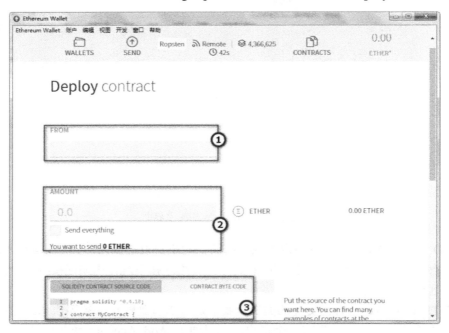

图 8.21 Ethereum Wallet 合约

8.3 Mist 与 Ethereum Wallet

Mist 是一个以太坊浏览器，主要目的是为了更加方便使用以太坊的 DApp，但目前还处于开发阶段,所以现阶段的 Mist 和 Ethereum Wallet 看起来非常像。本节我们来简单了解一下 Mist。

8.3.1 Ethereum Wallet 与 Mist 的区别

Ethereum Wallet 与 Mist 到底有什么区别?Mist 是一个去中心化应用的浏览器,可以通过 Mist 打开任何 Ethereum 的去中心化应用。因为 Mist 尚在开发阶段,所以有一个临时解决方案 Ethereum Wallet,Ethereum Wallet 算是 Mist 的一个简单实现。

如图 8.22 所示为使用对比工具对比 Mist 和 Ethereum Wallet 的安装目录,这里只截取了一部分,但是从中我们可以看到差别非常小,只有一些资源文件不同,其他的很多动态链接库都是一样的。

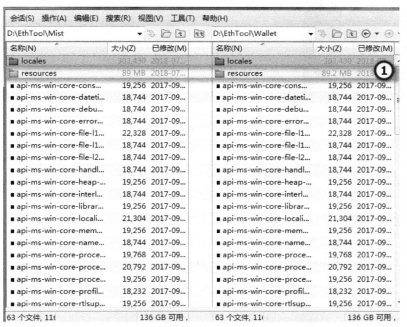

图 8.22 Mist 和 Ethereum Wallet 的目录对比

8.3.2 Mist 的配置与使用

就现阶段而言,Mist 和 Ethereum 没有太大的区别,所以 Mist 和 Ethereum Wallet 使用配置基本一致。可以通过账户菜单和面板管理账户,配置连接以太坊的网络,设置以太坊区块链数据的同步方式。如图 8.23 所示为 Mist 的主界面,这是目前 Ethereum Wallet 和 Mist 最大的区别之处。

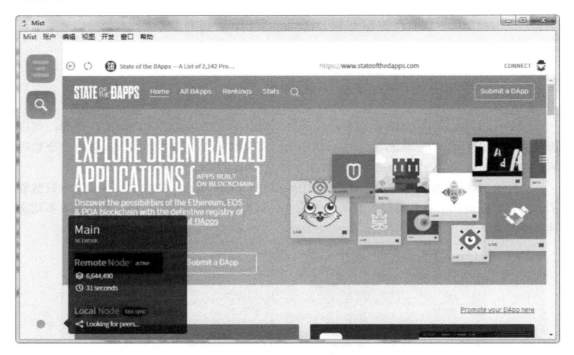

图 8.23 Mistt 主界面

我们可以在 Mist 上找到其他的 DApp 应用，也可以提交自己的 DApp 应用。我们还可以看到一些同步信息，如远程节点当前的区块、本地节点同步方式等。

8.3.3 小结

目前，Ethereum Wallet 与 Mist 都还在 0.x 版本，还处于快速迭代的阶段。Ethereum Wallet 和 Mist 的很多设计还是比较友好的，可以很容易获取到一些有用的信息。但是很多时候使用起来不方便，比如有时创建一个账户需要大量时间，连接一个节点需要很长时间，会出现界面卡死、无法关闭等问题。

如果是一个紧急任务，建议使用其他的方式，例如 Truffle 配置 Ganache 和 Geth 做本地测试，Remix 搭配 MetaMask 做 Ropsten 网络测试等。

8.4　MyEtherWallet 网页钱包

前面我们已经了解了以太坊钱包 Ethereum Wallet，但是 Ethereum Wallet 还处于开发阶段，版本不稳定。本节我们来看以太坊的网页钱包 MyEtherWallet，主要是了解 MyEtherWallet 的主要用途。

8.4.1 MyEtherWallet 简介

MyEtherWallet 是一个网页钱包，可以通过 https://www.myetherwallet.com/ 访问，MyEtherWallet 并不保存用户的私钥，而是在需要时让用户提供私钥。

使用 MyEtherWalletWallet 不仅仅可以用来转账操作，还可以用来兑换其他数字货币、与合约交互等操作。如表 8.1 所示为 MyEtherWallet 菜单中包含的基本服务，内容比较多，读者可以自己尝试一下，后面也会简单介绍。

表 8.1 MyEtherWallet菜单说明

菜　单	说　明
New Wallet	创建钱包
Send Ether & Tokens	发送以太币或者其他Token
Swap	把以太币换成其他数字货币，或者把其他数字货币换成以太币
Send Offline	发送离线交易
Contracts	和合约交互
ENS	ENS服务，类似于Web的DNS服务
DomainSale	域名转让
Check TX Status	检查交易状态
View Wallet Info	查看钱包信息
Help	MyEtherWallet相关文档

如图 8.24 所示，进入 MyEtherWallet 网站，右上角可以对 MyEtherWallet 的使用做简单配置。

图 8.24 MyEtherWallet 配置

其中，标注①处可以选择切换语言，默认为英文，可以选择切换为简体中文。标注②处可设置交易默认的 Gas Price，一定要注意，在 Send Offiline 中一般要自己填写，但是在其他交易中默认使用这个值，如果不根据实际情况修改，有时可能会多花很多钱。

标注③是指定连接哪一个节点，我们知道 MyEtherWallet 是一个 Web 服务，没有以太坊区块链的数据，说明它的服务端肯定要连接一个以太坊客户端才能获得以太坊的数据和以太坊交互。标注③就是配置连接哪个客户端。默认是连接 MyEtherWallet 自己的节点，如果想尽快在 Etherscan 上看到信息，可以选择连接 Etherscan 节点。当然 MyEtherWallet 也提供了自定义节点的连接方式。

8.4.2 MyEtherWallet 合约交互

MyEtherWallet 的合约交互功能，很多时候在开发测试时都不用我们写代码就能做检验。对于不熟悉以太坊的用户提供了一个合约，使用者需要写代码来访问这些接口，否则就需要我们提供一个 Web 服务，用户可以通过浏览器来访问我们合约提供的服务。

MyEtherWallet 提供了一个抽象，使用 web3.js 对这些接口调用做了一个封装，我们让需要访问合约服务的用户通过 MyEtherWallet 来和合约交互，不用单独提供一个 Web 服务。

在 MyEtherWallet 网站，进入 Contract 菜单，如图 8.25 所示，其中标注①处可输入要访问的合约地址，当然也可以通过标注②处的下拉框选择一个已经存在的合约，这里我们就随便选了一个。合约的 ABI 可以自动获得，有些情况需要自己手动操作，填写地址和 ABI 后单击 Access 按钮，然后就会看到标注④所示的合约接口。标注⑤可以填写接口参数。

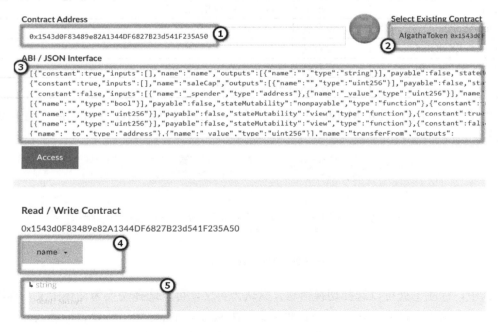

图 8.25 MyEtherWallet 合约交互

如果合约接口需要私钥，如图 8.26 所示，会提示使用私钥的方式，最常使用的是 MetaMask/Mist、Keystore/JSON File 和 Private Key 的方式，不推荐使用 Private Key 的方式。

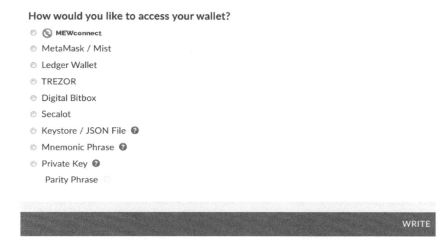

图 8.26　MyEtherWallet 私钥使用方式

选择一种，根据后面的提示操作，单击 WRITE 按钮提交即可，会有一些提示信息。

8.4.3　MyEtherWallet 离线交易

MyEtherWallet 离线交易其实就是自定义交易中的属性，然后根据提供的私钥对交易进行签名，最后发送交易。如图 8.27 所示为离线交易，首先需要配置的是发起交易的地址，Generate Information 会提供一些默认的参考值。

图 8.27　MyEtherWallet 离线交易发起者

如图 8.28 所示，需要设置一些其他交易属性，标注①To Address 表示交易的目标地址，可以是外部账户，也可以是合约账户。

标注②Value 是这笔交易准备发送多少以太币，当然有很多的单位可以选择。标注③设置这笔交易最多使用的 Gas 值。标注④是设置交易的 Gas Price，很大程度上会影响交易被接受的速度。

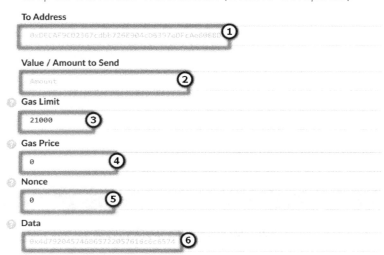

图 8.28　MyEtherWallet 离线交易其他属性配置

标注⑤所示的 Nonce 是一个非常重要的值，设置交易的 Nonce 属性，大于等于 From Address 关联的交易数量。我们经常会设置相同的值来覆盖之前的交易。标注⑥是交易的 Data 数据，对于转账不是必须的，对于创建合约就是合约字节码，对于调用合约接口就是调用函数签名和参数编码。

配置完交易参数后，需要选择 From Addrees 的私钥，然后会出现如图 8.29 所示的面板，单击 Generate Transaction 就可生成交易。Raw Transaction 是没有使用私钥签名的交易，Signed Transaction 是使用私钥签名的交易。

图 8.29　MyEtherWallet 生成交易

Raw Transaction 和 Signed Transaction 的计算稍微复杂一些，如果想要检查一下我们的计算是否有问题，可以通过 MyEtherWallet 这种方式来生成数据，然后与自己计算的结果对比。

如图 8.30 所示，最后也可以发送我们已经签名的交易，直接单击 Send Transaction 按钮即可，发送之后，如果没有出现错误，就会有一个交易 Hash，可以通过这个交易 Hash 在 Etherscan 上查看交易状态。

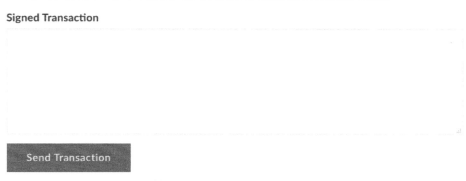

图 8.30　MyEtherWallet 发送交易

8.4.4　MyEtherWallet 的其他功能

最后再来简单介绍一下 MyEtherWallet 的其他常用功能。如图 8.31 所示，在 MyEtherWallet 网站进入 Send Ether & Tokens 菜单，选择私钥可以看到，只需要填写目标地址和金额即可。

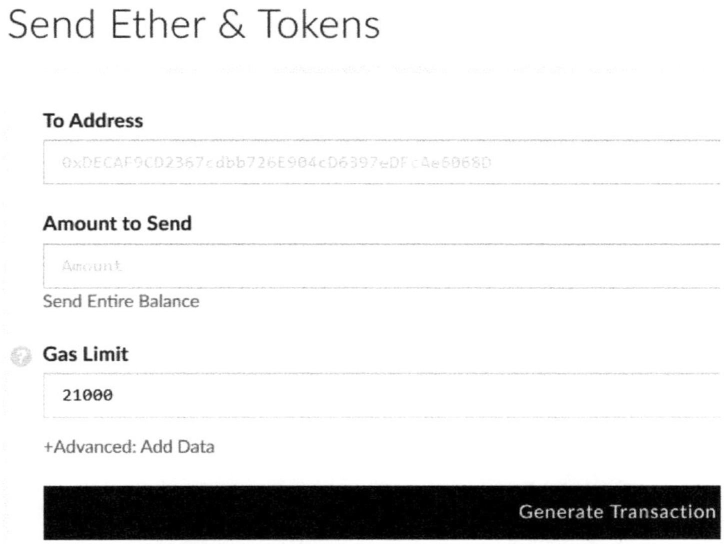

图 8.31　MyEtherWallet 发送以太币或 Token

当然也可以修改 Gas Limit，可以添加 Data 数据，不过一般没有必要，使用最多的是 Gas 数据。在 MyEtherWallet 网站进入 New Wallet 菜单，如图 8.32 所示只需要输入密码就可以创建钱包。其实这个创建钱包和使用 Geth 创建的钱包是一样的，创建好后是一个 JSON 文件，可以下载。

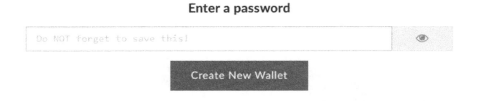

图 8.32　MyEtherWallet 创建钱包

如图 8.33 所示，可以在 MyEtherWallet 网站的 Swap 菜单中兑换以太币，可以是以太币兑换为其他的数字货币，也可以是其他数字货币兑换为以太币。

图 8.33　MyEtherWallet 兑换以太币

第 3 篇
Solidity 与智能合约开发

- 第 9 章　Solidity 初遇
- 第 10 章　Solidity 数据类型
- 第 11 章　Solidity 数据类型进阶
- 第 12 章　Solidity 开发智能合约
- 第 13 章　Solidity 开发智能合约进阶
- 第 14 章　通过 web3.js 与以太坊进行交互

第 9 章　Solidity 初遇

接下来的几章是 Solidity 和智能合约相关的内容，由浅入深，层层递进。本章我们将正式进入智能合约开发之旅，先来看本章内容。

本章主要涉及的知识点有：
- Solidity 基本概念；
- Solidity 开发工具；
- Remix 编辑器；
- Solidity 运算符；
- Solidity 函数修饰符。

9.1　Solidity 简介

本节首先介绍一下什么是 Solidity，了解基本概念，学习 Solidity 文件的结构，对其有个整体印象。

9.1.1　什么是 Solidity

其实前面已经介绍了 Solidity 是一门面向合约的高级语言，主要用来编写以太坊智能合约。Solidity 受 C 语言、Python、JavaScript 语言的影响，很多实现都和这些语言相似，但是 Solidity 为了编译成为以太坊虚拟机字节码在 EVM 上执行，很多特性和限制都和 EVM 相关。

如图 9.1 所示为 Solidity 中常见的一些概念。Solidity 是一门静态类型语言，支持继承、库、自定义复杂类型和其他特性。

第 9 章 Solidity 初遇

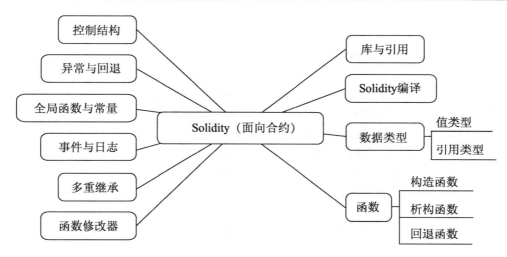

图 9.1 Solidity 中常见的概念

9.1.2 智能合约示例

本节我们来看一个智能合约的实例，了解一下 Solidity 文件结构、智能合约结构和智能合约中包含的主要结构。

```solidity
pragma solidity ^0.4.24;
/**
 * 智能合约示例
 */
contract SolidityContract{
    uint8 public id;
    string internal name;
    struct Funder {
        address addr;
        uint amount;
    }
    Funder fund = Funder(msg.sender,1);
    bytes bytesValue = "a";
    bytes1 bytes1Value = 0x1;
    uint8[3] nums = [1,2,3];
    uint8[] dynamicNums = [1,2,3];
    mapping (address => uint) myMapping;
    enum Color { Red, Green }
    address ownedAddr;
    function myFunction () internal returns(bool res)  {
        throw;
    }
    modifier checkTime(uint _time) {
        require (now >= _time);
        _;
```

```
        }
        event LogEvent(address victim);
}
```

上面的例子，最外层是 contract 关键字，Solidity 是一门面向合约的语言，contract 就是一种很好地体现，所有的合约结构都是在 contract 包围之中。

像 Java 这种面向对象的语言，最外层是 class 包围，不过在 Solidity 中不是定义一个类，而是定义一个合约。合约中可以包含状态变量、函数、事件、自定义类型等，这些都会在后面详细介绍，这里我们需要知道的是合约的最基本结构。

```
contract SolidityContract{
}
```

上面的示例就是合约的最简结构，首先是 contract 关键字，后面是合约名字，花括号"{}"中是合约体。

9.1.3　Solidity 编译版本

9.1.2 节我们介绍了智能合约中包含的基本结构，本节来了解一下合约中第一行是什么意思。在 Solidity 文件中一般第一行是这样的：

```
pragma solidity ^0.4.24;
```

pragma 是编译指示的意思，不是 program。这是为了说明这个 Solidity 文件可以使用哪些版本的编译器编译。^与前面 5.3.2 节中介绍的^限制范围含义一样。上面编译指示的意思就是编译器版本 version 的范围是 0.4.23<=version<0.5.0。当然，也可以直接通过下面的方式指定：

```
pragma solidity >=0.4.24 <0.5.0;
```

9.2　Solidity 编辑器

Solidity 目前的开发都是比较轻量级的，一般的编辑器就已经够用。本节我们介绍一些常用编辑器和插件的安装，希望读者能找到一款适合自己的编辑器，帮助提升 Solidity 开发效率。

9.2.1　Sublime 编辑器

Sublime 是一个代码编辑器，虽是收费软件但可以无限期试用。作为文本编辑器 Sublime 有漂亮的用户界面和强大的功能，对于 Windows、Linux、MacOS X 系统都有对应的版本。最重要的是支持插件，这也就意味着有很强的定制性和更好的生态支持，网上也有很多开源插件，其中就有 Solidity 相关插件。

Sublime 是笔者比较喜欢的一款编辑器，写 Markdown 文件和非工程化代码非常方便。可以在 https://www.sublimetext.com/ 下载 Sublime。要写 Solidity 代码，就要安装相关的插件。这里推荐两个插件，一个是 EthereumSoliditySnippets，另一个是 SublimeEthereum。EthereumSoliditySnippets 支持 Solidity 代码片段添加，SublimeEthereum 支持 Solidity 语法高亮。

接下来看一下如何通过简单的命令来安装 EthereumSoliditySnippets 和 SublimeEthereum 插件。如图 9.2 所示为 Sublime 的命令面板。使用快捷键 Ctrl+Shift+P 打开命令面板，输入 ins 可以看到相关的命令，我们选择 Package Control：Install Package 命令表示安装插件包。

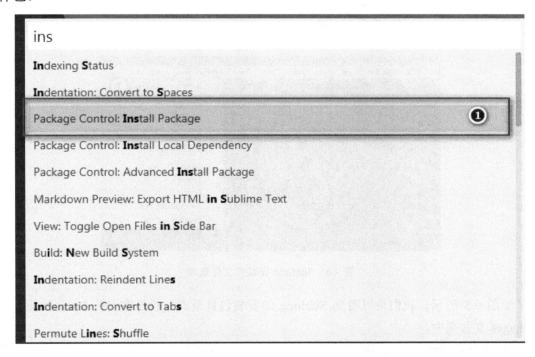

图 9.2　命令面板

如图 9.3 所示，进入插件安装的选择页面，可以在搜索框中输入 Ethereum 来搜索 Ethereum 相关插件，即可看到我们需要的 SublimeEthereum 和 EthereumSoliditySnippets 插件了。

选择需要安装插件的名字，然后单击 Sublime 会自动帮助我们安装相应的插件，安装完之后一般不需要重启（个别情况会要求重启）。这种安装方法比较慢，有时还会出错，所以笔者一般是直接通过拷贝包的方式。如图 9.4 所示，我们可以选择 Preferences 的 Browse Packages 选项来查看 Sublime 的插件安装包文件。

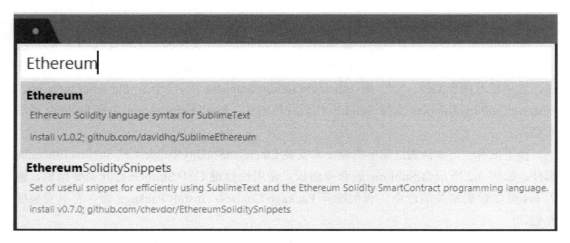

图 9.3　选择插件页面

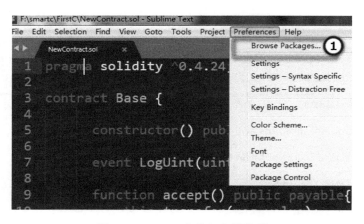

图 9.4　Sublime 安装包文件选项

如图 9.5 所示，我们可以看到 Sublime 的安装包目录，一般是在安装 Data 目录下的 Packages 文件夹中。

我们把 GitHub 上下载的插件直接解压到这个目录下就可以，不管是下载压缩包文件或者是使用 git clone 拖下来的代码库都可以。读者可以自己动手安装一下，SublimeEthereum 和 EthereumSoliditySnippets 插件的 GitHub 代码库地址如下：

- https://github.com/chevdor/EthereumSoliditySnippets；
- https://github.com/davidhq/SublimeEthereum。

这两个插件很少更新，并且一个只做了语法定义，一个只有代码片段，所以笔者自己添加了一个插件 ST-SOL，可以在 https://github.com/curitis-tang/ST-SOL 上下载，安装非常简单，在 Readme 中有介绍。

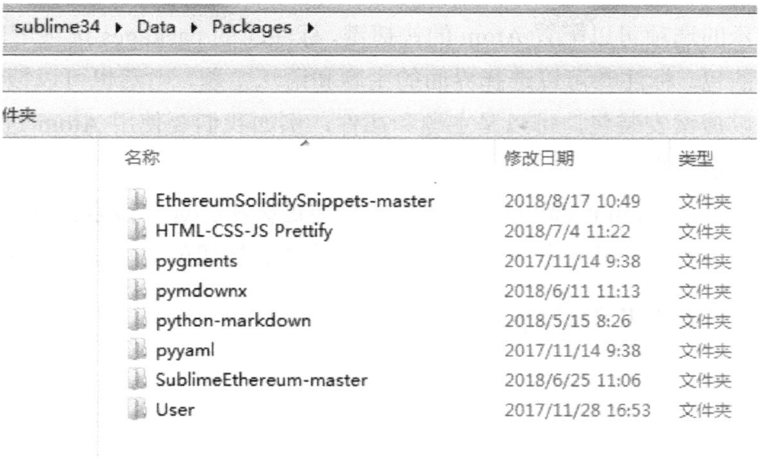

图 9.5　Sublime 安装包目录

9.2.2　Atom 编辑器

Atom 是一个开放源码的编辑器，Windows、Mac 和 Linux 系统都有对应的版本。Atom 具有非常精致细腻的界面，可配置性非常好，可以自定义主题并且支持插件，所以 Atom 对于一般工程的开发还是比较好的选择。读者可以在 https://atom.io/下载对应系统的版本，然后进行安装，具体的安装过程不再详细介绍，直接来看具体使用。

如图 9.6 所示为 Atom setting 面板，基本所有的 Atom 配置在上面都可以找到，例如，在标注①所示的 Core 选项中可以配置文件编码、项目根目录等；在标注②选项中可以配置编辑器相关选项，如字体大小、字体的 family、行高、行缩进、每一行最多字符等。

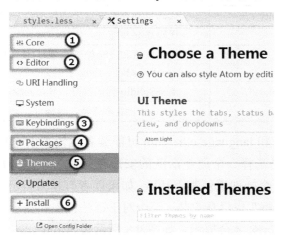

图 9.6　Atom setting 面板

标注③所示的选项可以配置 Atom 的快捷键，标注④的 packages 选项可以查看、启用、禁用已经安装的包。标注⑤可以选择界面的主题和语法主题，当然也可以搜索安装其他主题。标注⑥可以搜索安装包，可以是主题和插件，例如我们要使用 Atom 进行 Solidity 开发，就会安装很多插件。

如图 9.7 所示为 Atom install 面板，我们可以通过标注②选择搜索插件还是主题，在标注①输入搜索的名称，查找出包后直接单击标注③处的按钮就可以进行安装。

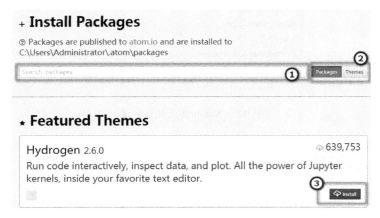

图 9.7 Atom install 面板

如表 9.1 所示为 Atom 开发 Solidity 常用的插件，笔者认为使用 Atom 编写 Solidity，一定要有 autocomplete-solidity 插件，对于"懒人"来说是一个巨大福利。

表 9.1 Atom常用插件

插 件 名 称	说　　明
autocomplete-solidity	代码自动补全，这个插件不错，能让我们少写代码
linter-solidity	代码高亮和缩进，文档不友好
linter-solium	代码风格和安全检查与修复(依赖linter,linter-ui-default, intentions,busy-signal)
language-ethereum	支持Solidity代码高亮，和linter-solidity类似
Etheratom	在Atom中编译部署合约插件，连接自己的节点

对于 linter-solidity 和 language-ethereum 可能读者比较难于选择，因此有个判断条件可以提供参考，那就是选择一个更新活跃的安装就可以，不过问题是 linter-solidity 和 language-ethereum 这两个插件更新都不活跃，如果读者有精力自己开发一个也是可以的。

linter-solium"全家桶"也尽量安装，至少对于语法检查和提示还是有用的，不过它的反应很慢，修改后要等一会才会提示。如图 9.8 所示为 Atom 安装完插件之后的目录。注意是在用户目录.atom 目录下的 packages 目录中。

第 9 章　Solidity 初遇

图 9.8　Atom 插件安装目录

9.2.3　IDEA 编辑器

对于很多 IDEA 的拥趸来说，对于任何语言都只想使用 IDEA 来进行开发，所以 IDEA 也有关于 Solidity 开发的插件。如图 9.9 所示，在 IDEA 中打开插件搜索页面，搜索 Solidity，选择 Intellij-Solidity 插件进行安装就可以了。

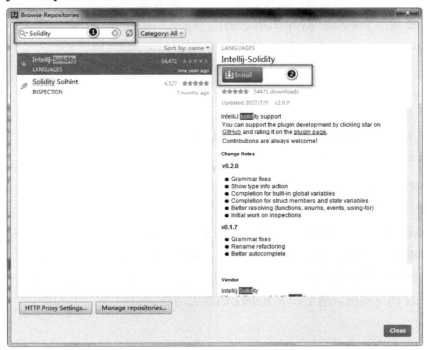

图 9.9　IDEA Solidity 插件

Intellij-Solidity 插件支持代码高亮、语法错误提示、代码补全、文件模板、跳转到定义、查找引用、代码格式化，并且提供了一个 new 操作，可以直接创建 Solidity 文件。对于习惯了 IDEA 的人来说感觉还不错，但是代码补全不太友好，很多代码需要自己输入。

9.3　Remix 编辑器

Remix 也是 Solidity 的编辑器，是一个网页版的 Solidity 编辑器。Remix 非常强大，并且使用起来也非常方便。

9.3.1　Remix 简介

Remix 可以直接在浏览器中使用，可以不用开发者自己搭建开发环境，所以这里先介绍 Remix。Remix 项目现在已经迁移到 remix-ide 上了，可以在 https://github.com/ethereum/remix-ide 找到项目。在 https://ethereum.github.io/browser-solidity/ 和 https://remix.ethereum.org/ 上提供了可以直接使用的服务，建议使用后一个，因为基本是最新版本，读者也可以通过下面的命令搭建一个本地的 RemixIDE 服务：

```
git clone https://github.com/ethereum/remix-ide.git
cd remix-ide
npm install
npm run setupremix
npm start
```

一般使用打包好的 NPM 模块即可，先执行安装 remix-ide：

```
npm install remix-ide -g
```

启动 remix-ide：

```
remix-ide
```

然后在浏览器中访问 http://localhost:8080 就可以看到。如图 9.10 所示为完整的 Remix 页面。主要有文件管理、控制台、代码编辑、编译、运行和配置等相关模块。

因为后面很多例子都会直接在 Remix 中编写编译和运行，所以接下来我们就来详细了解一下 Remix 的这些模块感受一下 Remix 的强大功能。

第 9 章 Solidity 初遇

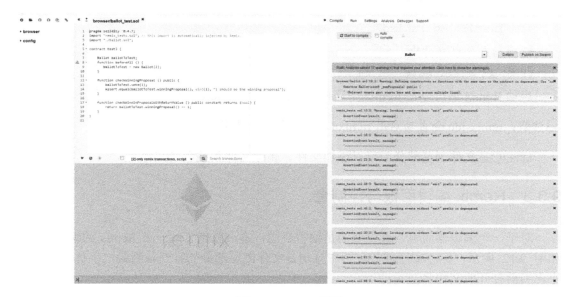

图 9.10 Remix 页面

9.3.2 Remix 文件管理

Remix 提供了对于文件管理的基本操作，我们可以通过 Remix 文件管理操作来创建文件、打开文件夹和分享代码等。

如图 9.11 所示为 Remix 提供的文件基本操作示意图。最上面一排中，+号表示创建一个新的文件。

标注②文件夹图标表示打开一个本地文件。两个 GitHub 头像是 GitHub 的 gist 代码片段分享，要在 setting 中配置 gist 的 Token。标注④表示复制当前的所有文件到另外一个 Remix 实例中。

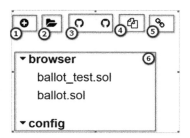

图 9.11 Remix 文件管理相关

标注⑤表示共享文件夹。先区分几个概念，Remix、Remix IDE、Remixd。Remix 是一套用来和以太坊区块链交互的工具，Remix Ide 是 Solidity 去中心化应用开发者的集成开发环境，Remix IDE 由 Remix 驱动，Remixd 是和 Remix IDE 一起使用的，它允许在 Remix IDE（或者 Web 应用）和本地机器之间建 Websocket 连接交换数据。

读者朋友可以通过下面的命令安装 remix-ide，自己本地启动一个 Remix IDE 服务，可以通过-s 参数指定共享文件夹。Remix IDE 启动的时候会自动启动一个 Remixd，Remixd 会通过 65520 端口来读写指定共享文件夹的数据，这样就可以在 Remix 中看见本地的文件夹。

```
npm install -g remixd
```

然后指定分享文件夹：

```
remixd -s e:\share
```

启动 Remix 后可以在 Remix 中连接 remixd，看到 share 文件夹。

> 注意：remix-ide 会自动启用 remixd，所以会端口冲突。

标注⑥是文件浏览部分，可以添加文件、删除文件和重命名文件。

9.3.3　Remix 编辑面板与控制台

对于一个编辑器而言，最重要的是编辑界面，本节就来了解一下 Remix 的编辑面板。如图 9.12 所示，标注①区域从左至右分别是文件浏览部分的打开与隐藏，字体增大和缩小，当前打开的文件名。

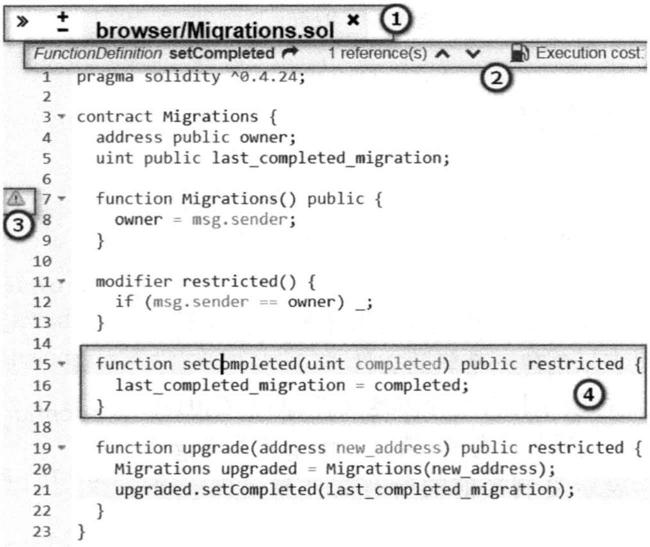

图 9.12　Remix 编辑面板

标注②区域是一些编译之后的信息，从左往右分别是当前光标所在的函数定义，单击可以直接跳转到函数所在位置，函数的引用个数可以上下跳转，还有函数执行的 gas 评估。

标注③是编译警告，鼠标移上去时可以看到警告信息，编译信息中一般会提示哪一行有问题，这样可以快速定位。中间部分是编辑器部分，可以在中间编辑代码。如标注④所示，可以把光标放到函数名上，在标注②区域可以看到相关的函数信息。

如图 9.13 所示为 Remix 的控制台部分，也叫做终端（Terminal），主要是输出交易信息与以太坊交互。

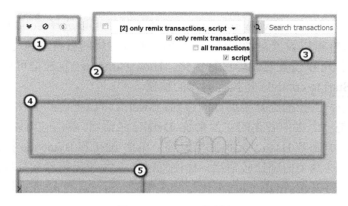

图 9.13　Remix 控制台

标注①处从左至右分别是隐藏控制台、清除控制台输出、pending 的交易、数量。标注②是选择输出类型，勾选最左边的复选框就会监听所有的交易，不仅仅是自己创建的交易。从上到下分别表示只输出 Remix 产生的交易、输出所有的交易和输出脚本。

标注③是搜索框，可以根据关键词搜索输出内容，标注④是输出区域，标注⑤是使用 JavaScript 与以太坊交互的地方，可以使用 Web3 对象。

9.3.4　Remix 编译与运行面板

编译和运行是 Remix 中最常见的操作，本节就来了解一下 Remix 中编译与运行的相关内容。如图 9.14 所示为 Remix 的编译面板。

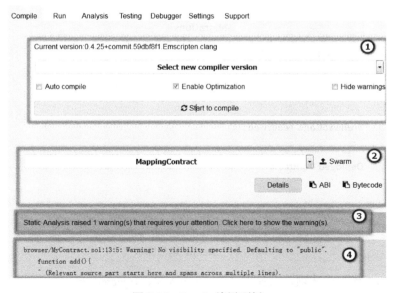

图 9.14　Remix 编译面板

标注①区域中，Select new compiler version 的下拉框可以选择 Solidity 的编译器版本。Auto compile 复选框可以设置自动编译，在编辑面板修改代码后自动执行编译操作。Enable optimization 复选框可以设置对编译进行优化。Hide warnings 复选框可以设置隐藏警告，建议不要隐藏，Start to compile 是执行编译的按钮。

标注③区域中，下拉框选择要编译的合约，Swarm 可以把合约文件上传到 Swarm 上，Swarm 可以看做是一个去中心化的文件系统。Details 经常用，单击它可以查看编译的信息，包括 ABI、字节码、函数 Hash、元数据信息等。单击 ABI 和 Bytecode 按钮可以直接复制 ABI 和 Bytecode，这两个内容比较常用。标注③区域是关于代码静态分析的结果，执行哪些静态分析操作，可以在 Analysis 面板进行相关配置。标注④区域是具体的编译警告或者错误信息。

如图 9.15 所示为 Remix 运行面板，首先标注①所在行中 Environment 配置的是 Provider。我们前面介绍了以太坊有很多网络，如主网、各个测试网络、各种私有网络，其实 Environment 本质就是配置选择把合约部署到哪一个网络上。

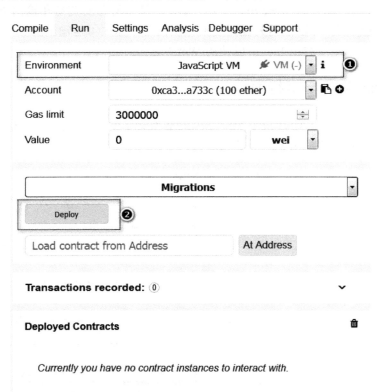

图 9.15　Remix 运行面板

Environment 有 3 个选项，分别是 Javascript VM、Injected Provider 和 Web3 Provider。Javascript VM 是虚拟了一个节点，Injected Provider 和 Web3 Provider 则是真正地连接一个

节点，Injected Provider 是自动注入的，比如前面介绍的 MetaMask 就会自动注入一个 Web3 的对象，其中就包含了一个 HttpProvider。Web3 Provider 需自己配置一个提供 Provider 的链接。

> 注意：没有检查到注入时默认选择的是 Javascript VM，检查到注入时默认选择的是 Injected Provider，比如安装了 MetaMask，会默认选择 Injected Provider。

Account、Gas limit、Value 几个选项就是选择运行的账户，最多使用的 gas，给多少 value。Value 选项默认是 0，对于需要消耗 gas 的操作记得修改 Value 选项的值。

下面的下拉列表框是选择要部署的合约，Deploy 按钮就是部署合约，老版本的 Remix 可能是 Create 按钮。At Address 选项是通过地址加载一个已经存在的合约。部署或者加载完之后就可以看到合约的接口，可以在 Remix 中调用这些接口。

9.3.5　Remix 基本配置面板

本节我们来了解一下 Remix 基本配置的相关内容，需要对以太坊和 Solidity 有比较深入了解才能有更好的理解。

如图 9.16 所示为 Remix 设置中的基本设置，标注①中的复选框是设置生成合约的 metadata 信息在合约目录下生成编译的 JSON 输出，运行指定合约的依赖地址，如果没有指定，Remix 会自动部署相应的库。

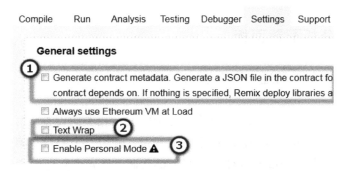

图 9.16　Remix 基本设置

标注②的复选框是设置编辑器的换行，如果没有选择 Text Wrap 复选框，则只会在遇到回车时换行，如果选则了 Text Warp 复选框，就会在超过一定长度时自动换行。

标注③的复选框是设置 Web3 的 API，有一些以太坊客户端会提供一些 Personal 相关的 JSON-RPC 接口，例如 personal_unlockAccount。Remix 默认不能使用这些接口，因为以太坊客户端一般不会开放这些接口，但如果自己搭建私链时可以勾选上 Enable Personal

Mode 复选框，会给我们提供方便，例如解锁账户、在 Run 面板添加账户等操作都需要勾选 Enable Personal Mode 复选框才能执行。

如图 9.17 所示为 Remix 中设置 Gist 和 Theme 的配置，标注①所示区域是设置 Gist Access Token 的区域，前面我们在文件管理部分已经知道可以把我们的代码分享到 Gist，在标注①处就可以设置 Gist 的 Token。

标注②区域是选择 Remix 的主题，和其他编辑器的主题一样，只有两种，一种是黑色主题，一种是亮色主题。

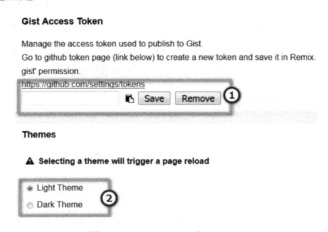

图 9.17　Remix Gist 与 Theme

9.3.6　Remix 分析配置面板

在学习编译面板时介绍过一些静态分析的输出，本节就来了解一下静态分析相关的配置。

如图 9.18 所示为设置 Solidity 代码静态分析中安全相关的设置，第 1 个复选框被选中表示如果智能合约中使用了 tx.origin 这个全局变量，就给一个警告。第 2 个复选框用于检查重入的情况，第 3 个复选框允许使用内联汇编代码，第 4 个复选框表示如果使用了区块时间戳就给一个警告。

第 5 个复选框表示如果使用了底层的函数调用，就给一个警告。第 6 个复选框表示，如果使用了区块的 blockhash 就给一个警告。第 7 个复选框被选中表示，如果智能合约中使用了 Selfdestruct，则编译的时候就给一个警告。

如图 9.19 所示为和 Gas 相关的设置，第 1 个复选框表示如果评估一个函数使用的 Gas 太高就给出提示。第 2 个复选框表示本地函数通过本地调用。第 3 个复选框表示删除动态数组时给出提示。

如图 9.20 所示为 Remix 代码静态分析的相关设置。第 1 个复选框表示检查如果是 constant 函数，提示加上 constant 或 view。第 2 个复选框表示检查如果有名称相似的变量给出提示。第 3 个复选框表示如果函数要求返回值，但却没有返回值时给出提示。第 4 个复选框表示提示检查前置条件，第 5 个复选框表示计算结果没有使用，给出提示。

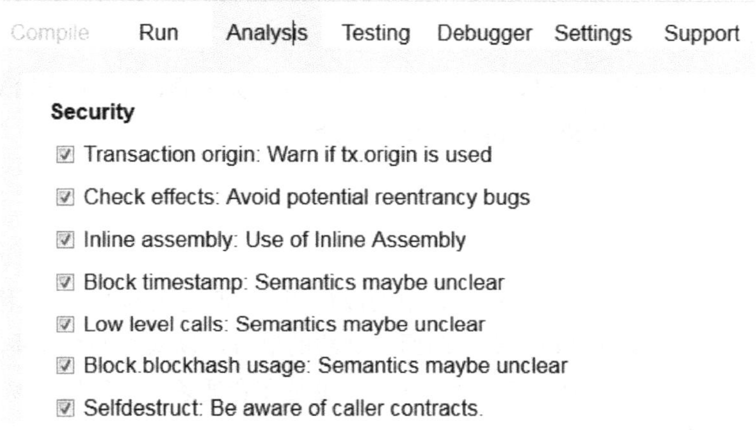

图 9.18　Remix 安全相关设置

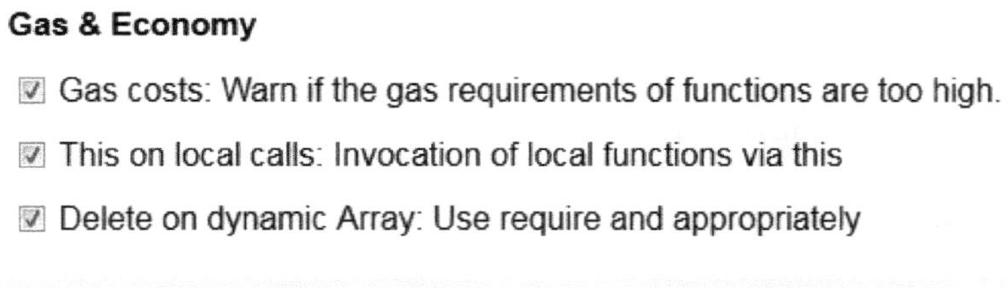

图 9.19　Remix Gas 相关设置

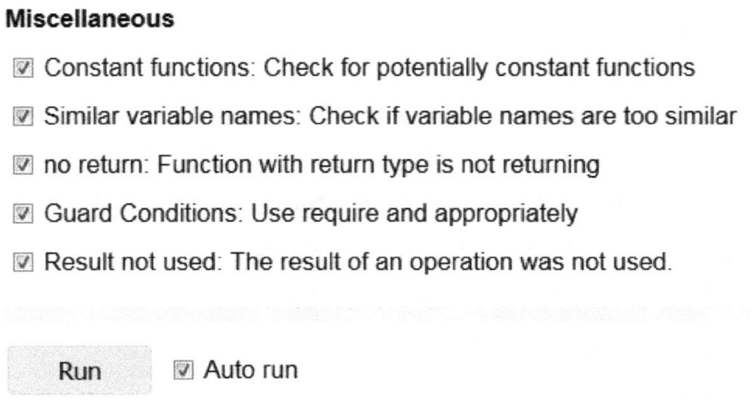

图 9.20　Remix 其他相关设置

最后的 Run 按钮表示执行代码的静态分析，Auto Run 复选框表示在编译代码的时候自动执行代码的静态分析。

9.4 Solidity 常见概念

前面我们对 Solidity 有一个基本印象，了解了一些相关工具，从本节开始来学习 Solidity 更加具体的内容。我们先介绍 Solidity 的基础概念。

9.4.1 状态变量

首先来看状态变量，类似于其他语言中的成员变量，但是在 Solidity 中称为状态变量。之所以叫状态变量是因为 Solidity 是一门面向合约的语言，以太坊的交易本质其实是一种状态机，从一种状态到另一种状态，合约的本质也是在合适条件下触发交易。下面我们看一下合约中的状态变量：

```
pragma solidity ^0.4.24;
/**
* 状态变量
**/
contract StateVariableContract {
  string name;
  uint32 id;
}
```

上面代码中，name 和 id 就是状态变量。

9.4.2 局部变量

局部变量（Local Variable）也叫本地变量，与后面我们说的局部变量是一样的。注意局部变量不仅仅是函数中的变量，参数也属于局部变量，包括入参和出参都是局部变量。

如图 9.21 所示为 Solidity 的状态变量与局部变量，状态变量只会出现在一个位置，局部变量可以是函数的入参、出参和函数体中定义的变量。

为什么要分这么细？因为后面介绍数据位置相关知识时会用上，不同的变量、不同位置、不同数据位置类型都会影响变量之间的赋值。

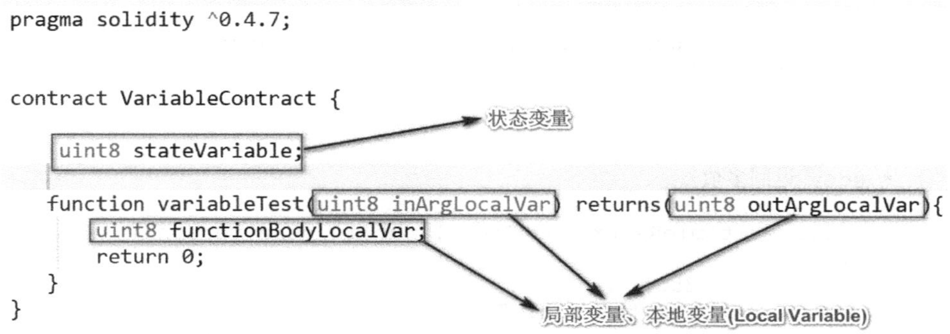

```
pragma solidity ^0.4.7;

contract VariableContract {
    uint8 stateVariable;              →  状态变量

    function variableTest(uint8 inArgLocalVar) returns(uint8 outArgLocalVar){
        uint8 functionBodyLocalVar;
        return 0;
    }
}                                        局部变量、本地变量(Local Variable)
```

图 9.21　状态变量与局部变量

9.4.3　Solidity 函数

在 9.4.2 节中我们已经见过 variableTest 函数，这里先介绍一个简化版的函数定义模型。首先来看一下函数的简化版本函数定义模型：

```
function functionName(<parameter types>) [returns (<return types>)]
```

与其他语言函数有所区别，如果函数有返回值，必须使用 returns 关键字加上函数参数的返回值类型列表。因为 Solidity 允许返回多值，所以需要确定返回顺序，具体的实例我们在 9.4.4 再介绍。

另外需要注意的是 Solidity 有两个比较相近的关键字，一个是 return，和其他函数一样用于返回值；另一个是 returns，用于定义函数返回参数，注意不要混淆。

最后，在 Solidity 中参数包含两部分，一部分是函数参数，我们可以把它叫做入参；另一部分是函数返回参数，我们可以把它叫做出参。如果没有特别说明，我们说的函数参数就包括出参和入参。

9.4.4　返回多值

关于返回值，Solidity 和其他很多语言不一样，因为 Solidity 支持返回多值。下面我们就来看一个关于 Solidity 返回多值的实例，加深对于 Solidity 返回值的认识。

```
pragma solidity ^0.4.24;
/**
 * @title ReturnContract
 * @dev 返回值测试
 */
contract ReturnContract {

    /**
     * @dev 返回一个值
```

```solidity
     */
    function singleReturnTest () public pure returns(uint8){
        uint8 num = 255;
        return num;
    }
    /**
     * @dev 返回多值
     */
    function multipleReturnTestOne () public pure returns(uint8,uint16,
    string){
        uint8 num = 255;
        return (num,num,"multiple");
    }

    /// 返回值类型必须对应
    // function multipleReturnTestTwo () public pure returns(uint8,uint16){
    //     uint16 num = 255;
    //     return (num,num);
    // }
    /**
     * @dev 返回值可以直接定义在返回声明中，在函数体中赋值就可以了
     */
    function multipleReturnTestThree () public pure returns(uint8 num,
    string name){
        num = 255;
        name = "multiple";
    }
}
```

与其他语言不同的是，Solidity 函数的返回值不是一个单独的类型，而是一个类型列表，返回值的声明也不是放在前面，而是放在最后。通过上面的示例可以看到 singleReturnTest 只有一个返回值，就是 uint8，multipleReturnTestOne 返回的是多值。注意，returns 类型和 return 类型的对应关系，如果 return 的数据类型不能隐式转换为 returns 就会出错。

为了上面的类型转换问题，我们可以把类型定义直接写到返回值列表中，就像示例中的 multipleReturnTestThree 函数一样，就不需要 return 语句。

9.4.5 构造函数

与其他语言一样，Solidity 也有构造函数，就是和合约同名的函数，但只允许有一个，在合约创建时调用相关的代码完成初始化工作。如果读者有其他编程语言开发经验，下面这样的代码相对就很容易：

```solidity
pragma solidity ^0.4.24;
/**
 * 构造函数
 **/
contract StateVariableContract {
    string name;
```

```
    uint32 id;
    function StateVariableContract(uint32 id){
        this.id = id;
    }
//Solidity 中构造函数不允许重载
    function StateVariableContract(uint32 id,string name){
        this.id = id;
        this.name = name;
    }
    function getId() public returns(uint32){
        return id;
    }
}
```

但在 Solidity 中上面的代码不能通过编译，首先是 this 不能使用，其次构造函数不能重载，只能有一个。

构造函数可以有参数，但最好不要带参数，除非是为了继承，因为合约的构造函数是合约在创建时自动调用的，所以没有用参数。虽然构造函数可以在合约内部调用，但为什么要这样做呢？先来看一个例子：

```
pragma solidity ^0.4.24;
/**
*  构造函数
**/
contract StateVariableContract {
    string name;
    uint32 id;
    function StateVariableContract(uint32 _id){
        id = _id;
    }
//获取状态变量 ID
    function getId() public returns(uint32){
        return id;
    }
//显示调用构造函数
    function callConstructor(uint32 id) public{
        StateVariableContract(id);
    }
}
```

上面的代码没有问题，可以通过编译，在 callConstructor 函数中调用构造函数 StateVariableContract 也没有问题，但意义是什么？只是为了修改 ID 值吗？完全可以直接修改，不需要这么麻烦。显然，Solidity 语言的开发者也意识到了这个问题，所以同名方式的构造函数已经不被推荐，而是推荐下面的方式：

```
pragma solidity ^0.4.24;
/**
*  构造函数
**/
contract StateVariableContract {
    string name;
    uint32 id;
```

```
//使用 constructor 关键字标识构造函数
    constructor(){
        id = 10;
    }
    function getId() returns(uint32){
        return id;
    }
}
```

代码中使用关键字 constructor 作为构造函数，创建完合约执行 getId 就可以发现 ID 已经变为 10。

constructor 也可以有参数，除非是为了继承，因此一般不要有参数。constructor 只能是 public 或者 internal 类的，默认是 public。如果被标注为 internal，合约就会被标注为 abstract 的抽象合约。下面的 constructor 不是构造函数，注意其中的区别，不要混淆。

```
pragma solidity ^0.4.24;
/**
 *  构造函数
 **/
contract StateVariableContract {
    string name;
    uint32 id;
//添加了 function 关键字 constructor 不再是一个构造函数
    function constructor(uint32 _id){
        id = 10;
    }
    function getId() returns(uint32){
        return id;
    }
}
```

上面代码中虽然使用了 constructor，但它并不是一个构造函数，因为添加了 function 关键字，所以它只是一个普通函数，而不是一个构造函数。

9.4.6 异常

在我们执行合约时经常会出现一些异常，都是 EVM 底层抛出的，像其他语言一样，Solidity 也支持使用 throw 抛出异常，与其他语言不同的是 Solidity 不支持异常捕获。抛出异常之后会回滚所有之前执行的操作。下面来看一个实例：

```
pragma solidity ^0.4.24;
/**
 * 异常测试
 */
contract ThrowContract {
    uint8 public num = 10;

    function throwTest () public {
        num = 100;
//抛出异常，自动回滚
```

```
        throw;
    }
}
```

可以在 Remix 中编译创建合约执行 throwTest 方法，可以发现执行前和执行后 num 的值都是 10，并没有被修改。throw 关键字已经不再推荐使用，因为使用 throw 的场景一般是条件不满足的情况。可以先执行相关条件检查，使用 require、assert、rever 函数代替 throw。

9.4.7 Solidity 注释与文档

Solidity 支持两种注释方式，一种是单行注释，使用两个连续的双斜杠"//"，一种是多行注释，使用一个单斜杠和一个星号作为开始，一个星号一个单斜杠作为结束（也可以多加几个星号）。

```
pragma solidity ^0.4.24;
/**
 * 多行注释
 */
contract CommentSolidity{
    //单行注释
}
```

注释一般都是为了说明合约、接口、库函数相关功能和注意事项，可以直接当文档使用，所以 Solidity 编译器很贴心地准备了从注释生成文档的功能，注释文档可以分为两类，一类是开发文档，一类是用户文档，都是针对方法的说明。在 Remix 编译面板中的 detail 中可以看到这两类文档，一个是 DEVDOC，一个是 USERDOC。

用户文档很简单，直接在方法上使用多行注释，或者使用单行注释时用 3 个单斜杠作为开始。开发文档需要加一些注释标签，常用的是@param、@dev 和@return，分别解释参数、方法简介和返回值。我们来看一个实例：

```
pragma solidity ^0.4.24;
/**
 * 多行注释
 **/
contract CommentSolidity{
    //单行注释
    function doNotHaveDoc() public pure{
    }
    /// 3个单斜杠用户文档
    function threeSlashUserDoc() public pure{
    }
    /**
     * 多行注释用户文档
     */
    function multipleUserDoc() public pure{
    }
    /// @param id 参数说明
    /// @dev 方法说明
```

```
/// @return 返回值说明
function threeSlashDevDoc(uint8 id) public pure returns(bool){
    return id > 0;
}
/**
 * @param id 参数说明
 * @dev 方法说明
 * @return 返回值说明
 */
function multipleDevDoc(uint8 id) public pure returns(bool result){
    result = id > 0;
}
```

在 Remix 的 compile 编译面板的 detail 中可以看到 DEVDOC 的内容是：

```
{
    "methods": {
        "multipleDevDoc(uint8)": {
            "details": "方法说明",
            "params": {
                "id": "参数说明"
            },
            "return": "返回值说明"
        },
        "threeSlashDevDoc(uint8)": {
            "details": "方法说明 ",
            "params": {
                "id": "参数说明"
            },
            "return": "返回值说明"
        }
    }
}
```

在 Remix 的 compile 面板的 detail 中可以看到 USERDOC 的内容是：

```
{
    "methods": {
        "multipleUserDoc()": {
            "notice": "多行注释用户文档"
        },
        "threeSlashUserDoc()": {
            "notice": "3 斜杠用户文档"
        }
    }
}
```

后面我们会介绍用户文档和开放文档都是编译的可选输出，可以通过--userdoc 和 --devdoc 控制是否生成这两个文档。如表 9.2 所示为 Solidity 中的文档注释标签，合约代码一般是开源的，为了能够帮助他人阅读和理解合约，应该习惯在文档中添加文档注释标签。

表 9.2　Solidity文档注释标签

注释标签	描述	使用范围
@title	合约描述内容	contract, interface
@author	合约作者	contract, interface, function
@notice	向用户解释合约、接口、函数功能	contract, interface, function
@dev	向开发者说明一些细节	contract, interface, function
@param	函数参数说明	function
@return	函数返回值说明	function

🔔**注意**：在 Remix 中，多行注释最后的*和/之间没有空格，否则可能会编译错误。

9.5　Solidity 运算符

对于任何语言，运算符是非常重要的内容，同时也是相对最简单的，因为运算符的语义基本一样。只是少数的运算符可能会有语义的不同，或者对某一些运算符不支持。本节就来学习 Solidity 中的运算符。

9.5.1　Solidity 运算符简介

首先来看 Solidity 支持哪些运算符，这些运算符的优先级是怎样的。如表 9.3 所示为 Solidity 中的运算符优先级。左边第一列是运算符的优先级，优先级高的运算符先进行运算，优先级相同时从左往右依次计算。

表 9.3　Solidity运算符优先级

优先级	说明	符号
1	前置自增自减	++, --
	new 表达式	new <typename>
	数组下标访问	<array>[<index>]
	成员访问	<object>.<member>
	函数调用	<func>(<args...>)
	括号表达式	(<statement>)
2	后置自增自减	++, --
	一元运算符+，-	+, -
	一元运算符delete	delete
	逻辑非（NOT）	!
	按位取反（NOT）	~

(续)

优先级	说明	符号
3	乘方	**
4	乘法、除法、求余	*, /, %
5	加法、减法	+, -
6	移位运算	<<, >>
7	按位与（AND）	&
8	按位亦或（XOR）	^
9	按位或（OR）	|
10	大小比较运算符	<, >, <=, >=
11	等值比较运算符	==, !=
12	逻辑与（AND）	&&
13	逻辑或（OR）	||
14	三目运算符	<conditional> ? <if-true> : <if-false>
15	赋值运算符	=, |=, ^=, &=, <<=, >>=, +=, -=, *=, /=, %=
16	逗号操作符	,

9.5.2 Solidity 运算符注意事项

Solidity 中的运算符需要注意以下几点：
- "/" 表示除法运算符，语义是整除，也就是常说的地板除，举例 5/2=2，但是将来可能会改变。
- "**" 表示乘法，例如 2**3=8，乘方的指数部分不能是小数，例如 2.3 ** 2 合法，但 2 ** 2.3 不合法。

另外，关于前置自增自减和后置自增自减的优先级问题，前置自增自减的优先级要高于后置自增自减操作符。我们可以通过一个简单实例来验证这一点：

```
pragma solidity ^0.4.24;
/**
 * @title OperatorContract
 * @dev 前置++、后置++与下标访问优先级测试
 *
 */
contract OperatorContract {
    uint8 [5] array = [1,2,3,4,5];
    /**
     * @dev 前置++与下标方法运算符优先级比较
     */
    function prefixIncTest() public view returns(uint8){
        uint8 index = 0;
```

```
        return array[++index];
    }
    /**
     * @dev 后置++与下标访问运算符优先级比较
     */
    function postfixIncTest() public view returns(uint8){
        uint8 index = 0;
        return array[index++];
    }
}
```

prefixIncTest 前置自增返回值是 2，postfixIncTest 自增的返回值是 1，说明前置的自增优先级高于后置自增的优先级。

9.6 Solidity 控制结构

控制语句是一门语言中非常重要的结构，这里简单介绍一下 Solidity 中的控制结构。

9.6.1 控制结构简介

控制结构就是控制语句执行流程的语句，比如判断、循环、跳转等。Solidity 支持 JavaScript 中的大部分控制结构，除了 switch、goto 以外，所以 Solidity 的控制结构的关键词有：if、else、while、do、for、break、continue、return、？：。

接下来我们就来看一下这些和控制结构相关的关键词。

9.6.2 判断语句

判断语句非常简单，使用的是 if…else 关键字。对应 if…else 紧跟着的函数体花括号"{}"包裹起来，即使只有一个语句时也使用花括号包裹起来。

我们来看一个 if…else 的例子：

```
pragma solidity ^0.4.24;
/**
* @title JugementContract
* @dev if else 判断语句示例
*/
contract JugementContract {
    /**
     * @dev 根据 score 判断等级
     */
    function jugement(uint8 score) public pure returns(string){
        if(score < 60){//score 小于 60 返回 "C"
            return "C";
        }else if(score >= 60 && score <90){//score 60 到 90 之间返回 "B"
```

```
            return "B";
        }else{//score 大于等于 90 返回 "A"
            return "A";
        }
    }
}
```

上面的例子非常简单，就是根据不同的 score 大小，返回 A、B、C。注意多个判断条件时中间使用的是 else...if。

9.6.3　for 循环

for 循环也非常简单，一般形式如下：

`for(uint8 i=1;i<=end;i++){函数体}`

第一个 uint8 i=0 是初始化语句，i<=end 是判断条件，如果满足条件，就执行函数体，如果不满足就退出。i++是执行改变条件的语句，不一定是 i++这样写，也可以是 i=i+2 这样，根据需求灵活变化。下面还是来看一个例子：

```
pragma solidity ^0.4.24;
/**
 * @title ForContract
 * @dev for 循环示例
 */
contract ForContract {
  /**
   * @dev 计算 1 到 end 的累加和
   */
  function sum(uint8 end) public pure returns(uint16){
      uint16 result = 0;
      for(uint8 i=1;i<=end;i++)
        result += i;
   return result;
    }
}
```

上面的例子非常简单，就是计算从 1 加到指定参数 end。可以在 remix 中运行，然后自己使用高斯法计算作对比，注意参数不要溢出。

9.6.4　while 与 do…while 循环

while 循环和 do…while 循环非常像，只是 while 循环是先执行判断，do…while 循环是先执行了一遍函数体。先来看例子：

```
pragma solidity ^0.4.24;
/**
 * @title WhileContract
 * @dev while 与 do while
```

```
    */
contract WhileContract {
    /**
     * @dev 使用 while 计算从 1 累加到 end 的和
     */
    function whileTest(uint8 end) public pure returns(uint16){
        uint16 result = 0;
        uint8 i = 0;
        while(++i<=end){
            result += i;
        }
        return result;
    }
    /**
     * @dev 使用 do while 循环计算从 1 到 end 的累加和
     */
    function doWhileTest(uint8 end) public pure returns(uint16){
        uint16 result = 0;
        uint8 i = 1;
        do{
            result += i;
        }while(++i<=end);
        return result;
    }
}
```

上面例子中的两个函数和 for 循环中例子中的函数实现的是相同的功能。while 和 do…while 及 for 循环的不同之处在于初始化条件和改变条件参数的语句放的位置不同，for 初始化和条件参数语句是放在 for 结构中，而 while、do…while 的初始化条件是放在 while、do…while 之前，条件参数改变是放在循环体之中。

注意：do while 循环最后的 while 后面有一个分号。

9.6.5　continue 与 break

continue 和 break 属于循环中断的关键字，是用来中断循环。中断循环非常必要，比如在一个循环之中触发了某种条件需要退出循环时，就可以使用 continue 和 break。continue 和 break 区别是 continue 是中断本次循环，还会继续执行循环；break 是直接退出循环，不管循环参数条件有没有满足。下面来看一个具体的例子：

```
pragma solidity ^0.4.24;
/**
 * @title BreakContinueContract
 * @dev break 与 continue 终止循环
 */
contract BreakContinueContract{
    /**
     * @dev 使用 continue 结束本次循环
```

```
    */
    function continueTest(uint8 end) public pure returns(uint16){
        uint16 result = 0;
        uint8 i = 0;
        while(++i<=end){
            if(i % 3 == 0)
                continue;
            result += i;
        }
        return result;
    }
    /**
     * @dev 使用break 终止循环
     */
    function breakTest(uint8 end) public pure returns(uint16){
        uint16 result = 0;
        uint8 i = 1;
        do{
            if(i > 100)//如果i大于100，终止循环
                break;
            result += i;
        }while(++i<=end);
        return result;
    }
}
```

通过上面的例子，continueTest 函数想要计算的是从 0 到指定参数 end 中的所有不能被 3 整除的数的总和。如果能被 3 整除，就使用 continue 直接跳过本次循环，进入下一次循环，否则就加上这个数。

breakTest 实现的功能和前面 for 循环一样，就是从 1 开始叠加到指定的参数 end，但是在循环体中做了限制，为了避免溢出，最多只能加到 100 就停止叠加，超过 100 时要直接跳出循环，不再叠加。

9.6.6 三目运算符

三目运算符非常简单，直接来看一个例子：

```
pragma solidity ^0.4.24;
/**
 * @dev 三目运算符
 **/
contract ThreeContract {
    function three(bool accept) public returns(string){
        return accept ? "全凭爹爹做主！" : "我还想再伺候爹爹几年。";
    }
}
```

上面的例子中 three 函数如果传入 true 就返回"全凭爹爹做主！"，如果参数传入 false 就返回"我还想再伺候爹爹几年"。

9.7 可见性修饰符

对于一门面向对象的语言来说,成员的可见性控制非常重要,这关系到数据的封装性。Solidity 虽然是一门面向合约的语言,但是也借鉴了面向对象语言的一些特性,数据的封装对于 Solidity 来说非常重要,本节我们就来看一下 Solidity 关于可见性的一些关键字。

9.7.1 public 修饰符

首先来看一下 public,对于 public 类型的状态变量和函数,可供外部、子合约、合约内部访问。函数默认的类型是 public,例如前面看到的:

```
Warning: No visibility specified. Defaulting to "public"
```

这样的编译告诉我们,函数没有指定可见性修饰符,默认使用 public。对于函数,如果是 public 没有什么特殊之外,对于状态变量,如果使用了 public 修饰符,那么编译器就会自动生成一个同名的 getter 函数,就不用自己动手写 getter 函数了。

看下面的例子:

```
pragma solidity ^0.4.24;
/**
 * @title PublicContract
 * @dev public 示例
 */
contract PublicContract {
    uint8 public id = 1;  // public 状态变量,自动生成 getter 函数
    string public name = "tim";
    uint8 [] public array = [1,2,3];
    /**
     * @dev public 函数
     */
    function setId(uint8 newId) public {
        id = newId;
    }
    function setName(string newName) public {
        name = newName;
    }
}
```

如图 9.22 所示,对于 public 类型的状态变量,Solidity 都自动为其生成 getter 函数,可以直接获取这些 public 状态变量的值。对于一些特殊类型,getter 函数会有所不同,例如对数组,如标注③所示,就是通过数组的索引访问方式,对于 mapping 则是通过 key 访问。

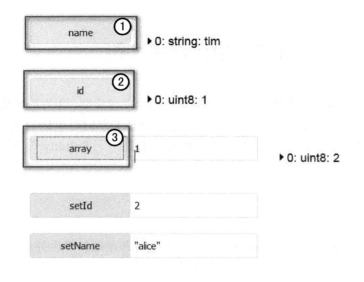

图9.22 getter 函数

> 注意：对于 Remix 来说当函数入参是 string 类型的时候，必须使用双引号包裹起来，不能使用单引号。

注意 public 的位置，对于状态变量来说只能放在变量类型之后，变量名称之前，数组的变量，uint[]才是变量类型。对于函数来说，建议读者养成一个习惯，比如放在函数列表之后，其他函数修饰符之前，因为函数都有可见性修饰符，但是其他函数修饰符却不一定有。

9.7.2 internal 修饰符

internal 修饰符和其他语言中的 protected 修饰符比较像，但又不完全一样。对于被 internal 修饰的状态变量来说外部和子合约都可以访问，状态变量默认的修饰符就是 internal。对于被 internal 修饰的函数来说只能合约内部访问。我们先来看一个 internal 状态变量的例子：

```
pragma solidity ^0.4.24;
/**
 * @title InternalContract
 * @dev internal 示例
 */
contract InternalContract {
  uint8 internal id;  //状态变量默认为 internal 类型
  function getId() public view returns(uint8){
     return id;
```

```
    }
    function setId(uint8 newId) public{
        id = newId;
    }
}
/**
 * @title SubInternalContract
 * @dev internal 状态变量能继承
 */
contract SubInternalContract is InternalContract{
    function getInternalContractId() public view returns(uint8){
        return id;
    }
}
```

首先来看一下在 remix 中多个合约的创建，如图 9.23 中标注①选择对应的合约分别指向 create 或者 deploy 操作。

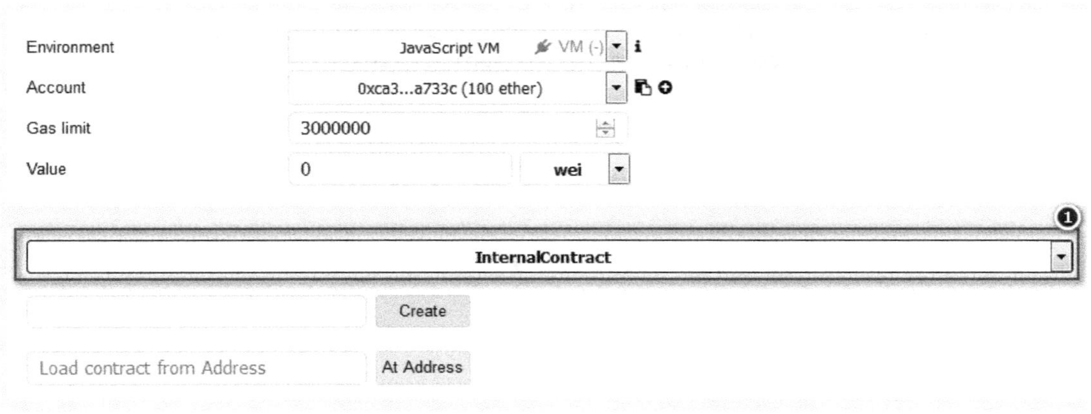

图 9.23　多合约部署

如图 9.24 所示，在 Remix 创建合约，我们会发现和 public 修饰的状态变量相比，除了没有自动生成 getter 函数外，其他地方没有太大区别。对于 internal 的状态变量，在子合约中也可见。

接下来看一下 internal 修饰的函数，还是来看一个例子：

```
pragma solidity ^0.4.24;
/**
 * @title InternalFunctionContract
 * @dev internal 修饰函数测试
 */
contract InternalFunctionContract{
    uint8 internal id;
    /**
     * @dev fetchId 使用 internal 修饰符
```

```solidity
         */
        function fetchId() internal view returns(uint8){
            return id;
        }
        /**
         * @dev getId 使用public修饰符
         */
        function getId() public view returns(uint8){
            return fetchId();
        }
        function setId(uint8 newId) public{
            id = newId;
        }
    }
    /**
     * @title SubInternalContract
     * @dev internal 函数不能继承
     */
    contract SubInternalContract is InternalFunctionContract{
        function getInternalContractId() public view returns(uint8){
            return id;
        }
    }
```

图 9.24　internal 修饰符

如图 9.25 所示，还是通过 Remix 来创建合约，我们发现在 InternalFunctionContant 和 SubInternalContract 中都没有被 internal 修饰符修饰的 fetchId 接口，但是在合约内部的 getId 函数中可以调用 fetchId 函数，这说明 internal 修饰的函数不能被外部访问，也不能被继承。

第 9 章　Solidity 初遇

图 9.25　internal 修饰符

9.7.3　private 修饰符

对于 private 修饰符修饰的状态变量和函数，都只能在合约内部访问，子合约和外部都无法直接访问。下面来看一个例子：

```solidity
pragma solidity ^0.4.24;
/**
 * @title PrivateContract
 * @dev private 示例
 */
contract PrivateContract {
  uint8 private id;  //私有状态变量只能在合约内部访问
  /**
   * private 函数只能合约内部调用
   */
  function fetchId() private view returns(uint8){
      return id;
  }
  /**
   * @dev 可以设置 public 函数来访问 private 变量
   */
  function getId() public view returns(uint8){
      return fetchId();
  }
  function setId(uint8 newId) public{
      id = newId;
  }
}
/**
 * @title SubPrivateContract
 * @dev private 状态变量和函数都不能被继承
 */
```

· 213 ·

```
contract SubPrivateContract is PrivateContract{
    function getPrivateContractId() public view returns(uint8){
        return getId();
        // return id;
    }
}
```

如图 9.26 所示,对于 private 的状态变量 id,Solidity 编译器没有自动为其生成对应的 getter 函数,在子合约中也不能直接访问 private 的状态变量。

图 9.26 private 修饰符

对于 private 的函数 fetchId,外部不能直接调用,子合约中也不能调用。

9.7.4 external 修饰符

首先要注意 external 修饰符不能用于状态变量,然后还要注意函数有两种调用方式,一种是内部调用,不创建一个 EVM call(message call);另一种是外部调用,创建一个 EVM call。

对于 external 修饰的函数,函数内部不能直接调用,而函数外部可以调用。如果函数内部要调用则必须使用 this 关键字,这种方式会通过创建一个 EVM call 来调用函数。

对于 external 函数,当它们接收大的数组数据时,效率会更高。下面我们还是来看一个例子:

```
pragma solidity ^0.4.24;
/**
 * @title ExternalContract
 * @dev external 实例
 */
contract ExternalContract {
    uint8 id; // external 不能用于修饰状态变量
    /**
```

```
 * @dev external 函数只能外部调用
 */
function fetchId() external view returns(uint8){
    return id;
}
/**
 * 合约内部调用 external 函数必须使用 this 方式
 */
function getId() public view returns(uint8){
//    return fetchId();
    return this.fetchId();
}
function setId(uint8 newId) public{
    id = newId;
}
}
/**
 * @title SubExternalContract
 * @dev 子合约中可以,但还是要 this 的方式访问
 */
contract SubExternalContract is ExternalContract{
    function getExternalContractId() public view returns(uint8){
        return this.fetchId();
    }
}
```

如图 9.27 所示,可以看到 external 函数 fetchId 不能在合约内部直接调用,如果一定要在合约内部调用,可以通过 this 的方式来调用。

图 9.27 external 修饰符

对于 external 函数,子合约也可以继承,但是子合约继承之后只能在合约外部访问,如果一定要在合约内部访问,必须通过 this 的方式来访问。

· 215 ·

9.8 函数其他修饰符

在写前面的样例时会发现编译时会有很多警告提示，本节我们就来介绍几个关键词，可以消除前面遇到的大部分编译警告。

9.8.1 constant 修饰符

constant 修饰符可以用来修饰状态变量，表示这个状态变量是一个常量，并且这个状态变量不能被修改。

目前 Solidity 中实现状态变量的常量的类型只有值类型和字符串，可以看下面的例子。

```
pragma solidity ^0.4.24;
/**
 * @title ConstantContract
 * @dev constant 修饰变量
 */
contract ConstantContract {
    // constant 修饰状态变量表示状态变量不能修改
    uint24 constant public day = 24 * 60 * 60;
    string constant public addr = "0x6b6c1d2633020eb5badc8b522d22bf15770978f0";
    bytes32 constant public myHash = keccak256(addr);
    // function setDay(uint24 newDay) public {
    //     day = newDay;
    // }
}
```

constant 还可以用于函数，表示这个函数不会修改状态变量的值，我们来看下面的例子：

```
pragma solidity ^0.4.24;
/**
 * @title ConstantFunctionContract
 * @dev constant 修饰函数
 */
contract ConstantFunctionContract{
    uint24 public day = 24 * 60 * 60;
    /**
     * @dev constant 修饰函数,表示函数不会修改以太坊状态,推荐使用 view 代替 constant
     */
    function setDay(uint24 newDay) public constant{
        day = newDay;
    }
    /**
     * @dev 没有使用 constant 修饰的函数可以修改状态变量值
     */
    function setNewDay(uint24 newDay) public{
```

```
        day = newDay;
    }
}
```

函数上的 constant 关键字不被推荐，使用 view 代替。我们可以看到有一个编译警告是下面这样：

```
Warning: Function declared as view, but this expression (potentially)
modifies the state and thus requires non-payable (the default) or payable
```

从上面的编译警告可以分析出，函数上使用 constant 关键字在编译时已经被替换为 view 关键字。

9.8.2　view 修饰符

view 其实就是 constant 由函数上的代替。我们来看刚才 constant 的例子，但这里把 constant 替换为 view 关键字。

```
pragma solidity ^0.4.24;
/**
 * @title ViewContract
 * @dev view 实例
 */
contract ViewContract {
    uint24 public day = 24 * 60 * 60;
    /**
     * @dev 使用 view 修饰的函数不能修改状态变量，更准确的说是不能修改以太坊区块链状态
     */
    function setDay(uint24 newDay) public view{
        day = newDay;
    }
    /**
     * @dev 没有使用 view 修饰的函数可以修改状态变量
     */
    function setNewDay(uint24 newDay) public{
        day = newDay;
    }
}
```

> 注意：函数中使用了 view，可以在函数体中包含有修改状态变量的语句，编译也没有报错，执行时也不会抛出异常，但是也不会修改状态的变量。

9.8.3　pure 修饰符

pure 修饰符属于 constant 修饰符和 view 修饰符的加强版，pure 修饰符既不允许修改状态变量，也不允许读取状态变量，并且如果函数使用 pure 修饰符，如果函数体中有读取或者修改状态变量的语句，得到的不是警告，而是编译错误。看下面的例子：

```
pragma solidity ^0.4.24;
/**
 * @title PureContract
 * @dev pure 示例,不能通过编译
 */
contract PureContract {
    uint24 public day = 24 * 60 * 60;
    /**
     * @dev pure 修饰的函数不能修改以太坊区块链的状态
     */
    function setDay(uint24 newDay) public pure{
        day = newDay;
    }
    /**
     * @dev pure 修饰的函数不能读取以太坊区块链的数据
     */
    function getDay() public pure returns(uint24){
        return day;
    }
}
```

setDay 函数会得到下面的编译错误信息:

TypeError: Function declared as pure, but this expression (potentially) modifies the state and thus requires non-payable (the default) or payable

getDay 函数会得到下面的编译错误信息:

TypeError: Function declared as pure, but this expression (potentially) reads from the environment or state and thus requires "view"

第 10 章 Solidity 数据类型

在任何语言中数据类型都是很重要的模块,本章就来了解一下 Solidity 中的数据类型。本章主要涉及的知识点有:
- Boolean 类型;
- Integer 类型;
- Fixed 类型;
- Enum 类型;
- Struct 类型;
- Mapping 类型。

10.1 数据类型简介

因为 Solidity 对数据有很多分类,最常用的是值类型和引用类型。分清楚值类型和引用类型很重要。有经验的读者可能会想值类型赋值是复制,引用类型赋值是赋的引用,但是在 Solidity 中并没有那么简单。

限于知识关联问题,本章不会介绍全部的数据类型,但会介绍常用的几种类型,下面我们开始具体学习。

10.1.1 值类型

值类型主要包括如 Booleans 类型、Integers 相关类型、Fixeds 相关类型、Enum 类型等各种字面量类型(除了数组字面量)。另外还有几个比较特殊的,如固定大小字节数组、合约类型、地址类型和函数类型,如图 10.1 所示。

对于 Solidity 的值类型,需要注意固定大小字节数组是值类型,其他数组都是引用类型。

枚举(enum)也是一个值类型,在 Solidity 中枚举本质上就是一个无符号的整型。
Solidity 中有很多字面量,注意类型和字面量:

```
uit32 id = 1;
string name = "tim";
```

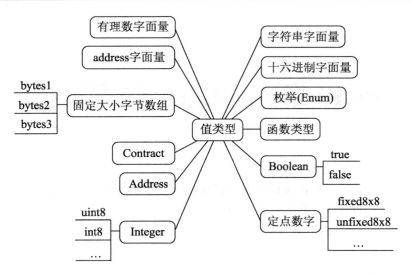

图 10.1　Solidity 中的值类型

上面代码中，id 是一个 uint32 类型，1 是一个整型字面量，name 是一个 string 类型，"tim" 是一个字符串字面量。

注意：函数类型不是函数。

10.1.2　引用类型

Solidity 中的引用类型有动态大小字节数组（bytes）、数组（T[]）、结构体（struct）、映射（mapping）、字符串（string），如图 10.2 所示。

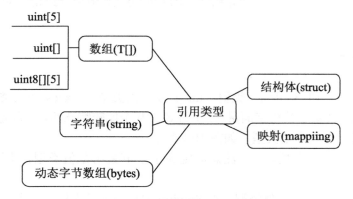

图 10.2　Solidity 中的引用类型

引用类型比较少，需要注意的是数组类型，其实字符串 string 和动态大小字节数组本质上也是一个数组，是一个字节数组（byte[]），只是做了特殊的处理而已。

10.1.3　小结

通过前面几节介绍，我们可以简单地总结一下，Solidity 中的引用类型只有 3 种，分别是 mapping、struct 和数组，其他的类型都是值类型。

> 注意：这里所说的数组不包括固定大小字节数组，但是包含字符串（string）和动态字节数组（bytes）。

为什么要区分值类型和引用类型？因为赋值方式不同。
- 值类型：当用在函数参数或者赋值的时候始终执行的是复制操作。
- 引用类型：当用于参数或者赋值的时候不一定都是赋引用，根据数据位置不同有可能执行的是复制操作，也可能是赋引用。

10.2　Booleans 类型

本节我们就先来了解一下 Solidity 最简单的数据类型——Boolean 类型，该类型非常简单，但也有一些细节需要注意。

10.2.1　Booleans 类型简介

Booleans 类型使用的关键字是 bool，那为什么叫 Booleans 类型呢？Boolean 包含两个值，一个是 true，另一个是 false，都是小写的，可以把它们当作是常量，并且也只能是常量 true 或者 false。Boolean 类型不支持其他类型显式或者隐式地转换为 Boolean 类型。什么意思呢？就是不支持下面这样的操作：

```
if(1){
    return 1;
}if(-1){
    return 2;
}
```

很多开发语言支持像上面这种把大于 0 的数转换为 true，把小于等于 0 的数转换为 false，但是 Solidity 不支持。

10.2.2　Booleans 类型支持的运算符

bool 类型的操作符有：

- ！（逻辑非）；
- &&（逻辑与）；
- ||（逻辑或）；
- ==（等值判断）；
- !=（不等判断）。

Booleans 类型的运算非常简单，只需要注意||和&&都是短路运算。因为计算是按照从左向右的顺序，如果左边第一个计算能判断结果，那么就不会执行第二个，这对于一般表达式没有什么影响，但是对于函数就有影响。

例如：f(x) || g(y)，假设我们的业务必须 f(x) 和 g(y)都执行才会正确，那么这种情况就有问题，因为当 f(x)执行的结果为 true 时就不会执行 g(y)。同理，如 f(x) && g(y)，如果 f(x)为 false 也就不会执行 g(y)。举个具体的例子：

```solidity
pragma solidity ^0.4.24;
/**
 * @title BooleanContract
 * @dev bool 值与逻辑运算
 */
contract BooleanContract {
  uint8 public greaterThanZero = 0;
  uint8 public greaterThanTen = 0;
  /**
   * @dev 使用逻辑运算||，执行完会发现只有greaterThanZero 计算器为 1，greater
    ThanTen 计数器仍然为 0
   */
  function main(uint8 num) public returns(bool){
    return isGreaterThanZero(num)|| isGreaterThanTen(num);
  }
  /**
   * @dev 判断 num 是否大于 0
   */
  function isGreaterThanZero(uint8 num) private returns(bool){
    if(num > 0){
        greaterThanZero++;//如果 num 大于 0，就让计数器 greaterThanZero 加 1
        return true;
    }else{
        return false;
    }
  }
  /**
   * @dev 判断 num 是否大于 10
   */
  function isGreaterThanTen(uint8 num) private returns(bool){
    if(num > 10){
        greaterThanTen++;//如果 num 大于 10，就让计数器 greaterThanTen 加 1
        return true;
    }else{
        return false;
    }
  }
```

}

上面的实例中，通过 main 函数判断 num 是否大于 0 或者是否大于 10，并且统计大于 0 和大于 10 数字的个数。

但是我们会发现，大于 10 的数字 greaterThanTen 始终为 0，因为大于 10 肯定大于 0，由于||左边的表达式为真，所以 isGreaterThanTen 函数不会被执行。其实这应该归类于逻辑与（&&）和逻辑或（||）的问题，注意&&和||左右表达式的执行情况会不会影响逻辑的正确性。

10.3 Integers 类型

前节我们介绍了 Booleans 类型，本节我们来学习 ntegers 类型，这是一个比较常见的类型，也是使用最多的类型。

10.3.1 Integers 类型简介

Integers 类型主要包含无符号和有符号两大类，有符号就是区分正负，无符号就是不区分正负。Solidity 中的 Integer 类型和其他语言中不的 Integers 类型不一样，Solidity 中还根据字节来区分，以有符号 Integer 类型为例：包含有 int8、int16、int24…int256，最小为 8，占 1 字节，最大为 256，占 32 字节，以 8 位 1 字节为步长。

为什么要区分这么细？因为以太坊的存储和计算都需要费用，这样可以更好地利用存储空间，减少费用。下面列举全部的 Integer 类型来感受一下：

```
int8,int16,int24,int32,int40,int48,int56,int64,
int72,int80,int88,int96,int104,int112,int120,int128,
int136,int144,int152,int160,int168,int176,int184,int192,
int200,int208,int216,int224,int232,int240,int248,int256,
uint8,uint16,uint24,uint32,uint40,uint48,uint56,uint64,
uint72,uint80,uint88,uint96,uint104,uint112,uint120,uint128,
uint136,uint144,uint152,uint160,uint168,uint176,uint184,uint192,
uint200,uint208,uint216,uint224,uint232,uint240,uint248,uint256
```

注意：int 是 int256 的缩写，uint 是 uint256 的缩写

另外一个需要注意的地方是整型的取值范围，来看一个示例：
```
pragma solidity ^0.4.24;
/**
 * 整型取值范围
 */
contract IntegerContract {
    uint8 uint8Max = 255;
    // uint8 isUint8Max = 256;
    uint8 uint8Min = 0;
```

```
    // uint8 isUint8Min = -1;
    int8 int8Max = 127;
    // int8 isInt8Max = 128;
    int8 int8Min = -128;
    // int8 isInt8Min = -129;
}
```

- uint8 的范围：0～255。
- int8 的范围：-128～127。

计算方式也比较简单：
- 对于无符号的计算就是 0 到 2**8-1。
- 对于有符号的计算就是-2**(8-1)到 2**(8-1) -1。

上面的计算其实很好理解，总共 8 位，但是要减去一位符号位，如表 10.1 所示。

表 10.1 Solidity整型取值范围

位 数	无符号最小值	无符号最大值	有符号最小值	有符号最大值
8	0	255	-128	127
16	0	65535	-32768	32767
24	0	16777215	-8388608	8388607
32	0	4294967295	-2147483648	2147483647
n(8≤=n≤=256)	0	2 ** n-1	-2 ** (n-1)	2 ** (n-1) -1

注意：n 的取值除了 8≤n≤256 之外，还必须是 8 的倍数。

10.3.2 Integers 类型支持的运算符

Integers 类型支持的运算符如下。
- 比较操作符：<=、<、==、!=、>=、>；
- 位操作符：&、|、^、~；
- 算术运算符：+、-、*、/、%；
- 正负操作符：一元运算符 -、一元运算符 +；
- 次方操作符：**；
- 移位操作符：<<、>>。

Integers 类型运算符有需要注意的地方，比如对于整型字面量来说除法运算符（/）是不会截断的，也就是整除、地板除，而对于整型变量会截断。下面通过一个实例来分析。

```
pragma solidity ^0.4.24;
/**
 * @title IntegerDivContract
 * @dev 整型截断与字面量表达式
 */
contract IntegerDivContract {
```

第 10 章 Solidity 数据类型

```
    // 计算字面量表达式 不会截断
    uint8 uint8NotTruncate = 5/2 + 5/2;
    /**
     * @dev 变量除法,先计算,执行了整除,返回值为 4
     */
    function trucateFun() public pure returns(uint8){
        uint8 a = 5;
        uint8 b = 2;
        return a/b + a/b;
    }
    function getUint8NotTruncate() public view returns(uint8){
        return uint8NotTruncate;
    }
}
```

上面代码中,uint8NotTruncate 的值是 5,而 trucateFun 函数返回值是 4。因为 5/2 属于字面量表达式,不会执行截断操作,到最后赋值时才会执行转换,而 a/b 这种属于整型表达式,除法(/)是整除操作,除法优先级比加法高,执行完除法结果是 2,所以 trucateFun 返回的结果是 2 + 2 就是 4。

另外一个就是移位运算,有个小技巧:移位运算可以换成乘方运算。一般我们把乘方运算换为移位运算,移位运算有更高的效率。先看一下转换表,如表 10.2 所示。

表 10.2 Solidity 整型移位运算

移 位 运 算	乘 方 运 算
X<<Y	X*2**Y
X>>Y	X/2**Y

如表 10.2 所示为 Solidity 中整型的移位运算,转换为乘方运算。举两个例子:
- 1<<3 就等价于 1 * 2 ** 3 = 8
- 16>>3 就等价于 16 / 2 ** 3 = 2

这个很好理解,想一想我们平时做乘、除法计算时的移位,把一个数左移移位是不是相当于乘了 10? 向右移移位是不是相当于除了 10? 当我们把一个很大的数表示为科学计数法时不是根据小数点移的位数乘以 10 的 n 次方。只不过和我们计算使用的十进制不同,计算机的计算是二进制,所以移位计算就是乘以或者除以 2 的 n 次方。

10.3.3 Integers 整除问题

下节我们会介绍定点数类型,但是目前 Solidity 还不支持定点数,那么我们怎么处理小数问题? 答案是 Solidity 现阶段没有具体的处理办法。

```
pragma solidity ^0.4.24;
/**
 * @dev 整数整除问题
 */
contract DivContract {
```

```
    /**
     * @dev 模拟整除计算
     */
    function floorDiv(uint256 num) public pure returns(uint256){
        uint256 result = num * 100;
        uint256 med = result - (result % 55);
        return med / 55;
    }
    /**
     * @dev 变量方式转换可行
     */
    function originDiv() public pure returns(uint256){
        uint256 one = 10000;
        uint256 five = 55;
        uint256 num = one / five;
        return num;
    }
    //强制转换不可行
//    function directDiv() public pure returns(uint256){
//        return 10000 / 55;
//    }
}
```

如上例所示，我们可以看到 directDiv 函数编译通不过，其根本问题在于 Solidity 现在不支持定点数，字面量表达式 10000/55 不能整除，所以不能强制转换为整数。

我们可以通过 floorDiv 函数方法转换一下，当然更加直接的方法是把值赋值给变量，然后让变量相除，只要有一个是变量，就不会有编译错误。

但是这两种方式都是执行的地板除法，也就是只保留整数部分，例如上面的 10000/55 的值是 181.8181 无限循环，但是整除的结果就是 181。所以 Solidity 中目前不能处理 55% 这样的小数或者百分比。

> **注意**：整数的"/"和"%"的值都不能是 0，例如 10/0 和 10 %0 都是非法的。

10.4 定点数类型

Solidity 中的定点数类型不同于 float 和 double，不过 Solidity 对于定点数的支持还不完善，所以本节只对定点数类型做些简单介绍。

10.4.1 定点数类型简介

定点数也分为有符号类型和无符号类型两大类，使用 ufixedMxN 和 fixedMxN 的形式来定义，M 代表整数部分的位数，N 代表小数部分的位数。如图 10.3 所示，M 的取值范围是 8～256，步长为 8，N 的取值范围为 0～80，包含 0 和 80，步长为 1，都是整数。

图 10.3 Solidity 定点值类型

因为太多，我们只列举几个边界值：

```
fixed8x0,fixed8x80,fixed256x0,fixed256x80,
ufixed8x0,ufixed8x80,ufixed256x0,ufixed256x80
```

Solidity 的定点数和其他语言的 float 和 double 类似，但使用更灵活，感觉更像是 MySQL 的 decimal 类型。

10.4.2 定点数类型支持的运算符

定点数操作符如下。
- 比较操作符：<=、<、==、!=、>=、>；
- 算术操作符：+、-、*、/、%；
- 正负操作符：一元操作符 -、一元操作符 +。

注意：Solidity 的定点数还没有实现，现阶段还不能使用。

10.5　字　面　量

字面量在 Solidity 中是一个重要的概念，因为 Solidity 中也有很多字面量类型，例如字符串字面量、整型字面量，十六进制字面量和地址字面量等。很多字面量类型都有对应的数据类型，但字面量类型其对应的数据类型之间有些差别。本节介绍 Solidity 中常见的字面量，以及其对应的数据类型的差别。

10.5.1 字符串字面量

首先我们来看一下字符串字面量，Solidity 中的字符串字面量其实就是使用双引号("")

或者单引号（"）包裹起来的字符串。例如：
```
string tim = "tim";
string allen = "allen";
```

如上例所示的 tim 或 allen 都属于字符串字面量。和 C 语言不同的是 Solidity 中的字符串没有填充'\0'作为结尾。

Solidity 中的字符串字面量也支持转义字符，例如\n、\xNN 和\uNNNN 等。\xNN 表示的是十六进制值，在内存中存放的也是十六进制值。\uNNNN 表示的是 Unicode 的码位，存储的时候存储的是对应的 UTF-8 编码。下面看一个实例：

```
pragma solidity ^0.4.24;
/**
 * @title StringLiteralContract
 * @dev 字符串字面量测试
 */
contract StringLiteralContract {
    string public A = "\x41";                        //使用\x 方式
    string public unicodeZhong = "\u4e2d";           //使用 Unicode 方式
    string public zhong = "中";
    /**
     * 获取\x41 对应值
     */
    function getANum() public view returns(uint8) {
        return uint8(bytes(A)[0]);//强制转换为 bytes 类型,然后取低字节转换为 uint8
    }
}
```

如图 10.4 所示，字符串字面量其实存储的就是 UTF-8 编码，这个在字节数组中会详细介绍。

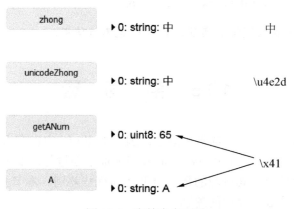

图 10.4　字符串字面量

从上面的例子中可以看到，字符串字面量"中"存放的就是 UTF-8 编码，对于 Unicode 存放的就是对应码位上的字符的 UTF-8 编码(\u4e2d 是中的 uincode 码位)。\x 表示的是十六进制，注意不能超出范围，最大是"\x7F"。

10.5.2 十六进制字面量

十六进制字面量就是使用 hex 关键字作为前缀的字符串字面量，但是必须是十六进制字符串格式。

例如，hex"7E7D7C7B7A706F"，十六进制字面量和字符串字面量的"\x"差不多，不过"\x"只能表示一个字节，hex 可以表示多个字节。另外，hex 是关键字，在字符串外，"\x"是转义符号在字符串里面。下面我们来看一个十六进制字面量的实例：

```solidity
pragma solidity ^0.4.24;
/**
 * 十六进制字面量测试
 */
contract HexLiteralContract {
    string public hexv = hex"7E7D7C7B7A706F";
    function getHexvNum() public view returns(uint8 _7e,uint8 _7d,uint8 _7c,uint8 _7b,uint8 _7a,uint8 _70,uint8 _6f){
        bytes b = bytes(hexv);
        _7e = uint8(b[0]);
        _7d = uint8(b[1]);
        _7c = uint8(b[2]);
        _7b = uint8(b[3]);
        _7a = uint8(b[4]);
        _70 = uint8(b[5]);
        _6f = uint8(b[6]);
    }
}
```

上面的示例用到了动态大小字节数组的知识，只是一个简单的转换，方便我们查看十六进制字面量对应字节的值，如图 10.5 所示。

图 10.5　十六进制字面量

如实例所示，十六进制字面量存储的是对应的十六进制值。当我们获取对应的字符串时，其实获取的是按 UTF-8 编码的解码。UTF-8 编码兼容 ASCII 码，其实就是 ASCII 码表中对应的字符。

hex"7E7D7C7B7A706F"十六进制字面量，因为一个十六进制字符占 4 位，2 个十六进制字符占一个字节。从左往右分别是 7E、7D、7C、7B、7A、70、6F 共 7 个字节。从 hexv 获取的值和 getHexvNum 函数把十六进制字面量存在字符串中的值转换为对应的十进制数据，对比可以发现字符串中存放的就是对应字符的 ASCII 码。

和字符串字面量通过"\x"转义一样，十六进制字面量每一个字节也不能超过 7F，因为字符串字面量本质上是一个动态字节数组，按字节存放，一个有符号字节最大值就是 7F，十进制表示是 127。读者可以尝试下面的两个，如下：

```
string public ten = "\x80";
string public hexv = hex"80";
```

上面的 2 个例子都不能通过编译。一个十六进制位是 4 个二进制位，2 个十六进制位就是 8 个二进制位，也就是一个字节，而十六进制 80 和十进制 128 都已超出有符号一个字节的范围。

10.5.3　有理数字面量

我们前面已看到过有理数字面量，更准确地说是整型字面量，基本上整型字面量是我们最常见的字面量。例如：

```
uint32 id = 1;
uin8 num = 8;
```

上面的例子都属于整型字面量。在 Solidity 中没有八进制的字面量，所以以 0 开头的字面量是不合法的。除了整数字面量还有小数字面量，下面来看一个实例：

```
pragma solidity ^0.4.24;
/**
 * 有理数字面量测试
 */
contract RationalLiteralContract {
    uint8 rationalNum = 1.;
//  uint8 notValid = 1.1;
//  uint8 notValid = .1;
    // uint8 notValid = .5 * 4 + 1.5 * 2 + .5;
    uint8 result = .5 * 4 + 1.5 * 2;
}
```

如上例所示，1.、1.1、.1 这些都属于小数字面量，归类也属于有理数字面量。注意小数字面量和整型之间不能隐式转换。当然还有其他细节，下面还是先看例子：

```
pragma solidity ^0.4.24;
/**
 * 有理数字面量测试
 */
contract RationalLiteralContract {
    uint32 public numA = 2e9;
```

```
        int8 public numB = -1e2;
        uint8 public numC = 2 ** 512 + 1 - 2 ** 512;
}
```

有理数字面量支持科学计数法,例如 2e2 表示是 200,3e5 表示 300000。另外,数字表达式字面量可以保留任意的精度,直到它们被转换成非字面量类型。

10.6 Enum 类型

Enum 类型是枚举类型,枚举类型在很多开发语言中都是一个非常重要的类型,因为枚举类型在很多有限类型中非常有用。Solidity 也支持枚举类型,不过 Solidity 枚举类型在现阶段来看作用不是特别突出,但对于阅读他人的代码时会有帮助。

10.6.1 枚举类型简介

枚举类型是 Solidity 中的一种用户自定义类型,可以显式地转换为整型,但不可用隐式转换,枚举类型中至少有一个元素。

其实枚举类型就是对应的无符号整型,根据枚举类型中的个数,会自动转换为 uint8,uint16……uint256。

10.6.2 枚举类型实例

就现阶段来看 Solidity 中的枚举类型有点"鸡肋",直接来看一个例子吧:

```
pragma solidity ^0.4.24;
/**
 * @title EnumContract
 * @dev 枚举示例
 */
contract EnumContract {
    //使用 Enum 关机键定义枚举
    enum Level { A, B, C }
    /**
     * @dev 根据枚举类型获取对应等级
     */
    function getLevel(Level level) returns (string) {
        if(level == Level.A){
            return "great";
        }else if(level == Level.B){
            return "good";
        }else if(level == Level.C){
            return "normal";
        }else{
            return "WTF";
```

```
        }
    }
    /**
     * @dev 枚举可以强制转换为无符号整型
     */
    function getALevel() returns (uint) {
        return uint(Level.A);
    }
}
```

> 注意：枚举类型的对应关系是从 0 开始的，第 1 个是 0，第 2 个是 1，以此类推。

10.7 mapping 类型

mapping 类型在 Solidity 中是使用频率较高的类型，所以 mapping 类型也是非常重要的类型，本节我们就来了解一下 mapping 类型的相关内容。

10.7.1 mapping 类型简介

mapping 类型的定义方式是：
```
mapping(_KeyType => _ValueType)
```
其中_KeyType 可以是除了 mapping、动态数组、合约、枚举、结构体之外的所有类型。而_ValueType 可以是任何类型，甚至可以是 mapping 类型本身。

mapping 可以被当作是一个被初始化的 Hash 表，通过任何值作为键都能获取到对应的值。如果键存在并且设置了对应的值，那么获取到的就是值本身，如果键不存在或者还没有设置对应的值，那么获取到的值就是 0 字节或值类型对应的默认值。mapping 其实并没有存储 key 数据，而是存放 key 的 keccak256 哈希值，用来查找 value，因此对于 mapping 来说没有设置长度、键或值的概念。

mapping 类型只能用于状态变量，或者作为 internal 函数的 storage 标注类型的引用。

10.7.2 mapping 类型实例

这里我们先看两个实例，理解其中的意思。
实例 1：
```
pragma solidity ^0.4.24;
/**
 * mapping
 **/
contract MappingContract {
```

```
    mapping(uint8=>string) defalutIdName;
    function testMapping() public{
        mapping(uint8=>string) idName = defalutIdName;
    }
}
```

实例 2：
```
pragma solidity ^0.4.24;
/**
 * mapping
 **/
contract MappingContract {
    function testMapping() public{
        mapping(uint8=>string) idName;
    }
}
```

mapping 类型可以被设置为 public 类型，Solidity 会为它创建一个 getter，_KeyType 是一个必须参数，用于获取对应的_ValueType。下面我们来看一个 mapping 类型的实例：

```
pragma solidity ^0.4.24;
/**
 * mapping
 **/
contract MappingContract {
    mapping(uint8=>string) public idName;

    constructor(){
        idName[1] = "tom";
        idName[2] = "allen";
        idName[3] = "alice";
        idName[4] = "jamse";
        idName[5] = "simith";
    }
}
```

注意：mapping 不能迭代。

10.8　struct 类型

　　struct 类型也是 Solidity 中使用频率较高的一种类型，当自定义数据结构时都需要使用 struct 类型。虽然 struct 类型非常重要，但其实是一个比较简单的类型，所以本节我们就来简单了解一下 struct 类型。

　　struct 类型很多时候也被称为结构体，Solidity 使用 struct 来自定义数据类型，和 C 语言中的 struct 一样，在 struct 中可以包含任何类型。值得注意的是 struct 类型不能做作为参数，作为返回值也只能在 internal 修饰的函数中，其他函数中 struct 都不能作为返回值。

　　struct 类型的定义和使用比较简单，我们来看一个具体的使用 struct 类型的例子。

```solidity
pragma solidity ^0.4.24;
/**
 * @title StructContract
 * @dev struct 示例
 */
contract StructContract {
    //使用 struct 定义结构体
    struct Student{
        uint8 id;
        string name;
    }
    Student public tom ;
    Student public alice;
    constructor() public{
        //创建结构体的时候不需要 new 关键字
        tom = Student(1,"tom");
        //如果不按顺序，可以使用{}对象指定属性和对应的值
        alice = Student({name:"alice",id:2});
    }
    function getTomeId() public view returns(uint8){
      return tom.id;
    }
    function getAliceName() public view returns(string){
      return alice.name;
    }
    // function getTom() public view returns(Student){
    //     return tom;
    // }
    /**
     * @dev internal 函数才能使用结构体做参数
     */
    function getAlice() internal view returns(Student){
        return alice;
    }
}
```

上面代码中定义了一个 Student 的结构体，其中包含一个 uint8 类型的属性 id 和一个 string 类型的属性 name。

构造结构体时也非常简单，可以按定义的顺序传入参数，也可以通过一个{}包裹起来的对象指定每一个属性对应的值。

注意：创建结构体实例的时候，没有使用 new 关键字。

最后，struct 只能在 internal 函数中作为返回值，例如代码中 getTom 函数是通过 public 修饰，所以使用结构体 Student 作为返回值是非法的，不能通过编译；但是 getAlice 是通过 internal 修饰，所以可以使用结构体 Student 作为参数。

第 11 章 Solidity 数据类型进阶

本章主要学习 Solidity 中复杂的数据类型，主要是数组、字节数组、动态字节数组等。本章主要涉及的知识点有：
- Solidity 固定大小字节数组；
- Solidity 动态大小字节数组；
- Solidity 数组；
- 以太坊地址类型；
- 函数类型；
- 数据类型转换；
- delete 操作符。

11.1 Solidity 固定大小字节数组

在 Solidity 语言中的很多数据操作都是针对字节的操作，在以太坊上存储数据和进行计算都是要付费的，所以 Solidity 在很多数据类型的设计上要精打细算。

但这也带来了很多问题，如库很少，很多实现得自己去写。读取别人写好的库也需要一些字节的相关知识，本节就先来了解一下 Solidity 固定大小字节数组。

11.1.1 固定大小字节数组类型

和整型一样，固定大小字节数组也按占用的字节长度分为很多类型，它们分别是：

```
bytes1   bytes2   bytes3   bytes4   bytes5   bytes6   bytes7   bytes8
bytes9   bytes10  bytes11  bytes12  bytes13  bytes14  bytes15  bytes16
bytes17  bytes18  bytes19  bytes20  bytes21  bytes22  bytes23  bytes24
bytes25  bytes26  bytes27  bytes28  bytes29  bytes30  bytes31  bytes32
```

🔔注意：bytes1 不是 byte1，byte 是 bytes1 的别名。

bytes1 占用 1 个字节，bytes2 占用 2 个字节，以此类推，bytes32 占用 32 个字节，也就是 256 位。

11.1.2 固定大小字节数组支持的运算符

固定大小字节数组支持的运算符如下：
- 比较运算符：<=、<、==、!=、>=、>；
- 位操作符：&、|、^、~、<<、>>；
- 索引访问：array[index]。

固定大小字节数组的运算符中，最常用的是索引访问，固定大小字节数组只能读取数据，不能修改数据，包括数组的长度也不能修改。下面看一个例子：

```
pragma solidity ^0.4.24;
/**
 * @title BytesContract
 * @dev 固定大小字节数组测试
 */
contract BytesContract {
 bytes2 public num = 256;
 /**
   * @dev 可以通过下标获取指定字节的值
   */
 function getLowByte() public view returns(byte){
     return num[1];
 }
 ///   不能修改固定大小字节数组
//    function modifyHightByte() public{
//        num[1] = 1;
//    }
}
```

如图 11.1 所示，我们可以看到 num 是两个字节，0x0100 是 256 的十六进制，对于固定字节数组来说，这些字节其实是一个整体，但是也可以分开访问，例如 getLowByte 函数就获取 num 的低字节数据。

但固定大小字节数组不能修改，如果修改固定大小字节数组会得到一个类似下面的错误：

```
TypeError: Expression has to be an lvalue
```

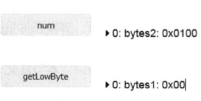

图 11.1 固定大小字节数组索引访问

11.1.3 固定大小字节数组的成员

固定大小字节数组只有一个成员 length，它是固定大小字节数组的属性，可以直接通过.length 访问。下面看一个例子：

```
pragma solidity ^0.4.24;
/**
 * @title FixedBytesContract
```

```
 * @dev 固定大小字节数组测试
 */
contract FixedBytesContract {
  /**
   * @dev 通过length成员获取固定大小字节长度
   */
  function getDataLength() public pure returns(uint8,uint8){
     bytes4 dataA = 255;//固定大小字节数组，声明时候长度就固定
     bytes5 dataB = "0x01";
     return (dataA.length,dataB.length);
  }
}
```

上面代码中 getDataLength 执行的返回值是(4,5)，其实返回的是数据占用的字节数，而不是数据实际使用的字节数。

11.1.4 固定大小字节数组与字符串

字符串类型在众多开发语言中是最常用的数据类型，在 Solidity 中也是如此，虽然建议大家尽量简化我们的逻辑，不要在 Solidity 中做复杂的逻辑运算与操作，但有时还是会有很多和字符串相关的操作。

下面通过例子来看一下怎样将字符串赋值给固定大小字节数组，在固定大小字节数组中如何存储字符串内容。示例如下：

```
pragma solidity ^0.4.24;
/**
 * @title FixedBytesStringContract
 * @dev 固定大小字节数组测试
 */
contract FixedBytesStringContract {
  // 字符串字面量存储在固定大小字节数组中
  bytes12 public hello = "hello,中国";
  /**
    * @dev 获取指定字节位置的数据
    */
  function getByte(uint8 index) public view returns(byte){
     return hello[index];
  }
  /**
    * @dev 获取最后一个字节数据
    */
  function getLastByte() public view returns(byte){
       return hello[hello.length - 1];
  }
}
```

如图 11.2 所示，固定大小字节数组 hello 中存储的就是 "hello,中国"，刚好是 12 个字节。

图 11.2　固定大小字节数组与字符串

字符串字面量存储时存储的就是 UTF-8 编码,那么把它赋值给固定大小字节数组,存储的是什么?其实也是 UTF-8 编码。读者可以找编码工具把"中国"转换为 UTF-8 编码看一下,这里我们来手动转换一下,加深一下读者对于字符串和编码的理解。

首先简单介绍一下 UTF-8 编码。如表 11.1 所示为 UTF-8 的编码模板,编码模板如何使用?首先我们知道 UTF-8 是针对 Unicode 的一种编码方式。

表 11.1　UTF-8 编码模板

字　节	模　板
1字节	0xxxxxxx
2字节	110xxxxx 10xxxxxx
3字节	1110xxxx 10xxxxxx 10xxxxxx
4字节	11110xxx 10xxxxxx 10xxxxxx 10xxxxxx
5字节	111110xx 10xxxxxx 10xxxxxx 10xxxxxx 10xxxxxx
6字节	1111110x 10xxxxxx 10xxxxxx 10xxxxxx 10xxxxxx 10xxxxxx

Unicode 基本平面(BMP)的编码范围是 0000-FFFF,再加上多语言补充平面(SMP)的 10000-10FFF 部分,这两部分是 Unicode 编码最常用的部分。UTF-8 最多使用 6 个字节,现在使用的是 4 个字节的编码范围,即 Unicode 的 00000-10FFF 这个码位范围内的编码,所以定义了 4 个字节的编码范围。

为什么只定义 00000-10FFF 这个范围呢?因为很多系统现在只支持这个范围内的字符。例如在 Unicode 表意文字补充平面(SIP)中包含的很多汉字,很多系统不支持,例如从 Unicode 的码位 0x20000 开始的中日韩统一表意文字就打不出来,码位是 0x0200d0 的字是 2 个乙,有兴趣的读者可以尝试输入一下这个字。

下面我们来看一下 UTF-8 在 0x00000-0x10FFF 码位范围内编码占用的字节数。如表 11.2 所示为 UTF-8 编码范围对应的占用字节数。0~127 的编码范围是使用一个字节,为了兼容 ASCII 码。128~2047 的编码范围主要是拉丁文等的编码,2048~65535 的编码范围是其他国家文字的常用字符,例如中文常用字符都在这个范围内,所以我们看到的汉字 UTF-8 编码基本都是 3 个字节。65536-1114111 是一些不常用的文字符号。

第 11 章　Solidity 数据类型进阶

表 11.2　UTF-8 编码范围

范围（Unicode码位）	占 用 字 节
0～127	1个字节
128～2047	2个字节
2048～65535	3个字节
65536～1114111	4个字节

接下来详细看一下 UTF-8 的编码规则，编码规则就是按 Unicode 的码位划分，使用不同的字节，根据码位的范围确定使用字节，根据使用的字节确定使用的模板，具体参考下面的例子。

模板怎么使用？就是把 Unicode 码位转换为二进制，填充表中 xxxx 的部分，不够的高位补 0。我们可以查到"中"的 Unicode 的码位是 20013，"国"的 Unicode 码位是 22269，对照表都在使用 3 个字节的范围，所以使用模板：

```
1110xxxx 10xxxxxx 10xxxxxx
```

20013 的二进制是：

```
100111000101101
```

只有 15 位，但是模板中有 16 个 x，怎么办？高位补一个 0，变为：

```
0100111000101101
```

然后替换对应模板中的 xxxx，变为：

```
111001001011100010101101
```

十六进制对应：

```
E4B8AD
```

同理，"国"的 UTF-8 编码为：

```
E59BBD
```

UTF-8 编码兼容 ASICC 编码，如果读者对 ASCII 表熟悉的话，看到输出就能猜出来了，所以这里就不一一转换了。

所以"hello，中国"占用 12 个字节就非常清楚了，hello 和逗号（,）在 ASCII 码范围之内，每一个字符使用 UTF-8 编码占用 1 个字节，中文字符"中国"Unicode 码位在 2048～65535 范围内，每一个字符占用 3 个字节，总共 12 个字节，字节的内容就是 UTF-8 编码。

下面再来看一下关于固定大小字节数组填充数据相关的问题，因为固定大小字节数组的填充对于不同类型的要求不同。

```
pragma solidity ^0.4.24;
/**
*   固定大小字节数组测试
**/
contract BytesContract {
  bytes2 public numA = 255;
```

```
    bytes2 public numB = 256;
    bytes3 public numC = 256;
    bytes2 public h = "h";
//  bytes1 public numD = 256;
}
```

如图 11.3 所示，可以看到固定字节数组对于有理数字面量是作为一个整体，对于不到字节范围的值采用的是高位填充 0，但是对于字符串字面量采用的是低位填充 0。

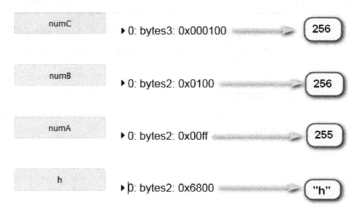

图 11.3　固定字节数组填充

11.1.5　固定大小字节数组之间的转换

一般我们会在使用的时候会尽量选择合适的字节数组，但还是会遇到需要进行在固定大小字节数组之间转换的情况。下面通过例子来学习一下固定大小字节数组间的转换问题：

```
pragma solidity ^0.4.24;
/**
 * @title BytesConvertContract
 * @dev 固定大小字节数组转换测试
 */
contract BytesConvertContract {
  bytes3 public numA = 0x112233;
  bytes2 public numB = 0x1122;
  /**
   * @dev 低字节转换为高字节，低位补 0
   */
  function lowToHight() public view returns(bytes3){
      return bytes3(numB);
  }
  /**
   * @dev 高字节转换为低字节，低位截断
   */
  function hightToLow() public view returns(bytes2){
```

```
        return bytes2(numA);
    }
}
```

如图 11.4 所示，numA 是 3 个字节固定大小字节数组 bytes3，存储的是 0x112233，当把它强制转换为 2 个字节长度的固定大小字节数组 bytes2 时就变为 0x1122，很明显进行的是低位截断。

图 11.4　固定大小字节数组之间转换

numB 是 2 个字节的固定大小字节数组 byte2，存储的是 0x1122，当把它强制转换为 3 个字节固定大小字节数组时，就变为 0x112200，进行的是低位补 0，这明显和我们对固定大小字节数组赋值时不同，所以在固定大小字节数组之间的转换时要特别注意。

11.1.6　小结

本节我们简单来对固定大小字节数组做一下总结，以便于更好地记忆和理解固定大小字节数组。如图 11.5 所示为固定大小字节数组的特性，对于固定大小字节数组，它只会占用固定的字节长度，一旦被声明后，它的长度和值都不能修改，但可以读取它的长度和值，对于值的访问可以通过下标索引访问对应字节的值。

在初始化固定大小字节数组的时候，字符串会转换为对应的 UTF-8 编码，对于这种情况，如果编码的长度小于固定大小字节数组长度，则填充低位，例如，要把字符串"hello"存放在 bytes6 的固定大小字节数组中，最后存储的值就是 0x68656c6c6f00。

对于值类型数据，例如十六进制数是在高位填充 0，如 0x112233 赋值给 bytes6，那么 bytes6 的值就是 0x000000112233，0x000000112233 这个值和十六进制字面量有很大差别，十六进制字面量是在低位填充，例如 hex"112233"这个十六进制字面量赋值给 bytes6，那么 bytes6 的值为 0x112233000000。

整数不能直接赋值给固定大小字节数组，必须先显式地执行强制转换之后才可以赋值给固定大小字节数组，例如要将值 1 赋值给 bytes3 的 numD。
```
bytes3 public numD = bytes3(1);
```

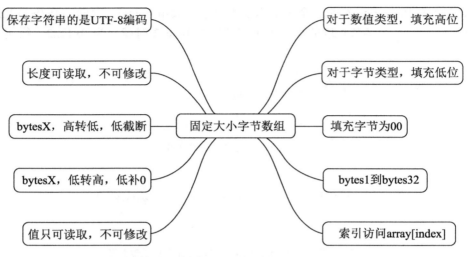

图 11.5　固定大小字节数组特性

11.2　Solidity 动态大小字节数组

11.1 节我们了解了固定大小字节数组，本节来了解一下动态大小字节数组。动态大小字节数组和固定大小字节数组很像，原理一样，但也有区别。

11.2.1　动态大小字节数组简介

动态大小字节数组使用的关键字是 bytes，注意不要和 bytes1 混淆，bytes1 是一个字节的固定大小字节数组。前面我们介绍过 string 类型，或称为字符串字面量类型，其实 string 类型就是一个特殊的动态大小字节数组，string 字符到字节使用的是 UTF-8 编码。

其实动态大小字节数组 bytes 和 string 都是特殊的 byte[]类型，即字节数组类型，不过 bytes 和 string 都不是值类型，而是引用类型。

既然固定大小字节数组、bytes 和 string 相似，那么怎样选择？从存储成本考虑，如果不确定数据字节大小的情况下，可以使用 string 或者 bytes，如果知道或能将字节控制在 bytes1 ~ bytes32，那么就可以考虑选择 bytes1 ~ bytes32 之间的固定大小字节数组。

11.2.2　创建动态大小字节数组

通过前面的介绍动态大小字节数组是一个引用类型，所以不能直接赋值，需要先创建：

```
pragma solidity ^0.4.24;
/**
*   动态大小字节数组测试
**/
contract DynamicBytesContract {
    // bytes public bytesA = 255;
    // bytes public bytesA = bytes(byte(255));
    // bytes public hexNum = 0x112233;
    bytes public hello = "hello";                    //字符串赋值给动态大小字节数组
    bytes public hexLiteral = hex"112233";//十六进制字面量赋值给动态大小字节数组
    bytes public bytesB = new bytes(2);              //使用new关键字创建动态大小字节数组
}
```

怎么创建？可以使用 new 关键字，和创建数组类似，如上例所示，参数 2 是指定动态大小字节数组大小的初始值，就是指定 length 的值。当然也可以直接赋值给动态大小字节数组，但只能是字符串或者十六进制字面量可以直接赋值给动态大小的字节数组，整数、十六进制值和固定大小数组都不可以直接赋值给动态大小字节数组。

如图 11.6 所示为创建之后的初始值，不同的情况初始值有所不同，使用 new 关键字创建的动态大小字节数组，数组的初始值为 0，对于字符串赋值给动态大小字节数组的情况，动态大小字节数组中的初始值就是字符串对应的 UTF-8 编码，长度也和字符串一致，对于十六进制字面量，2 个十六进制字符占用一个字节。

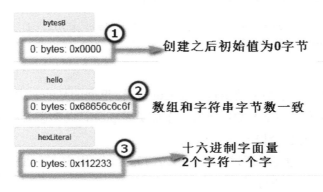

图 11.6　动态大小数组初始值

11.2.3　动态大小字节数组成员

对比固定大小字节数组的成员，动态大小字节数组成员显得实用很多，本节我们就来了解一下动态大小字节数组的成员和操作。示例如下：

```
pragma solidity ^0.4.24;
/**
 * @title DynamicBytesContract
 * @dev 动态大小字节数组测试
```

```solidity
    */
    contract DynamicBytesContract {
        //创建动态大小字节数组
        bytes public num = new bytes(2);
        /**
         * @dev 通过 length 成员获取动态大小字节数组长度
         */
        function getNumLength() public view returns(uint256){
            return num.length;
        }
        /**
         * @dev 动态大小字节数组长度可以改变
         */
        function setNumLength(uint8 len) public{
            num.length = len;
        }
        /**
         * @dev 通过 push 成员为动态大小字节数组添加数据，长度自动变化
         */
        function addData(bytes1 data) public{
            num.push(data);
        }
        /**
         * @dev 通过下标修改动态大小字节数组数据
         */
        function modify(bytes1 data,uint256 index) public{
            num[index] = data;
        }
    }
```

上面代码中，动态大小字节数组也有 length 成员，返回的是动态大小字节数组的长度，length 可以修改。动态大小字节数组还有一个成员是 push，向动态大小字节数组中添加元素，push 值改变的同时也会修改长度 length。

动态大小字节数组也可以通过下标索引访问元素，和固定大小数组不同的是，动态大小数组不仅可以读取值，还可以修改值。

如图 11.7 所示，我们可以在 Remix 中编译部署合约，先通过 num 查看状态变量 num 的初始值，通过 getNumLength 查看状态变量 num 的初始长度。

然后可以执行 addData 函数来测试 push 成员函数，查看内容和长度的变化，通过执行 modify 函数，可以测试通过下标所修改的动态大小字节数组的值。通过执行 setNumLength，可以测试修改动态大小字节数组的长度 length 的值。

> 注意：动态大小字节数组的 push 成员总是将数据添加到最后，修改动态大小字节数组的 length 的值时有两种情况，一种是变小，会截取掉动态大小字节数组的低位；一种是变大，新添加的字节在低位使用填充 0。

第 11 章　Solidity 数据类型进阶

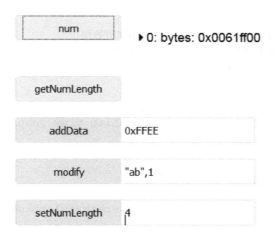

图 11.7　动态大小字节数组

11.2.4　字节数组间的转换

本节就来介绍固定大小字节数组、动态大小字节数组和字符串之间的相互转换的问题。示例如下：

```
pragma solidity ^0.4.24;
/**
 * @title ConvertContract
 * @dev 固定大小字节数组、动态大小字节数组、字符串转换测试
 */
contract ConvertContract {
    //动态大小字节数组
    bytes public bytesHello = "hello";
    //固定大小字节数组
    bytes5 public bytes5Hello = "hello";
    //字符串
    string public hello = "hello";
    /**
     * @dev 字符串转换为动态大小字节数组
     */
    function stringToBytes() public view returns(bytes){
        return bytes(hello);
    }
    ///字符串不能强制转换为固定大小字节数组
    // function stringToFixByteArray() public pure returns(bytes5){
    //     return bytes5(hello);
    // }
    ///固定大小字节数组不能强制转换为字符串
    // function fixByteArrayToString() public view returns(string){
    //     return string(bytes5Hello);
```

· 245 ·

```
//  }
///固定大小字节数组不能强制转换为动态大小字节数组
// function fixByteArrayToBytes() public view returns(bytes){
//     return bytes(bytes5Hello);
// }

///动态大小字节数组不能强制转换为固定大小字节数组
// function bytesToFixByteArray() public view returns(bytes5){
//     return bytes5(bytesHello);
// }
/**
 * @dev 动态大小字节数组可以转换为字符串
 */
function bytesToString() public view returns(string){
    return string(bytesHello);
}
}
```

上面代码中我们可以看到字符串、固定大小字节数组、动态大小字节数组之间的转换。从中可以发现，动态大小字节数组和字符串之间可以直接转换，但是固定大小字节数组和动态大小数组、字符串之间却不能相互转换。

最奇怪的是，字符串字面量可以直接赋值给固定大小字节数组，但却不能强制转换为固定大小字节数组。如果强制执行固定大小字节数组与动态大小字节数组或字符串之间的转换，将会得到类似下面这样的错误信息。

```
TypeError: Explicit type conversion not allowed from "string storage ref" to "bytes5".return bytes5(hello);
```

我们知道，固定大小字节数组是一个值类型，动态大小字节数组和字符串是一个引用类型，它们的存放位置可能不同。为什么要这么限制，是因为固定大小字节数组在初始化之后不能修改长度和对应的值，这样就没有办法动态生成一个固定大小字节数组，然后把值添加进去。

如表 11.3 所示为字节数组与字符串数组是否能够相互转换的说明。读者只要记住一点，固定大小字节数组初始化之后就不能被修改了，那么表中的内容就容易理解了。

表 11.3　字节数组与字符串间转换

转 换 方 式	强 制 转 换	间 接 转 换
固定大小字节数组→动态大小字节数组	不能	可以
固定大小字节数组→字符串	不能	可以
动态大小字节数组→固定大小字节数组	不能	不能
动态大小字节数组→字符串	可以	可以
字符串→固定大小字节数组	不能	不能（可以直接赋值）
字符串→动态大小字节数组	可以	可以

11.2.5 小结

为了更好地理解动态大小字节数组，本节我们对动态大小字节数组做一下简单的小结和补充。如图 11.8 所示为动态大小字节数组的特性，和固定大小字节有些相似，因为它们都是字节数组。

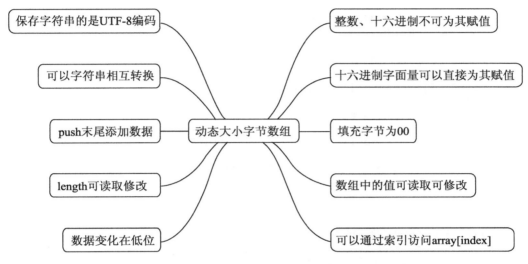

图 11.8　动态大小字节数组特性

动态大小字节数组与固定大小字节数组的最大区别是，动态大小字节数组的值和长度可变，可以通过 push 成员添加数据，push 成员只接受 bytes1(byte)类型的参数，就是 1 个字节的固定大小字节数组。固定大小字节数组的 length 值也可以修改，如果修改后的 length 值比之前的值大，则在数组的末尾填充 0（低位），如果修改之后的 length 值比之前的值小，那么就会截掉低位，只保留高位数据。另外，memory 数据位置的动态大小字节数组不能使用 push 成员，关于数据位置，后面会详细介绍。

11.3　Solidity 数组

在 Solidity 中数组使用非常多，如前面介绍的 string、bytes、bytes1-bytes32 本质上都是数组。数组可以是固定长度，也可以是动态长度，数组中的数据类型可以是任意类型，不过对于不同位置有一些限制，本节我们就来详细介绍一下 Solidity 数组相关的内容。

11.3.1 固定长度数组

固定长度数组,顾名思义就是不能修改数组的长度,但可以修改数组内容。数组有一个属性成员 length 可以获取数组的长度,我们来看一个例子,了解一下固定长度数组。

```
pragma solidity ^0.4.24;
/**
 * @title FixedArrayContract
 * @dev 固定长度数组
 */
contract FixedArrayContract {
    //声明固定长度数组
    uint8 [5] array = [1,2,3,4,5];
    /**
     * @dev 计算固定长度数组中值的和
     */
    function sum() public view returns (uint8) {
        uint8 result = 0;
        for(uint i = 0; i < array.length; i++) {
            result += array[i];
        }
        return result;
    }
    ///固定长度数组长度不可变
    // function modifyLength(uint len) public{
    //     array.length = len;
    // }
    /**
     * @dev 可以通过 length 成员获取固定长度数组长度
     */
    function getArrayLength() public view returns(uint){
        return array.length;
    }
    /**
     * @dev 可以通过下标修改固定长度数组值,这一点和固定大小字节数组不同
     */
    function setArrayValue(uint index,uint8 val) public{
        array[index] = val;
    }
}
```

上面代码中,可以通过 length 获取数组长度,但是不能修改数组长度,例如 modifyLength 就是不合法的,但是可以修改数组下标访问和修改数组的值。

我们可以通过 setArrayValue 修改数组中元素的值,再次执行 sum 函数就会验证我们可以修改固定长度数组中的值,这一点和固定字节大小数组类型不同,固定数组大小类型是既不能修改长度,也不能修改值。

🔔 注意:数组的 length 类型是 uint256 类型。

11.3.2 动态长度数组

和固定长度数组相似的就是动态长度数组，但是动态长度数组可以修改数组的长度，并且多了一个可以使用的成员函数 push，就是在数组最后追加一个元素。

固定长度数组不能修改数组长度，当然不能使用 push，因为 push 不是修改数组值，而是在数组最后追加元素，所以会改变数组长度。下面来看一个动态长度数组的例子：

```solidity
pragma solidity ^0.4.24;
/**
 * @title DynamicArrayContract
 * @dev 动态长度数组
 */
contract DynamicArrayContract {
    //声明动态长度数组，初始化时不指定数组长度
    uint8 [] array = [1,2,3,4,5];
    /**
     * @dev 求动态数组累加和
     */
    function sum() public view returns (uint8) {
        uint8 result = 0;
        for(uint i = 0; i < array.length; i++) {
            result += array[i];
        }
        return result;
    }
    /**
     * @dev 使用 push 成员为动态数组添加元素
     */
    function pushElement(uint8 val) public{
        array.push(val);
    }
    /**
     * @dev 动态长度数组可以修改长度
     * @notice 注意长度变大和变小的不同
     */
    function modifyLength(uint len) public{
        array.length = len;
    }
    /**
     * @dev 可以通过 length 成员变量获取动态数组长度
     */
    function getArrayLength() public view returns(uint){
        return array.length;
    }
    /**
     * @dev 可以通过下标访问修改动态数组元素
     */
```

```
    function setArrayValue(uint index,uint8 val) public{
        array[index] = val;
    }
}
```

动态长度数组和固定长度数组非常相似，对比一下定义：

```
uint8 [] array = [1,2,3,4,5];
uint8 [5] array = [1,2,3,4,5];
```

二者的区别是，动态长度数组可以通过 push 添加元素，添加元素一定是在数组的最后，另外动态数组可以修改数组长度，修改长度之后，除了指定长度之内的元素，其他元素都被删掉，读者一定要注意这一点，不是重置，而是删除。

11.3.3 二维数组

Solidity 也支持二维数组，不过与其他开发语言不同的是 Solidity 指定行和列的顺序相反。Solidity 是先指定列，再指定行，下面看一个实例：

```
pragma solidity ^0.4.24;
/**
 * @title TwoDimentionArrayContract
 * @dev 二维数组
 */
contract TwoDimentionArrayContract {
    //声明二维数组，注意行列关系
    uint8 [3][2] arrays = [[1,2,3],[4,5,6]];
    bytes public result;
    /**
     * @dev 获取二维数组长度
     */
    function getArraysLength() public view returns (uint) {
        return arrays.length;
    }
    /**
     * @dev 将二维数组元素 push 到动态大小字节数组 result 中
     */
    function getArraysString() public returns(bytes){
        for(uint i=0;i<arrays.length;i++){
            uint8[3] storage arrs = arrays[i];
            for(uint j=0;j<arrs.length;j++){
                result.push(byte(arrs[j]));
            }
        }
        return result;
    }
}
```

先看二维数组的定义：

```
uint8 [3][2] arrays = [[1,2,3],[4,5,6]];
```

可以看到先定义的是列，后定义的是行，是一个 3 列 2 行的二维数组，但访问时还是先访问行，例如通过 length 获取数组的长度，返回的是数组有多少行。

通过 getArraysString 中的代码和返回值也可以证明对于二维数组的访问和其他语言一样，先读取行，然后再读取列，只是定义时顺序相反。

11.3.4 小结

下面对数组的内容做一下简单总结，主要是要点和应注意的问题。如图 11.9 所示为 11.3 节数组内容的总结，首先数组大致可以分为两类，一类是固定大小数组，另一类是动态大小数组。

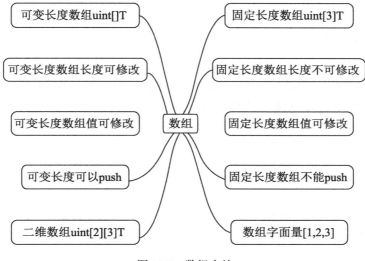

图 11.9 数组小结

固定大小数组中数组的大小是固定的，也就是数组的成员 length 值不能修改，和固定大小字节数组不同的是，固定大小数组可以修改数组中包含的元素。动态大小数组和动态大小字节数组相似，可以把动态大小字节数组看做是动态数组的一种特殊形式，就是类型为 byte 的动态大小数组。

数组字面量比较特殊，根据数组中的值确定类型，例如[1,2,3]的类型就是 uint8[3]，可以使用[uint(1),2,3]这种方式来做一下转换。

如果函数的可见性是 public，函数参数如果是数组，数组的类型必须是 ABI 类型。

11.4 以太坊地址类型

前面我们介绍地址类型时提到过一种类型，就是地址类型，以太坊地址也是一种类型，本节我们就简单学习以太坊地址类型。

11.4.1　地址简介

以太坊的地址有两类，一类是账户地址，一类是合约地址，这两类地址都有一些共性，比如都可以存储、接收和发送以太币等。

前面已经介绍过以太坊账户的地址通过私钥计算出的公钥编码获取，公钥是一个点，地址是公钥横坐标连接上公钥纵坐标的 keccak256 哈希值的后 20 字节。

我们这里使用 JavaScript 来验证一下账户的地址计算，涉及一些 JavaScript 和 web3.js 的知识。首先建一个目录，在目录下执行：

```
cnpm init --yes
cnpm i crypto
cnpm i secp256k1
cnpm i keccak
cnpm i web3
```

上面的命令主要是初始化工程和安装 JavaScript 项目依赖。然后创建一个 JS 文件，这里 JS 文件命名为 addr.js。addr.js 文件内容如下：

```
const Crypto = require('crypto')
const secp256k1=require('secp256k1')
const createKeccakHash=require('keccak')
const Web3 = require("web3");
// let web3 = new Web3(new Web3.providers.HttpProvider("http://localhost:8545"))
let web3 = new Web3();
lethexPrivateKey="84124f5ebe0c3e7ca0d065ec2c5677606c48aea8238dee975a77db88232df258"
// let privKey
// do {
//   privKey = Crypto.randomBytes(32)
// } while (!secp256k1.privateKeyVerify(privKey))
let privateKey = new Buffer.from(hexPrivateKey,"hex");
let pubKey=secp256k1.publicKeyCreate(privateKey,false).slice(1);
                                                        //从私钥生成公钥
let address =createKeccakHash('keccak256').update(pubKey).digest().slice(-20);                                   //公钥获取地址
console.log(pubKey.toString('hex'));            //输出公钥的16进制
console.log(privateKey.toString('hex'));        //输出私钥16进制
console.log(address.toString('hex'));           //输出地址16进制
console.log(web3.utils.keccak256('0x' + pubKey.toString('hex')).substring(26))
```

这里没有用到以太坊客户端，所以不启动它也没有关系，hexPrivateKey 是任意私钥，为了方便验证，可以启动 ganache-cli，在其中选取一个私钥。我们使用下面命令来执行 JavaScript 代码：

```
node addr.js
```

获取的结果如下：

```
3ae8979a1ffc417c9d22cfb1a1eea63f9f46d6dfa798f3691023364d46610a4d2080e16
309070bd3
97ae7aaf38a0a52d8602ce83bc5d2b8abadaebaad774e066
84124f5ebe0c3e7ca0d065ec2c5677606c48aea8238dee975a77db88232df258
116601cf0ceddfb371016137c043f00465c4d367
116601cf0ceddfb371016137c043f00465c4d367
```

从输出的结果我们可以看到，使用 keccak 和使用 Web3 的 keccak 计算的地址相同，的确是 keccak 函数的最后 20 字节。我们看到公钥是：

```
3ae8979a1ffc417c9d22cfb1a1eea63f9f46d6dfa798f3691023364d46610a4d2080e16
309070bd397ae7aaf38a0a52d8602ce83bc5d2b8abadaebaad774e066
```

其实是由两部分拼接的，分别是公钥的 X 坐标和 Y 坐标，如下：

```
X 坐标：3ae8979a1ffc417c9d22cfb1a1eea63f9f46d6dfa798f3691023364d46610a4d
Y 坐标：2080e16309070bd397ae7aaf38a0a52d8602ce83bc5d2b8abadaebaad774e066
```

两个坐标都是 32 字节，上面的数字是十六进制。

如图 11.10 所示为一个简单的以太坊账户地址生成流程图，首先使用加密安全的伪随机生成器，生成一个 32 字节的数字作为私钥，一般是一个大整数。然后根据椭圆曲线算法计算公钥，公钥是一个点，以太坊计算地址比比特币简单，就是连接公钥的 X 坐标和 Y 坐标，没有添加任何前后缀。计算 keccak256 哈希值，获得 32 字节数据，转换为十六进制，共有 64 个十六进制字符，截取后 40 个十六进制字符就是以太坊账户地址，而 1 个十六进制字符占 4 位，所以以太坊账户地址总共占用 160 位。

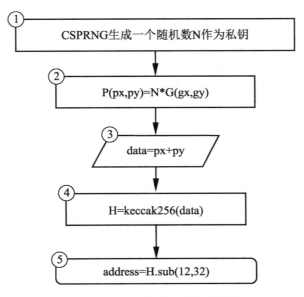

图 11.10 以太坊账户地址流程图

以太坊合约的地址计算也与之类似，不过不是使用公钥计算，而是使用创建合约交易的 RPL 编码计算 keccak 哈希值，截取后 20 字节。

> **注意**：当前的合约类型就是地址类型的子类，不过 0.5.0 及其之后的版本中合约类型就不会继承地址类型了。

11.4.2 transfer、send 与 balance

地址类型有很多成员，最重要的是 balance、transfer 和 send。balance 是地址类型的一个属性，表示地址关联的账户剩余以太币。transfer 和 send 用来发送以太币，例如合约 A 要给地址 addrB 发送一个以太币，就可以在 A 合约中调用 addrB.transfer(1 ether)。

当使用 transfer 时，如果以太币不够，或是遇到其他错误，都会抛出一个异常。send 也可以发送以太币，但是相对于 transfer 更加底层一些，send 遇到错误不会抛出异常，而是返回 false。示例如下：

```solidity
pragma solidity ^0.4.24;
/**
 * @title AddressContract
 * @dev 合约地址
 */
contract AddressContract {
  /// payable 构造函数表示创建合约时可以接收以太币
  constructor() public payable{
  }
  /**
   * @dev 合约向地址 receive 转账，使用 transfer
   */
  function testTransfer(address receive) public payable{
      receive.transfer(1 ether);
  }
  /**
   * @dev 向指定地址转指定的以太币，使用 send
   * @param receive 接收以太币地址
   * @param amount 以太币数量
   */
  function testSend(address receive,uint8 amount) public payable{
      receive.send(amount * 10e18);
  }
  ///payable 回退函数，表示可以向该合约发送以太币
  function() public payable{
  }
  /**
   * @dev 获取当前合约余额
   */
  function getBalance() public view returns(uint256){
      return address(this).balance;
  }
}
```

> **注意**：创建合约如果要接收以太币，构造函数 constructor 必须添加 payable。address 是接收以太币的地址，不是发送以太币的地址，特别容易混淆。

11.4.3　call、callcode 与 delegatecall

call、callcode 和 delegatecall 是几个比较底层的方法调用，使用比较少，相关的资料也比较少。callcode 已经不推荐使用了，可以使用 delegatecall 代替，因为 delegatecall 就是修改 callcode 而得到的新操作码，call 和 delegatecall 比较相似。

> **注意**：call 调用方式不会返回执行结果，但会得到调用是否成功的提示，如果调用成功则 call 返回 true，否则返回 false。

下面再来看一个例子：

```
pragma solidity ^0.4.24;
/**
 * @title ToCallContract
 */
contract ToCallContract {
    uint8 public success = 0;
    uint8 public failure = 0;
    uint8 public sum = 0;
    function noneArg() public returns(bool){
        success++;
        return true;
    }
    function add(uint8 a, uint8 b) public returns(uint8){
        success++;
        sum = a + b;
        return sum;
    }
    //回退函数，调用函数不存在的时候执行
    function() public{
        failure++;
    }
}
/**
 * @title CallContract
 */
contract CallContract{
    /**
     * @dev 使用 call 和函数签名的方式调用 noArg 函数
     */
    function testCallNoneArg(ToCallContract tcc) public returns(bool){
        return tcc.call(bytes4(keccak256("noneArg()")));
    }
    /**
     * @dev 使用 call 和函数签名的方式调用 add 函数
     */
```

```
        function testCallAddOne(ToCallContract tcc) public returns(bool){
            return tcc.call(bytes4(keccak256("add(uint8,uint8)")));
        }
        /**
         * @dev 使用 call 和函数签名的方式调用 add 函数，附带参数
         */
        function testCallAddTwo(ToCallContract tcc) public returns(bool){
            return tcc.call(bytes4(keccak256("add(uint8,uint8)")),1,2);
        }
        /**
         * @dev 测试调用函数不存在的情况
         */
        function testCallAddThree(ToCallContract tcc) public returns(bool){
            return tcc.call(1,2);
        }
        /**
         * @dev 测试直接通过函数名方式
         */
        function testCallAddFour(ToCallContract tcc) public returns(bool){
            return tcc.call("add",1,2);
        }
        /**
         * @dev 测试函数签名不存在的时候
         */
        function testCallAddFive(ToCallContract tcc) public returns(bool){
            return tcc.call(0xaabbccdd);
        }
    }
```

在 Remix 中编译、创建上面的例子，这个例子可能需要使用 http://remix.ethereum.org/#optimize=false&version=soljson-v0.4.25+commit.59dbf8f1.js 的 Remix，在 GitHub 的 https://ethereum.github.io/browser-solidity/ 上测试可能有点问题。

通过 testCallNoneArg、testCallAddOne、testCallAddTwo、testCallAddThree、testCallAddFour 和 testCallAddFive 函数的执行结果，我们可以推测 call 正确的调用方式是第一个参数为要调用的函数签名，后面是要调用函数的参数列表。

通过对比 testCallAddOne 和 testCallAddTwo 函数执行后的 num 值，我们可以推测出就算没有参数，add 函数还是会调用成功，但不会得到期望的结果。上面的例子是 call 和 delegatecall 的共同点，下面我们再来看一下 call 和 calldelegatecall 的不同之处，来看一个实例：

```
pragma solidity ^0.4.24;
contract ContractA {
  uint public num;
  address public sender;
  function callSetNum(address addr, uint numArg) public{
    addr.call(bytes4(sha3("setNum(uint256)")), numArg);
  }
  function callcodeSetNum(address addr, uint numArg) public{
    addr.callcode(bytes4(sha3("setNum(uint256)")), numArg);
  }
```

```
    function delegatecallSetNum(address addr, uint numArg) public{
      addr.delegatecall(bytes4(sha3("setNum(uint256)")), numArg);
    }
}
contract ContractB {
  uint public num;
  address public sender;
  function setNum(uint numArg) public{
    num = numArg;
    sender = msg.sender;
  }
}
contract ContractC {
    function ABDelegateCall(ContractA addrA, ContractB addrB, uint num)
    public{
        addrA.delegatecallSetNum(addrB, num);
    }
    function ABCallCode(ContractA addrA, ContractB addrB, uint num) public{
        addrA.callcodeSetNum(addrB, num);
    }
    function ABCall(ContractA addrA, ContractB addrB, uint num) public{
        addrA.callSetNum(addrB, num);
    }
}
```

还是在 Remix 中编译部署合约，我们分别执行 ABDelegateCall、ABCallCode 和 ABCall 函数对比一下看 ContractA 和 ContractB 中的 num 和 sender 值。然后再执行 callSetNum、callcodeSetNum 和 delegatecallSetNum 函数，对比一下合约 ContractA 和 ContractB 中的 num 和 sender 值。

注意在 Remix 中执行函数调用时如果参数只有一个地址可以不加双引号，如果参数有多个地址，每一个地址都使用双引号包裹起来，否则会发生错误。当然，在 Remix 的新版本中提供了分开输入参数的方式，选择分开输入参数，可以避免这些细节问题引发的错误。

总结：使用 addr.call 时使用的上下文 context 是 addr 所代表的合约，即修改的是 addr 所代表合约的 storage，storage 指合约账户存放智能合约及数据的空间。

使用 addr.delegatecall 时使用的上下文是执行 addr.delegatecall 调用所在的合约，即修改的是执行 addr.delegatecall 调用所在合约的 storage。

call 是调用，delegatecall 就是委派调用，从字面意思理解也比较贴切，addr.call 就是 addr 调用，使用的是 addr 上下文。addr.delegatecall 委派调用，就是委派 addr 调用，使用的是委派 addr.delegatecall 的上下文。

11.5 函数类型

在前面介绍的数据类型时提到过一种特殊的数据类型是函数类型，函数类型不是函数而是一种类型，像是 uint8 的类型。因为这种函数类型容易和函数混淆，前面没有详细介绍，本节我们就来详细介绍函数类型的使用。

11.5.1 函数类型简介

函数类型内容比较多，这里尽量简化介绍。首先我们来看一下函数类型的定义：

```
function (<parameter types>) {internal|external} [pure|constant|view|
payable] [returns (<return types>)]
```

可以看到，函数类型和函数有些相似，不同的是函数类型的可见性修饰符只有 internal 和 external。函数类型默认的修饰符是 internal，可以省略。和函数一样，internal 类型表示只有合约内部可以使用。函数类型可以作为参数和返回值。

11.5.2 函数签名

在函数调用时使用的是函数签名，函数签名如何获取？其实就是函数的名字和参数类型 keccak 哈希值的前 4 个字节。我们来看几个例子：

```solidity
pragma solidity ^0.4.24;
/**
 * @title FunctionSigContract
 * @dev 函数签名
 */
contract FunctionSigContract {
  /**
   * @dev 获取函数调用时 msg.data
   * @notice msg.data 的前 4 个字节就是函数签名
   */
  function functionOne(bytes3[2] nums) public pure returns(bytes){
      return msg.data;
  }
  /**
   * @dev 获取函数调用时 msg.data
   * @notice msg.data 的前 4 个字节就是函数签名
   */
  function functionTwo(uint32 x, bool y) public pure returns (bytes) {
    return msg.data;
  }
  /**
   * @dev 获取函数调用时 msg.data
   * @notice msg.data 的前 4 个字节就是函数签名
   */
  function functionThree(bytes x, bool y, uint[] z) public pure returns
(bytes){
      return msg.data;
  }
  /**
   * @dev 使用 keccak256 计算函数签名
   */
```

```solidity
    function functionOneSig() public pure returns(bytes4){
        return bytes4(keccak256("functionOne(bytes3[2])"));
    }
    /**
     * @dev 使用 sha3 计算函数签名
     */
    function functionTwoSig() public pure returns(bytes4){
        return bytes4(keccak256("functionTwo(uint32,bool)"));
    }
    /**
     * @dev 断言函数 selector 就是函数签名
     */
    function functionThreeoSig() public pure returns(bytes4){
      bytes4 sig = bytes4(sha3("functionThree(bytes,bool,uint256[])"));
      // bytes4 sig = bytes4(keccak256("functionThree(bytes,bool,uint256[])"));
      assert(sig == this.functionThree.selector);
      return sig;
    }
    /**
     * @dev 获取函数 selector
     */
    function functionThreeSelector() public pure returns(bytes4){
        return this.functionThree.selector;
    }
}
```

内容比较多，我们一一来介绍。首先看 functionOne 函数。函数的名字和参数部分是 functionOne(bytes3[2]nums)，所以函数的签名是 bytes4(keccak256("functionOne(bytes3[2])"))，就是去掉了参数名称，只保留了参数类型部分的 keccak256 哈希函数的前 4 个字节。4 个字节 32 位，也就是一个合约中最多有 2 ** 32 个函数签名不会重复，2 ** 32 表示 2 的 32 次方，这个值已经非常大了，一般一个合约中不可能包含这么多函数，所以函数签名只取了 keccak256 的前 4 个字节。

函数 functionTwo 也一样，函数名和参数部分是 functionTwo(uint32 x, bool y)，所以函数的签名是 bytes4(keccak256("functionTwo(uint32,bool)"))。

同理，functionThree 的函数签名是 bytes4(sha3("functionThree(bytes,bool,uint256[])"))。sha3 其实就是 keccak256 哈希函数的别名，所以也可以使用 sha3，不过因为命名的关系，sha3 已不推荐使用。

> 注意：对于数据类型的别名要转换为对应的类型，例如 uint 就需要使用 uint256，byte 就要使用 bytes1，如上面的 functionThree，签名使用的就是 uint256 数组，而不是 uint 数组。

从例子中可以知道，函数 functionOne、functionTwo 和 functionThree 返回的都是 msg.data，如图 11.11 所示，可以看到每一个函数 msg.data 的前 4 个字节和函数的签名一样。

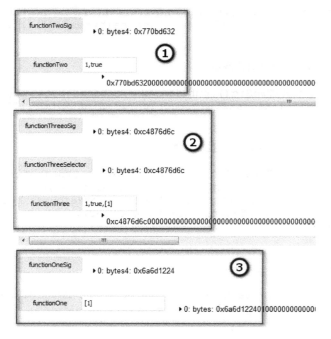

图 11.11 函数签名

另外我们也看到了函数有一个 selector 属性也是函数签名，可以通过 this.函数名.selector 的方式来访问。

11.5.3 函数类型实例

下面来看一个关于函数类型的实例，通过这个例子来了解一下函数类型的使用。示例如下：

```
pragma solidity ^0.4.24;
/**
 * @title FunctionTypeContract
 * @dev 函数类型
 */
contract FunctionTypeContract {
  uint8[] public array = [1,2,3,4,5];
  /**
   * @dev 函数作为参数
   */
  function map(function (uint8) pure returns (uint8) f)
    internal
    view
    returns (uint8[] r)
  {
    r = array;
```

```
        for (uint i = 0; i < r.length; i++) {
          r[i] = f(r[i]);//调用作为参数传递进来的函数
        }
    }
    /**
     * @dev 计算 2 次方
     */
    function square(uint8 x) internal pure returns (uint8) {
        return x * x;
    }
    /**
     * @dev 计算 2 倍
     */
    function doubleV(uint8 x) internal pure returns (uint8) {
        return x * 2;
    }
    /**
     * @dev 使用 square 函数作为参数调用 map
     */
    function mapSquare() public view returns(uint8[]){
        return map(square);
    }
    /**
     * @dev 使用 doubleV 函数作为参数调用 map
     */
    function mapDoubleV() public view returns(uint8[]){
        return map(doubleV);
    }
}
```

如上例所示，map 函数接受一个函数类型的参数：
```
function (uint8) pure returns (uint8) f
```
在 map 函数中我们就可以使用 f 函数，因为 f 函数的参数和返回值都是定义好的，从这里也可以看出在 Solidity 中将函数作为参数来使用没有 JavaScript 灵活，因为函数类型已经被定义，参数返回值、参数个数与类型都是固定的，可变空间不大。

但 Solidity 还是提供了很大的发挥空间，例如对于数组循环处理。如 map 函数接受一个函数类型的参数，可以执行对数组中元素执行参数函数指定的操作，这种操作被定义成了函数类型 f，这样公共逻辑循环这一部分就可以写在 map 函数中，而其他具体逻辑部分就可以由用户自己实现，然后当作参数传递进来。

如图 11.12 所示，mapSquare 函数调用 map 函数传递的是 square 函数，square 函数完全符合 map 函数中参数要求的函数类型，所以可以作为参数传递给 map，map 中执行了 square 函数的逻辑，数组中每一个元素都执行了平方操作。同理，doubleV 函数也一样，不过 doubleV 的逻辑是乘以 2。读者还可以根据自己的需要定义更多的函数，只需要函数类型满足 map 参数所定义的函数类型，就可以调用 map 函数。

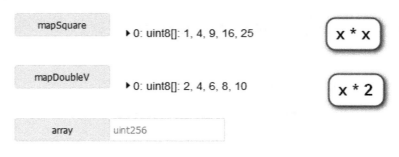

图 11.12　函数类型实例

11.6　数据类型转换

数据类型转换是一个很重要的问题,特别是在不同数据类型之间的转换,Solidity 有隐式转换和显式转换两种方式,还可以使用 var 不定义类型,使用时根据值进行类型推测。本节我们就来了解 Solidity 中的数据转换问题。

11.6.1　隐式转换

隐式转换一般是低类型向高类型转换,例如 uint8 转换为 uint16,bytes1 转换为 bytes2 这类转换,这类转换不会发生数据的截断,可以放心转换,编译也不会报错,有时就是给一个编译警告。示例如下:

```
pragma solidity ^0.4.24;
/**
 * 类型转换
**/
contract ConvertContract {
    bytes1 public byteNumOne = "\x07";
    bytes2 public byteNumTwo = byteNumOne;
    uint8 public uint8Num = 255;
    uint16 public uint16Num = uint8Num;
    // int8 public int8Num = 127;
    // uint16 public uint16Num = uint16(int8Num);
    bytes2 public byteNumA = 0x1122;
    // bytes1 public byteNumB = byteNumA;
    bytes1 public byteNumB = bytes1(byteNumA);
}
```

上例中,一般我们在高类型向低类型转换时,不用显式转换,这里的高类型和低类型主要是按存储空间区分。很明显,当存储空间小的数据赋值给存储空间大的数据时完全不用担心存储空间问题,因为肯定放得下,至于存放在高字节还是低字节是另一个问题。

所以,bytes1 类型直接赋值给 bytes2 类型完全没有问题,同理,uint8 的数据要存储到 uint16 的存储空间中也没有问题,整型中需要注意的是符号,有符号和无符号之间不能直接转换,也就是说不能执行隐式转换。如图 11.13 所示,标注①高字节的 bytes2 转换为低字节 bytes1 执行的是强制转换,低位被截断。

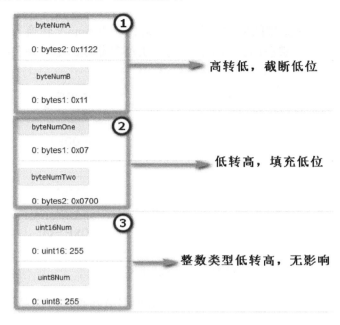

图 11.13 隐式转换

标注②所示的低字节类型 bytes1 向高字节类型 bytes2 赋值的时候,执行的是隐式转换,填充的是低字节。

标注③中我们可以看到整型的隐式转换不变,可以方便执行隐式转换操作。

11.6.2 显式转换

显式转换一般用在大类型转为小类型时,或者不同类型之间的转换时,必须强制指定类型进行转换。显式类型转换一般会发生数据截断,这样就不允许隐式转换,必须进行显式转换,所以一定要考虑清楚显式转换会带来的影响。

下面我们来看一个例子,了解一下显式类型转换应该注意的问题。

```
pragma solidity ^0.4.24;
/**
 * 类型转换
**/
contract ConvertContract {
    bytes2 public b2 = 0x1122;
    bytes1 public b1 = bytes1(b2);
```

```
    uint16 public numA = 0xFF00;
    uint16 public numC = 0x00FF;
    uint8 public numB = uint8(numA);
    uint8 public numD = uint8(numC);
}
```

如图 11.14 所示，是整型的显式类型转换，对比一下 numA 转换为 numB 以及 numC 转换为 numD 就会发现，整型的大类型转换为小类型时截取的是低字节数据。

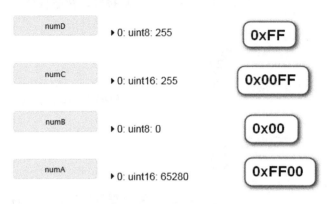

图 11.14　显式类型转换

大类型固定字节数组转换为小类型的固定类型字节数组进行的是低位截断，也就是说，截取的是高位数据。

11.6.3　var 关键字

Solidity 提供了用于声明变量的 var 关键字，Solidity 中的 var 和 JavaScript 中的 var 的含义很像，var 变量类型根据分配给它的第一个值来动态确定。一旦分配了值，类型就固定了，所以如果给它指定另一个类型，将引起类型转换。

- var 不能用于定义数组和 Mapping；
- var 不能用于定义函数参数；
- var 不能用于定义状态变量。

不推荐使用 var 关键字，因为 var 会引起隐式的类型转换，这个问题比较严重，隐式类型转换很容易出现数据转换错误，并且有时不好定位。我们来看下面这个例子：

```
pragma solidity ^0.4.24;
/**
 * var 关键字测试
 */
contract VarContract {
    function varTest () public pure {
        for (var i = 0; i <= 256; i++) {
```

           }
      }
}

上面的例子看不出问题，只是一个简单的循环而已，但是看不到运行结果。如果使用 Remix 上面运行的合约调用 varTest 函数，会发现浏览器变得比较卡。

编译没有错误，合约也能部署，为什么就得不到结果？其实就是一个数据隐式转换的问题。var i= 0;i 的类型就被固定为 uint8，这个范围就是 0~255，取不到 256，所以执行计算溢出了。

11.7 delete 运算符

delete 运算符在 Solidity 中也是使用比较多的运算符。delete 运算符对不同的类型有不一样的行为。

11.7.1 delete 与常见类型

delete 运算符执行的删除操作更像是重置操作，会把变量重置为默认值，我们来看一个具体的例子。示例如下：

```
pragma solidity ^0.4.24;
/**
 * delete
 **/
contract DeleteContract {
    uint8 public num = 10;
    string public name = "tim";
    bool public isNotDelete = true;
    enum Language{
        Solidity,C,Python
    }
    Language public used = Language.Python;
    function testDelete() public{
        delete num;
        delete name;
        delete isNotDelete;
        delete used;
    }
}
```

我们先来看一下执行 testDelete 函数前各个变量的值，如图 11.15 所示。

再来看一下执行 delete 运算符操作之后，各个变量的值，如图 11.16 所示。

从图中可以看出，delete 对于整型，直接重置为 0，对于枚举也重置为 0，枚举可以看做是特殊的无符号整型。对于字符串直接被置空，对于 Boolean 类型就被重置为 false。

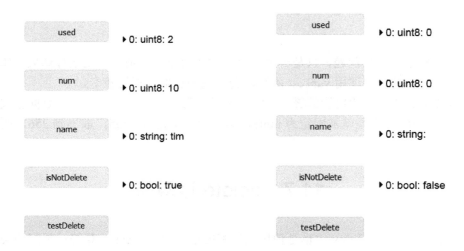

图 11.15 执行 delete 运算符操作之前　　图 11.16 执行 delete 运算符操作之后

11.7.2　delete 与数组

delete 运算符对于固定长度数组和动态长度数组的操作还是有区别的，我们还是先来看一个实例：

```solidity
pragma solidity ^0.4.24;
/**
 * @title DeleteContract
 * @dev delete 与数组
 */
contract DeleteContract {
    uint8 [3] public array   = [1,2,3];
    uint8 [] public dynamicArray = [1,2,3,4,5];
    /**
     * @dev delete 作用于数组
     */
    function testDelete() public{
      delete array;
      delete dynamicArray;
    }
    /**
     * @dev 固定大小数组重置元素
     */
    function getArrayLength() public view returns(uint){
        return array.length;
    }
    /**
     * @dev 动态大小数组会将长度重置为 0
     */
    function getDynamicArrayLength() public view returns(uint){
```

```
        return dynamicArray.length;
    }
}
```

数组中的元素都会被重置,不过对于动态数组会让数组的长度变为 0,对于固定长度数组,不会改变数组长度。

11.7.3 delete 与 mapping

对于 mapping 来说,直接 delete 一个 mapping 类型的变量是无效的操作,会得到类似下面的警告:

```
TypeError: Unary operator delete cannot be applied to type mapping(uint8 => string storage ref)
```

不过,delete 可以用在 mapping 指定的 key 上,我们来看一个例子:

```
pragma solidity ^0.4.24;
/**
 * @title DeleteMappingContract
 * @dev delete 与 mapping
 */
contract DeleteMappingContract {
    mapping(uint8=>string) public idName;
    //构造函数初始化 mapping
    constructor() public{
        idName[1] = "tom";
        idName[2] = "alice";
    }
    ///delete 不能直接作用于 mapping
    function testDelete() public{
    //    delete idName;
    }
    /**
     * @dev delete 作用于 mapping 的 key,重置元素
     */
    function deleteMapping(uint8 key) public{
        delete idName[key];
    }
}
```

其实执行的就是 mapping 键对应的值重置。

11.7.4 delete 与 struct

对应结构体 struct 来说,delete 会重置结构体中的每一个元素。下面还是来看一个具体例子:

```
pragma solidity ^0.4.24;
/**
 * @title DeleteStructContract
```

```
 * @dev delete 与结构体
 */
contract DeleteStructContract {
    //定义结构体
    struct Student{
        uint8 id;
        string name;
    }
    //创建一个Student
    Student public tom = Student(1,"tom");
    /**
     * @dev delete 作用于结构体会依次重置结构体中的每一个元素
     */
    function testDelete() public{
        delete tom;
    }
}
```

对 tom 执行 delete 之后，id 变为 0，name 变为空。

11.8 本章小结

前面主要介绍了 Solidity 中关于数据类型的知识，本节就对这些内容进行简单的总结。

如图 11.17 所示为 Solidity 中常见数据类型与注意事项，下面回顾一下这些数据类型与注意事项。首先来看 Boolean 类型，布尔类型需要注意的就是它是一个常量，只有两个可选值，一个是 true，另一个是 false。

整型类型是常用的一个类型，其中使用较多的几个整型类型是 uint8，占用 1 个字节 8 位；uint160，可以和地址类型转换；uint256，占用 32 字节 256 位，因为在 EVM 中刚好占满一个 slot，不用打包，所以使用也比较多。另外需要注意的是整型计算中可能溢出的问题，一定要注意计算之后有没有超出类型的范围。

地址类型也是一个使用较多的类型，注意 5.0.0 及其以后的部分，区分了 address 和 address payable，前一个不能接收以太币，而后一个可以。另外，需要了解地址类型的成员，balance 可以用于查看余额，transfer 和 send 用来转移以太币，还有一些比较底层的不常用的方法，如 call、delegatecall、staticcall。最后值得注意的是合约类型的转换，合约类型和 address 类型可以显式地转换，如果合约有 payable 的回退函数，那么就可以和 address payable 之间显式地转换。

数组和字节数组是复杂一些的类型，bytes1-bytes32 是固定大小字节数组，bytes 是动态大小字节数组，string 是特殊的 bytes，这几个都可以归类为字节数组。字节数组可以看做是特殊的数组，即数据类型是字节的数组。应该特别注意这些类型之间的转换和赋值，因为会涉及是引用还是复制操作，不同的操作，代价是不同的，而在以太坊智能合约中，每一个操作都需要花费 gas 的。

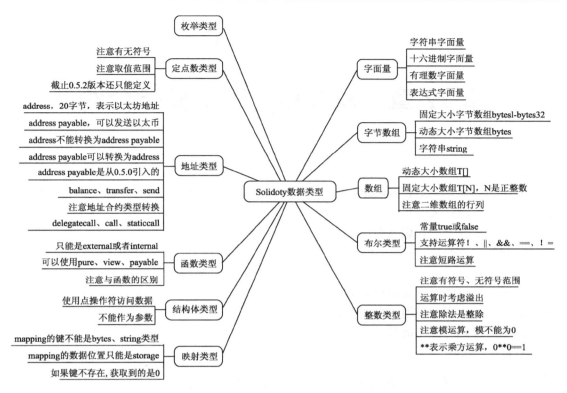

图 11.17 Solidity 数据类型与注意事项

另外还有一些常用数据类型结构体类型 struct，用于定义自定义数据类型，做一些简单的封装，注意 struct 类型不能作为参数。映射类型 mapping 也很常用，不过比较简单。注意区分 struct 和 mapping 访问数据的区别，struct 是使用"."操作符，而 mapping 是使用[]操作符，这两个比较容易混淆，可以这样记：struct 是一个类型，访问的是属性，所以使用"."操作符，mapping 更像是一个数组，访问的是包含在其中的元素，所以使用[]操作符。

枚举类型 enum 是和无符号整型对应的，具体对应哪一个无符号整型，是 uin8、uint16 还是 uintX（8<=X<=256 && X%8 ==0），取决于 enum 中元素的个数。

最后，还有一些字面量类型的细节需要注意，如最常见的字符串字面量，十六进制字面量、有理数字面量、表达式字面量等。

第 12 章 Solidity 开发智能合约

前面的内容更多是和 Solidity 本身相关的，本章我们会继续了解 Solidity 的相关知识，会有更多合约的相关内容。

本章主要涉及的知识点有：
- 智能合约的执行；
- 事件与日志；
- 在合约中可以使用的全局对象；
- 在合约中可以使用的全局函数；
- ABI 编码与编码函数；
- 特殊类型函数。

🔔注意：在后文的内容中我们如果说合约，就是指智能合约。

12.1 智能合约简介

本节我们来了解一下智能合约的相关概念、EVM 简单结构、智能合约的执行流程，以及和智能合约相关的数据。

12.1.1 智能合约的概念

智能合约（Smart contract）可以看做是一种协议，contract 有合同的意思，智能可以看做是不需要第三方控制，根据预先定义好的内容自执行的程序。既然是程序当然需要编写代码，对于以太坊智能合约，可以使用像 Solidity 这样的语言来编写。

智能合约最大的特点就是一旦被定义部署，那么它就不能被随意修改，不受第三方控制，只会根据预先定义的事件来触发合约的执行。这些事件可以有外部调用来触发，也可以智能合约根据一些条件来自动触发，例如达到指定时间或指定金额等。

正是因为智能合约不受第三方控制的特性，让我们可以通过智能合约来做很多事情，对于一个项目，我们可以编写智能合约，设定完成到什么进度支付多少钱，违约赔付多少钱等，所有的合同相关的细节，都可以写入智能合约中，这样就不用第三方公证，不要担心对方赖账，降低成本，同时也非常方便。

12.1.2 EVM 结构与数据

想要更好地理解以太坊智能合约的执行，还要了解以太坊虚拟机（Ethereum Virtual Machine）的内容。如图 12.1 所示为 EVM 结构示意图，EVM 可以分为两大部分，一部分是易变的数据区域，另一部分是不易变的数据区域。

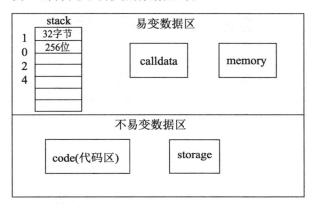

图 12.1　EVM 结构示意图

不易变的数据区域主要包括代码和 storage，我们创建合约时其实是一个交易，交易的 data 数据就是合约的字节码，就是合约的 Solidity 源码编译成 EVM 能够识别的字节码，所有代码保存在区块交易中的 data 数据中，当要执行合约时就会读取到 EVM 的 code 区域。

storage 数据是存储在合约账户中的 Merkle Patricia Trie 结构中，回忆一下我们的账户属性有一个 storageRoot 就是这棵树的根哈希值。合约执行时 storage 数据就会存储在 EVM 的 storage 区域。

EVM 基于堆栈架构，所以还有一个 stack 结构，每一个堆栈项又被称为是一个 slot，stack 由 1024 个 slot 构成，每一个 slot 是 32 字节，也就是 256 位，现在读者可能就明白了为什么 Solidity 数据结构中很多都是只到 32 字节 256 位了。

12.1.3 智能合约执行

本节我们来学习智能合约的执行，当一个账户发起一个交易时，首先会获取一些全局状态。例如交易的发起者、交易可以使用的 gas、合约账户地址、交易的 gas price、交易的输入数据、转移的以太币等。

交易发起者也是在 Solidity 中可以访问的全局变量，交易可以使用的 gas 用来判断交易是否超出这个 gas，合约账户地址用来读取合约字节码、gas price 和 gas 一起可以判断账户使用有足够的余额来执行交易，交易输入数据是合约执行需要的参数。

我们以合约函数调用交易为例，EVM 先执行初始化，初始化之后主要有 4 个重要的数据部分，分别是 PC、stack、memory 和 storage，PC 表示程序计数器，就是代码执行到具体位置，初始为 0，stack 是指令和数据，初始为空，memory 和 storage 都是代码执行使用的存储数据的区域，初始都为空。

12.2 事件与日志简介

在 Solidity 中，事件比较重要，它可以非常方便地用来记录日志，还可以通知客户端，允许监听事件的客户端执行回调。由于事件使用特别多，所以我们本节就来学习事件的相关知识，在后面的 web3.js 中还会介绍事件的检索。

12.2.1 事件简介

事件是可以继承的，当一个事件被调用时，事件的参数会记录在交易日志中，这些日志和合约的地址关联，并且被永久存储在区块链上，日志和事件数据在合约中是不能访问的，即使是创建日志和事件的合约。

在 Solidity 中和事件相关的关键字主要有 3 个，分别是 anonymous、indexed 和 emit。anonymous 和 indexed 都和事件主题相关，就是事件索引相关。客户端可以通过相应的参数来检索对应的事件数据。emit 用来抛出一个事件，可以省略，不过省略了 emit 会有编译警告，所以尽量加上。下面我们就来具体了解一下时间主题、时间索引和 anonymous、indexed、emit 这些内容。

12.2.2 事件主题

主题是用来把事件索引化的数值。没有主题，就不能检索事件。只要调用一个事件，就生成一个默认主题。一个事件最多可以有 4 个主题。主题是按照相同顺序生成，可以使用一个或者多个主题检索事件。

第一个主题是事件签名，剩下三个主题是索引化的参数数值。如果参数是字符串、字节或者数组，则主题是它的 keccak256 哈希值。

```
pragma solidity ^0.4.24;
/**
 * @title EventContract
 * @dev 事件示例
```

```solidity
*/
contract EventContract {
  //indexed 关键字表示索引参数,方便检索
  event LogEvent(string indexed first,uint indexed seconde,uint8 third,
  uint8 indexed fourth);
  //anonymous 关键字是匿名事件,表示不生成默认事件主题
  event LogAnonymousEvent(string indexed first,uint indexed seconde,uint8
  third,uint8 indexed fourth) anonymous;
  /**
   * @dev 使用 emit 关键字触发事件
   */
  function eventFunction () public{
    emit LogEvent("LogEvent",10,11,11);
  }
  /**
   * @dev 使用 emit 关键字触发匿名事件
   */
  function anonymousEventFunction () public{
    emit LogAnonymousEvent("LogEvent",10,11,11);
  }
  /**
   * @dev 计算事件签名
   */
  function getSig() public pure returns(bytes32 r1,bytes32 r2){
      r1 =keccak256("LogEvent(string,uint256,uint8,uint8)");
      r2 = keccak256("LogEvent");
  }
}
```

上面代码中定义了两个基本相同的事件,不过 LogAnonymousEvent 事件使用了 anonymous 关键字,anonymous 关键字的作用就是不把事件签名作为第一个主题。被 indexed 关键词修饰的参数是指定该参数会创建一个主题,用来作为索引,方便客户端进行事件数据的检索。

注意:一个事件最多有 4 个主题,所以事件参数最多有 3 个参数可以使用 indexed 关键字,如果事件被标注为 anonymous,则最多有 4 个参数可以使用 indexed 关键字。

如图 12.2 所示,分别执行 eventFunction、anonymousEventFunction、getSig 这 3 个函数。在 eventFunction 函数中我们 emit 了一个 LogEvent 事件,在 anonymousEventFunction 中我们 emit 了一个 LogAnonymousEvent 事件。

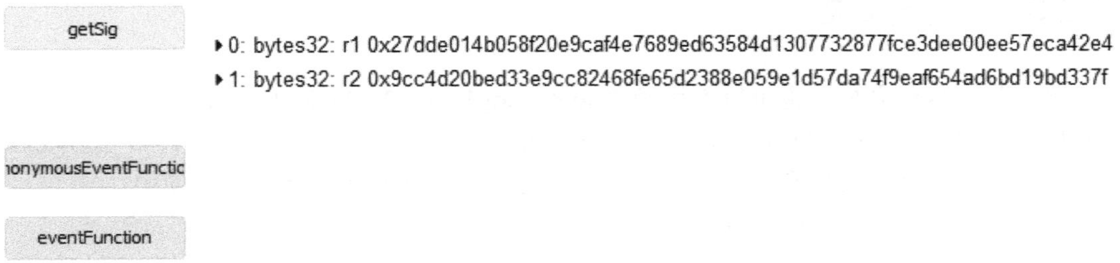

getSig　　▶ 0: bytes32: r1 0x27dde014b058f20e9caf4e7689ed63584d1307732877fce3dee00ee57eca42e4
　　　　　▶ 1: bytes32: r2 0x9cc4d20bed33e9cc82468fe65d2388e059e1d57da74f9eaf654ad6bd19bd337f

nonymousEventFunctic

eventFunction

图 12.2　事件主题与参数主题

getSig 的返回值非常简单，r1 是 LogEvent 事件的签名，r2 是字符串 LogEvent 的 keccak256 哈希值，会什么要计算这两个值？我们先来看一下 eventFunction 中打印的日志。

如表 12.1 所示，我们只截取了输出的日志部分，从日志中可以看到，topic 就是事件签名，对于 indexed 的字符串参数，其 topic 的值就是其 keccak256 哈希值。对于整型 indexed 参数，其 topic 的值就是其十六进制填充为 32 字节的数据，对于非 indexed 参数，其值就是参数本身，不过不会作为 topic 的一部分，通过对比第 3 个和第 4 个参数就可以看出。事件的 indexed 参数和非 indexed 参数有很大的区别，例如，使用 JSON-RPC-API 中的 eth_getFilterChanges 之类的获取日志信息的方法时，事件的 indexed 参数会出现在返回值的 topics 属性中，而非 indexed 参数会出现在返回值的 data 属性中，具体可以参考第 6 章中介绍的 JSON-RPC-API 中获取日志的相关方法。

表 12.1　LogEvent 事件日志

logs	[{ "topic": "27dde014b058f20e9caf4e7689ed63584d1307732877fce3dee00ee57eca42e4", "event": "LogEvent", "args": ["9cc4d20bed33e9cc82468fe65d2388e059e1d57da74f9eaf654ad6bd19bd337f", "000000000000000000000000000000000000000000000000000000000000000a", "11", "000000000000000000000000000000000000000000000000000000000000000b"] }]

下面我们再来看一下 anonymous 事件的日志输出。如表 12.2 所示，LogAnonymousEvent 事件的输出日志，和非 anonymous 事件还是有区别的，没有了事件签名的主题，也没有 args，而是以 data 作为参数。indexed 参数在主题列表中，非 indexed 参数页被填充成为 32 字节十六进制数据。

表 12.2　LogAnonymousEvent事件日志

logs	[{"data":"000000000000000000000000000000000000000000000000000000000000000b", "topics": ["9cc4d20bed33e9cc82468fe65d2388e059e1d57da74f9eaf654ad6bd19bd337f", "000000000000000000000000000000000000000000000000000000000000000a", "000000000000000000000000000000000000000000000000000000000000000b"] }]

12.2.3　事件与日志

除了使用事件之外，也可以使用函数 log0、log1、log2、log3 和 log4 通过底层的接口来实现日志机制。log0、log1、log2、log3 和 log4 它们分别接受 1、2、3、4、5 个 bytes32 的参数，它们的行为可以和事件相同。下面通过一个例子来看一下日志的使用：

```
pragma solidity ^0.4.24;
/**
 * @title LogContract
 * @dev 日志函数示例
```

```
*/
contract LogContract {
  /**
   * @dev 没有参数日志函数
   */
  function logZero() public{
      log0("one");
  }
  /**
   * @dev 1 个参数日志函数
   */
  function logOne() public{
      log1("one",0xFF);
  }
  /**
   * @dev 2 个参数日志函数
   */
  function logTwo() public{
      log2("one",0xFF,1);
  }
  /**
   * @dev 3 个参数日志函数
   */
  function logThree() public{
      log3("one",0xFF,1,2);
  }
  /**
   * @dev 4 个参数日志函数
   */
  function logFour() public{
      log4("one",0xFF,1,2,"one");
  }
  function oneBytes32() public pure returns(bytes32){
      return bytes32("one");
  }
}
```

上面代码中分别调用了 log0、log1、log2、log3 和 log4 这 5 个方法，还是在 Remix 中编译部署合约，执行上面 6 个方法。这里我们主要看一下 log0 的日志（如表 12.3 所示）和 log4 的日志（如表 12.4 所示），以及 oneBytes32 的输出（如图 12.3 所示）。

表 12.3   log0 日志

logs	[{ "data": "6f6e65", "topics": ["0x"] }]

对比图 12.3、表 12.3 和表 12.4 可以看出，data 就是第一个参数的 UTF-8 的值，其他参数会生成对应的主题。看上去有点混乱，其实就是类型强制转换，其他的类型强制转换为了 bytes32 这个固定类型数据。

表 12.4　log4 日志

logs	[{ "data": "6f6e65", "topics":　[　"00000000000000000000000000000000000000000000000000000000000000ff", "0000000000000000000000000000000000000000000000000000000000000001", "0000000000000000000000000000000000000000000000000000000000000002", "6f6e650000000000000000000000000000000000000000000000000000000000"] }]

oneBytes32　▸ 0: bytes32: 0x6f6e650000000000000000000000000000000000000000000000000000000000

logFour

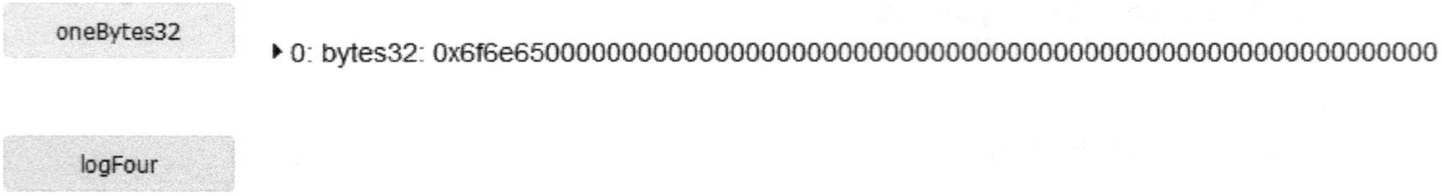

图 12.3　oneBytes32 输出

12.3　Solidity 中的单位后缀

Solidity 中提供了一些非常有用的单位后缀，比如以太币单位后缀。我们知道以太币的有很多单位，这些单位之间的转换就是一个问题，通过使用 Solidity 中的单位后缀的方式，可以有效地解决单位之间的转换问题。

当然除了以太币单位后缀，Solidity 还提供了时间单位后缀来简化时间单位之间的转换问题。下面就一起来看一下这两种后缀。

12.3.1　以太币单位

首先来看一下以太币单位的后缀，Solidity 支持 4 个以太币单位的后缀，分别是 wei、szabo(10e12 wei)、finney(10e15 wei)和 ether(10e18 wei)。

我们来看一个例子来了解一下它们之间是如何转换的，示例如下：

```solidity
pragma solidity ^0.4.24;
/**
 * @title EthereumUnitContract
 * @dev 以太币单位
 */
contract EthereumUnitContract {
  /**
   * @dev 最常见单位 ether 和 wei 换算
   */
  function etherAndWei() public pure returns(bool){
```

```
        return 1 ether == 1e18 wei;
    }
    /**
     * @dev ether 与 finney 换算
     */
    function etherAndFinney() public pure returns(bool){
        return 1 ether == 1000 finney;
    }
    /**
     * @dev ether 与 szabo 换算
     */
    function etherAndSzabo() public pure returns(bool){
        return 1 ether == 1e6 szabo;
    }
}
```

如图 12.4 所示，可以看到，ether 和 wei、finney、szabo 的等式都为 true，这说明对于 ether 与 wei、finney、szabo 之间的转换可以直接使用后缀，而不用使用一串 0 的方式。

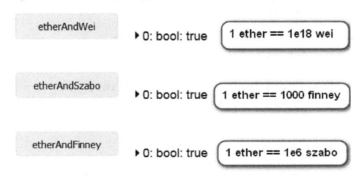

图 12.4　以太币单位后缀

不仅仅是 ether 与 wei、finney、szabo 可以通过这种方式转换，这 4 个后缀之间也可以通过这种添加后缀的方式来避免单位转换或者使用一长串 0 的方式，例如 1 finney ==1e3 szabo。

12.3.2　时间单位

时间单位也是常用的单位，特别是在合约当中，很多判断都是通过时间来检查的，例如是否到期、是否达到截止时间等。

Solidity 提供了 6 个时间相关的后缀，分别是 seconds、minutes、hours、days、weeks 和 years，它们之间的转换关系是：

- 1 == 1 seconds；
- 1 minutes == 60 seconds；

- 1 hours == 60 minutes；
- 1 days == 24 hours；
- 1 weeks == 7 days；
- 1 years == 365 days。

我们还是来看一个例子来了解一下，示例如下：

```solidity
pragma solidity ^0.4.24;
/**
 * @title EthereumTimeContract
 * @dev Solidity 中的时间单位
 */
contract EthereumTimeContract{
  uint256 public end = now + 1 years;                    //结束时间设置为 1 年之后
  /**
    * @dev 计算现在距离结束日期还有多少天
    */
  function getDays() public view returns(uint256){
      return (end - now) / 1 days;
  }
  /**
    * @dev 计算现在距离结束日期还有多少周
    */
  function getWeeks() public view returns(uint256){
      return (end - now) / 1 weeks;
  }
  /**
    * @dev 计算现在距离结束日期还有多少小时
    */
  function getHours() public view returns(uint256){
      return (end - now) / 1 hours;
  }
  /**
    * @dev 计算现在距离结束日期还有多少分钟
    */
  function getMinutes() public view returns(uint256){
      return (end - now) / 1 minutes;
  }
  /**
    * @dev 计算现在距离结束日期还有多少秒
    */
  function getSeconds() public view returns(uint256){
      return (end - now) / 1 seconds;
  }
}
```

如图 12.5 所示，我们可以把时间单位用在计算的表达式中，但发现计算有一些误差，这是因除法的语义造成的，Solidity 中现在的"/"的语义是整除。

图 12.5 时间单位

> 注意：now 不是当前时间戳，而是区块时间戳。

12.4 区块与交易属性

在编写合约时其实有很多全局可用变量，本节我们就来了解一下区块和交易的相关属性。了解这些相关的属性可以在合约中更加灵活地处理业务，简化操作。

12.4.1 区块的相关属性

区块相关属性主要是区块的 hash 值，挖出区块的地址、区块号、区块的 gas 限制、区块的难度等。示例如下：

```
pragma solidity ^0.4.24;
/**
 * @title BlockContract
 * @dev 区块相关全局属性
 */
contract BlockContract {
  /**
   * @dev 通过 blockhash 获取指定区块的 Hash 值
```

```solidity
     */
    function blockHash() public view returns(bytes32) {
      // return block.blockhash(2);
      return blockhash(3);
    }
    /**
     * @dev 通过 coinbase 获取区块矿工地址
     */
    function getBlockCoinBase() public view returns(address){
        return block.coinbase;
    }
    /**
     * @dev 通过 difficulty 获取区块难度
     */
    function getBlockDifficulty() public view returns(uint256){
        return block.difficulty;
    }
    /**
     * @dev gaslimit 获取区块的 gasLimit
     */
    function getBlockGasLimit() public view returns(uint256){
        return block.gaslimit;
    }
    /**
     * @dev 通过 timstamp 获取区块时间戳
     */
    function getBlockTimestamp() public view returns(uint256){
        return block.timestamp;
//      return now;
    }
    /**
     * @dev 通过 number 获取区块号
     */
    function getCurrenBlockNum() public view returns(uint256){
        return block.number;
    }
}
```

如例中所示，我们可以直接通过全局对象 block 访问和 block 相关的属性，例如区块的 Hash 值、区块号等区块属性。如图 12.6 所示，我们在 Remix 中编译部署并运行合约，通过 block 直接获取 block 的相关属性。

> 注意：如果使用 ganache 区块难度，coinbase 和 blockhash 都是 0，ganache 只是用于测试的模拟私链，也没有设置挖矿，只会在产生交易时模拟挖一个区块。可以通过 -b 参数指定挖矿，但是收益地址（coinbase）不能修改。

上面我们选用的 JavaScript VM 也一样，所以上面的这些值都是模拟，可以选择连接 Ropsten 网络来测试，会得到更加真实的数据。

另外需要注意的是 block.blockhash(num) 已不被推荐，推荐使用 blockhash(num)。

第 12 章 Solidity 开发智能合约

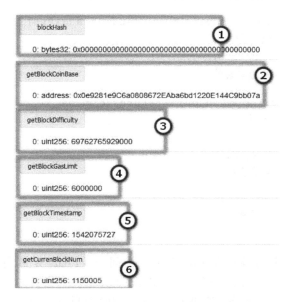

图 12.6 block 相关属性

12.4.2 消息的相关属性

本节我们来了解几个交易相关的全局属性，指定这些消息相关的全局属性，能够帮助我们在应用中更好地使用相关的数据。示例如下：

```
pragma solidity ^0.4.24;
/**
 * @title BlockMsgContract
 * @dev 获取调用消息相关数据
 */
contract BlockMsgContract{
  /**
   * @dev 通过msg.data获取调用函数传入数据，包括函数签名，编码参数
   */
  function msgData() public pure returns(bytes) {
    return msg.data;
  }
  /**
   * @dev 通过gasleft获取剩余gas
   */
  function msgGas() public view returns(uint256){
    //   return msg.gas;
    return gasleft();
  }
  /**
   * @dev 通过sender获取函数调用地址
   */
```

• 281 •

```solidity
function msgSender() public view returns(address){
    return msg.sender;
}
/**
 * @dev 通过 sig 获取函数签名
 */
function msgSig() public pure returns(bytes4){
    return msg.sig;
}
/**
 * @dev 通过 value 获取调用传入的以太币
 * @notice value 单位是 wei
 */
function msgValue() public payable returns(uint256) {
    return msg.value;
}
}
```

消息相关的全局属性使用的是 msg 对象来访问。msg.data 是调用函数执行交易传入的交易 data 属性。msg.gas 已经不被推荐，可以使用 gasleft 来代替，表示没有使用的 gas。

msg.sender 是消息的发起者，通过 msg.sender 我们可以知道谁在调用函数，msg.sender 使用非常多。msg.sig 是 msg.data 的前 4 个字节，就是函数的签名——selector。msg.value 是传入的以太币，前面多处使用的 input、amount 和 value 都指的是 msg.value 这个值。

12.4.3 交易的相关属性

最后来看两个和交易相关的全局属性。示例如下：

```solidity
pragma solidity ^0.4.24;
/**
 * @title TxContract
 * @dev 交易全局属性
 */
contract TxContract {
  /**
   * @dev 通过 tx.gasprice 获取交易的 gas 价格
   */
  function txGasPrice() public view returns(uint256) {
    return tx.gasprice;
  }
  /**
   * @dev 通过 tx.origin 查看交易账户，注意和 msg.sender 区分
   */
  function txOrigin() public view returns(address){
    return tx.origin;
  }
}
```

如上例所示，交易相关的属性是通过对象 tx 来访问。tx.gasprice 表示这笔交易发起者设置的 gasPrice 是多少。tx.origin 代表这笔交易的发起者。

读者是不是感觉 tx.origin 和 msg.sender 非常相似？其实二者有很大区别，比如交易和消息的区别。记住一点，不要使用 tx.origin 进行身份验证，如使用 reguire(tx.origin==owner) 这样的代码。

12.5　错误处理函数

在 Solidity 中有几个用于错误处理的函数，它们可以用来检查前置条件和后置条件，当条件不满足时抛出一个错误。在 Solidity 中这几个函数使用非常多，本节我们就来介绍一下这几个函数，看一下这几个函数的使用场景。

12.5.1　assert 函数

assert 是断言函数，很多开发语言中都支持该函数，特别是在一些测试中断言使用非常多。断言函数一般用于当程序执行到某一步时必须满足指定条件，否则就不能继续执行的情况。这种情况使用断言函数 assert 可以在满足条件时继续顺利执行，不满足条件时产生一个错误。

我们来看一个关于 assert 函数的实例：

```
pragma solidity ^0.4.24;
/**
 * assert
 **/
contract AssertContract {
  function add(uint256 a, uint256 b) public pure returns (uint256) {
    uint256 c = a + b;
    assert(c >= a);//使用 assert 断言函数，如条件不满足直接回退
    return c;
  }
  function mul(uint256 a, uint256 b) public pure returns (uint256) {
    uint256 c = a * b;
    assert(c / a == b);//断言逆运算成立，避免溢出
    return c;
  }
}
```

从上面的实例中可以看到，assert 函数主要是用来检查内部错误和状态不变性。

12.5.2　require 函数

require 函数和 assert 函数非常相似，assert 函数一般是用于执行计算后，检查结果是否符合预期条件，而 require 函数一般是用于检查前置条件。

require 函数有两个重载函数，一个是不带错误信息，另一个可以传递条件不满足的错

误信息,建议尽量使用带错误信息的 require 函数,这样能帮助使用接口的人理解为什么条件不满足。

require 在函数修改器中使用非常多,下面通过一个例子来了解一下 require 函数的使用:

```solidity
pragma solidity ^0.4.24;
/**
* require
**/
contract RequireContract {
  function div(uint8 a,uint8 b) public pure returns(uint8){
      require(b != 0);                            //要求除数不为0
      return a / b;
  }
  function divWithMessage(uint8 a,uint8 b) public pure returns(uint8){
      require(b != 0,"b must not be zero");       //除数不为0,并提供错误信息
      return a / b;
  }
  function sub(uint8 a, uint8 b) public pure returns (uint8) {
   require(b <= a);
   return a - b;
  }
  function subWithMessage(uint8 a, uint8 b) public pure returns (uint8) {
   require(b <= a,"减数必须小于等于被减数");
   return a - b;
  }
}
```

12.5.3 revert 函数

revert 函数用于错误处理的函数,它也有两个重载函数,一个是可以带错误信息,一个是不能带错误信息。revert 函数和 require 函数的差别不大,下面通过一个例子来对比一下 revert 和 require 之间的区别。示例如下:

```solidity
pragma solidity ^0.4.24;
/**
* revert
**/
contract RevertContract {
  uint8 public num = 10;
  function addNum(uint8 counter) public {
   num += counter;
   if(counter % 10 == 0)
      revert();                                    //revert 直接回退
  }
  function addNumWithMessage(uint8 counter) public {
   num += counter;
   if(counter % 10 == 0)
      revert("error message");                     //回退,并且提供错误信息
  }
  function addNumUseRequire(uint8 counter) public {
   num += counter;
```

```
        require(counter % 10 != 0);
    }
}
```

require 和 revert 都会回退函数之前所做的修改，所以当参数为 10 的倍数时，num 的值也不会改变。

12.6　数学与 Hash 函数

Solidity 中还有一些数学和 Hash 相关的全局函数，本节我们就来简单了解一下这些数学与 Hash 函数。

12.6.1　数学运算函数

数学运算函数主要有两个，一个是 addmod 函数，另一个是 mulmod 函数，一个是先执行加法再求余，一个是先执行乘法再求余。

这种运算在加密运算中很常见，因为加密运算经常被限定在有限域内如椭圆曲线的相关运算。下面通过例子来了解一下这两个全局函数：

```
pragma solidity ^0.4.24;
/**
 * 数学全局函数
 **/
contract MathContract {
    function testAddmod(uint a,uint b,uint n) public pure returns(uint){
        return addmod(a,b,n);
    }
    function testMulmod(uint a,uint b,uint n) public pure returns(uint){
        return mulmod(a,b,n);
    }
}
```

如例中所示，直接调用 addmod 和 mulmod 全局函数即可，读者可以在 Remix 中简单测试一下。

12.6.2　Hash 函数

Hash 函数在以太坊中使用非常多，Solidity 为使用较多的几个 Hash 函数 keccak256、sha256、sha3、ripemd160 提供了全局访问的方式。其中 sha3 和 keccak256 是等价的。示例如下：

```
pragma solidity ^0.4.24;
/**
 * 全局 Hash 函数
```

```
 *
 **/
contract HashContract {
    function testKeccak256() public pure returns(bytes32){
      return keccak256("testKeccak256()");//使用 keccak256 函数计算函数签名
    }
    function testSha3() public pure returns(bytes32){
      return sha3("testKeccak256()");//使用 sha3 函数计算函数签名
    }
    function testSha256(bytes data) public pure returns(bytes32){
      return sha256(data);//计算 sha256 哈希值
    }
    function testRipemd160(bytes data) public pure returns(bytes20){
      return ripemd160(data);//计算 ripemd160 哈希值
    }
}
```

注意：sha3、keccak256 和 sha256 函数的返回值是 32 字节，ripemd160 返回值是 0 字节。

12.6.3 ecrecover 函数

ecrecover 函数用来从签名数据中恢复签名使用的私钥对应的地址函数，读者可以回忆一下 6.9.4 节中介绍的 eth_sign 方法。

eth_sign 方法是使用地址获取签名数据，ecrcover 方法是使用签名数据获取地址。我们可以使用 Postman 来调用一下 eth_sign 方法，使用 0x47b7d81e728db1eed983450488c3f8abf8aea2bc 地址对应的私钥对数据 0x48656c6c6f 进行签名，结果如下：

```
0xf63e45ffd92b2bd6e0ec14e9b85c88fe1f7fb9a72783b6e1508120451f6d3d49505
d8645d648e9d77216f7a17a9d21e99ffa63b92ded7024e8174da2f2c1f2cb01
```

拆分为 3 部分：

```
r = f63e45ffd92b2bd6e0ec14e9b85c88fe1f7fb9a72783b6e1508120451f6d3d49
s = 505d8645d648e9d77216f7a17a9d21e99ffa63b92ded7024e8174da2f2c1f2cb
v = 01
```

r 是结果的前 32 字节，s 是第 2 个 32 字节，v 是结果的最后一个字节。

我们在 Solidity 中使用 ecrecover 函数来验证一下：

```
pragma solidity ^0.4.24;
/**
 * @title RecoveryContract
 * @dev ecrecover 函数，从签名到地址
 */
contract RecoveryContract {
    /**
     * @dev 从签名获取地址
     */
    function testRecovery() public pure returns(address){
        //固定前缀
        bytes memory prefix = "\x19Ethereum Signed Message:\n5";
```

```
        bytes5 data = 0x48656c6c6f;                              //签名数据
        //计算 recover 要使用的 Hash 值 h
        bytes32 h = keccak256(prefix,data);
        // 签名包含的 v r s
        uint8 v = 28;
        bytes32r=0xf63e45ffd92b2bd6e0ec14e9b85c88fe1f7fb9a72783b6e1508120451
        f6d3d49;
        bytes32s=0x505d8645d648e9d77216f7a17a9d21e99ffa63b92ded7024e8174
        da2f2c1f2cb;                                 //从签名数据中使用 ecrecover 计算地址
        address addr = ecrecover(h, v, r, s);
        return addr;
    }
}
```

该例中需要注意的是要计算消息的 Hash 值，和签名时一样，注意前缀的最后一个 5 是签名消息的长度。

另外使用 ecrecover 函数时 v 的值要加上 27，有时加 37，这一点在后面介绍 Web3 时会再介绍。

12.7　ABI 编码与编码函数

Solidity 中的 ABI 编码是一个比较复杂的内容，本节我们就来简单了解一下 ABI 编码的相关内容。

12.7.1　ABI 编码简介

合约 ABI（Application Binary Interface）应用二进制接口，是以太坊生态系统中与合约交互的标准方式，包括区块链外部调用和合约之间的交互都使用这种方式。

下面我们看一下 ABI 的结构，主要是函数和事件。如表 12.5 所示为事件的 ABI 结构，其中，type 是类型，对于事件来说 type 的值始终是 event，name 是标识事件名称，inputs 是一个对象数组，用来标识事件的参数，其中的 type 属性表示参数的类型，name 属性表示参数的名称，indexed 属性标识参数是否使用了 indexed 修饰符，就是参数是否为日志主题的一部分。

表 12.5　事件ABI结构

属　　性	说　　明
type	始终为event
name	事件名称
inputs	对象数组，对象包含3个属性，name、type与indexed
anonymous	如果事件使用了anonymous修饰符

如表 12.6 所示为函数 ABI 结构，和事件 ABI 结构相比多了一些属性，主要是因为函数有更多的修饰符。

表 12.6 函数ABI结构

属　　性	说　　明
type	function或者constructor可以省略
name	函数名称
constant	如果为true，那么函数不能修改区块链状态
payable	默认false，如果为true表示可以接收以太币
stateMutability	pure、view、constant、nonpayable、payable之一
inputs	对象数组，对象包含两个属性，即name和type属性
outputs	对象数组，对象包含两个属性，即name和type属性

其中，type 标识类型，function 表示是一个函数，constructor 表示是一个构造函数，name 是函数名称，constant 表示不能修改区块链状态，payable 表示函数可以接收以太币，stateMutability 标识使用了什么修饰符。

inputs 是对象数组，其中的 type 属性表示函数参数的类型，name 属性表示函数参数的名称。outputs 和 inputs 相似，不过标识的是返回值的参数名称和类型。我们先来看一下合约的具体内容，然后再来对比看一下合约编译之后的 ABI，合约代码如下：

```
pragma solidity ^0.4.24;
/**
 * @title ABIContract
 * @dev 用于验证日志和函数的 ABI 编码
 */
contract ABIContract {
    uint num;
    address addr = 0x692a70D2e424a56D2C6C27aA97D1a86395877b3A;
    constructor() public payable{//payable 构造函数，表示创建合约时可以接收以太币
    }
    event LogEvent(uint indexed num, string addr);//定义事件用于验证事件 ABI 编码
    /**
     * @dev 函数用于验证函数 ABI 编码和触发事件
     */
    function functionName(uint base, string name) public returns(address) {
        emit LogEvent(base + num, name);
        return addr;
    }
}
```

合约编译之后的 ABI 内容如下：

```
[
    {
        "constant": false,
        "inputs": [
            {
                "name": "base",
```

```
                    "type": "uint256"
                },
                {
                    "name": "name",
                    "type": "string"
                }
            ],
            "name": "functionName",
            "outputs": [
                {
                    "name": "",
                    "type": "address"
                }
            ],
            "payable": false,
            "stateMutability": "nonpayable",
            "type": "function"
        },
        {
            "inputs": [],
            "payable": true,
            "stateMutability": "payable",
            "type": "constructor"
        },
        {
            "anonymous": false,
            "inputs": [
                {
                    "indexed": true,
                    "name": "num",
                    "type": "uint256"
                },
                {
                    "indexed": false,
                    "name": "addr",
                    "type": "string"
                }
            ],
            "name": "LogEvent",
            "type": "event"
        }
]
```

我们可以看到，合约的 ABI 是一个数组，数组中的一个对象就代表一个函数或者事件，对象中有包含名称、修饰符等前面介绍的函数与事件的相关属性。

其中最重要的是有函数参数和返回值相关的参数类型。我们可以看到标识入参的 inputs 数组中的对象和参数保持了相同的顺序。

12.7.2　ABI 编码数据类型

前面介绍了 ABI 及其结构，本节来了解一下针对 ABI 编码的数据类型分类。如表 12.7

至表 12.9 所示为 Solidity 中的数据类型分类，表 12.7 为基本类型，表 12.8 为固定大小数组类型，表 12.9 为非固定大小类型。

表 12.7 基本类型

类 型	说 明
uint\<M\>	M位无符号整数，0＜M＜=256&&M % 8 ==0
int\<M\>	M位有符号整数，0＜M＜=256&&M % 8 ==0
address	等价于uint160
uint,int	uint256，int256的同义词或者说别名
bool	等价于uint8，被限制为0和1
fixed\<M\> x\<N\>	M位无符号定点数，8 ＜= M ＜= 256 && M % 8 ==0 && 0 ＜ N ＜= 80
ufixed\<M\> x\<N\>	M位有符号定点数，8 ＜= M ＜= 256 && M % 8 ==0 && 0 ＜ N ＜= 80
fixed,ufixed	fixed128x18与ufixed128x18的别名
byte\<M\>	M字节二进制类型，0＜M＜=32
function	20字节地址加上4字节函数selector，编码之后等同byte24

表 12.8 固定大小数组类型

类 型	说 明
\<type\>[M]	M个元素的固定大小数组

表 12.9 非固定大小类型

类 型	说 明
bytes	动态大小字节序列
string	动态大小使用UTF-8编码的Unicode字符串
\<type\>[]	可变大小数组

另外，多个类型还可以组合为一个元组，使用小括号包裹，元素使用逗号分隔：
(T1,T2,…Tn) 其中 n>=0

元组中可以包含元组，也可以包含数组，也可以不包含任何元素（当 n=0 的情况）。

12.7.3 常见数据类型 ABI 编码规则

本节我们来了解一下 ABI 的具体编码规则，在介绍编码规则之前，我们还需要了解一种 Solidity 数据类型分类方式，一种称为动态类型（dynamic），一种是静态类型（static）。

如表 12.10 所示为 ABI 编码中的动态类型，其他的类型都属于静态类型，由于 ABI 编码对于动态类型和静态类型的处理方式不一样，所以要区分静态类型和动态类型。对于静态类型直接存放编码，而对于动态类型先存放编码位置，在指定的位置才是对于类型的编码。

第 12 章　Solidity 开发智能合约

表 12.10　ABI编码动态数据类型

类　　型	说　　明
bytes	动态大小字节数组
string	字符串
T[]	对于任意类型T,T[]都属于动态类型
T[n]	T是动态类型T[n]才为动态类型，n>=0
(T1,T2,T3…Tn)	只要元组中有动态类型，(T1,T2,T3…Tn)就是动态类型

接下来看不同数据类型的 ABI 编码方式。如表 12.11 所示为 ABI 常见类型的基本编码规则，对于整型，是数字对应的二进制进行高位填充，即左边填充，填充的是 0 字节。负数填充的是 ff，即数字对应的补码，就是原码取反加 1。

表 12.11　ABI基本编码规则

类　　型	编　码　方　式
uint\<M\>	value对应的大端（即低地址放高字节，高地址存放低字节）十六进制编码，高位(左边)填充0字节
int\<M\>	value对应的补码，高位(左边)填充ff(负数)或者0字节(正数)
address	等同于uint160
bool	等同于uint8，如果是true则对应uint8的1，如果是false则对应0
bytes	字节长度len当作uint256编码，连接上value的编码，低位填充
string	string使用UTF-8编码，然后按bytes的方式编码
bytes\<M\>	value尾部填充0字节
fixed\<M\>x\<N\>	X * 10**N对应int256的编码
fixed	等同于fixed128x18
ufixed\<M\>x\<N\>	X * 10**对应uint256的编码
ufixed	等同于ufixed128x18

uint、int、address、bool、fixed 和 ufixed 都是转换为对应的整型处理，所以处理方式基本一致。对于 bytes、string、bytes\<M\>都可以处理为字节，填充方式是低位填充，填充的 0 字节为 32 字节的倍数。

这些基本概念第一次看可能比较抽象，下面我们通过几个简单的例子来说明一下，加深理解。我们先来看整型的编码：

```
uint a = 15;
int b = 15;
int c = -15;
```

15 的十六进制是 f，对于整数就是填充 0 字节到 32 字节，所以 a 和 b 的编码是一样的，都是：

0x000000000000000000000000000000000000000000000000000000000000000f

由于 c 是负数，填充的是 ff，所以 c 的编码是：

0xff1

两段编码看上去不一样长,其实只是字符宽度不同,它们都是 64 个字符,就是 64 个十六进制位,即 32 个字节。感兴趣的读者可以直接计算一下 15 和-15 的补码,对比一下结果,正数的补码和原码一样,负数补码是原码取反加 1。

对于 bool 类型就相当于对 uint8 a = 0 和 uint b=1 编码,编码都是固定的:

false:0x0000000000000000000000000000000000000000000000000000000000000000
true:0x0000000000000000000000000000000000000000000000000000000000000001

对 address 来说编码更加简单,不需要转换为十六进制。

address addr = '0x692a70d2e424a56d2c6c27aa97d1a86395877b3a'

编码: 0x000000000000000000000000692a70d2e424a56d2c6c27aa97d1a86395877b3a

我们再来看一下 bytes 类型:

bytes name = "tim"

首先,name 的数据类型是 bytes,bytes 的编码方式是字节长度的编码连接上字节的编码,其中,字节使用的填充方式是尾部填充。

"tim"的字节长度很明显是 3,对 3 按整型的方式编码,得到:

0000000000000000000000000000000000000000000000000000000000000003

"tim"字节的十六进制是 74696d,尾部填充 0 字节为 32 字节倍数的结果为:

74696d0000000000000000000000000000000000000000000000000000000000

所以 name 的最终编码为:

0000000000000000000000000000000000000000000000000000000000000003 74696d0000000000000000000000000000000000000000000000000000000000

现在来猜测一下:

string name = "tim"

其中,name 的编码是什么?没错,就是和 bytes name="tim"编码完全一样。编码为:

0000000000000000000000000000000000000000000000000000000000000003 74696d0000000000000000000000000000000000000000000000000000000000

接下来再来看一下 bytes<M>的编码方式,相对于 bytes 和 string 类型,bytes<M>的编码方式就朴素多了,不需要字节长度,因为长度确定,只需要低位填充为 32 字节倍数就可以了。我们来看一下:

bytes3 name = "tim"

的编码,bytes3 的字节数组为 0x74696d,所以低位填充之后编码为:

0x74696d0000000000000000000000000000000000000000000000000000000000

12.7.4　复杂类型 ABI 编码规则

本节介绍复杂类型的 ABI 编码规则。前面介绍了一个动态的类型元组类型(T1,T2,

T3…Tn)，对于元组类型的编码方式是怎样的？假设：
- X = (T1,T2,T3…Tn) Ti 是 X 中的元素；
- len(a)是代表 a 的字节长度，类型为 uint256；
- encode 表示实际编码。

那么：

```
encode(X) = head(T1)head(T2) ... head(Tn) tail(T1)tail(T2) ... tail(Tn)
```

其中，当 Ti 为静态类型时：

```
head(Ti) = encode(Ti)
tail(Ti) = ""
```

当 Ti 为动态类型时：

```
head(Ti) = encode(len(head(T1) ... head(Tn) tail(T1) ... tail(T(i-1)))
tail(Ti) = encode(Ti)
```

> 注意：动态类型的时候 head(Ti)只和数据类型有关，和值无关。

有了对于元组编码的规则，我们就可以来看一下固定大小数组 T[n]的编码了，假设：

```
T[n] = [T0,T1,T2…T(n-1)]
```

那么：

```
encode(T[n]) = encode(T0,T1,T2…T(n-1))
```

其实就是把固定大小数组转化为元组，再按元组的编码方式进行编码。

对于动态大小数组 T[]的编码方式也差不多，假设动态数组 T[]有 n 个元素，n 被当作是 uint256 类型，其中：

```
T[] = [T0,T1,T2…T(n-1)]
```

那么：

```
encode(T[]) =encode(n) encode(T0,T1,T2…T(n-1))
```

下面我们通过一个例子来探索一下复杂类型的编码过程，假设有：

```
string[] x = ["one","two","three"]
```

我们要求 x 的编码，如何计算？首先确定 x 类型为 string[]，也就是对应的 T[]类型，所以：

```
encode(x)=encode(x.length)encode(string[x.length])
encode(x)=encode(3) head("one")head("two")head("three")tail("one")tail
("two")tail("three")
head("one")=encode(len(head("one")head("two")head("three")))
head("two")=encode(len(head("one")head("two")head("three")tail("one")))
head("three")=encode(len(head("one")head("two")head("three")tail("one")
tail("two")))
```

上面是根据 T[]类型转换为 T[n]类型，T[n]类型转换为(T1,T2,T3…Tn)类型来计算编码的，然后根据元组类型(T1,T2,T3…Tn)的计算公式带入获取。

计算公式中有递归，且没有出口条件怎么计算，对于一般情况，如果递归没有出口条件是有问题的，但是这里没有问题，我们可以做点变换来看一下：

`head("one")=encode(len(head("one")head("two")head("three")))`

假设：

`y = head("one")head("two")head("three")`

那么：

`head("one")=encode(len(y))`

我们前面介绍了 len(y)的类型是 uint256，那么 encode(len(y))的结果显然为一个 32 字节，是根据整型编码规则计算的。所以我们可以指定 head("one")的 len 是 32 字节，进而可以计算 head("one")，同理可以计算 head("two")和 head("three")。

因为 head("one")、head("two")和 head("three")都是 32 字节，所以它们 3 个的长度就是 96 字节，十六进制的 60，所以 head("one")的编码为：

`0000000000000000000000000000000000000000000000000000000000000060`

因为 string 为动态类型，所以：

```
tail("one") = encode("one")
tail("two") = encode("two")
tail("three") = encode("three")
```

根据前面介绍的 string 编码方式，我们可以获得 tail("one")、tail("two")和 tail("three")的编码分别为：

```
0000000000000000000000000000000000000000000000000000000000000003
6f6e650000000000000000000000000000000000000000000000000000000000
0000000000000000000000000000000000000000000000000000000000000003
74776f0000000000000000000000000000000000000000000000000000000000
0000000000000000000000000000000000000000000000000000000000000005
7468726565000000000000000000000000000000000000000000000000000000
```

有了 tail("one")和 tail("two")的值，就可以计算 head("two")的编码为：

`00000000000000000000000000000000000000000000000000000000000000a0`

head("one")、head("two")和 head("three")总共 96 字节，tail("one")64 字节，总共 160 字节，十六进制为 a0。head("three")的编码为：

`00000000000000000000000000000000000000000000000000000000000000e0`

head("one")、head("two")和 head("three")总共 96 字节，tail("one")64 字节，tail("two")64 字节，总共 224 字节，十六进制为 e0。所以 x 的最终编码为：

```
0000000000000000000000000000000000000000000000000000000000000003
0000000000000000000000000000000000000000000000000000000000000060
00000000000000000000000000000000000000000000000000000000000000a0
00000000000000000000000000000000000000000000000000000000000000e0
0000000000000000000000000000000000000000000000000000000000000003
6f6e650000000000000000000000000000000000000000000000000000000000
0000000000000000000000000000000000000000000000000000000000000003
```

```
74776f0000000000000000000000000000000000000000000000000000000000
0000000000000000000000000000000000000000000000000000000000000005
7468726565000000000000000000000000000000000000000000000000000000
```

12.7.5 ABI 编码实例

前面介绍了 ABI 是用来和合约进行交互的标准方式，代表什么意思呢？下面先来看一个具体的合约。示例如下：

```
pragma solidity ^0.4.24;
contract AbiEncodeContract {
  function one(bytes3[2] arrs) public pure returns(bool){
      return arrs.length == 2;
  }
  function two(uint32 first, bool second) public pure returns (bool) {
      return first > 32 && second;
  }
  function three(bytes name, bool isTrue, uint[] nums) public pure
  returns(bool){
      return name.length == nums.length || isTrue;
  }
}
```

上面的合约是一般的合约，如果我们要使用 Postman 通过 JSON-RPC-API 的 eth_sendTransaction 方法来调用合约中的方法，如何调用？

答案就是设置 data 值，eth_sendTransaction 方法用来转以太币，所以没有设置 data。现在要调用合约方法，到 data 登场的时候了，data 设置为什么值？就要用到 ABI 编码。

假如我们要调用合约的 one 方法，使用参数["0x6f6e65","0x74776f"]该如何调用？之前我们介绍过函数的 selector 用来标识函数，使用的是 keccak256("函数签名")的前 4 个字节，这里我们也需要函数的签名，所以首先计算：

```
bytes4(keccak256("one(bytes3[2])"))
```

得到：

```
0x49c7ee1f
```

再计算参数的 ABI 编码，首先看类型是 bytes3[2]，对应的类型就是 T[n]，转换为对应的元组类型("0x6f6e65","0x74776f")，然后估算元组的编码，因为 bytes3 是静态类型，所以：

```
encode(("0x6f6e65","0x74776f")) = encode("0x6f6e65")encode("0x74776f")
```

编码为：

```
6f6e650000000000000000000000000000000000000000000000000000000074776
f000000000000000000000000000000000000000000000000000000000000
```

在最前面拼接上函数的 selector，所以 data 的值为：

```
0x49c7ee1f6f6e650000000000000000000000000000000000000000000000000000
00074776f000000000000000000000000000000000000000000000000000000000000
```

读者可以自己动手使用 Postman 通过 eth_sendTransaction 方法调用一下 one 方法看一

看。同理，其他两个方法也可以用相同的方式来调用。这里介绍一个简单办法用于查看自己的编码是否有问题，可以在 Remix 中编译部署合约，然后使用相同的参数调用对应的方法，在 Remix 的 console 中查找对应调用的 input 值，就是对应的编码数据，可以对比自己的编码结果是否和 input 的值相同。

12.8 特殊类型函数

在 Solidity 中除了构造函数之外还有其他几个特殊类型函数，分别是回退函数、析构函数和函数重载，其中函数重载不是一个具体的函数类型。

了解这些函数能够完善我们对智能合约的理解，本节就来介绍这几种函数类型。

12.8.1 回退函数

一个合约可以有并且最多可以有一个不命名函数，这个函数不能有参数，也不能有返回值，这个函数就是一个回退函数，当在一个合约上执行一个函数调用，当没有函数匹配到的时候，合约中的回退函数就会被调用。而且这个函数在接受以太币时会被调用，另外为了接受以太币，这个函数必须添加 payable 修饰符。如果没有这个函数，合约将不能通过普通的交易接收以太币。

最坏的情况下，回退函数只有 2300gas 可以使用，除了记录日志之外没有太多的 gas 来执行其他的操作，例如下面的操作将超过 2300gas：

- 写入到 storage。
- 创建一个合约。
- 执行一个外部函数调用。
- 发送以太坊。

合约接收以太币而没有定义一个回退函数会抛出异常，以太币会被退回，所以要合约接收以太币，必须定义一个回退函数。示例如下：

```
pragma solidity ^0.4.24;
/**
 * 回退函数
 **/
contract FallbackWithoutPayableContract {
    uint8 public num = 0;
    event LogUint8(uint8 num);
    function() public {
        emit LogUint8(num);
        num++;
    }
}
contract FallbackContract {
```

```
        function() public payable{
        }
        function getBalance() public view returns(uint256){
            return this.balance;
        }
}
contract CallerContract {
    function callFallbackWithoutPayableContract(FallbackWithoutPayable
    Contract con) public {
        con.call(0xaabbccdd);
        // con.send(2 ether);
    }
    function callFallbackContract(FallbackContract con) public {
        con.call(0xaabbccdd);
        con.send(2 ether);
    }
}
```

> 注意：没有 payable 回退函数的合约可以作为挖矿收益地址，和合约析构函数退回以太坊的地址。

上例就是一个 fallback 函数的实例，当我们调用合约函数不存在时就会调用 fallback 函数，如果 fallback 函数有 payable 修饰符就可以接收以太币。

12.8.2　析构函数

合约的析构函数是用来销毁合约的，例如一个合约已经完成了它的使命，我们就可以通过调用析构函数来销毁它。最主要的是，如果合约中还有以太币的话可以同调用析构函数提取指定的地址，下面我们来看一个简单的例子。

```
pragma solidity ^0.4.24;
/**
* 析构函数
**/
contract DestroyContract {
    constructor() public payable{
    }
    function kill(address recipit) public{
        // suicide(recipit);
        selfdestruct(recipit);   //销毁合约，并将剩余的以太币发送到 recipit 地址
    }
    function getBalance() public view returns(uint256){
        return address(this).balance;
    }
    function() public payable{
    }
}
contract ReceiveContract {
    function() public{
```

```
    }
}
contract TransferContract {
    constructor() public payable{
    }
    function transferEther(address addr) public payable{
        addr.transfer(1 ether);
    }
    function() public payable{
    }
}
```

如例子中所示，kill 中调用的 suicide(recipit) 和 selfdestruct(recipit) 就是析构函数，suicide 已不被推荐使用，主要是命名的问题，所以建议读者直接使用 selfdestruct，selfdestruct 接收一个参数，表示接收合约剩余的以太币。

12.8.3 函数重载

函数的重载非常简单，就是合约中可以有同名的函数，但是这些函数的类型和参数必须有不一样的地方，下面来看一个例子。

> 注意：返回参数不能用于判断重载的条件。

```
pragma solidity ^0.4.24;
/**
 * @title OverloadContract
 * @dev 函数重载
 */
contract OverloadContract {

    function overloadFunction(uint8 num) public pure {
    }
    function overloadFunction(uint256 num) public pure {
    }
    /**
     * @dev 测试重载函数的调用
     */
    function callOverloadFunction() public pure{
        // overloadFunction(1);//不能确定1的转换类型，所以不能通过编译
        overloadFunction(256);//调用参数类型为uint256的overloadFunction函数
    }
    /// 函数返回值不作为重载的判断条件
    // function notOverloadFunction() public pure returns(uint8 num) {
    // }
    // function notOverloadFunction() public pure returns(uint256 num) {
    // }
}
```

例子中的两个 overloadFunction 函数是重载函数，因为它们的参数类型不同，当然也可以通过不同参数个数来重载。两个 notOverloadFunction 不是重载函数，返回值类型或者个数不同，因此不在重载的考虑范围之内，读者可以回想一下函数签名，没有使用返回值就很容易理解了。

另外，调用重载函数时应该注意类型转换问题，例如 overloadFunction(1)不能通过编译，因为 1 既可以转换为 uint8 类型，又可以转换为 uint256 类型。因为有两个可用函数，因此编译器不知道应该把 1 转换为 uint8 还是 uint256 类型。

12.8.4 使用 new 创建合约函数调用

前面我们已经见到过 new 这个关键字，new 可以用来创建合约，使用 new 创建的合约比较特殊，下面我们通过一个具体的例子来了解一下。

```
pragma solidity ^0.4.24;
/**
 * @title BaseContract
 * @dev 要通过合约创建的合约
 */
contract BaseContract {
    uint256 public count = 0;
    address public owner;  //合约拥有者
    mapping(uint256=>string) public data;
    constructor() public payable {
                    //payable 构造函数表示创建合约的时候可以接收以太币
        owner = msg.sender;
        data[1] = "hello";
    }
    /**
     * @dev 向指定地址转以太币
     * @param addr 接收以太币地址
     */
    function sendAmount(address addr) public payable{
        addr.transfer(1000 wei);
    }
    /**
     * @dev pure 函数用于测试简单调用
     */
    function add(uint256 a,uint256 b) public pure returns(uint256){
        return a + b;
    }
    /**
     * @dev 查看合约余额，用于检查合约转账
     */
    function getBalance() public view returns(uint256){
        return address(this).balance;
```

```solidity
    }
    /**
     * @dev 修改状态变量,用于测试使用合约内创建的合约实例修改合约状态变量的情况
     */
    function addCount(uint256 num) public{
        count += num;
    }
    /**
     * @dev 修改合约拥有者
     */
    function modifiyOwner(address addr) public{
        owner = addr;
    }
    /**
     * @dev 测试修改通过合约创建的合约实例中的mapping类型数据
     */
    function putData(uint256 id,string name) public{
        data[id] = name;
    }
    function getData(uint256 id) public view returns(string){
        return data[id];
    }
    /**
     * @dev 调用析构函数,将剩余以太币发送到调用kill函数的账户
     */
    function kill() public{
        selfdestruct(msg.sender);
    }
}
/**
 * @title NewContract
 * @dev 创建合约的合约
 */
contract NewContract {
    BaseContract public base;              //待创建的合约
    /**
     * @dev 合约内创建合约
     */
    function newBaseContract() public payable{
        base = (new BaseContract).value(5000 wei)();
                                           //表示创建合约并且给创建的合约5000wei
    }
    /// 下发函数都是通过合约内创建合约base测试代理调用的情况
    function callSendAmounts(address addr) public payable{
        base.sendAmount(addr);
    }
    function callAdd(uint256 a,uint256 b) public view returns(uint256){
        return base.add(a,b);
    }
```

```
    function callGetBalance() public view returns(uint256){
        return base.getBalance();
    }
    function callAddCount(uint256 num) public{
        base.addCount(num);
    }
    function callModifiyOwner(address addr) public{
        base.modifiyOwner(addr);
    }
    function callPutData(uint256 id,string name) public{
        base.putData(id,name);
    }
    function callGetData(uint256 id) public view returns(string){
        return base.getData(id);
    }
    function getCount() public view returns(uint256){
        return base.count();
    }
    function callKill() public{
        base.kill();
    }
}
```

例子中有两个合约，一个是 BaseContract，一个是 NewContract。我们首先来看一下 NewContract 合约，在 NewContract 合约中有一个状态变量 base，base 比较特殊，是一个合约类型。NewContract 合约中有一个函数 newBaseContract，用来创建 BaseContract 合约。

```
base = (new BaseContract).value(5 ether)();
```

以上是使用 new 创建合约的示例，并且我们在创建合约时给合约发送了以太币。如果不发送以太币，那么就简洁很多。

```
base = new BaseContract();
```

> 注意：new 合约要接收以太币，构造函数必须有 payable 修饰符。

使用 new 创建合约比较容易，关键点在于通过 new 创建的合约的特性，和一般的合约有什么不同。通过 new 关键字创建的合约属于创建合约的合约，这句话不太好理解，直接来看特性，通过 new 创建的合约，我们使用 eth_getCode 方法得不到合约的代码，在 Remix 中使用 at address 得到的是创建合约的合约。

如图 12.7 所示为 NewContract 合约在 Remix 中部署后的函数列表。标注①区域的函数是修改以太坊状态的函数，在 Remix 中的颜色是红色。标注②区域是不会修改以太坊状态的函数，在 Remix 中的颜色是浅紫色偏灰色。

图 12.7 中的函数都是 NewContract 中的函数，都是调用 new 的 BaseContract 实例函数，修改数据、添加数据、转账都没有问题。甚至我们没有添加 public 状态变量访问接口，还是会生成对应的 getter 函数，例如 count，我们还可以使用 base.count()这种方式。

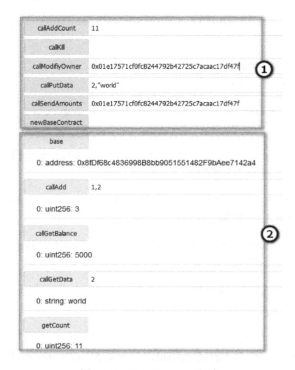

图 12.7　NewContract 方法

　　new 出来的合约和创建出来的一般合约的最大不同就是外部不能访问，需要注意的是我们调用 sendAmount 转账时，使用的是 new 出来的合约的以太币。

　　上面的实例最好在 Ropsten 网络中测试，使用 Remix 运行时 Environment 选择 JavaScript VM 模式，执行基本不会有问题，如果使用 Ganache 搭建测试客户端，很多修改以太坊状态的方法会执行不成功，而且没有具体的错误信息，只看到 transaction revert，这就是做智能合约最无奈的地方。

第 13 章　Solidity 开发智能合约进阶

本章继续介绍一些 Solidity 和智能合约相关的内容，以及经常遇见的问题和开发的注意事项等，希望能为做以太坊智能合约开发的读者提供一些帮助。

本章主要涉及的知识点有：
- Solidity 数据位置；
- Solidity 数据位置与赋值；
- Solidity 继承；
- Solidity 库；
- Solidity 编译；
- Solidity 编码风格。

13.1　Solidity 数据位置

本节首先介绍 Solidity 中一个比较重要的概念——数据位置（Data Location），在之前章节的介绍中我们都避免介绍这个问题，因为对于初学者这个问题有点"绕"。本节我们就来揭开 Solidity "数据位置"的神秘面纱。

13.1.1　什么是数据位置

每一个复杂类型都有一个额外的标注，这个标注就叫做数据位置，表示数据存储在 memory 中还是 storage 中。数据位置标注非常重要，它关系到了变量之间赋值行为的问题，后面会详细介绍。

> 注意：我们把数据位置当做一种标注（annotation），而不是类型，主要是为了避免和数据类型混淆，其他语言把它也称为注解，但在本书中称为标注。

根据上下文的不同，总会有一个默认的类型，但是可以通过 memory 或者 storage 关键字进行改写。函数的参数（包括入参和出参）的标注都是 memory，函数局部变量的标注都是 storage，状态变量的标注必须是 storage，不能通过 memory 进行改写。

> 注意：在 0.5.0 及其以后的版本中必须显式地申明数据位置标注，目前最新的版本是 0.4.5。

13.1.2 memory 简介

回忆一下前面介绍的 EVM 结构时的 memory，使用 memory 数据位置标注的数据就是存储在 EVM 的 memory 区域。

memory 存储数据保留了前 4 个 32 字节，就是前面的 128 字节可以看做是 metadata 数据。memory 存储数据主要包含的数据是：0x00-0x3F 这 64 字节是哈希方法的暂存空间；0x40-0x5F 这 32 个字节是存放的是当前已经分配的 memory 的大小，也就是下一个分配空间的开始位置；0x60-0x7F 这 32 字节用于存放动态 memory 数组的初始值。

所以 memory 存储的数据是从 0x80 开始的，memory 总是重新分配内存，而不会释放内存，例如前面有一个变量分配的内存没有使用，后面一个相同类型的变量并不会利用之前不使用的空间，而是从新分配新的空间。

13.1.3 storage 简介

相对于 memory 数据位置标注来说，storage 数据位置标注就复杂一些，使用 storage 位置标注的变量会存储在 EVM 的 storage 区域，在交易执行之后，storage 区域的数据会被写回到合约账户的 storage 中。

storage 标注的变量在内存中的存储格式可以分为两大类，一类是 Mapping 类型和动态大小数组（T[]，bytes，string）变量；另一类是静态大小类型变量，也就是除了 Mapping 和 T[]类型的其他类型变量。

我们先来看 storage 的静态大小类型变量的存储，这类变量会从第一个 slot 开始存放，一个 slot 是 32 字节，如果变量类型小于 32 字节，那么会把多个变量打包为一个后存放在一个 slot 中。打包的规则如下：

（1）每一项都按低位对齐。

（2）基本类型只使用它需要的字节，例如 uint8 只使用 1 个字节。

（3）如果 slot 余下的字节不能存放一个基本类型，就会存放到下一个 slot 中。例如前面有一个 uint248，后面有一个 uint16，它们不会打包在同一个 slot 中，uint248 会占用一个 slot，空余一个字节，uint16 会存放到下一个 slot 中。

（4）struct 和 array 类型总是从一个新的 slot 开始存储，但是 struct 和 array 内部的数据还是会按前面的打包规则打包。

> 注意：使用小于 32 字节的类型，可能花费更多 gas，因为 EVM 的 stack 的 slot 是 32 字节，因此小于 32 字节的类型在运行的时候会需要更多的操作。

上面的打包规则很多时候还是可以利用一下，例如我们需要定义状态变量：

```
uint128 a;
uint256 b;
uint128 c;
```

这时就可以考虑重新排序，换成下面这种：

```
uint128 a;
uint128 c;
uint256 b;
```

当然，组合还有很多，重要的是尽量把能够打包成一个 32 字节的类型放在一起，这样可以节约一些 storage 空间。

bytes 和 string 类型的存储方式比较简单，如果存储数据的长度小于等于 31 字节，那么就会在对应的 slot 中高位存储数据，低位存储数据字节长度的 2 倍，例如合约中有一个 string="hello"，那么对应的 slot 中的数据就是：

0x68656c6c6f000000000000000000000000000000000000000000000000000000000a

高位是数据的 UTF-8 编码，低位是数据长度 5 的 2 倍 10 的十六进制 a。对于长度超过 32 字节的 bytes 和 string，对应 slot 中存放的是数据字节长度的 2 倍加 1，假设数据字节长度为 length，那么对应 slot 中的数据就 2*length + 1。例如，我们的合约中只有一个状态变量：string name = "hellohellohellohellohellohellohello"，slot0 的数据就是 71，那么数据在哪？

数据在 keccak256(slot)的位置，也就是在 keccak256('0x0000000000000000000000000000000000000000000000000000000000000000')的位置上。

在以太坊客户端的标准 JSON-RPC-API 中有一个 eth_getStorageAt 方法，就可以获取 storage 中对应位置的数据。这个方法中第一个参数是合约地址，第二个参数或者是位置，或者是 keccak256 计算得到的值，第三个参数是指定哪一个区块。

对应动态数组 T[]，slot 中位置存放的是元素个数，数据的位置存放在 keccak256(slot)，计算方式和 bytes、string 大于等于 32 字节的情况一致，注意左填充。

Mapping 对应的 slot 中没有存储值，Mapping 中的数据存储在 keccak256(k+slot)的位置。这里的+指的是拼接，key 是 Mapping 中的键。另外需要注意的是，如果 Mapping 的值不是基本类型，就做递归处理。下面来看一个小的例子，假设我们有一个合约如下：

```
pragma solidity ^0.4.25;
contract MappingContract {
    mapping(uint => string) idName;
    uint num = 10;
    constructor() public{
        idName[1] = "hello";
        idName[2] = "world";
    }
}
```

例子中有两个状态变量 idName 和 num。初始化已经设置了一些值，这些值在合约创建时就会写入合约账户的 storage 中，需要时会从合约 storage 中读取，但是如何获取这些值？

我们先来看 num，num 是 uint 类型，属于一个基本类型，刚好占用 32 字节，num 是在第 2 个位置，slot 的位置是 1，所以我们可以通过下面的请求体，使用 Postman 来执行请求：

```
{
    "jsonrpc": "2.0",
    "method": "eth_getStorageAt",
    "params": ["0x4d2746620a0b37a290224c9e563e109191690490",    "0x1",
"latest"],
    "id": 1
}
```

⚠️注意：0x4d2746620a0b37a290224c9e563e109191690490 是合约部署地址。

Mapping 类型的数据要复杂一些，根据前面介绍的 Mapping 数据位置在 keccak256(k.slot)，我们先算 key 为 1，也就是 hello 的位置。首先 key 为 1，左填充之后：

0000000000000000000000000000000000000000000000000000000000000001

Mapping 是第一个，所以 slot 位置为 0，左填充之后为：

0000000000000000000000000000000000000000000000000000000000000000

拼接之后为：

00000000000000000000000000000000000000000000000000000000000000010000000000000000000000000000000000000000000000000000000000000000

计算：

keccak256('0x000000000000000000000000000000000000000000000000000000000000000100000000000000000000000000000000000000000000000000000000000000000')

得到：

0xada5013122d395ba3c54772283fb069b10426056ef8ca54750cb9bb552a59e7d

然后可以使用 Postman 执行下面的请求体：

```
{
    "jsonrpc": "2.0",
    "method": "eth_getStorageAt",
    "params": ["0x4d2746620a0b37a290224c9e563e109191690490", "0xada5013122
d395ba3c54772283fb069b10426056ef8ca54750cb9bb552a59e7d", "latest"],
    "id": 1
}
```

返回结果为：

```
{
    "id": 1,
    "jsonrpc": "2.0",
    "result":
"0x68656c6c6f000000000000000000000000000000000000000000000000000000a"
}
```

可以看到，和 string='hello'中的存储值一样。同理，我们可以计算 Mapping 中 key 为 2 的值。现在就算合约没有提供相应的接口，我们也知道如何获取合约中状态变量的值，这对于我们进行其他的排查有帮助。如果读者有兴趣，可以挑战一下 Mapping 嵌套 Mapping、Mapping 嵌套数组的计算。

13.1.4 calldata 简介

Sloidity 中除了前面介绍的两种数据位置之外，其实还有第 3 种数据位置，就是 calldata，其使用非常少。calldata 数据位置标注的数不能被修改也不能持久化。calldata 的行为非常像 memory，但只用于 external 函数的入参，并且 external 函数的入参必须是 calldata 标注。下面通过例子来看一下 calldata 不可变的特性：

```solidity
pragma solidity ^0.4.24;
/**
 * @title CalldataContract
 * @dev calldata 数据位置标注
 */
contract CalldataContract {
  /**
   * @dev external 函数的入参，默认数据位置标注是 calldata
   * @notice calldata 数据位置标注的元素是不能修改的
   */
  function calldataTest(uint8 [] array) external pure returns (uint8) {
    assert(array.length > 0 && array.length <= 10);
    uint8 sum = 0;
    // array[0] = 10;
    for(uint8 i=0;i<array.length;i++){
        sum += array[i];
    }
    return sum;
  }

  /**
   * @dev 对比一下 public 函数的入参和 external 函数的入参的异同
   */
  function memoryTest(uint8 [] array) public pure returns (uint8) {
    assert(array.length > 0 && array.length <= 10);
    uint8 sum = 0;
    array[0] = 10;
    for(uint8 i=0;i<array.length;i++){
        sum += array[i];
    }
    return sum;
  }
}
```

上面代码中，calldataTest 函数是一个 external 修饰符修饰的函数，它的参数 array 数据位置是 calldata，并且必须是 calldata，我们知道 calldata 数据位置标注的变量不能被修改，所以使用 array[0]=10 修改数据位置标注为 calldata 的变量会直接产生一个编译错误。

而 memoryTest 函数则没有这个问题，因为 memoryTest 函数的修饰符是 public，它的参数 array 默认的数据位置标注是 memory。虽然 memory 不可持久化，但是 memory 数据位置标注可以被修改。如图 13.1 所示，可以看到，传入通用的参数 calldataTest 函数的返回值是 3，而 memoryTest 函数因为参数数组被修改了，所以返回值是 12。

图 13.1　calldata 数据位置标注

13.1.5　小结

很多操作会因为数据位置有限制，所以这里我们先对 Solidity 数据位置的这些限制做一些总结。首先我们做一个定义，把一个函数的传入参数称为入参，函数的返回参数称为出参，那么得到结论，强制数据位置类型：

- 可见性为 external 的函数入参的数据类型（Data Location）必须是 calldata 类型。
- 状态变量的数据位置（Data Location）类型必须是 storage 类型。（回想一下什么是状态变量）

默认数据类型：

- 一个函数的入参和出参的数据位置（Data Location）类型默认是 memory 类型。（external 函数的入参除外，因为强制为 calldata 类型）
- 除了入参和出参之外（上一条）的所有局部变量的数据位置（Data Location）类型默认为 storage。（回想一下什么是局部变量）

13.2　数据位置与赋值

本节我们就通过一些实例具体了解一下 Solidity 中数据位置标注对于变量之间赋值的影响。读者可以亲自动手尝试一下这些例子，有助于理解数据位置标注对赋值的影响。

13.2.1　状态变量赋值给局部 storage 变量

首先来看一个状态变量赋值给 storage 局部变量的例子。我们知道状态变量肯定是

storage 的，因为合约的状态变量最后要存储在合约账户的 storage 中，合约下一次执行会重新读取，不然就会状态丢失。

```
pragma solidity ^0.4.24;
/**
* 状态变量赋值给 storage 局部变量
**/
contract StateVarToLocalStorageContract {
    uint8 [3] array = [1,2,3];
    event LogUint8(uint8);
    function changeArray () public {
       uint i = 0;
       for(;i<3;i++){
           emit LogUint8(array[i]);//修改之前触发事件，记录日志
       }
       uint8 [3] storage localA = array;
       localA[0] = 10;
       i = 0;
        for(;i<3;i++){
          emit LogUint8(array[i]);//修改之后触发事件，记录日志
       }
    }
}
```

代码中，在合约 StateVarToLocalStorageContract 中有一个状态变量是固定大小数组 array，初始化的值是 1、2、3。在 changeArray 函数中，先用事件输出 array 数组中的值，然后把 array 直接赋值给局部的 storage 位置标注的变量 localA，之后修改 localA 数组中的第一个值为 10，然后再一次输出状态变量 array 数组中的值。

现在只需要运行 changeArray 函数，然后查看日志输出，如果 array 输出的前后结果是一样的，说明执行的是拷贝操作，如果 array 输出的前后结果不一致，说明执行的是引用赋值。为了方便，我们可以在 Remix 中编译部署合约,然后直接在 Remix 中调用 changeArray 函数，在 Remix 的控制台中查看对应的日志输出。

如表 13.1 所示为 changeArray 函数的输出，只截取了 Remix 控制台输出的 logs 部分。

表 13.1 changeArray函数输出日志

logs	[{ "topic": "1eee10093fe3acc1c3d39d843c6c93f27d2a1ba8e5f212f04988c2f7672ddbc9", "event": "LogUint8", "args": ["1"] }, { "topic": "1eee10093fe3acc1c3d39d843c6c93f27d2a1ba8e5f212f04988 c2f7672ddbc9", "event": "LogUint8", "args": ["2"] }, { "topic": "1eee10093fe3acc1c3d39d843c6 c93f27d2a1ba8e5f212f04988c2f7672ddbc9", "event": "LogUint8", "args": ["3"] }, { "topic": "1eee10093fe3acc1c3d39d843c6c93f27d2a1ba8e5f212f04988c2f7672ddbc9", "event": "LogUint8", "args": ["10"] }, { "topic": "1eee10093fe3acc1c3d39d843c6c93f27d2a1ba8e5f212f04988c2f7672 ddbc9", "event": "LogUint8", "args": ["2"] }, { "topic": "1eee10093fe3acc1c3d39d843c6c93f27d2 a1ba8e5f212f04988c2f7672ddbc9", "event": "LogUint8", "args": ["3"] }]

可以看到日志输出表中，array 前后两次输出的结果不同，说明 array 被修改了，这说明状态变量赋值给局部的 storage 变量是赋值的引用。

13.2.2 状态变量赋值给 memory 局部变量

本节在上节内容的基础上来看一下状态变量赋值给局部的 memory 变量执行的是什么操作。示例如下：

```
pragma solidity ^0.4.24;
/**
*   状态变量赋值给 memory 局部变量
**/
contract StateVarToLocalMemoryContract {
    uint8 [3] array = [1,2,3];
    event LogUint8(uint8);
    function changeArray () public {
        uint i = 0;
        for(;i<3;i++){
            emit LogUint8(array[i]);
        }
        uint8 [3] memory localA = array;
        localA[0] = 10;
        i = 0;
         for(;i<3;i++){
            emit LogUint8(array[i]);
        }
    }
}
```

这个例子和上节的例子非常相似，只是修改了局部变量 localA 的位置标注为 memory 位置标注。我们还是在 Remix 中来编译运行合约。如表 13.2 所示为截取的部分输出日志，可以看到 array 数组在值被修改后并没有产生变化。

说明修改 localA 数组的值并没有修改状态变量的值，所以状态变量赋值给局部 memory 位置标注的变量执行的是拷贝操作。这里没有输出 localA 数组中的值，读者可以自己亲自动手输出 localA 数组中的值，会发现 localA 中的值被修改了。

表 13.2 changeArray 日志

logs	[{ "topic": "1eee10093fe3acc1c3d39d843c6c93f27d2a1ba8e5f212f04988c2f7672ddbc9", "event": "LogUint8", "args": ["1"] }, { "topic": "1eee10093fe3acc1c3d39d843c6c93f27d2a1ba8 e5f212f04988c2f7672ddbc9", "event": "LogUint8", "args": ["2"] }, { "topic": "1eee10093fe3acc1 c3d39d843c6c93f27d2a1ba8e5f212f04988c2f7672ddbc9", "event": "LogUint8", "args": ["3"] }, { "topic": "1eee10093fe3acc1c3d39d843c6c93f27d2a1ba8e5f212f04988c2f7672ddbc9", "event": "LogUint8", "args": ["1"] }, { "topic": "1eee10093fe3acc1c3d39d843c6c93f27d2a1ba8e5f212 f04988c2f7672ddbc9", "event": "LogUint8", "args": ["2"] }, { "topic": "1eee10093fe3acc1c3d39d843 c6c93f27d2a1ba8e5f212f04988c2f7672ddbc9", "event": "LogUint8", "args": ["3"] }]

13.2.3 局部 memory 变量赋值给状态变量

前面我们了解了状态变量赋值给局部的 memory 位置标注的变量执行的是拷贝操作，

那么局部的 memory 变量赋值给状态变量呢？示例如下：

```
pragma solidity ^0.4.24;
/**
* memory 局部变量赋值给状态变量
**/
contract MemoryToStateContract {
    uint8 [3] array;
    event LogUint8(uint8);
    function changeArray () public {
        uint8 [3] memory localA = [1,2,3];
        uint i = 0;
        array = localA;
        localA[0] = 10;
        for(;i<3;i++){
            emit LogUint8(localA[i]);
        }
        i = 0;
        for(;i<3;i++){
            emit LogUint8(array[i]);
        }
    }
}
```

例子中，在 MemoryToStateContract 合约中有一个固定大小数组 array，array 没有设置初始化值。在 changeArray 函数中，有一个 memory 位置标注的局部变量 localA，初始化设置的值为 1、2、3，我们先把 localA 的赋值给状态变量 array，然后修改了 localA 的值，最后分别输出 localA 的值和 array 的值。

如表 13.3 所示为函数 changeArray 的输出日志，可以看到 localA 的值和 array 的值不同，说明局部 memory 变量赋值给状态变量执行的也是拷贝操作。

表 13.3 changeArray 日志

logs	[{ "topic":"1eee10093fe3acc1c3d39d843c6c93f27d2a1ba8e5f212f04988c2f7672ddbc9","event" : "LogUint8", "args": ["10"] }, { "topic": "1eee10093fe3acc1c3d39d843c6c93f27d2a1ba8e5f212f04988c2f7672ddbc9", "event": "LogUint8", "args": ["2"] }, { "topic": "1eee10093fe3acc1c3d39d843c6c93f27d2a1ba8 e5f212 f04988c2f7672ddbc9", "event": "LogUint8", "args": ["3"] }, { "topic": "1eee10093fe3acc1c3d39d843 c6c93f27d2a1ba8e5f212f04988c2f7672ddbc9", "event": "LogUint8", "args": ["1"] }, { "topic": "1eee 10093fe3acc1c3d39d843c6c93f27d2a1ba8e5f212f04988c2f7672ddbc9", "event": "LogUint8", "args": ["2"] }, { "topic": "1eee10093fe3acc1c3d39d843c6c93f27d2a1ba8e5f212f04988c2f7672ddbc9", "event": "LogUint8", "args": ["3"] }]

13.2.4 状态变量赋值状态变量

本节我们来看一下状态变量赋值给状态变量执行的是什么操作。示例如下：

```
pragma solidity ^0.4.24;
/**
* 状态变量赋值给状态变量
**/
contract StateToStateContract {
```

```
    uint8 [3] public arrayF = [1,2,3];
    uint8 [3] public arrayS;
    event LogUint8(uint8);
    function changeArray () public {
        uint8 i = 0;
        for(;i<3;i++){
            emit LogUint8(arrayF[i]);
        }
        arrayS = arrayF;
        arrayF[0] = 10;
        i=0;
        for(;i<3;i++){
            emit LogUint8(arrayS[i]);
        }
    }
}
```

如上例所示，在合约 StateToStateContract 中有两个状态变量 arrayF 和 arrayS，都是长度为 3 的固定大小数组。arrayF 的初始化值为 1、2、3，arrays 没有设置初始化值。

我们在 changeArray 函数中先把 arrayF 的赋值给 arrayS，修改 arrayF 的值，然后输出 arrayS。如表 13.4 所示为 changeArray 函数的输出日志，可以看到修改 arrayF 的值之后 arrayS 中的值并没有被修改。

合约中我们把状态变量设置为 public，所以可以在 Remix 部署合约，然后可以直接通过生成的 getter 接口查看数组中的值，可以看到 arrayF 的值的确被改变了，这说明状态变量赋值给状态变量执行的是拷贝操作。

表 13.4 changeArray 日志

logs	[{ "topic": "1eee10093fe3acc1c3d39d843c6c93f27d2a1ba8e5f212f04988c2f7672ddbc9", "event": "LogUint8", "args": ["1"] }, { "topic": "1eee10093fe3acc1c3d39d843c6c93f27d2a1ba8e5f212f04988c2f7672ddbc9", "event": "LogUint8", "args": ["2"] }, { "topic": "1eee10093fe3acc1c3d39d843c6c93f27d2a1ba8e5f212f04988c2f7672ddbc9", "event": "LogUint8", "args": ["3"] }, { "topic": "1eee10093fe3acc1c3d39d843c6c93f27d2a1ba8e5f212f04988c2f7672ddbc9", "event": "LogUint8", "args": ["1"] }, { "topic": "1eee10093fe3acc1c3d39d843c6c93f27d2a1ba8e5f212f04988c2f7672ddbc9", "event": "LogUint8", "args": ["2"] }, { "topic": "1eee10093fe3acc1c3d39d843c6c93f27d2a1ba8e5f212f04988c2f7672ddbc9", "event": "LogUint8", "args": ["3"] }]

13.2.5 局部 memory 变量赋值给局部 memory 变量

本节我们来了解一下局部 memory 变量赋值给局部 memory 变量的情况。因为状态变量只能是 storage 位置标注的，所以我们看到 memory 就知道肯定是一个局部变量。示例如下：

```
pragma solidity ^0.4.24;
/**
 *  memory 局部变量赋值给 memory 局部变量
 **/
contract MemoryToMemoryContract {
```

```
    event LogUint8(uint8);
    function changeArray () public {
       uint8 [3] memory arrayF = [1,2,3];
       uint8 [3] memory arrayS = arrayF;
       arrayF[0] = 10;
        uint8 i = 0;
        for(;i<3;i++){
           emit LogUint8(arrayF[i]);
        }
        i=0;
        for(;i<3;i++){
           emit LogUint8(arrayS[i]);
        }
    }
}
```

本例中，在 MemoryToMemoryContract 合约中还是使用 changeArray 函数，不过这一次是局部的 memory 之间赋值操作。我们先设置 arrayF 的初始值是 1、2、3，把 arrayF 赋值给 arrayS，然后修改 arrayF 的第一个元素，最后再分别输出 arrayF 和 arrayS 的值。

如表 13.5 所示为 changeArray 函数的日志输出，可以看到 arrayF 的值和 arrayS 中的值相同。

也就是说，修改 arrayF 的值，arrayS 的值也被修改了，说明局部 memory 之间的赋值操作是赋值的引用。所以不要认为只要看到 memory 就是赋值、拷贝操作，一定要自己动手检查一下。

表 13.5 changeArray 日志

logs	[{ "topic": "1eee10093fe3acc1c3d39d843c6c93f27d2a1ba8e5f212f04988c2f7672ddbc9", "event": "LogUint8", "args": ["10"] }, { "topic": "1eee10093fe3acc1c3d39d843c6c93f27d2a1ba8e5f212f04988c2f7672ddbc9", "event": "LogUint8", "args": ["2"] }, { "topic": "1eee10093fe3acc1c3d39d843c6c93f27d2a1ba8e5f212f04988c2f7672ddbc9", "event": "LogUint8", "args": ["3"] }, { "topic": "1eee10093fe3acc1c3d39d843c6c93f27d2a1ba8e5f212f04988c2f7672ddbc9", "event": "LogUint8", "args": ["10"] }, { "topic": "1eee10093fe3acc1c3d39d843c6c93f27d2a1ba8e5f212f04988c2f7672ddbc9", "event": "LogUint8", "args": ["2"] }, { "topic": "1eee10093fe3acc1c3d39d843c6c93f27d2a1ba8e5f212f04988c2f7672ddbc9", "event": "LogUint8", "args": ["3"] }]

13.2.6 局部 storage 变量赋值给局部 storage 变量

前面介绍了局部 memory 变量赋值给局部 memory 变量执行的是赋值引用操作，本节来看一下局部 storage 变量赋值给局部 storage 变量的情况。示例如下：

```
pragma solidity ^0.4.24;
/**
 * storage 局部变量赋值给 storage 局部变量
**/
contract LocalStorageToLocalStorageContract {
    uint8 [3] array = [1,2,3];
    event LogUint8(uint8);
    function changeArray () public {
```

```
        uint i = 0;
        uint8 [3] storage localA = array;
        uint8 [3] storage localB = localA;
        localA[0] = 10;
        for(;i<3;i++){
            emit LogUint8(localA[i]);
        }
        i = 0;
         for(;i<3;i++){
            emit LogUint8(localB[i]);
        }
    }
}
```

代码中，合约 LocalStorageToLocalStorageContract 中有一个状态 array，在 changeArray 函数中我们先把 array 赋值给 localA，这一步前面已经介绍了是赋值的引用，然后把 localA 赋值给 localB，修改 localA 的值，最后输出 localA 和 localB 的数据。如表 13.6 所示，我们可以看到修改 localA 的值后 localB 的值也被修改了，说明局部 storage 变量赋值给局部 storage 变量也是赋值的引用。

表 13.6 changeArray日志

logs	[{ "topic": "1eee10093fe3acc1c3d39d843c6c93f27d2a1ba8e5f212f04988c2f7672ddbc9", "event": "LogUint8", "args": ["10"] }, { "topic": "1eee10093fe3acc1c3d39d843c6c93f27d2a1ba8e5f212f04988c2f7672ddbc9", "event": "LogUint8", "args": ["2"] }, { "topic": "1eee10093fe3acc1c3d39d843c6c93f27d2a1ba8e5f212f04988c2f7672ddbc9", "event": "LogUint8", "args": ["3"] }, { "topic": "1eee10093fe3acc1c3d39d843c6c93f27d2a1ba8e5f212f04988c2f7672ddbc9", "event": "LogUint8", "args": ["10"] }, { "topic": "1eee10093fe3acc1c3d39d843c6c93f27d2a1ba8e5f212f04988c2f7672ddbc9", "event": "LogUint8", "args": ["2"] }, { "topic": "1eee10093fe3acc1c3d39d843c6c93f27d2a1ba8e5f212f04988c2f7672ddbc9", "event": "LogUint8", "args": ["3"] }]

13.2.7 局部 storage 变量赋值给局部 memory 变量

前面已经介绍了 storage 的状态变量赋值给局部的 memory 变量执行的是拷贝操作，本节就来看一下局部的 storage 变量赋值给局部 memory 变量的操作。示例如下：

```
pragma solidity ^0.4.24;
/**
*  storage 局部变量赋值给 memory 局部变量
**/
contract LocalStorageToLocalMemoryContract {
    uint8 [3] public array = [1,2,3];
    event LogUint8(uint8);
    function changeArray () public {
        uint i = 0;
        uint8 [3] storage localA = array;
        uint8 [3] memory localB = localA;
        localA[0] = 10;
        for(;i<3;i++){
            emit LogUint8(localA[i]);
```

```
            }
            i = 0;
            for(;i<3;i++){
                emit LogUint8(localB[i]);
            }
        }
    }
```

本例中，在合约 LocalStorageToLocalMemoryContract 中有一个 public 的状态变量 array，在 changeArray 函数中，把 array 赋值给 localA 这一步执行的是赋值引用，把 localA 赋值给局部 memory 变量 localB，然后修改 localA 的值，最后输出数组 localA 中的值和 localB 中的值。如表 13.7 所示，我们可以看到 localA 中的第一个值已经被修改，而 localB 中的值却没有被修改，其实 array 中的值也被修改了，读者可以通过自动生成的 getter 函数获取 array 中的第一个元素检查一下。

所以我们可以得出结论，局部的 storage 变量赋值给局部的 memory 变量执行的是拷贝操作。

表 13.7　changeArray 日志

logs	[{ "topic": "1eee10093fe3acc1c3d39d843c6c93f27d2a1ba8e5f212f04988c2f7672ddbc9", "event": "LogUint8", "args": ["10"] }, { "topic": "1eee10093fe3acc1c3d39d843c6c93f27d2a1ba8e5f212f04988c2f7672ddbc9", "event": "LogUint8", "args": ["2"] }, { "topic": "1eee10093fe3acc1c3d39d843c6c93f27d2a1ba8e5f212f04988c2f7672ddbc9", "event": "LogUint8", "args": ["3"] }, { "topic": "1eee10093fe3acc1c3d39d843c6c93f27d2a1ba8e5f212f04988c2f7672ddbc9", "event": "LogUint8", "args": ["1"] }, { "topic": "1eee10093fe3acc1c3d39d843c6c93f27d2a1ba8e5f212f04988c2f7672ddbc9", "event": "LogUint8", "args": ["2"] }, { "topic": "1eee10093fe3acc1c3d39d843c6c93f27d2a1ba8e5f212f04988c2f7672ddbc9", "event": "LogUint8", "args": ["3"] }]

13.2.8　局部 storage 变量赋值给状态变量

前面我们介绍了状态变量赋值给局部的 storage 变量执行的是赋引用，本节来看一下局部变量赋值给状态变量的情况。示例如下：

```
pragma solidity ^0.4.24;
/**
 * storage 局部变量赋值给状态变量
 **/
contract LocalStorageToStateContract {
    uint8 [3] public arrayA = [1,2,3];
    uint8 [3] public arrayB;
    event LogUint8(uint8);
    function changeArray () public {
        uint i = 0;
        uint8 [3] storage array = arrayA;
        arrayB = array;
        array[0] = 10;
        for(;i<3;i++){
```

```
        emit LogUint8(array[i]);
    }
    i = 0;
     for(;i<3;i++){
       emit LogUint8(arrayB[i]);
    }
  }
}
```

如例中所示，在合约 LocalStorageToStateContract 中有两个 public 的状态变量，arrayA 和 arrayB，它们都是固定大小数组。在 changeArray 函数中，先把 arrayA 赋值给局部 storage 变量 array，然后再将局部 storage 变量赋值给状态变量 arrayB，然后修改 array 的第一个元素，最后输出 array 的值和状态变量 arrayB 的值。

如表 13.8 所示，我们可以发现 array 数组的值被修改了，arrayB 数组中的值没有被修改，如果我们在 Remix 中通过生成的 getter 函数访问 arrayA 的第一个元素就会发现，arrayA 的第一个元素也被修改了。

所以我们可以做出结论，状态变量赋值给局部 storage 变量执行的是引用操作，局部 storage 变量赋值给状态变量执行的是拷贝操作。

表 13.8　changeArray日志

logs	[{ "topic": "1eee10093fe3acc1c3d39d843c6c93f27d2a1ba8e5f212f04988c2f7672ddbc9", "event": "LogUint8", "args": ["10"] }, { "topic": "1eee10093fe3acc1c3d39d843c6c93f27d2a1ba8e5f212f04988c2f7672ddbc9", "event": "LogUint8", "args": ["2"] }, { "topic": "1eee10093fe3acc1c3d39d843c6c93f27d2a1ba8e5f212f04988c2f7672ddbc9", "event": "LogUint8", "args": ["3"] }, { "topic": "1eee10093fe3acc1c3d39d843c6c93f27d2a1ba8e5f212f04988c2f7672ddbc9", "event": "LogUint8", "args": ["1"] }, { "topic": "1eee10093fe3acc1c3d39d843c6c93f27d2a1ba8e5f212f04988c2f7672ddbc9", "event": "LogUint8", "args": ["2"] }, { "topic": "1eee10093fe3acc1c3d39d843c6c93f27d2a1ba8e5f212f04988c2f7672ddbc9", "event": "LogUint8", "args": ["3"] }]

13.2.9　小结

本节我们对数据位置的赋值操作进行简单总结，帮助对这部分还有疑惑的读者记忆这些转换与执行的操作。如表 13.9 所示为不同数据位置之间转换执行的操作对照表。

任何变量赋值给状态变量都是执行拷贝操作，因为状态变量最终会被保存到合约账户的 storage 中，如果赋值的是指针就不能保存，因为函数执行完成后临时变量就销毁了。使用 storage 数据位置标注的变量，有点像指针的意思，因为 storage 和 memory 是存储在 EVM 不同的区域（可以回忆一下 EVM 数据与结构部分）。

storage 是在合约创建时分配的，合约运行时并不能分配，我们看到函数内部的 storage 更多的表现像指针，指着 EVM 中 storage 中的一块区域。由于是不同的区域，所以不能把 memory 数据位置标注的变量赋值给 storage，如果这样做，那么会得到一个类似下面这样的错误。

```
TypeError: Type XXX memory is not implicitly convertible to expected type
struct YYY storage pointer
```

表 13.9 类型转换与操作

转 换 类 型	执 行 操 作
状态变量→状态变量	拷贝
状态变量→memory 局部变量	拷贝
状态变量→storage 局部变量	指针
局部 memory 变量→局部 memory 变量	指针
局部 memory 变量→状态变量	拷贝
局部 memory 变量→局部 storage 变量	X（不能直接转换）
局部 storage 变量→局部 storage 变量	指针
局部 storage 变量→局部 memory 变量	拷贝
局部 storage 变量→状态变量	拷贝

> **注意**：表 13.9 中的"指针"和"引用"有相同的语义，很多资料中使用的是引用，也有使用指针的，细心的读者会发现在很多复杂类型的转换错误中，编译输出的错误信息中使用的是 pointer，而不是 reference。

既然 memory 不能赋值给 storage，那为什么 storage 可以赋值给 memory？因为 memory 部分的内存可以动态申请，并且 storage 赋值给 memory 时执行的也是拷贝操作。

需要注意的一点就是，局部 memory 变量到局部 memory 变量的赋值是赋的引用，因为局部 memory 的拷贝操作很容易，默认赋引用却可以减小开销。理解了上面几点，相信读者对于所有不同数据位置的之间的赋值操作就没有问题了，实际中只需要按上面几点来分析，就知道执行的是拷贝还是引用操作。

13.3 函数修改器

Solidity 提供了一个 JavaScript 和 C 等语言没有的特性——函数修改器，其作用有点像一个拦截器或设计模式中的代理模式。

函数修改器的内容说简单也简单，因为就是用来做前置条件检查。说难也难，因为如果要完全理解函数修改器的功能，有很多细节需要注意，下面我们来一起学习函数修改器的知识。

13.3.1 函数修改器简单实例

我们先来一个简单的实例，看一下被函数修改器修饰的函数在执行的时候都做了哪些改变。先看实例：
```solidity
pragma solidity ^0.4.24;
/**
 * @title ModifierContract
 * @dev 函数修改器测试
 */
contract ModifierContract {
    uint public a = 0;
    //定义一个事件，方便我们查看执行顺序
    event LogStringUint(string id,uint data);
    /**
     * @dev 使用modifier定义函数修改器
     */
    modifier modifierA(uint arga) {
        //前置处理
        emit LogStringUint("modifierA before a=:",a);
        emit LogStringUint("modifierA before arga=:",arga);
        _;//可以当做是函数体部分
        //后置处理
        emit LogStringUint("modifierA after a=:",a);
        emit LogStringUint("modifierA after arga=:",arga);
    }
    /**
     * @dev 函数修改器一般放于returns声明之前
     * @notice 函数修改器可以有参数
     */
    function modifierTest () public modifierA(a) returns(uint res) {
        emit LogStringUint("modifierTest1 a:",a);
        a = 5;
        emit LogStringUint("modifierTest2 a:",a);
        return a;
    }
}
```

本例中函数修改器的关键字是 modifier，其他的和函数类似，有函数名，可以接受参数，还有一个花括号包含起来的部分，这一部分和函数体类似。

重点是有一个下划线 "_" 这个下划线表示被修饰函数插入的地方，所以上面的 modifierTest 被 modifierA 函数修改器修改之后等价的变成了下面的样子，如图 13.2 所示。

被函数修改器修改之后的函数相当于把被修改的函数 modifierTest 函数的函数体放在 modifierA 这个函数修改器中下划线 "_" 的位置，但是函数名字是函数 modifierTest，而不是函数修改器的名字 modifierA。

是不是很像代理模式，AOP 和拦截器的工作方式？不过还是有一些区别，遇到函数 return 之后，函数修改器中的语句最后还是会被执行。

如表 13.10 所示为函数执行的输出日志部分。我们可以看到，首先触发的是函数修改器 modifierA 中下划线 "_" 前面的两个事件，执行函数 modifierTest 函数体，最后触发函数修改器 modifierA 中下划线 "_" 后面的两个事件。

```
contract ModifierContract {
    uint public a = 0;

    event LogStringUint(string id,uint data);

    function modifierTest () public returns(uint res) {
        emit LogStringUint("modifierA before a=:",a);
        emit LogStringUint("modifierA before arga=:",a);
        emit LogStringUint("modifierTest1 a:",a);   ①
        a = 5;
        emit LogStringUint("modifierTest2 a:",a);
        return a;
        emit LogStringUint("modifierA after a=:",a);
        emit LogStringUint("modifierA after arga=:",a);
    }
}
```

图 13.2　函数修改器转换

表 13.10　函数修改器日志

logs	[{"topic": "fb812593d6d1d6fbf5e981f61205a76acc217dd9dcc7b95c4f58247fb09f2658", "event": "LogStringUint", "args": ["modifierA before a=:", "0"] }, {"topic": "fb812593d6d1d6fbf5e981f61205a76acc217dd9dcc7b95c4f58247fb09f2658", "event": "LogStringUint", "args": ["modifierA before arga=:", "0"] }, {"topic": "fb812593d6d1d6fbf5e981f61205a76acc217dd9dcc7b95c4f58247fb09f2658", "event": "LogStringUint", "args": ["modifierTest1 a:", "0"] }, {"topic": "fb812593d6d1d6fbf5e981f61205a76acc217dd9dcc7b95c4f58247fb09f2658", "event": "LogStringUint", "args": ["modifierTest2 a:", "5"] }, {"topic": "fb812593d6d1d6fbf5e981f61205a76acc217dd9dcc7b95c4f58247fb09f2658", "event": "LogStringUint", "args": ["modifierA after a=:", "5"] }, {"topic": "fb812593d6d1d6fbf5e981f61205a76acc217dd9dcc7b95c4f58247fb09f2658", "event": "LogStringUint", "args": ["modifierA after arga=:", "0"] }]

读者可以想一想代理模式、拦截器和 AOP 可以做什么，那么函数修改器就可以做什么。如果对这些都不熟悉，那么先记住两个作用即可，一个作用是前置条件检查，很多前置检查的逻辑是一致的，例如检查合约的 owner；另一个作用是后置的一些清理工作，这在合约中用的比较少。

13.3.2　函数修改器复杂实例

下面我们来看一个复杂一点的例子，看一下当一个函数有多个函数修改器时如何处理，如果函数修改器中有 return 语句又会怎样？下面还是先来看例子：

```solidity
pragma solidity ^0.4.24;
/**
 * @title MultipleModifierContract
 * @dev 函数修改器测试
 */
contract MultipleModifierContract {
    uint public a = 0;
    //定义一个事件,方便记录执行顺序
    event LogStringUint(string id,uint data);
    /**
     * @dev 定义带参函数修改器
     */
    modifier modifierA(uint arga) {
        emit LogStringUint("modifierA arga:",arga);
        _;
        emit LogStringUint("modifierA a:",a);
        a = 10;
    }
    /**
     * @dev 不带参函数修改器
     */
    modifier modifierB {
        emit LogStringUint("modifierB a:",a);
        a = 15;
        _;
    }
    /**
     * @dev 包含return 函数修改器
     */
    modifier modifierC {
        emit LogStringUint("modifierC a:",a);
        a = 20;
        return;
        _;
        emit LogStringUint("modifierC2 a:",a);
    }
    /**
     * @dev 不带参函数修改器
     */
    modifier modifierD {
        emit LogStringUint("modifierD a:",a);
        a = 30;
        _;
    }
    /**
     * @dev 函数修改器的_;之前部分按函数修改器声明顺序从左往右执行,_;之后部分按从右
       往左的顺序执行
     * @notice 函数修改器中建议尽量避免return 语句,因为会让执行顺序变得更加复杂
     */
    function modifierTest () public modifierA(a) modifierB modifierC
    modifierD returns(uint res) {
        emit LogStringUint("modifierTest1 a:",a);
        a = 5;
        emit LogStringUint("modifierTest2 a:",a);
```

```
        return a;
    }
}
```

本例中有 4 个函数修改器，其实和使用一个函数修改器类似，相当于多个拦截器依次执行。可以这样操作，从函数的方法体开始，从左到右依次替换函数修改器中的下划线 "_" 部分。用函数 modifierTest 的函数体替换 modifierA 函数修改器的下划线 "_" 部分，得到一个新的函数体，再使用新的函数体替换 modifierB 的下划线 "_" 部分，直到全部替换完成。

读者能猜到最后 modifierTest 函数执行的返回值和事件日志的输出是什么呢？一起来看一下输出。如表 13.11 所示，返回值是 0，事件日志的输出也和我们预想的不一致。其实问题的根源还是在函数修改器中包含了 return 语句。

表 13.11 复杂函数修改器日志

input	0x0c634dfe
decoded output	{ "0": "uint256: res 0" }
logs	[{"topic": "fb812593d6d1d6fbf5e981f61205a76acc217dd9dcc7b95c4f58247fb09f2658", "event": "LogStringUint", "args": ["modifierA arga:", "0"] }, {"topic": "fb812593d6d1d6fbf5e981f61205a76acc217dd9dcc7b95c4f58247fb09f2658", "event": "LogStringUint", "args": ["modifierB a:", "0"] }, {"topic": "fb812593d6d1d6fbf5e981f61205a76acc217dd9dcc7b95c4f58247fb09f2658", "event": "LogStringUint", "args": ["modifierC a:", "15"] }, {"topic": "fb812593d6d1d6fbf5e981f61205a76acc217dd9dcc7b95c4f58247fb09f2658", "event": "LogStringUint", "args": ["modifierA a:", "20"] }]
value	0 wei

因为函数修改体中的 return 只能是：

```
return;
```

而不能是：

```
return 100;
return a;
```

13.3.3 小结

本节通过一个简化的例子对函数修改器做一些总结。示例如下：

```
pragma solidity ^0.4.24;
/**
 * 函数修改器测试
 */
contract ModifierSummaryContract {
    uint public a = 0;
```

```solidity
event LogStringUint(string id,uint data);
modifier modifierA(uint arga) {
   emit LogStringUint("modifierA before a=:",a);
   emit LogStringUint("modifierA before arga=:",arga);
   _;
   emit LogStringUint("modifierA after a=:",a);
   emit LogStringUint("modifierA after arga=:",arga);
}
modifier modifierB {
   emit LogStringUint("modifierB before a=:",a);
   _;
   emit LogStringUint("modifierB after a=:",a);
}
function modifierTest () public modifierA(10) modifierB returns(uint res) {
    emit LogStringUint("modifierTest1 a:",a);
    a = 5;
    emit LogStringUint("modifierTest2 a:",a);
    return a;
   }
}
```

本例中只有两个函数修改器，即 modifierA 和 modifierB，modifierTest 函数中使用了这两个函数修改器。我们还是来看一下 modifierTest 函数的输出日志，这里我们使用代码的方式来展示日志的输出。示例如下：

```
{
        "from": "0xa113b22d40dc1d5d086003c27a556e597f614e8b",
        "topic": "0xfb812593d6d1d6fbf5e981f61205a76acc217dd9dcc7b95c4f58247fb09f2658",
        "event": "LogStringUint",
        "args": {
            "0": "modifierA before a=:",
            "1": "0",
            "id": "modifierA before a=:",
            "data": "0",
            "length": 2
        }
    },
    {
        "from": "0xa113b22d40dc1d5d086003c27a556e597f614e8b",
        "topic": "0xfb812593d6d1d6fbf5e981f61205a76acc217dd9dcc7b95c4f58247fb09f2658",
        "event": "LogStringUint",
        "args": {
            "0": "modifierA before arga=:",
            "1": "10",
            "id": "modifierA before arga=:",
            "data": "10",
            "length": 2
        }
    },
    {
        "from": "0xa113b22d40dc1d5d086003c27a556e597f614e8b",
        "topic": "0xfb812593d6d1d6fbf5e981f61205a76acc217dd9dcc7b95c4
```

```
            f58247fb09f2658",
        "event": "LogStringUint",
        "args": {
            "0": "modifierB before a=:",
            "1": "0",
            "id": "modifierB before a=:",
            "data": "0",
            "length": 2
        }
    },
    {
        "from": "0xa113b22d40dc1d5d086003c27a556e597f614e8b",
        "topic": "0xfb812593d6d1d6fbf5e981f61205a76acc217dd9dcc7b95c4
            f58247fb09f2658",
        "event": "LogStringUint",
        "args": {
            "0": "modifierTest1 a:",
            "1": "0",
            "id": "modifierTest1 a:",
            "data": "0",
            "length": 2
        }
    },
    {
        "from": "0xa113b22d40dc1d5d086003c27a556e597f614e8b",
        "topic": "0xfb812593d6d1d6fbf5e981f61205a76acc217dd9dcc7b95c4
            f58247fb09f2658",
        "event": "LogStringUint",
        "args": {
            "0": "modifierTest2 a:",
            "1": "5",
            "id": "modifierTest2 a:",
            "data": "5",
            "length": 2
        }
    },
    {
        "from": "0xa113b22d40dc1d5d086003c27a556e597f614e8b",
        "topic": "0xfb812593d6d1d6fbf5e981f61205a76acc217dd9dcc7b95c4
            f58247fb09f2658",
        "event": "LogStringUint",
        "args": {
            "0": "modifierB after a=:",
            "1": "5",
            "id": "modifierB after a=:",
            "data": "5",
            "length": 2
        }
    },
    {
        "from": "0xa113b22d40dc1d5d086003c27a556e597f614e8b",
        "topic": "0xfb812593d6d1d6fbf5e981f61205a76acc217dd9dcc7b95c4
            f58247fb09f2658",
        "event": "LogStringUint",
        "args": {
```

```
            "0": "modifierA after a=:",
            "1": "5",
            "id": "modifierA after a=:",
            "data": "5",
            "length": 2
        }
    },
    {
        "from": "0xa113b22d40dc1d5d086003c27a556e597f614e8b",
        "topic": "0xfb812593d6d1d6fbf5e981f61205a76acc217dd9dcc7b95c4
f58247fb09f2658",
        "event": "LogStringUint",
        "args": {
            "0": "modifierA after arga=:",
            "1": "10",
            "id": "modifierA after arga=:",
            "data": "10",
            "length": 2
        }
    }
```

以上是 modifierTest 函数的日志输出。我们可以看到最先触发的是 modifierA 中 _;之前的两个事件，从第 2 个事件输出 arg 的值为 10 可以看得到推论，函数修改器可以接受参数。然后执行的是 modifierB 中 _;之前的事件，执行 modifierTest 中的两个事件，再执行了 modifierB_;之后的事件，最后执行 modifierA_;之后的两个事件。

我们看到执行的顺序是对称的，如果函数修改器_;前面的内容最先执行，那么这个函数修改器_;后面的内容一定是最后执行。最重要记住一条，函数修改器就是用来检查通用的前置、后置条件的，如果需要检查前置、后置条件，那么就可以考虑使用函数修改器，如果有多个相同的函数都需要检查相同的前置、后置条件，那么使用函数修改器就非常合适。

13.4 合约继承

Solidity 虽然是面向合约的编程语言，但是也有一些面向对象编程语言的特性，例如继承、接口和抽象等。本节我们就来了解一下 Solidity 继承相关的内容。

13.4.1 继承简介

Solidity 的继承使用的关键字是 is，当一个合约继承另一个合约时，其实在区块链上只会部署一个合约，子合约会把父合约的代码复制到创建的合约之中。示例如下：

```
pragma solidity ^0.4.24;
/**
 * 继承
```

```
**/
contract BaseContract {
    address public owner;
    constructor() public {
        owner = msg.sender;
    }
    function kill() public {
        if (msg.sender == owner)
            selfdestruct(owner);
    }
}
contract SubContract is BaseContract {
}
```

例子中，SubContract 就是 BaseContract 的子合约，部署时只需要部署 SubContract 合约即可。本例是一个比较简单的继承例子，下面来看一个复杂的例子，通过下面的例子我们可以了解一下 Solidity 中的多重继承和继承参数。

```
pragma solidity ^0.4.24;
/**
 * 第一层级
 */
contract LevelOne {
    uint8 num;
    constructor(uint8 numArg) public{
        num = numArg;
    }
    event LogUint8(string,uint8);
    function printNum() public {
        emit LogUint8("LevelOne",num);
    }
}
/**
 *第二层级，继承第一层级
 */
contract LevelTwoOne is LevelOne(2){
    function printNum() public {
        emit LogUint8("LevelTwoOne",num);
    }
}
/**
 *第二层级，继承第一层级
 */
contract LevelTwoTwo is LevelOne{
    constructor() LevelOne(31) public{
    }
    function printNum() public {
        emit LogUint8("LevelTwoTwo",num);
    }
}
/**
 *第三层级，继承第一、二层级
 */
contract LevelThreeOne is LevelOne,LevelTwoOne,LevelTwoTwo{
```

```
}
/**
 *第三层级，继承第一、二层级
 */
contract LevelThreeTwo is LevelOne(31),LevelTwoTwo,LevelTwoOne{
}
// contract LevelThreeThree is LevelTwoOne,LevelOne(31){
// }
```

首先我们看一下向父级合约传递参数，前面介绍构造函数时提到构造函数可以接受参数，但是构造函数不能自己调用，所以参数在何时传递？答案就是继承时传递。有两种方式可以传递，第一种是在定义时：

```
contract LevelTwoOne is LevelOne(2)
```

这样其中的参数 2 就会传递给父级和 LevelOne 的构造函数 num。第二种方式是在构造函数时传递，例如：

```
constructor() LevelOne(31) public{}
```

写到 constructor 参数列表之后，建议使用第一种方式。第二个要介绍的就是多重继承时相同函数调用问题。如上例所示的 printNum 函数，在合约 LevelOne 中调用 LevelOne 合约中的 printNum 函数。

第 2 层级的 LevelTwoOne 和 LevelTwoTwo 合约调用 printNum 函数，因为 LevelTwoOne 和 LevelTwoTwo 合约中有 printNum 函数，所以调用自己的 printNum 函数，这是函数的重写。

问题是第 3 层级，同时继承了第 1 层级和第 2 层级，且自身没有实现 printNum 函数，那么在第 3 层级合约 LevelThreeOne 和 LevelThreeTwo 中调用的是哪个合约中的 printNum 函数？如果继承了多个第 2 层级的合约，调用的是第 2 层级中的哪一个合约中的 printNum 函数？

对于上面的问题我们来看一下 LevelThreeOne 和 LevelThreeTwo 合约中的输出日志就知道了。如表 13.12 和表 13.13 所示，我们可以看到，LevelThreeOne 合约中的 printNum 函数调用的是 LevelTwoTwo 合约中的 printNum 函数，LevelThreeTwo 合约中的 printNum 函数调用的是 LevelTwoOne 合约中的 printNum 函数。

表 13.12　LevelThreeOne 日志

to	LevelThreeOne.printNum() 0xcca417069d356fcf870f4fe05b7d95bf700de960
logs	[{ "topic": "a9b4ee9b4192341ff2079d8152ddc2cdebd57d8a9df0609fa13cff40ef51d1f7", "event": "LogUint8", "args": ["LevelTwoTwo", "31"] }]

表 13.13　LevelThreeTwo 日志

to	LevelThreeTwo.printNum() 0xab7b9b6facec561e0c8c7da2444b890f1b624a2e
logs	[{ "topic": "a9b4ee9b4192341ff2079d8152ddc2cdebd57d8a9df0609fa13cff40ef51d1f7", "event": "LogUint8", "args": ["LevelTwoOne", "31"] }]

```
contract LevelThreeOne is LevelOne,LevelTwoOne,LevelTwoTwo
contract LevelThreeTwo is LevelOne(31),LevelTwoTwo,LevelTwoOne
```

对比一下合约定义时的继承关系，我们可以看到后面的合约会重写前面合约中的同名函数（函数重载），例如：

```
contract LevelThreeOne is LevelOne,LevelTwoOne,LevelTwoTwo
```

其中的重写关系为 LevelTwoOne 合约重写 LevelOne 合约中的函数，LevelTwoTwo 合约会重写 LevelOne 和 LevelTwoOne 合约中的函数，LevelThreeOne 合约会重写 LevelTwoTwo、LevelTwoOne 和 LevelOne 合约中的函数。这也说明了：

```
contract LevelThreeThree is LevelTwoOne,LevelOne(31)
```

其中的定义有问题，因为按上面的顺序，要求 LevelOne 合约重写 LevelTwoOne 合约中的函数，但是 LevelTwoOne 合约继承了 LevelOne 合约，所以 LevelTwoOne 合约会重写 LevelOne 合约中的函数，这显然不可能同时满足，所以上面的定义不能通过编译。

13.4.2 super 关键词

前面我们了解了多重继承的顺序问题，其实对于这个问题 Solidity 还提供了另外一个关键词 super，super 代表的是继承链中的上一个。

对于 super 关键词的验证，我们可以设计一个和上节基本相似的例子来验证一下，实例如下：

```
pragma solidity ^0.4.25;
contract LevelOneOne{
    event LogString(string);
    function printNum() public {
        emit LogString("LevelOneOne");
    }
}
contract LevelOneTwo{
    event LogString(string);
    function printNum() public {
        emit LogString("LevelOneTwo");
    }
}
contract LevelTwoOne is LevelOneOne,LevelOneTwo{
    function testSuper() public {
        super.printNum();
    }
}
contract LevelTwoTwo is LevelOneTwo,LevelOneOne{
    function testSuper() public {
        super.printNum();
    }
}
```

可以对比一下 LevelTwoOne 合约和 LevelTwoTwo 合约中的日志输出，就可以得出我们需要的结论，本节的例子和上节的例子基本相似，因此不再给出具体的输出日志，感兴趣的读者可以亲自动手试一试。

13.4.3　抽象合约

如果一个合约中至少有一个方法没有实现，那么这个合约就是一个抽象合约，如果一个合约继承了抽象合约而没有实现抽象合约中的抽象方法，那么这个合约也会被标记为抽象合约。抽象合约不能被编译，其中的方法定义和函数类型的定义相似，但需要注意其中的区别。

```
function functionDefinition(uint8 arg) external returns (uint rarg);
```

上面的代码是函数的定义，和函数的实现基本一样，只是没有函数的实现而已，最后是分号，而不是函数体。

```
function(uint8 arg) external returns (uint8 rarg) functionTypeDefinition;
```

上面的代码是函数类型的声明，它标注的是一种类型，函数参数、函数可见性、函数返回值，最后是这个类型的名称。二者的区分也较容易，主要看 function 关键字后面是什么，如是函数名称，那么这个就是函数定义，如是参数列表，那么这个就是函数类型定义。下面看一个抽象合约与实现的例子：

```
pragma solidity ^0.4.24;
/**
 * 抽象合约
 */
contract CalcContract{
    //定义抽象方法
    function calc(uint8 a,uint8 b) public returns(uint8);
}
/**
 * 继承抽象合约
 */
contract Add is CalcContract{
    //实现抽象方法
     function calc(uint8 a,uint8 b) public returns(uint8){
        return a + b;
     }
}
```

例子中定义了一个抽象合约 CalcContract，其中定义了一个抽象方法 calc 方法，Add 合约继承 CalcContract，并且实现了 calc 方法。尝试一下单独编译或者部署 CalcContract 合约都不行，任意合约如果继承了 CalcContract 合约不实现 calc 方法也不能编译。

13.4.4　接口合约

接口和抽象合约非常相似，但是接口中不能有任何的实现方法，而抽象合约中可以有

实现方法,这和其他面向对象的语言相似。另外,接口还有一些更加严格的限制:
- 不能继承其他合约和接口;
- 不能定义构造函数;
- 不能定义变量;
- 不能定义结构体(struct);
- 不能定义枚举(enum)。

我们来看一个接口的简单示例:

```
pragma solidity ^0.4.24;
interface Token {
    function totalSupply() external view returns (uint);
    event Transfer(address indexed _from, address indexed _to, uint _value);
}
```

13.5 Solidity 库

库也是 Solidity 中一个常见的概念,主要是为了代码的复用,和其他的语言相比 Solidity 中的库还有一个优势,就是它只需要部署一次,其他合约只需要知道地址就可以调用库。本节我们将介绍 Solidity 中库的使用,包括库的调用方式和使用方式,以及其他使用注意事项与限制。

13.5.1 Solidity 库简介

Solidity 中的库也是一种合约,使用关键字 Lib,库只需要部署一次,其他合约通过合约的地址就可以调用库。库的调用方式是 DELEGATECALL 方式,就是代理调用,前面我们已经介绍过这种调用方式使用的上下文是调用库的合约的上下文(见 11.4.3 节内容)。

与 Solidity 的合约相比,Solidity 的库还是有一些限制条件的,例如,库不能有状态变量、库不能继承和被继承、不能接收以太币。之所以有这些限制条件,是因为库的设计目的为了可以作为通用的工具来使用,比如 SafeMath 和 StringUtils 等。

13.5.2 Solidity 库应用实例

本节我们先来看一个库使用的实例:

```
pragma solidity ^0.4.24;
/**
 * @title TestLibrary
 * @dev 库
 */
library TestLibrary{
```

```solidity
        struct Student{
            uint32 id;
            string name;
        }
        function add(uint8 a,uint8 b) public pure returns(uint8) {
            return a + b;
        }
}
/**
 * @title RefLibrary
 * @dev 引用库合约
 */
contract RefLibrary{
    //引用库中的结构体
    TestLibrary.Student tim = TestLibrary.Student(1,"tim");

    function getTim() public view returns(uint32,string){
        return(tim.id,tim.name);
    }

    /**
     * @dev 调用库中的函数直接通过库名称就可以了
     */
    function callAdd(uint8 a,uint8 b) public pure returns(uint8){
        return TestLibrary.add(a,b);
    }
}
```

代码中定义了一个库 TestLibrary，然后定义了一个合约 RefLibrary 引用了库 TestLibrary，我们可以看到在合约中可以通过 TestLibrary.Student 这种方式访问定义在库中的结构体，可以通过 TestLibrary.add 方式直接调用 TestLibrary 的函数。

本例的合约和库都在同一个文件中，编译时会把字节码编译在一起，如果合约和库不在一个文件中，编译后的字节码中就可以看到__LibraryName_____类似的结构。至于怎样导入其他文件中的库，我们下一节介绍。

> **注意**：通过上面的方式直接部署 RefLibrary 合约即可。

13.5.3 Solidity 导入源文件

为了让模块之间更加清晰，一般不会把所有的合约都写在一个文件中，而是根据实际的需求，分别写在不同的文件中，那么怎样引用这些文件？本节就来学习一下如何在 Solidity 中导入源文件。我们先创建 3 个文件，一个包含抽象合约 Calc 的文件，一个包含 add 方法的 AddLib 库文件，和一个 AddCalc 文件，文件的目录结构如图 13.3 所示。

我们先来看一下抽象合约 Calc 的文件 Calc.sol 合约文件的内容：

```
pragma solidity ^0.4.24;
contract Calc {
    function calc (uint8 a, uint8 b) public pure returns(uint8);
}
```

名称	类型	大小
AddCalc.sol	SOL 文件	1 KB
AddLib.sol	SOL 文件	1 KB
Calc.sol	SOL 文件	1 KB

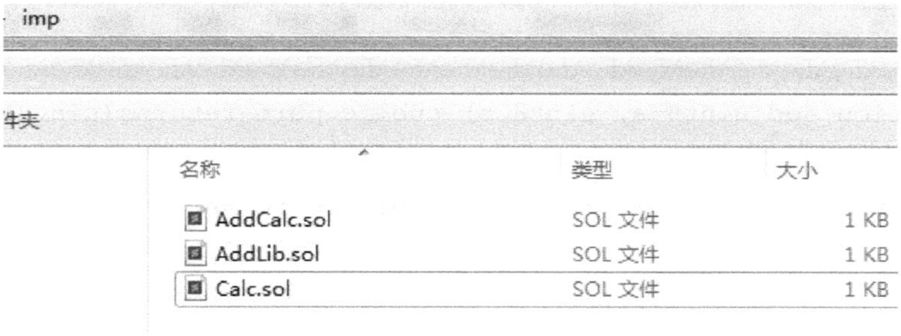

图 13.3　导入源文件目录结构

只有一个抽象的 calc 方法，库文件 AddLib.sol 文件的内容也非常简单，文件内容如下：

```
pragma solidity ^0.4.24;
library AddLib {
    function add (uint8 a, uint8 b) public pure returns(uint8){
     return a + b;
    }
}
```

AddLib 库中只有一个 add 方法。最后我们看一下 AddCalc.sol 文件的内容：

```
pragma solidity ^0.4.24;
import "./AddLib.sol";
import "./Calc.sol";
contract AddCalc is Calc {
    function calc () public pure returns(uint8) {
     return AddLib.add(2,1);
    }
}
```

AddCalc 继承了 Calc 合约，但是 Calc 合约在文件 Calc.sol 文件中，所以我们需要导入 Calc.sol 文件，导入也比较简单，可以使用 import 关键字。

```
import "./Calc.sol";
```

上面的语句就是导入 Calc.sol 文件，.代表的是当前的目录，放在其他的目录页即可，但是编译时稍微麻烦一些，要指定前缀，这个在后面介绍 Solidity 编译器时再详细介绍。

导入库文件的方式还是使用 import 语句：

```
import "./AddLib.sol";
```

13.5.4　using for 语句

using for 可以让库中的函数 attach 到指定的类型上，这样指定的类型就可以调用库函数中的方法，并且把自身作为第一个参数。下面通过例子来了解一下 using for 是什么。

```solidity
pragma solidity ^0.4.24;
/**
 * @title CalcLib
 * @dev 库
 */
library CalcLib {
    function add(uint8 a, uint8 b) public pure returns(uint8){
     return a + b;
    }
    function sub(uint8 a, uint8 b) public pure returns(uint8){
     return a - b;
    }
}

/**
 * @title UsingForContract
 * @dev 通过 using for 方式使用库
 */
contract UsingForContract {
    //让 uint8 类型可以直接调用 CalcLib 库中的函数，并将自身作为函数的第一个参数
    using CalcLib for uint8;

    /**
     * @dev 测试 using for 之后 uint8 加法
     */
    function add(uint8 a,uint8 b) public pure returns(uint8) {
     return a.add(b);
    }

     /**
      * @dev 测试 using for 之后 uint8 减法
      */
    function sub(uint8 a,uint8 b) public pure returns(uint8) {
     return a.sub(b);
    }
}
```

如上例所示，我们先看：

`using CalcLib for uint8;`

如前面说的，就是把 CalcLib 库中的函数 attach 到类型 uint8 上，这个 attach 做了什么？我们来看一下调用：

`a.add(b);`
`a.sub(b);`

可以很容易地看出 a 是 uint8 类型的变量，怎么可能有 add 和 sub 方法？我们可以大胆猜测这就是 attach 操作的作用。CalcLib 中有 add 和 sub 方法，所以 using CalcLib for uint8 中指的 attach 就是让 uint8 类型能够执行 CalcLib 中的方法。

需要注意的是，CalcLib 中的方法都是两个参数，而我们通过 a.add(b) 调用时却只传了一个参数进去，那是因为 a 被当做第一个参数传进去了。

总结一下，using Lib for type 的语义就是让 type 类型可以调用执行 Lib 库中的方法，type 自身作为调用 Lib 函数的第一个参数传入。因为在通过 type 调用 Lib 中的方法时 type 是作为第一个参数传入，所以在使用 using for 时应该特别注意 Lib 库中的函数的第一个参数和 type 类型是否一致。下面来看一个例子：

```
pragma solidity ^0.4.24;
library CalcLib {
    function sum(uint8[] storage arrs) public view returns(uint8){
        uint8 total = 0;
        for(uint8 i = 0;i<arrs.length;i++){
            total += arrs[i];
        }
     return total;
    }
}
contract UsingForContract {
    using CalcLib for uint8[];
    uint8 [] arrs = [3,4,5,6,7];
    function sum() public view returns(uint8) {
        // CalcLib 的 sum 函数
     return arrs.sum();
    }
}
```

例子中 using…for，使用的 type 是数组类型 uint8[]，并且只有一个参数，所以在 uint8 类型变量 arrs 调用 CalcLib 中的 sum 函数时不需要传入参数，会自动把 arrs 作为第一个参数传入 sum 函数中。

13.6 Solidity 编译

Solidity 是一门面向合约的高级语言，但是以太坊虚拟机识别的是以太坊虚拟机字节码，所以必须把 Solidity 编译为以太坊虚拟机字节码才能够在以太坊上运行。

本节我们主要介绍 Solidity 编译工具的使用、常用的编译命令及参数，以及如何在 Web 项目中编译 Solidity。

13.6.1 solc 简介

solc 是一个命令行的 Solidity 编译工具，一般不建议使用，但是有些时候可以使用 solc 来编译对比检查和其他编译工具的差别。

在 https://solidity.readthedocs.io/en/develop/installing-solidity.html#binary-packages 找到从源码编译的问题。在 https://github.com/ethereum/solidity/releases 下载已经编译好的版本。如图 13.4 就是 GitHub 上 solc 编译器下载页面，选择自己需要的版本即可。

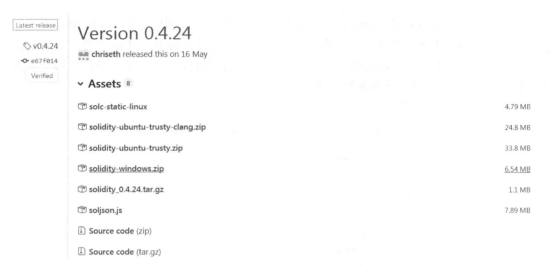

图 13.4 solc 下载页面

对于 Windows 系统，下载后直接解压使用。解压后的目录如图 13.5 所示。

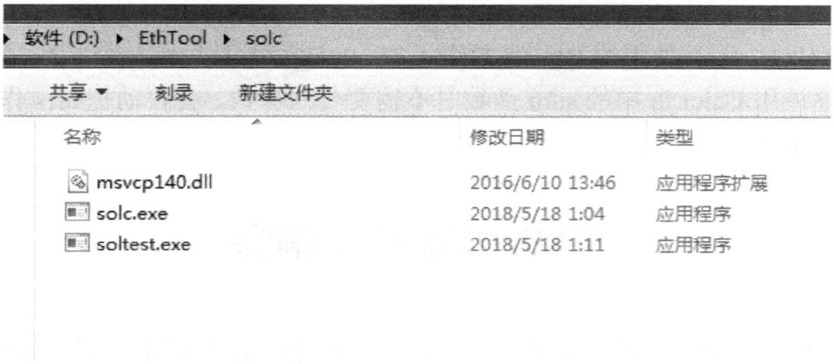

图 13.5 solc 目录

可以把这个目录加入到系统环境变量的 path 中，这样就可以直接在任何目录中使用 solc 命令。solc 命令格式如下：

```
solc [options] [input_file...]
```

例如：

```
solc --bin --evm-version homestead FirstContract.sol
```

如表 13.14 所示为 solc 命令中的一些参数选项，使用最多的是--optimize 指定优化代码，--optimize-runs 指定优化程度，-o 指定输出目录，--combined-json 输出指定内容。

如表 13.15 所示为输出控制参数，该表中的参数出现的频率很高，因为这些参数就是 Remix 编译时使用的参数，在 Remix 中编译之后的 detail 信息，在下面基本可以找到对应的控制参数，下面的参数和--combined-json 结合到一起，就能得到 remix 的 detail 输出结果。

表 13.14 solc参数及说明

命 令 参 数	参 数 说 明
--help	显示帮助文档
--version	输出编译器版本
--license	打印许可协议
--evm-version version	选择期望的EVM版本，可选值homestead、tangerineWhistle、spuriousDragon、byzantium、constantinople。默认byzantium
--optimize	使用字节码优化器
--optimize-runs n	默认200，n的值越小表示优化部署成本程度越高，n的值越大表示优化交易成本程度越高
--pretty-json	格式化JSON输出
--libraries libs	指定库地址
-o,--output-dir path	指定输出目录
--overwrite	覆盖已经存在的文件，和-o一起使用
--combined-json outs	outs是 [abi,asm,ast,bin,bin-runtime,clone-bin,compact-format,devdoc,hashes,interface,metadata,opcodes,srcmap,srcmap-runtime,userdoc]的组合，使用逗号分隔，把outs指定的信息输出到一个JSON文件中
--gas	打印每一个函数执行时使用gas的评估值
--standard-json	忽略其他选项，使用标准JSON文件读入参数，使用标准的JSON文件输出
--assemble	转换到汇编模式，忽略除了--machine的所有选项，假设输入的是汇编语言
--strict-assembly	转换到严格汇编模式，忽略除了--machine的所有选项，假设输入的是严格汇编语言
--julia	转换到Julia模式，忽略除了--machine的所有选项，假设输入的是Julia语言
--machine evm,evm15,ewasm	输出汇编或者使用Julia模式
--link	转换为连接器模式，忽略其他选项（除了—libraries），允许适当地修改二进制
--metadata-literal	让输出的metadata中包含合约源码
--allow-paths path(s)	指定运行导入(import)的路径，多个路径使用逗号分隔
--ignore-missing	忽略不存在的文件

表 13.15 solc常用的输出控制参数及说明

命 令 参 数	命 令 说 明
--ast	输出所有源文件的抽象语法树
--ast-json	使用JSON格式输出所有源文件的抽象语法树
--ast-compact-json	使用压缩JSON格式输出所有源文件的抽象语法树
--asm	输出合约的EVM汇编
--asm-json	使用JSON格式输出合约的EVM汇编

（续）

命 令 参 数	命 令 说 明
--opcodes	输出合约操作码
--bin	使用十六进制输出合约的字节码
--bin-runtime	使用十六进制输出合约运行时字节码
--clone-bin	使用十六进制输出克隆合约的字节码
--abi	合约的ABI说明
--hashes	输出合约中函数的Hash值
--userdoc	输出用户文档
--devdoc	输出开发文档
--metadata	输出metadata信息，包括ABI、编译版本等
--formal	为了正式分析适当调整源码(不推荐使用)

13.6.2　solc 编译合约

上一节我们介绍了 solc 的编译相关的参数，下面通过一个实例来简单看一下如何使用 solc 编译合约。如图 13.6 所示为我们要编译合约的目录合约。

图 13.6　待编译合约的目录合约

合约文件 CompileContract.sol 文件的内容如下：

```
pragma solidity ^0.4.24;
contract CompileContract {
    string name;
    function FirstContract(){
        name = name;
    }
    function getName() public returns(string){
        return name;
    }
}
```

本例中的合约非常简单，接下来就可以使用 solc 来编译合约了。直接在合约目录下打开终端，执行下面的命令：

```
solc --abi --bin CompileContract.sol
```

因为一般情况下只需要合约的 ABI 和字节码就可以，所以只需要--abi 参数和--bin 参数就。输出如下：

```
CompileContract.sol:7:5: Warning: No visibility specified. Defaulting to
"public".
    function FirstContract(){
    ^ (Relevant source part starts here and spans across multiple lines).
CompileContract.sol:11:5: Warning: Function state mutability can be
restricted to view
    function getName() public returns(string){
    ^ (Relevant source part starts here and spans across multiple lines).
======= CompileContract.sol:CompileContract =======
Binary:
608060405234801561001057600080fd5b506102978061002060003960000f3006080604
0526004361061004c576000357c0100000000000000000000000000000000000000
000000900463ffffffff16806317d7de7c14610051578063fbc449a7146100e1575b600
080fd5b34801561005d57600080fd5b506100666100f8565b604051808060200180
18151815260200191508051906020019080838360005b838110156100a65780820151818
4015260208101905061008b565b505050509050908101906020190601f1680156100d3578
08360200361010000a0319168152602001915b5092505050604051809103f35b34801
56100ed57600080fd5b506100f661019a565b005b6060600080546001816001161
6002900480601f016020809104026020016040519081016040528092919081815260200
1828054600181600116156100200203166002900480156101905780601f1061016
5404028352916020019161010190565b820191906000526020600020905b815481529060
010190200180831161017357829003601f168201915b5050505050905090565b6
0181600116156101000203166002900460101bc9291906101bf565b50565b828054600181
6001161561010002031660029004906000526020600020906001f01602090048100
01f8578054855561012355565b82800160010185558215610235576000526020600020916
01f016020900482015b82811156102347825482559160010191906001019061010
506102429190610246565b5090565b61026891905b808211156102645760008160009055
5506001016102b4565b5090565b905600a165627a7a723058206b51caf1f074bd3
e71727ee44f6682739d9e037efa97d44232290029
Contract JSON ABI
[{"constant":false,"inputs":[],"name":"getName","outputs":[{"name":"",
"type":"string"}],"payable":false,"stateMutability":"nonpayable","t
n"},{"constant":false,"inputs":[],"name":"FirstContract","outputs":[],
"payable":false,"stateMutability":"nonpayable","type":"function"}]
```

上面是编译后的输出内容，最前面是一些编译警告。后面的 Binary 部分就是合约的字节码，Contract JSON ABI 部分就是合约的 ABI。当然我们也可以通过参数将编译结果输出到文件中。

```
solc -o build --abi --bin CompileContract.sol
solc -o build --combined-json abi,bin CompileContract.sol
```

其中，-o 参数是指定输出目录的名字，只是目录，不是文件名，也可以使用 --combined-json 和-o 参数把编译结果输出到一个文件中。如图 13.7 所示为编译文件和编译目录，标注①的 json 文件就是使用-o 和--combined-json 参数编译得到的文件。标注②的 abi 和 bin 文件就是使用-o 和--bin 与--abi 编译获取到的输出文件。

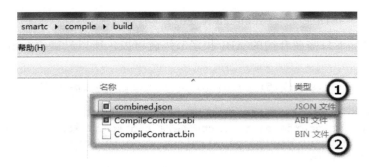

图 13.7 编译目录与编译文件

13.6.3 solc 导入与库

先来看一下 solc 编译的前缀设置，即 prefix=path，这个比较简单，但是细节就是设置导入文件的前缀。假设有一个 Hello.sol 的 Solidity 文件，Hello.sol 中包含有导入语句：

```
import "/lib/sub/Sub.sol";
```

那么执行：

```
solc --bin Hello.sol
```

编译器会到哪里找 Sub.sol 文件？答案是找不到，因为编译器找不到"/lib/sub/Sub.sol"路径，即使是在 Linux 系统中有/lib/sub/Sub.sol 这个文件。那么如何找到文件？答案就是设置前缀，如果是在 Linux 系统中，有/lib/sub/Sub.sol 这个文件，可以执行：

```
solc /=/ Hello.sol
```

如果是 Windows 系统，Sub.sol 的文件路径是 F:/slib/sub/Sub.sol，需要执行：

```
solc /lib/sub=F:/slib/sub Hello.sol
```

当编译器编译处理 import 语句时，遇到/lib/sub 前缀，就会在 F:/slib/sub 下去找对应的文件。下面来看一个例子，看完这个例子读者就能够对 import 语句和 solc 编译搜索路径之间的关系有比较清晰的认识。首先，假设我们有一个 Hello.sol 文件，文件内容如下：

```
pragma solidity ^0.4.24;
import "/lib/sub/Sub.sol";
import "/lib/add/Add.sol";
import "./Mul.sol";
contract Hello {
    function libSub () public returns(uint8) {
     return Sub.sub(2,1);
    }
    function libAdd () public returns(uint8) {
     return Add.add(1,2);
    }
    function libMul () public returns(uint8) {
```

```
        return Mul.mul(1,2);
    }
}
```

Hello.sol 中导入了 3 个文件，前 2 个有前缀，第 3 个使用 "./" 表示的就是当前目录，就是 Mul.sol 在和 Hello.sol 同一个目录中，其中 Mul.sol 内容如下：

```
pragma solidity ^0.4.24;
library Mul{
    function mul (uint8 a,uint8 b) public returns(uint8) {
        return a * b;
    }
}
```

Sub.sol 的文件在 F:/slib/sub 目录下，文件内容如下：

```
pragma solidity ^0.4.24;
library Sub{
    function sub (uint8 a,uint8 b) public returns(uint8) {
        return a - b;
    }
}
```

Add.sol 文件在 F:/slib/sub 目录下，文件内容如下：

```
pragma solidity ^0.4.24;
library Add{
    function add (uint8 a,uint8 b) public returns(uint8) {
        return a + b;
    }
}
```

那么问题来了，应如何编译 Hello.sol 文件呢？我们可以使用下面的命令来编译 Hello.sol 文件。

```
solc /lib/sub=F:/slib/sub  /lib/add=F:/slib/add --bin Hello.sol
```

因为 Mul.sol 在 Hello.sol 文件目录下，编译器能够找到。对于/lib/sub/Sub.sol，编译器就找不到，我们可以指定一个/lib/sub=F:/slib/sub 前缀，编译器就会把 import 语句中的/lib/sub/Sub.sol 替换为 F:/slib/sub/Sub.sol 路径去查找对应的文件。

可以添加多个前缀，中间使用空格分开。solc 还有一个参数可以控制 import 的搜索路径，这个参数就是--allow-paths，除了--allow-paths 参数设置之外的路径不被允许导入文件。

我们可以使用下面的命令：

```
solc /lib/sub=F:/slib/sub  /lib/add=F:/slib/add --allow-paths F:/slib/sub,F:/slib/add --bin Hello.sol
```

多个 allow-paths 之间使用逗号分隔。如果想要了解更多关于 Solidity 编译器和编译控制参数的内容，可以到 https://solidity.readthedocs.io/en/develop/using-the-compiler.html#commandline-compiler 查看 solc 相关的文档。

13.6.4 solc.js 简介

solc.js 看名字和 solc 相似，其实 solc.js 就是 solc 编译而来的。solc 是通过 C++编写的，能将其编译为 JavaScript 代码吗？其实是可以的，Emscripten 编译器就可以把 C 或者 C++代码编译为 asm.js，而 JavaScript 引擎可以识别 asm.js 代码。

solc.js 已经打包为一个 NPM 模块并且提供了一个命令行工具，可以通过下面的命令进行全局安装：

```
npm install -g solc
```

安装完成之后，可以通过下面的命令查看帮助：

```
solc.js --help
```

如表 13.16 所示，可以看到 solc.js 也可以使用命令行的方式来编译合约，solc.js 的参数和 solcd 参数含义基本相同，毕竟 solc.js 就是 solc 编译过来的，但是极大减少了控制编译的参数。

表 13.16 solc.js命令行常用的参数及说明

命 令 参 数	参 数 说 明
--help	显示帮助文档
--version	打印编译器版本
--optimize	是否优化字节码
--bin	输出字节码
--abi	输出合约ABI
--output-dir，-o	设置输出目录
--standard-json	使用标准JSON输入、输出模式

我们使用 solc.js 的目的不是使用它的命令行模式，如果需要使用命令行模式，直接使用 solc 就可以。通过 solc 和 solc.js 命令行的对比，就会发现 solc.js 会比 solc 慢很多。但为什么还要使用 solc.js？因为我们想要在项目中直接调用编译，而不是调用外部编译器。例如前面使用的 Remix 如何执行编译？显然浏览器中的 JavaScript 不能调用 solc 编译器，而此时 solc.js 就有了用武之地。

13.6.5 使用 solc.js 在项目中编译单个合约

如果仅仅是用来编译智能合约文件，那么使用 solc 就可以，没有必要使用 solc.js，因为 solc 的功能更加全面。我们之所以需要 solc.js，是希望在 Web 项目中使用它。下面我们就来看一下如何在 Web 项目中使用 solc.js 来动态地编译合约文件，像 Remix 一样。

首先新建一个目录 solc.js_test 当作项目目录，然后在项目目录中添加一个 single.js 文件，文件的内容如下：

```
const solc = require('solc')
const fs = require('fs')
const input = 'contract Hello { function hello() public pure{} }'
// true 执行编译优化
let output = solc.compile(input, true)
fs.writeFileSync('single.json',JSON.stringify(output,null,'\t'))
for (let contractName in output.contracts) {
    console.log(contractName + ': ' + output.contracts[contractName].
      bytecode)
    console.log(contractName + ': ' + output.contracts[contractName].
      interface)
}
```

然后在项目目录下执行下面的命令：

```
cnpm init --yes
cnpm i solc@0.4.24
```

如图 13.8 所示为我们创建好文件并执行完命令之后的项目目录结构，其中 single.js 中的代码也比较简单。

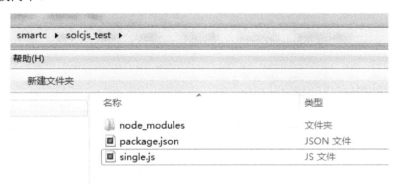

图 13.8　solc.js 测试项目目录

input 变量是一个非常简单的合约代码，我们使用 solc 的 compile 编译 input 代码，第二个参数是控制是否执行编译优化。现在我们可以使用下面的命令来执行 single.js 文件。

```
node solc.js_test.js
```

执行之后控制台的输出如下：

```
:Hello: 6080604052348015600f57600080fd5b5060858061001e6000396000f300608
06040526004361060603e5763ffffffff7c010000000000000000000000000000000000
00000000
000000000000600035041663196319ff1d2181146043575b600080fd5b348015604e5760008
0fd5b5060556057565b005b5600a165627a7a72305820ce1466b6dbf50ec067e2704a66
5cf17b83
4176ec8fe84fdfd54ff66a55b04dcd0029
:Hello: [{"constant":true,"inputs":[],"name":"hello","outputs":[],
"payable":false,"stateMutability":"pure","type":"function"}]
```

输出非常简单，只有合约的字节码和合约的 ABI，想要具体的编译输出内容，可以看一下项目目录下生成的 single.json 文件。

因为篇幅关系，这里不给出 single.json 中的内容了只是简单地介绍一下，compile 编译的结果是一个对象，对象中包含合约字节码、合约 ABI 等我们常见的编译输出。如图 13.9 所示，可以看到对象中包含了我们使用 Remix 时编译 detail 中可以看到的内容，包括字节码、函数 Hash、gas 估算、合约 ABI 等。

```
{
    "contracts": {
        ":Hello": {
            "assembly": {
            "bytecode": "60806040523480156000f57600080fd5b50608580
            "functionHashes": {
            "gasEstimates": {
            "interface": "[{\"constant\":true,\"inputs\":[],\"nam
            "metadata": "{\"compiler\":{\"version\":\"0.4.25+comm
            "opcodes": "PUSH1 0x80 PUSH1 0x40 MSTORE CALLVALUE DU
            "runtimeBytecode": "6080604052600436106003e5763ffffffff
            "srcmap": "0:49:0:-;;;;8:9:-1;5:2;;;30:1;27;20:12;5:2
            "srcmapRuntime": "0:49:0:-;;;;;;;;;;;;;;;;;;;;;;;;17:3
        }
    },
    "errors": [
    "sourceList": [
    "sources": {
}
```

图 13.9 solc 编译结果对象结构图

注意：上面的 interface 就是合约的 ABI，contracts 中的:Hello 的结构是"文件名：合约名"，因为我们没有使用文件，所以文件名不存在，只有合约名，这个也是后面循环中的 contractName 部分。

13.6.6 使用 solc.js 在项目中编译多个合约

前面我们介绍了在项目中使用 solc 编译单个合约文件的情况，下面来看一个编译多个文件的情况。我们在 solc.js 目录下再创建一个 multiple.js 文件，文件内容如下：

```
const solc = require('solc')
const fs = require('fs')
const input = {
    'addLib.sol': 'library Add { function add(uint8 a,uint8 b) public pure returns (uint) { return a + b; } }',
    'hello.sol': 'import "addLib.sol"; contract Hello { function hello()
```

```
        public pure { Add.add(1,2); } }'
}
// true 执行编译优化
let output = solc.compile({sources:input}, true)
fs.writeFileSync('multiple.json',JSON.stringify(output,null,'\t'))
for (let contractName in output.contracts) {
    console.log(contractName + ': ' + output.contracts[contractName].
    bytecode)
    console.log(contractName + ': ' + output.contracts[contractName].
    interface)
}
```

这个例子和前面的例子差不多，不同的是 solc.compile 的第一个参数不是一个字符串而是一个对象，对象的 sources 也是一个对象。我们再看 input 对象，其中键代表文件名，值代表合约内容，其他的和前面的例子中基本没有什么变化。另外，solc.compile 方法还可以接受第 3 个参数，第 3 个参数是一个回调函数，返回合约内容，主要是在 import 时使用。

下面来看一个具体的例子，我们创建一个文件 importCallback.js，文件内容如下：

```
const solc = require('solc')
const fs = require('fs')
const input = {
    'hello.sol': 'import "addLib.sol"; contract Hello { function hello()
    public pure { Add.add(1,2); } }'
}
//导入文件回调函数
function importCallback (path) {
    // console.log(path)
    if (path === 'addLib.sol'){
        return { contents: 'library Add { function add(uint8 a,uint8 b)
        public pure returns (uint) { return a + b; } }' }
    }
    else{
        return { error: 'File not found' }
    }
}
// true 执行编译优化
let output = solc.compile({sources:input}, true,importCallback)
// 将编译结果写入 multiple.json 文件
fs.writeFileSync('multiple.json',JSON.stringify(output,null,'\t'))
for (let contractName in output.contracts) {
    console.log(contractName + ': ' + output.contracts[contractName].
    bytecode)
    console.log(contractName + ': ' + output.contracts[contractName].
    interface)
}
```

可以看到，例子中 solc.compile 函数使用了第 3 个参数，是一个回调函数，这个函数会在遇到 import 时调用，调用的参数 path 就是 import 后面导入文件的文件名。有回调函数，就有更多的发挥空间，比如如果使用 node 的方式就可以直接读取磁盘文件。对于 solc.js 这里就介绍到这里，如果读者想要了解更多的 solc.js 内容，可以查看 https://github.com/ethereum/solc-js。

13.7 Solidity 编码风格

本节介绍 Solidity 编码风格的内容，也可以把它当作是一种规范。虽然不遵循这些规范不会有什么问题，但是让自己的代码风格更好，大家使用同样的风格，对于自己阅读别人的代码或别人阅读自己的代码都是便利。

13.7.1 命名风格

命名真的非常重要，所以读者给自己的函数变量命名也应慎重。命名还有一些忌讳，给变量命名需要尽量避开字符 l（L 的小写，看起来像 1）, O（大小写 O, 看起来像 0），I（大小的 i，看起来也比较像 1）。

如图 13.10 所示为命名风格，对于函数，如函数名称、函数参数、函数修改器，一般使用驼峰命名法。

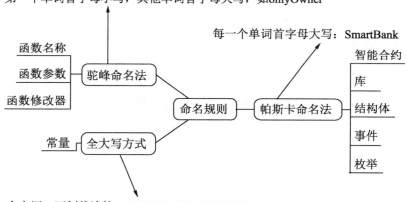

图 13.10 函数命名风格

对于自定义结构，如合约、库、结构体、事件、枚举这些类型，一般使用帕斯卡命名法，和驼峰命名法的区别就是第一个单词的首字母也是大写。

对于常量，一般全部使用大写，单词之间使用下划线连接的命名方式。

13.7.2 控制结构

花括号的格式是开始的花括号和定义放在一起，结束的花括号单独一行。直接来看例子，推荐的风格如下：

```
pragma solidity ^0.4.24;
/**
 * 代码风格
 */
contract StyleContract {
    struct Person{
        uint32 id;
        string name;
    }
    function func(){
    }
}
```

if 和 else 语句尽量使用花括号包裹起来，即使只有一个语句。如果有花括号，那么和 if 配对的 else 不要在新行。如果没有花括号和 if 配对的 else 必须在新行。

```
pragma solidity ^0.4.24;
/**
 * 代码风格
 */
contract StyleContract {
    function withBrace(uint8 num) public pure returns(bool){
        if (num > 0){
            return true;
        }else {
            return false;
        }
    }
     function withoutBrace(uint8 num) public pure returns(bool){
        if(num > 0)
            return true;
        else
            return false;
    }
}
```

建议读者尽量还是把花括号加上，不加花括号在 Remix 编辑代码的时候换行的缩进时还要手动去调整，加上花括号就能自动调整缩进。

13.7.3 函数相关风格

首先尽量显示声明函数的可见性，因为函数默认的可见性是 public，所以尽量在写函数时把 public 加上，并且就放在函数参数列表之后，后面放 view、pure、constant（使用 view）、payable 等函数修饰符，然后是函数修改器，最后放函数返回列表。例如下面这样：

```
pragma solidity ^0.4.24;
/**
 * 代码风格
 */
contract StyleContract {
    modifier onlyModifier(){
```

```
        _;
    }
    function func() public pure onlyModifier returns(uint8){
        return 1;
    }
}
```

多参数、多返回值时如果一行放不下,可以使用多行,每一个参数独占一行,以提高区分度。示例如下:

```
pragma solidity ^0.4.24;
/**
 * 代码风格
 */
contract StyleContract {
    function thisFunctionNameIsReallyLong(
        uint8 a,
        uint8 b,
        address c
    )
        public
        returns (
            uint8 rs1,
            uint8 rs2,
            address addr
        )
    {
        return (
            1,
            2,
            msg.sender
        );
    }
}
```

上面是推荐的格式,如果读者觉得样式比较难看,也可以写在一行吧,不过多参数的情况还是建议按行分开,以方便阅读。

13.7.4 其他部分

最后再介绍一些 Solidity 代码风格与编码的时候的其他值得注意的地方:
- 使用 4 个空格作为缩进级别,当然也可以使用 Tab 键,但是不要混用。
- 合约与合约之间保留两个空行。
- 抽象合约中的函数定义放在一行。
- 元素和元素之间尽量添加一个且只添加一个空格。
- 字符串尽量使用双引号包裹。

第 14 章　通过 web3.js 与以太坊客户端进行交互

前面已经介绍了以太坊、Solidity、智能合约的相关内容，通过这些内容已经能够构建以太坊应用。但还会有一些问题，以太坊现在相关的生态还不够完善，比如调用合约接口和智能合约交互，这需要专业知识，并不是所有用户都有精力来学习这些知识，所以我们还要提供一些 Web 方式的应用接口。

本章我们介绍使用 Web 方式与以太坊应用进行交互时最常用的库 web3.js。本章主要涉及的知识点有：
- web3.js 相关概念；
- web3.js 账户相关接口；
- web3.js 合约相关接口；
- 其他与以太坊相关的 JavaScript 库。

注意：web3.js 的 1.0 版还没有 Release 版本，所以使用 MetaMask 这样的工具时应注意 web3.js 的版本。另外，Mist 虽然是一个以太坊浏览器，但是还处于开发阶段。

14.1　web3.js 简介

本节首先介绍 web3.js 的基本概念和原理，理解这些概念和原理能更好地理解 web3.js 相关接口的使用。

14.1.1　web3.js 概念

web3.js 是一个 JavaScript 库，它和以太坊有什么关系？这还需要从 JSON-RPC 协议说起。我们知道以太坊的很多客户端都实现了 JSON-RPC 协议，会启动一个服务，其他轻客户端可以通过 HTTP 请求来查询相关数据。前面我们接触的 Ganache 相当于一个以太坊客户端，使用 Postman 来发送请求，通过影响的接口获取对应的数据。

web3.js 本质和 Postman 一样，也是使用 JSON-RPC 协议，通过调用对应接口的方法来获取数据，不过 web3.js 是通过浏览器或者 Node 等来发送 HTTP 请求。

在 https://github.com/ethereum/wiki/wiki/JavaScript-API 中有相关的文档。
- web3.js 1.0 的文档：https://web3js.readthedocs.io/en/1.0/index.html；
- web3.js 库：https://github.com/ethereum/web3.js。

14.1.2　web3.js 原理

web3.js 本身没有数据，所以要查询数据或者执行操作都要通过指定的节点，web3.js 与节点通信使用的是 JSON-RPC 协议。

以 Geth 为例，实现的方法可以参考 https://github.com/ethereum/wiki/wiki/JSON-RPC。

web3.js 封装了这些方法，有些方法比较简单，直接执行 HTTP 请求，解析一下对应的结果就可以；有些方法比较复杂，例如交易，这涉及账户、账户交易数量，又如合约创建，调用合约接口涉及合约 ABI 编码等问题。这些内容放在最后再做具体介绍，下面我们直接先来看一下 web3.js 的接口和使用。

14.1.3　web3.js 模块

web3.js 分为了很多模块，其中 eth 模块封装在 web3.eth 模块中，主要处理和以太坊相关的内容，包括交易、账户、合约等内容的处理。

web3.net 模块中主要是处理以太坊网络相关的内容，web3.utils 模块中是一些工具方法，如进制转换、单位转换等。

web3.ssh 模块是处理和 whisper 协议相关的内容，web3.bzz 模块是处理和 Swarm 相关的内容。

14.2　web3.js 与以太坊节点

我们知道 web3.js 只是一个处理以太坊客户端交互的库，本身并不存储以太坊相关的任何数据，所以 web3.js 需要连接到以太坊节点。那么 web3.js 如何连接到以太坊节点呢？这里我们介绍 3 种连接方式，分别是 HTTP、WS 和 IPC 方式。这里的 WS 是指 WebSocket，而不是 WebService。

14.2.1　HTTP 方式

HTTP 方式是比较常用的连接方式，包括前面介绍的 MetaMask 其实使用的也是 HTTP 方式连接到以太坊节点的。首先介绍一下基本流程，先创建一个目录，然后在目录下执行：

```
cnpm init --yes
cnpm i web3 -S
```

上面的命令是使用默认参数初始化一个工程，然后在项目目录下安装 web3 依赖，如果有其他依赖也一样。然后创建文件，输入文件的内容，保存之后使用：

```
node fileName.js
```

执行 JavaScript 文件，后面使用的流程基本都是如此。下面再来看一下使用 HTTP 方式连接到以太坊节点的实例：

```
const Web3 = require("web3");
//设置连接节点
var web3 = new Web3(new Web3.providers.HttpProvider("http://localhost:8545"))
//通过 getProtocolVersion 获取客户端版本，返回 Promise
web3.eth.getProtocolVersion().then(function(result){
    console.log(result)
}).catch(function(err){
    console.log(err)
});
```

我们使用 http://localhost:8545 构造了一个 HttpProvider 并且给 Web3 的构造函数。这里是连接本地节点，如连接其他节点，可以替换为对应节点的 IP 和端口接可以。

这里我们使用了 web3.js 的一个 getProtocolVersion 方法，用于获取以太坊节点使用的协议版本，返回的是一个 Promise 对象。

这里说一下 Promise。Promise 是一个承诺，构造函数接受一个 2 个参数的函数，一个参数是表示成功的回调方法，另一个参数表示失败时执行的方法。要执行承诺使用的是 then，then 接受承诺方法，可以接受 2 个参数，一个参数是成功的承诺函数，另一个参数是失败的承诺函数。但我们一般把失败的承诺函数放在 catch 中。

上面的实例说明，当 getProtocolVersion 执行成功时就会执行 then 的参数函数，如果失败就会执行 catch 参数函数，这就是我们最常用的模式。

因为这里只是简单介绍 Promise，所以内容可能过于抽象，并且有很多 Promise 内容没有介绍，例如 all、race 等。Promise 的使用非常多，建议读者搜索一下 JavaScript Promise 了解更多的 Promise 相关内容。

14.2.2 IPC 方式

IPC（Inter-Process Communication）就是通过进程间通信的方式，这种方式使用比较少，这里简单了解一下。Ganache 不支持 IPC 方式，我们可以启动 Geth 来测试 IPC 连接方式，注意使用--rpc 参数，Geth 默认没有开启 RPC。我们直接来看实例：

```
const Web3 = require("web3");
const net = require('net');
// let web3 = new Web3('\\\\.\\pipe\\geth.ipc', net)
//使用 IPC 方式设置连接节点
```

```
let ipcProvider = new Web3.providers.IpcProvider('\\\\.\\pipe\\geth.ipc',
net)
let web3 = new Web3()
web3.setProvider(ipcProvider)
web3.eth.getProtocolVersion().then(function(result){
    console.log(result)
}).catch(function(err){
    console.log(err)
});
```

本例中使用的是\\\\.\\pipe\\geth.ipc 来构建 IpcProvider，不同的操作系统会有所不同，如果读者不清楚，可以看一下 Geth 启动时会输出 IPC 的相关信息，输出的一般是 IPC 文件的路径，但是在 Windows 系统中没有发现这个文件。

14.2.3　WebSocket 方式

WebSocket 也是一种比较常见的方式，Ganache 的 WebSocket 使用的是 8545 端口，和 HTTP 方式使用的是相同的端口。

Geth 的 WebSocket 默认使用的是 8546 端口，启动时要指定开启 WebSocket，要使用参数--ws，另外要指定可以访问的域名，测试时可以使用--wsorigins *。可以使用下面的命令启动：

```
geth --dev --datadir data --rpc --ws --wsorigins * console
```

下面看一个 WebSocket 方式的具体例子：

```
const Web3 = require("web3");
let web3 = new Web3()
//使用 websocket 方式设置连接节点
web3.setProvider('ws://localhost:8546')
// web3.setProvider(new Web3.providers.WebsocketProvider('ws://localhost:8546'))
web3.eth.getProtocolVersion().then(function(result){
    console.log(result)
}).catch(function(err){
    console.log(err)
})
```

如果使用 Ganache 的 WebSocket 则没有办法修改端口，默认使用的是 8545 端口，需要把上面的端口修改为 8545 端口。

14.3　web3.js 工具的相关方法

在介绍 web3.js 之前，先来了解一些 web3.js 工具的相关方法，这些方法都需要使用以太坊的数据，所有方法都不依赖于以太坊节点。这些方法都是辅助方法，却能简化我们的工作量，并且这些方法关联的知识和其他以太坊相关知识互补，能完善以太坊知识体系。

14.3.1 以太币单位转换方法

web3.js 中比较常见、使用比较多的是和以太币单位转换的相关方法,因为计算时一般使用 wei 作为单位,但是显示时却经常使用其他单位,例如 ether,这样需要进行简单的换算工作。web3.js 中提供了一些辅助方法可以方便帮助进行单位换算,下面就来看一下相关的方法。还是通过一个例子来介绍。示例如下:

```
const Web3 = require("web3");
let web3 = new Web3()
console.log(web3.utils.unitMap)
// let map = web3.utils.unitMap
// for(let key in map){
//   console.log(key + ":" + map[key])
// }
// 其他单位转换为 wei
console.log(web3.utils.toWei('1', 'ether'))
console.log(web3.utils.toWei('1', 'finney'))
console.log(web3.utils.toWei('1', 'Gwei'))
// wei 转换为其他单位
console.log(web3.utils.fromWei(web3.utils.unitMap.ether, 'ether'))
console.log(web3.utils.fromWei('1', 'finney'))
console.log(web3.utils.fromWei('1', 'Gwei'))
```

例子中,web3.utils.unitMap 是记录着所有以太币可用单位的 map,是单位的标识和对应转换为 wei 的值。单位换算主要提供了两个方法,一个是从其他单位换算为 wei 的方法 toWei,一个是从 wei 换算为其他单位的方法 fromWei。

> **注意**:Web3 的版本中,0.2x.xx 版本中的相关方法是在 Web3 模块下,1.0.0 版本中的相关方法是在 Web3 模块下的 utils 模块中。

14.3.2 十六进制、数字与字符串转换

在实际应用中经常会进行转换,如十六进制、字符串、大整数和数字等类型之间的转换。web3.js 也提供了这些相应的辅助方法,其中最常用的是十六进制与字符串之间的转换,以及十六进制与字节之间的转换。下面通过实例来了解一下这些常用的转换方法,示例如下:

```
const Web3 = require("web3")
const BigNumber = require("bignumber.js")
let web3 = new Web3()
const BN = web3.utils.BN
//参数可以是字符串、数字、BN、BigNumber
let numString = '123456'
let num = 123456
let numHex = web3.utils.toHex(numString)
```

```
console.log(numHex)
console.log(web3.utils.toHex(123456))
console.log(web3.utils.toHex(new BN(numString)))
console.log(web3.utils.toHex(new BigNumber(numString)))
let helloWorldString = 'Hello World'
let helloWorldHex = web3.utils.toHex(helloWorldString)
console.log(helloWorldHex)
// toBN 转换为大整数，参数接受字符串、十六进制和数字
console.log(web3.utils.toBN(num).toString())
console.log(web3.utils.toBN(numString).add(web3.utils.toBN(numString)).
toString())
console.log(web3.utils.toBN(numHex).toString())
// 数字和十六进制相互转换
console.log(web3.utils.numberToHex(num))
console.log(web3.utils.hexToNumberString(numHex))
console.log(web3.utils.hexToNumber(numHex))
// UTF-8 编码字符串和十六进制相互转换，别名：hexToString、stringToHex
console.log(web3.utils.hexToUtf8(helloWorldHex))
console.log(web3.utils.utf8ToHex(helloWorldString))
// Ascii 编码字符串和十六进制相互转换
console.log(web3.utils.hexToAscii(helloWorldHex))
console.log(web3.utils.asciiToHex(helloWorldString))
// 十六进制和字节数组相互转换
let helloWorldBytes = web3.utils.hexToBytes(helloWorldHex)
console.log(helloWorldBytes)
console.log(web3.utils.bytesToHex(helloWorldBytes))
```

> **注意**：Web3 只依赖了 BN，上面使用了 BigNumber，所以要先安装 BigNumber 依赖。

14.3.3 填充字符与 getStorageAt

web3.js 提供了两个填充字符的方法，很多地方都会使用，特别是在 ABI 编码时。我们先介绍一下 padLeft 和 padRight 方法，然后结合 getStorageAt 来看一下 padLeft 和 padRight 这两个方法，加深对于 storage 的认识。下面来看一个 padLeft 和 padRight 方法的实例：

```
const Web3 = require("web3")
let web3 = new Web3()
//左填充至 64 位
console.log(web3.utils.padLeft('0xaabbccddeeff', 64))
console.log(web3.utils.leftPad('0xaabbccddeeff', 64))
//使用' '左填充至 64 位
console.log(web3.utils.leftPad('0xaabbccddeeff', 64,' '))
//右填充至 64 位
console.log(web3.utils.padRight('0xaabbccddeeff', 64))
console.log(web3.utils.rightPad('0xaabbccddeeff', 64))
//使用 f 右填充至 64 位
console.log(web3.utils.rightPad('0xaabbccddeeff', 64,'f'))
```

填充方法就是填充指定字符串到指定字符个数，第 1 个是待填充字符串，第 2 个参数是填充到字符位数，不会计算 0x，第 3 个参数是一个可选参数，是指定填充字符，默认是 0。

padLeft 是 leftPad 的别名,padRight 是 rightPad 的别名。我们填充一般是填充十六进制字符串,并且一般是填充到 32 字节,一个十六进制字符需要 4 个二进制位表示,2 个十六进制字符占用一个字节,所以填充到的字符是 64 个。

知道了方法,现在来看 getStorageAt 方法,这个方法 web3.js 中有提供,之前介绍 JSON-RPC-API 时也提到过,就是 eth_getStorageAt 方法,和合约账户相关。读者可以回忆一下合约账户的 storage 部分,getStorageAt 就是从合约账户相关的 storage 中获取,这个也是我们合约中使用 storage 标注存储数据的地方。

下面来看一个具体的合约和对应的 storage 中的数据,先来看具体的合约:

```
pragma solidity ^0.4.24;
contract StorageContract{
    uint pos0;
    mapping(address => uint) pos1;
    constructor() public {
        pos0 = 0xff;
        pos1[msg.sender] = 0xee;
    }
}
```

上面的合约非常简单,有两个状态变量,一个是 uint256,另一个是 Mapping 类型的状态变量。我们知道状态变量使用的数据位置标注是 storage 的,我们启动一个测试链,部署一下上面的合约,获取的合约地址是 0xdf832f0dfd4853fc0e33fbbd3b97268bb40ac1ae,部署合约的账户是 0xc1083e6141150a39a34262f3e610ac9167c587ac。

然后就可以通过下面的代码查看在 Storage 中存储的内容了。示例如下:

```
const Web3 = require("web3")
let web3 = new Web3(new Web3.providers.HttpProvider("http://localhost:8545"))
//合约地址
let conctractAddr = "0xdf832f0dfd4853fc0e33fbbd3b97268bb40ac1ae"
//部署合约地址
let deployAddr = "0xc1083e6141150a39a34262f3e610ac9167c587ac"
web3.eth.getStorageAt(conctractAddr, 0).then(function(result){
    console.log(result)
}).catch(function(err){
    console.log(err)
})
// keccack(LeftPad32(key, 0), LeftPad32(map position, 0))
//获取填充之后的 key,去掉 0x 前缀
let key = web3.utils.leftPad(deployAddr, 64).substring(2)
//获取填充之后的位置,去掉 0x 前缀
let pos = web3.utils.leftPad(1,64).substring(2)
//拼接索引位置
let indexHex = "0x" + key + pos;
//计算索引位置的 sha3 值
let mapIndexHash = web3.utils.sha3(indexHex)
console.log(mapIndexHash)
//通过 getStorageAt 获取对应的值
web3.eth.getStorageAt(conctractAddr,
```

```
mapIndexHash).then(function(result){
    console.log(result)
}).catch(function(err){
    console.log(err)
})
```

getStorageAt 方法的第一个参数是合约地址，第二个参数是参数的位置，对于基本类型就是按顺序的位置，从 0 开始计算。对于 Mapping 和动态数组，bytes 和 string 要特殊一些，这里介绍一下 Mapping 的数据位置计算方式。

mapping 的数据位置计算方式是将 mapping 的 key 值使用 0 左填充为 32 字节，连接上位置索引使用 0 左填充为 32 字节的 keccak256 哈希值。注意这里的索引位置指的是 mapping 在第几个 slot 位置。因为 mapping 前面只有一个 uint256 类型，索引 mapping 的索引位置是 1。如果读者想要了解更多的关于 Storage 位置计算的资料，可以参考 https://solidity.readthedocs.io/en/v0.4.25/miscellaneous.html。

14.4　web3.js 账户的相关方法

在 web3.js 中我们使用最多的就是账户、交易和合约的相关接口，本节就先来看一下账户的相关接口，当然也包含相关交易，因为交易都是和账户相关联的。

14.4.1　获取账户与账户余额

获取账户和账户余额是常见的两个操作，web3.js 当然也提供了这样的接口，在前面介绍 JSON-RPC-API 时就介绍了两个方法，即 eth_accounts 和 eth_getBalance 方法。所以这两个方法比较简单，只是简单使用 HTTP 方式调用 eth_accounts 和 eth_getBanlance 接口，没有过多的方法组合。下面来看一个例子：

```
const Web3 = require("web3");
let web3 = new Web3(new Web3.providers.HttpProvider("http://localhost:8545"))
//通过 getAccounts 获取账户，返回 Promise
web3.eth.getAccounts().then(function(accounts){
    //遍历账户
    accounts.forEach(function(account){
        //通过 getBalance 获取账户余额，返回 Promise
        web3.eth.getBalance(account).then(function(ether){
            console.log(account + ":" + ether)
        }).catch(function(err){
            console.log(err)
        })
    })
}).catch(function(err){
    console.log(err);
});
```

本例中，getAccounts 方法和 getBalance 方法返回的都是 Promise，不同的是 getAccounts 方法中 Promise 的参数是一个数组，而 getBalance 方法中 Promise 返回的是字符串。

14.4.2 创建账户

创建账户有两个方法，一个是：

```
web3.eth.accounts.create([entropy]);
```

create 方法的参数可选，如果设置，长度至少要 32 个字符，返回的是一个对象。该方法只是创建一个账户，并不会把创建的账户添加到以太坊客户端管理的账户中。另一个方法是：

```
web3.eth.personal.newAccount(password, [callback])
```

newAccount 对象返回的是一个 Promise，Promise 返回的是 String，表示账户地址。这个方法是在以太坊客户端中创建一个账户，调用的是 JSON-RPC-API 的 personal_newAccount 方法，Geth 的 JSON-RPC-API 不支持这个方法。我们可以通过下面的例子来测试一下，假设下面的内容保存在文件名为 newAccount.js 的文件中。

```
const Web3 = require("web3");
let web3 = new Web3(new Web3.providers.HttpProvider("http://localhost:8545"))
// web3.eth.personal.newAccount(password, [callback]) Promise
//使用 newAccount 创建新的账户，返回 Promise
web3.eth.personal.newAccount("123456").then(function(account){
    console.log(account)
}).catch(function(err){
    console.log(err)
})
console.log( web3.eth.accounts.create("123456"))
```

> 注意：Geth 不暂时支持 newAccount 方法，我们可以通过下面的方式来启动 Ganache，以方便查看 newAccount 是不是真的在客户端中添加了账户。假设下面内容保存在文件名为 newGanacheServer.js 的文件中。

```
const fs = require('fs')
const ganache = require("ganache-cli")
const CircularJSON = require('circular-json')
let options = {
        "total_accounts": 1,
        "default_balance_ether": 200,
}
let server = ganache.server(options)
setInterval(function(){
    fs.writeFileSync('server.txt',CircularJSON.stringify(server.ganache
    Provider.engine._providers[4].state.accounts,null,'\t'))
},5000)
```

```
server.listen(8545, function(err, blockchain) {
    console.log(blockchain.mnemonic)
});
```

相信读者已经对执行流程非常熟悉了，初始化工程，安装依赖，通过 node 命令执行。首先执行：

`node newGanacheServer.js`

当看到打印出了助记词之后，然后执行：

`node newAccount.js`

我们在 newGanacheServer 中每隔 5 秒输出一次 blockchain 中的账户信息到 server.txt 文件中，打开文件可以看到，初始时只有一个账户，我们设置的初始化为一个账户，当调用 newAccount 方法之后就多了一个账户，create 方法并没有在 Ganache 中添加账户，通过对比地址可以看出，Ganache 中的账户是 newAccount 方法添加的。

14.4.3 解锁账户

Geth 默认是锁定账户的，如果要使用账户执行操作必须先执行解锁操作。Ganache 默认是没有锁定账户也可以通过参数控制锁定账户，没有解锁的账户不能使用。本节我们就来看一下解锁账户的方法，还是先看例子：

```
const Web3 = require("web3");
let web3 = new Web3(new Web3.providers.HttpProvider("http://localhost:8545"))
//使用 unlockAccount 解锁账户,第1个参数是地址,第2个参数是密码,第3个参数是解锁时间
web3.eth.personal.unlockAccount("0x6d9c10801a7120a64dcc8d929275d8debe607560", "123456", 600).then(function(result){
    console.log(result)
}).catch(function(err){
    console.log(err);
});
```

unlockAccount 方法接受 3 个参数，第 1 个是要解锁的账户地址，第 2 个是锁定账户或者创建账户时的密码，第 3 个参数是解锁账户的时间。Geth 也不支持 unlockAccount 方法，因为 Geth 的 JSON-RPC-API 没有提供 personal_unlockAccount 这个方法。

14.4.4 账户的其他相关方法

web3.js 还提供了另外一些和账户有关的方法，这里主要介绍一下私钥加密和解密的方法，我们知道 Geth 会使用文件来存储私钥，使用 keystore v3 的标准。web3.js 也提供了对应的方法把私钥加密为对应的文件格式。

`web3.eth.accounts.encrypt(privateKey, password);`

encrypt 方法就是用来把私钥加密为 keystore v3 标准的方法，它接受 2 个参数，第 1

个参数就是私钥，第 2 个参数是加密使用的密码。

另外，web3.js 还提供了一个从 keystore v3 标准解密为私钥的方法：
```
web3.eth.accounts.decrypt(keystoreJsonV3, password);
```

decrypt 方法也接受 2 个参数，第 1 个参数是 encrypt 加密之后的 keystore，是 JSON 格式的字符串，第 2 个参数是加密时使用的密码。web3.js 还提供了一个从私钥到账户的方法：
```
web3.eth.accounts.privateKeyToAccount(privateKey);
```

privateKeyToAccount 方法非常简单，接受一个参数，就是账户私钥，返回的是账户地址，下面我们来看一下这 3 个方法的使用。

```
const Web3 = require("web3");
const fs = require('fs')
// let provider = new Web3.providers.HttpProvider("http://localhost:8545")
// let web3 = new Web3(provider)
let web3 = new Web3()
// 0x93b5de61ccfa70cf37d447b3c9e796c587d7a4a6
let privateKey = "0x35c2ceb275ff8a4dc831b122cba3aa8d6d811932b193c56c6a43aa9ff32471d1"
let pass = "123456"
//使用 encrypt 加密私钥，获取一个 v3 版本的 keystore 对象
let keystoreJsonV3 = web3.eth.accounts.encrypt(privateKey, pass)
console.log(keystoreJsonV3)
//使用 fs 模块将 keystore 对象写入文件方便查看
fs.writeFileSync('accounts.json',JSON.stringify(keystoreJsonV3),null,'\t')
//使用 decrypt 解锁 keystore 获取私钥，第一个参数是 keystore 对象，第二个参数是密码
console.log(web3.eth.accounts.decrypt(keystoreJsonV3, pass))
//通过私钥获取地址
console.log(web3.eth.accounts.privateKeyToAccount(privateKey))
```

14.5　web3.js 的 ABI 编码方法

在前面的章节中我们介绍过 ABI 编码，知道 ABI 编码比较复杂，所以 web3.js 提供了针对 ABI 编码的方法。本节介绍 web3.js 中函数参数的编码、事件的编码等相关方法，了解这些方法能够更好地理解合约相关的方法调用底层实现。

14.5.1　函数签名与事件签名

函数签名就是函数的 selector，计算方式就是函数签名的 keccak256 哈希值的前 4 个字节。web3.js 提供了一个方法 encodeFunctionSignature 来计算函数签名。encodeFunctionSignature 方法接受一个参数，可为对象或者字符串，对象就是函数对应的 ABI，字符串就是函数的签名。

下面结合例子了解一下 encodeFunctionSignature 方法。假设合约中有一个方法如下：
```
function add(uint a,uint b) public pure returns(uint){
    return a + b;
}
```
add 方法非常简单，其对应的 ABI 为：
```
{
        "constant": true,
        "inputs": [
            {
                "name": "a",
                "type": "uint256"
            },
            {
                "name": "b",
                "type": "uint256"
            }
        ],
        "name": "add",
        "outputs": [
            {
                "name": "",
                "type": "uint256"
            }
        ],
        "payable": false,
        "stateMutability": "pure",
        "type": "function"
    }
```

我们创建一个 testEncodeFunctionSignature.js 文件，当然也可以根据自己的喜好随意取个名字，只要文件内容如下：
```
const Web3 = require("web3")
// let provider = new Web3.providers.HttpProvider("http://localhost:8545")
// let web3 = new Web3(provider)
let web3 = new Web3()
let abi = {
        "constant": true,
        "inputs": [
            {
                "name": "a",
                "type": "uint256"
            },
            {
                "name": "b",
                "type": "uint256"
            }
        ],
        "name": "add",
        "outputs": [
            {
                "name": "",
                "type": "uint256"
```

```
        }
    ],
    "payable": false,
    "stateMutability": "pure",
    "type": "function"
}
//从 ABI 中获取函数签名
console.log(web3.eth.abi.encodeFunctionSignature(abi))
//通过字符串函数签名计算十六进制函数签名
console.log(web3.eth.abi.encodeFunctionSignature("add(uint256,uint256)"))
```

我们使用 Node 运行 testEncodeFunctionSignature.js 文件，可以看到两个输出一样，都是 0x771602f7，共 4 个字节。

编码事件签名使用的方法是 encodeEventSignature，encodeEventSignature 方法和 encodeFunctionSignature 方法基本一致，不同的是 encodeEventSignature 方法针对的是事件，这里不再举例，读者可自己动手尝试。

14.5.2　函数单参数编码与解码

前面我们已经知道了使用 ABI 接口传递参数是要编码的，而编码方式前面也介绍过了，比较复杂。web3.js 提供了相应的方法来帮助我们完成这个工作。

我们先了解一下编码单个参数的方法 encodeParameter 和解码单个参数的方法 decodeParameter 使用。示例如下：

```
const Web3 = require("web3")
// let provider = new Web3.providers.HttpProvider("http://localhost:8545")
// let web3 = new Web3(provider)
let web3 = new Web3()
// 嵌套结构[1,2,[3,4]]
let nestDataStuct = {
        "ParentStruct": {
            "propertyOne": 'uint256',
            "propertyTwo": 'uint256',
            "childStruct": {
                "propertyOne": 'uint256',
                "propertyTwo": 'uint256'
            }
        }
}
let nestData = {
        "propertyOne": 1,
        "propertyTwo": 2,
        "childStruct": {
            "propertyOne": 3,
            "propertyTwo": 4
        }
}
//编码参数，第一个参数是参数类型，第二个参数是具体的值
console.log(web3.eth.abi.encodeParameter('uint256', '123456'))
```

```
console.log(web3.eth.abi.encodeParameter('bytes32', '0x123456'))
console.log(web3.eth.abi.encodeParameter('bytes', '0x123456'))
console.log(web3.eth.abi.encodeParameter('bytes32[]', ['0x123456',
'0x123456']))
console.log(web3.eth.abi.encodeParameter(nestDataStuct,nestData))
```

如上例是参数的编码,第一个参数是参数的类型,第二个参数是要编码的值。稍微复杂一点的是嵌套结构类型,例如参数是二维数组时就会使用到嵌套方式,一层层嵌套即可。

decodeParameter 是用于解码的方法,解码是对编码的逆运算,这个和后面要介绍的 eth-abi 中的解码不同,eth-abi 中的解码是对 ABI 接口返回值的解码过程。

decodeParameter 方法和 encodeParameter 相同,也接受两个参数,一个参数是数据类型,一个参数是返回值。

14.5.3　函数多参数编码与解码

很多时候我们的函数不止一个参数,而是多个参数,返回值也经常会有多个值,所以可以使用 encodeParameters 方法来编码多参数,使用 decodeParameters 来解码多个参数。

因为编码多参数和编码一个参数基本相同,所以我们就看一个简单的例子:

```
const Web3 = require("web3")
// let provider = new Web3.providers.HttpProvider("http://localhost:8545")
// let web3 = new Web3(provider)
let web3 = new Web3()
//编码参数,第一个参数是参数类型数组,第二个参数是参数值数组
console.log(web3.eth.abi.encodeParameters(['uint256',
'uint256'],[1,1]))
//解码参数,第一个是参数类型数组,第二个是待解码的十六进制串
console.log(web3.eth.abi.decodeParameters(['uint256', 'uint256'],'0x000
00000000000000000000000000000000000000000000000000000000000010000000000
0000000000000000000000000000000000000000000000000000001'))
```

函数多参数编码与解码和单个参数编码解码的区别是,函数参数都是数组,数组中的值和单参数的编码方式一致。

14.5.4　编码函数调用

把编码函数签名和编码参数组合到一起就是编码函数调用,web3.js 中使用 encodeFunctionCall 来编码。使用 encodeFunctionCall 方法非常方便,可以直接通过该方法获得最终的数据,也就是使用该方法得到的数据可以作为 eth_sendTransaction 的 data 部分。

encodeFunctionCall 方法接受两个参数,第一个参数是 ABI 对象,第二个参数是第一个参数对应的值列表。下面我们就来看一个简单的实例,假设我们有一个合约方法如下:

```
function add(uint a,uint b) public pure returns(uint,uint){
    return (a+1, b+1);
}
```

然后可以通过下面的方式来计算当参数 a 和 b 的值都为 1 时交易的 data。

```
const Web3 = require("web3")
// let provider = new Web3.providers.HttpProvider("http://localhost:8545")
// let web3 = new Web3(provider)
let web3 = new Web3()
let abi = {
    "constant": true,
    "inputs": [
        {
            "name": "a",
            "type": "uint256"
        },
        {
            "name": "b",
            "type": "uint256"
        }
    ],
    "name": "add",
    "outputs": [
        {
            "name": "",
            "type": "uint256"
        },
        {
            "name": "",
            "type": "uint256"
        }
    ],
    "payable": false,
    "stateMutability": "pure",
    "type": "function"
}
console.log(web3.eth.abi.encodeFunctionCall(abi,[1,1]))
```

代码中，abi 就是函数 add 的 ABI，调用 encodeFunctionCall 方法的第一个参数就是 abi，第二个参数是参数 a、b 的值列表。

读者可以在 Remix 上随便创建一个合约，把 add 方法添加进去，然后使用参数 1 和 1 来调用，检查一下 Remix 控制台的输出中 input data 和上面使用 node 运行输出的结果是否相同。

14.5.5 解码日志

web3.js 也为解码日志提供了方法，web3.js 解码日志使用的方法是 decodeLog，decodeLog 方法是将合约输出到日志的编码数据转换为可读性较好的对象。下面来看例子，假设一个事件：

```
event LogUint(uint8 a,uint16 indexed b,uint24 c);
```

在合约中抛出一个日志：

```
emit LogUint(1,2,3);
```

那么如何解码输出到区块链中的日志？直接来看代码：

```
const Web3 = require("web3")
// let provider = new Web3.providers.HttpProvider("http://localhost:8545")
// let web3 = new Web3(provider)
let web3 = new Web3()
let abi = [{
    type: 'uint8',
    name: 'a'
},{
    type: 'uint16',
    name: 'b',
    indexed: true
},{
    type: 'uint24',
    name: 'c'
}]
letdata="0x000000000000000000000000000000000000000000000000000000000000000100000000000000000000000000000000000000000000000000000000000000003"
let topics = ["0x000000000000000000000000000000000000000000000000000000000000002"]
console.log(web3.eth.abi.decodeLog(abi,data,topics))
```

例子中，使用 decodeLog 来解码日志的编码数据，其中，第一个参数是事件 LogUint 的 ABI 的 input 部分。

关于 topics，我们前面已经介绍了怎么计算，当然也可以通过 Remix 获取，日志数据我们也可以自己计算，如果不想自己计算，可以通过 Postman 执行 eth_getLogs 方法来获取，因为 Remix 中只有解码后的数据。为什么 decodeLog 要 topic 数据？因为通过 eth_getLogs 获取的日志数据中没有 indexed 的数据。

14.6　web3.js 合约的相关方法

web3.js 中使用最多的就是和合约相关的方法，我们需要做的基本都是和以太坊智能合约交互的工作。下面来了解一下 web3.js 中和合约相关的方法，学习通过组合哪些 JSON-RPC-API 来实现对应的方法。

14.6.1　创建与克隆合约

首先来看一下创建合约实例的方法，这个方法属于最基本的合约相关方法，因为其他方法基本都是在合约实例中。

```
new web3.eth.Contract(jsonInterface[, address][, options])
```

Contract 接受 3 个参数，第 1 个参数 jsonInterface 派生自合约的 ABI，这个可以通过编译合约的源码获取，为什么要合约的 ABI？因为方法调用时要计算对应的 encodeABI，前面在 ABI 编码中已经介绍过了，不清楚的读者可以回顾一下。第 2 个参数为合约实例地址，可选。第 3 个参数是一个对象，如表 14.1 所示为这个参数包含的属性，这个参数也是可选的。

表 14.1　Contract的第 3 个参数属性

属　　性	说　　明
from	字符串，创建合约的账户
gasPrice	创建合约的gasPrice，单位wei
gas	最多使用的gas(gasLimit)
data	合约的字节码

创建了合约实例之后，还可以克隆合约实例，这是合约实例对象有一个 clone 方法，示例代码如下：

```
let myContract = new eth.Contract(abi)
let cloneContract = myContract.clone()
```

合约的创建和克隆比较简单，上面只是示例代码并没有给出 ABI，我们在下一节合约部署中再来看合约创建的具体实例。

14.6.2　合约部署 deploy

合约部署 deploy 方法是上一节创建的合约实例的一个方法属性，通过 deploy 方法可以把合约部署到以太坊上。

deploy 方法接受一个参数，参数是一个对象 options，options 有 2 个属性，一个是字符串 data 表示合约的字节码，一个是 arguments 数组，表示传递给构造函数的参数，可选。

如表 14.2 所示为 deploy 方法返回值对象包含的属性。arguments 是一个数组，就是之前 deploy 传递进去的数组，可能被改变。send、estimateGas 和 encodeABI 是函数对象，具体可以参考后面介绍的相应函数。

表 14.2　deploy方法返回值对象属性说明

属　　性	说　　明
arguments	Array，传递给构造函数的对象，有可能改变
send	Function，函数，参见16.4.3节的send方法
estimateGas	Function，函数，参见16.4.4节的estimateGas方法
encodeABI	Function，函数，参见16.4.4节的encodeABI方法

下面来看一个 web3.js 部署合约的实例，首先来看一下要部署的合约代码如下：

```
pragma solidity ^0.4.24;
contract WebContract {
    constructor(uint a) public{
```

```
        a = a + 1;
    }
    function add(uint a,uint b) public pure returns(uint){
        return a + b;
    }
    function addOne(uint a,uint b) public pure returns(uint,uint){
        return (a+1,b+1);
    }
    //定义事件 LogOne
    event LogOne(uint indexed a,uint indexed b,uint c,uint d,uint e);
    //定义事件 LogTwo
    event LogTwo(uint f,uint g,uint h,uint indexed i,uint indexed j);
    //用于触发事件 LogOne 函数
    function logOneFunction(uint a,uint b,uint c,uint d,uint e) public{
        emit LogOne(a,b,c,d,e);
    }
    //用于触发事件 LogTwo 函数
    function logTwoFunction(uint f,uint g,uint h,uint i,uint j) public{
        emit LogTwo(f,g,h,i,j);
    }
}
```

这里设计了一个合约，在后面几个节中都会使用这个合约进行测试。合约代码比较简单，就是一个构造函数，用于测试部署合约时的参数传递；add 函数用于测试合约函数调用返回单值； addOne 函数用于测试合约函数调用返回多值；LogOne 和 LogTwo 是 2 个事件，logOneFunction 和 logTwoFunction 分别用于触发 2 个事件来测试合约事件的处理。

我们可以在 Remix 中编译上面的合约，获取合约的 ABI 和字节码，然后就可以使用 web3.js 来部署合约。示例如下：

```
const Web3 = require("web3")
const provider = new Web3.providers.HttpProvider("http://localhost:8545")
const web3 = new Web3(provider)
const abi = [
    {
        "constant": true,
        "inputs": [
            {
                "name": "a",
                "type": "uint256"
            },
            {
                "name": "b",
                "type": "uint256"
            }
        ],
        "name": "addOne",
        "outputs": [
            {
                "name": "",
                "type": "uint256"
            },
            {
```

```json
            "name": "",
            "type": "uint256"
        }
    ],
    "payable": false,
    "stateMutability": "pure",
    "type": "function"
},
{
    "constant": false,
    "inputs": [
        {
            "name": "a",
            "type": "uint256"
        },
        {
            "name": "b",
            "type": "uint256"
        },
        {
            "name": "c",
            "type": "uint256"
        },
        {
            "name": "d",
            "type": "uint256"
        },
        {
            "name": "e",
            "type": "uint256"
        }
    ],
    "name": "logOneFunction",
    "outputs": [],
    "payable": false,
    "stateMutability": "nonpayable",
    "type": "function"
},
{
    "constant": true,
    "inputs": [
        {
            "name": "a",
            "type": "uint256"
        },
        {
            "name": "b",
            "type": "uint256"
        }
    ],
    "name": "add",
    "outputs": [
        {
            "name": "",
            "type": "uint256"
```

```json
            }
        ],
        "payable": false,
        "stateMutability": "pure",
        "type": "function"
    },
    {
        "constant": false,
        "inputs": [
            {
                "name": "f",
                "type": "uint256"
            },
            {
                "name": "g",
                "type": "uint256"
            },
            {
                "name": "h",
                "type": "uint256"
            },
            {
                "name": "i",
                "type": "uint256"
            },
            {
                "name": "j",
                "type": "uint256"
            }
        ],
        "name": "logTwoFunction",
        "outputs": [],
        "payable": false,
        "stateMutability": "nonpayable",
        "type": "function"
    },
    {
        "inputs": [
            {
                "name": "a",
                "type": "uint256"
            }
        ],
        "payable": false,
        "stateMutability": "nonpayable",
        "type": "constructor"
    },
    {
        "anonymous": false,
        "inputs": [
            {
                "indexed": true,
                "name": "a",
                "type": "uint256"
            },
```

```
            {
                "indexed": true,
                "name": "b",
                "type": "uint256"
            },
            {
                "indexed": false,
                "name": "c",
                "type": "uint256"
            },
            {
                "indexed": false,
                "name": "d",
                "type": "uint256"
            },
            {
                "indexed": false,
                "name": "e",
                "type": "uint256"
            }
        ],
        "name": "LogOne",
        "type": "event"
    },
    {
        "anonymous": false,
        "inputs": [
            {
                "indexed": false,
                "name": "f",
                "type": "uint256"
            },
            {
                "indexed": false,
                "name": "g",
                "type": "uint256"
            },
            {
                "indexed": false,
                "name": "h",
                "type": "uint256"
            },
            {
                "indexed": true,
                "name": "i",
                "type": "uint256"
            },
            {
                "indexed": true,
                "name": "j",
                "type": "uint256"
            }
        ],
        "name": "LogTwo",
        "type": "event"
```

```
        }
    ]
    const bytecode = '60806040523480156100105760008 0fd5b506040516020806102118 3
390160405261 01e2806100 2f6000396000f30060806040526004361061006157 63ffffff
ff7c010000000000000000000000000000000000000000000000000000000060003504
166315d0e3cd81146100665780 63415cf4e3146100 9a5780 63771602f7146100c057806
3fc774b8a146100ed575b600080fd5b348015610072576000 80fd5b50610081600435 60
2435610111565b604080519283526020830191909152805191829003019 0f35b3480156
100a65760008 0fd5b506100be6004356024356044356064356084 3561011c565b005b34
80156100cc576000 80fd5b506100db60043560243561 0167565b60408 0519182525190 8
1900360200190f35b34801561 00f95760008 0fd5b506100be600 4356024356044356064
3560843561016b565b60019182019291 0190565b604080518481526020810184905280
20183905290518591 87917f87d 8af89fa680ed80c26a8ff2141af69ad9f4be9ff034026
6685035b1857753c9181900360 600190a35050505050565b190565b6040805186815 26
0208101869 0528082018590529 051829184917f36252eabec043128486f3cfaf73f1730
f21112668f2b0f138029f0e93557b0a59181900 360600190a350505050500a165 627
a7a723058202efcf67cbf1181abbbe6319da265e5e68620af6eea1e934511ecd4621c38
7b5f0029'
    //let myContract=new web3.eth.Contract(abi,'0xde0B295669a9FD93d5F28D9Ec85
E40f4cb697BAe', {
    //     from: '0x01c4e648634250b02650fdd0526664fe9d585be1',
    //     gasPrice: '20000000000'
    // })
    //创建合约实例
    let myContract = new web3.eth.Contract(abi, {
        from: '0x01c4e648634250b02650fdd0526664fe9d585be1',
        gasPrice: '20000000000'
    })
    console.log(myContract.options)
    //配置部署合约参数
    let deployOptions = {
        data:bytecode,
        arguments:[1]
    }
    //调用合约实例的deploy方法执行部署
    let instance = myContract.deploy(deployOptions)
    console.log(instance)
    console.log(instance.arguments)
    //发送部署合约的交易
    instance.send({from:'0x01c4e648634250b02650fdd0526664fe9d585be1'}).on('
error',function(error){
        console.log(error)
    }).on('transactionHash',function(transactionHash){          //生成交易Hash时回调
        console.log(transactionHash)
    }).on('receipt',function(receipt){                          //生成交易收据时回调
        console.log(receipt)
    }).on('confirmation',function(confirmationNumber,receipt){
                                                                //生成合约确认时回调
        console.log(confirmationNumber)
        console.log(receipt)
    }).then(function(instance){
        console.log(instance.options)
    })
    //通过合约实例估算交易gas
```

```
instance.estimateGas().then(function(number){
    console.log(number)
})
//通过合约实例获取合约 ABI
console.log(instance.encodeABI())
```

本例中最重要的是最后的部分，首先我们要使用 new web3.eth.Contract(abi)创建一个合约实例。合约的 ABI 是必选的，在 MyEtherWallet 中要求填写 ABI。

合约的地址建议不要手动指定，如果地址已经存在就会出错。创建了合约实例 myContranct 对象之后，就可以部署合约了。

使用合约实例对象 myContract 的 deploy 方法，前面介绍了 deploy 方法是一个对象，对象中的 data 属性表示合约字节码，是必须有的，合约构造函数参数 arguments 可选，但是如果构造函数有参数，那么 arguments 也是必填的。

deploy 方法执行之后获得一个 instance 实例对象，这个对象中签名介绍了有 arguments 数组、send 函数、estimateGas 函数、encodeABI 函数，其中 send 才是真正执行部署的操作，读者根据自己的实际需求捕获想要的事件就可以了，其中，confirmation 事件会被触发多次。

14.6.3　send 函数与 call 函数

send 函数接受两个参数，第一个参数是一个对象 options，第二个参数是一个可选的回调函数 callback，callback 函数的返回值是交易 Hash 值，如表 14.3 所示。

表 14.3　send函数的options参数属性说明

属性	说明
from	String，发起交易的账户
gasPrice	String，gasPrice,可选，单位为wei
gas	Number，交易最大使用gas，可选
value	Number、String、BN、BigNumber，发送的以太币，单位为wei

send 函数的返回值是一个 PromiEvent，PromiEvent 可以捕获一些事件，如表 14.4 所示。

表 14.4　PromiEvent事件说明

属性	说明
"transactionHash"	返回String，交易发送之后，交易Hash可用的时候
"receipt"	返回对象，交易收据可用的时候
"confirmation"	返回(Number,Object),交易每次确认的时候
"error"	返回Error，当交易出现错误的时候

call 函数和 send 函数的参数基本一样，差别就是 call 函数参数的第一个参数 options 对象没有 value 属性，因为 call 函数不能修改智能合约状态，就是只能调用智能合约中的

constant(pure)方法。

call 函数的返回值也与 send 不同，call 函数返回的是一个 Promise，Promise 返回的是一个值或者对象，如果 call 方法调用的函数只有一个返回值，那这个就是函数值，如果 call 方法调用的函数有多个返回值，那么返回的就是对象。

14.6.4　estimateGas 函数与 encodeABI 函数

estimateGas 函数也接受两个参数，第一个参数是一个对象 options，第二个参数是一个可选的回调函数 callback。如表 14.5 所示为 estimateGas 的第一个参数 options 的属性说明，和 send 方法的属性类似，和 send 的 options 参数必填不同的是 estimateGas 的 options 是一个可选参数。

表 14.5　estimateGas函数的options参数属性说明

属　　性	说　　　　明
from	String，发起交易的账户
gas	Number,交易最大使用gas，可选
value	Number、String、BN、BigNumber，发送的以太币，单位为wei

estimateGas 函数返回 Promise，Promise 返回一个 Number 表示交易要花费的 gas 的值。encodeABI 函数没有参数，返回值是一个字符串，表示编码之后的 ABI 字节码。

14.6.5　合约方法的调用

合约实例中有一个 methods 属性，methods 属性中包含了合约中可以访问的方法，我们可以通过 metho 中的方法来调用合约的方式。如表 14.6 所示为合约实例 methods 属性的方法调用方式，主要有 3 种方式，第一种直接通过方法名称的方式最常用，第二种和第三种方式本质上都是一样的，通过函数的签名来调用对应的函数。

表 14.6　methods方法调用方式

调　用　方　式	示　　　　例
函数名调用	contractInstance.methods.add(1,1)
函数签名调用	contractInstance.methods['add(uint256,uint256)'](1,1)
函数的selector调用	contractInstance.methods['0x9d555a0c'](1,1)

methods 方法调用的返回值是一个对象，对象的属性和 deploy 方法返回值对象的属性基本相同，但是多了一个 call 函数。下面通过实例来了解一下 methods 属性函数调用的方式。

```
const Web3 = require("web3")
let provider = new Web3.providers.HttpProvider("http://localhost:8545")
let web3 = new Web3(provider)
```

```
let abi = [
    {
        "constant": true,
        "inputs": [
            {
                "name": "a",
                "type": "uint256"
            },
            {
                "name": "b",
                "type": "uint256"
            }
        ],
        "name": "addOne",
        "outputs": [
            {
                "name": "",
                "type": "uint256"
            },
            {
                "name": "",
                "type": "uint256"
            }
        ],
        "payable": false,
        "stateMutability": "pure",
        "type": "function"
    },
    {
        "constant": false,
        "inputs": [
            {
                "name": "a",
                "type": "uint256"
            },
            {
                "name": "b",
                "type": "uint256"
            },
            {
                "name": "c",
                "type": "uint256"
            },
            {
                "name": "d",
                "type": "uint256"
            },
            {
                "name": "e",
                "type": "uint256"
            }
        ],
        "name": "logOneFunction",
        "outputs": [],
        "payable": false,
```

```
            "stateMutability": "nonpayable",
            "type": "function"
        },
        {
            "constant": true,
            "inputs": [
                {
                    "name": "a",
                    "type": "uint256"
                },
                {
                    "name": "b",
                    "type": "uint256"
                }
            ],
            "name": "add",
            "outputs": [
                {
                    "name": "",
                    "type": "uint256"
                }
            ],
            "payable": false,
            "stateMutability": "pure",
            "type": "function"
        },
        {
            "constant": false,
            "inputs": [
                {
                    "name": "f",
                    "type": "uint256"
                },
                {
                    "name": "g",
                    "type": "uint256"
                },
                {
                    "name": "h",
                    "type": "uint256"
                },
                {
                    "name": "i",
                    "type": "uint256"
                },
                {
                    "name": "j",
                    "type": "uint256"
                }
            ],
            "name": "logTwoFunction",
            "outputs": [],
            "payable": false,
            "stateMutability": "nonpayable",
            "type": "function"
```

```json
        },
        {
            "inputs": [
                {
                    "name": "a",
                    "type": "uint256"
                }
            ],
            "payable": false,
            "stateMutability": "nonpayable",
            "type": "constructor"
        },
        {
            "anonymous": false,
            "inputs": [
                {
                    "indexed": true,
                    "name": "a",
                    "type": "uint256"
                },
                {
                    "indexed": true,
                    "name": "b",
                    "type": "uint256"
                },
                {
                    "indexed": false,
                    "name": "c",
                    "type": "uint256"
                },
                {
                    "indexed": false,
                    "name": "d",
                    "type": "uint256"
                },
                {
                    "indexed": false,
                    "name": "e",
                    "type": "uint256"
                }
            ],
            "name": "LogOne",
            "type": "event"
        },
        {
            "anonymous": false,
            "inputs": [
                {
                    "indexed": false,
                    "name": "f",
                    "type": "uint256"
                },
                {
                    "indexed": false,
                    "name": "g",
```

```
                    "type": "uint256"
                },
                {
                    "indexed": false,
                    "name": "h",
                    "type": "uint256"
                },
                {
                    "indexed": true,
                    "name": "i",
                    "type": "uint256"
                },
                {
                    "indexed": true,
                    "name": "j",
                    "type": "uint256"
                }
            ],
            "name": "LogTwo",
            "type": "event"
        }
]
//设置部署合约的地址
let from = '0x600d09878f38fc725d9970552fed93b8f05de589'
//获取合约实例
let myContract = new web3.eth.Contract(abi, {
    from: from,
    gasPrice: '20000000000',
    gas:'200000'
})
console.log(myContract.options)
letbytecode='608060405234801561001057600080fd5b506040516020806102118339
016040526101e28061002f6000396000f30060806040526004361061006157636ffffffff
f7c0100000000000000000000000000000000000000000000000000000006000350416
6315d0e3cd81146100665780634cf4e31461009a578063771602f7146100c578063f
c774b8a146100ed575b600080fd5b348015610072576000080fd5b506100816004356024
35610111565b6040805192835260208301919091528051918290030190f35b348015610
0a657600080fd5b506100be6004356024356044356064356084356101c565b005b3480
156100cc57600080fd5b506100db60043560243561016756560405805191825259081900
360200190f35b3480156100f957600080fd5b506100be60043560243560443560643560
84356101016565b600191820192910190565b6040805184815260208101849052808200
183905290518591879187f87d8af89fa680ed80c26a8ff2141af69ad9f4be9ff03402666
85035b1857753c9181900360600190a35050505050565b01905650604080518685152602
08101869052808201859052905182918491 7f36252eabec043128486f3cfaf73f1730f2
1112668f2b0f138029f0e93557b0a59181900360600190a3505050505600a165627a7
a723058202efcf67cbf1181abbbe6319da265e5e68620af6eea1e934511ecd4621c387b
5f0029'
//设置部署合约参数
let deployOptions = {
    data:bytecode,
    arguments:[1]
}
//调用部署合约方法
instance = myContract.deploy(deployOptions)
```

```javascript
//发送部署合约交易
instance.send({from:from}).on('error',function(error){
    console.log(error)
}).then(function(instance){
    console.log(instance.options.address)          //部署合约成功之后,打印合约地址
    myContract.options.address = instance.options.address
    myContract.methods.add(1,1).call({from:from},function(error,result){//调用合约方法
        if(error){
            console.log(error)
        }
        else{
            console.log(result)
        }
    })
    myContract.methods.addOne(1,1).call({from:from},function(error,result){
        if(error){
            console.log(error)
        }
        else{
            console.log(result)
        }
    })
    myContract.methods.add(1,1).send({from:from}).then(function(receipt){
        console.log(receipt)
    }).catch(function(error){
        console.log(error)
    })
})
```

合约就是前面部署合约小节中使用的那个合约,所以合约的 ABI 和字节码相同,我们使用和部署合约小节相同的步骤来部署合约。在 deploy 的 then 方法中使用 methods 属性调用函数,可以看到 call 函数执行时,当被调用的合约函数只有一个返回值时获取到的返回值就是一个值,当被调用的合约函数返回值多于一个时 call 函数获取到的就是一个对象。

send 函数没有办法直接获取返回值,但是我们知道交易的 Hash 值,所以可以通过交易 Hash 值获取对应交易中的 data 数据,再从 data 数据中解码出返回值。

14.6.6 合约事件的处理

很多时候我们会关注合约执行的重要操作,比如转账,在 web3.js 中我们可以监听对应的合约事件,这样当合约事件被触发的时候,web3.js 就能感知事件并执行回调函数实现相应的业务逻辑。

另外,事件和日志相关,我们有时希望检索一些日志数据,这个操作很常见,因为合约部署到区块链上,用户如何和合约交互完全不可控,用户可以通过我们提供的网站来和合约交互,这样我们能够获取一些交互数据,例如交易 Hash。

但是用户完全可以通过 MyEtherWallet 来和合约交互，甚至用户可以自己写代码和合约进行交互。这样我们就只能通过在合约中触发一些事件，在需要时通过检索日志来获取数据。

合约实例 once 方法可以用来订阅事件，但 once 只会订阅一次，就是在事件第一次被触发的时候会调用 once 方法。

```
myContract.once(event[, options], callback)
```

once 方法的参数中，第一个参数是必选参数，表示事件名称，如果要订阅所有事件，则为"allEvents"，第二个参数 options 是可选参数，是一个对象，第 3 个参数是必须回调函数。如表 14.7 所示为 once 方法的可选参数属性说明，其中，filter 是一个对象，过滤事件参数的值，topics 用来过滤事件主题，fromBlock 表示从哪个区块开始，都是用来过滤事件。

表 14.7　once的可选参数options属性说明

属　　性	说　　明
filter	对象，过滤索引参数，可以是参数名称
topics	数组，过滤事件
fromBlock	Number，起始块

下面通过例子来看一下，还是使用前面的 deploy 合约，下面例子中没有给出 ABI，因为 ABI 的内容较多，并且和前面两节实例中的 ABI 是相同的。示例如下：

```
const Web3 = require("web3")
const net = require('net')
// let provider = new Web3.providers.HttpProvider("http://localhost:8545")
// let web3 = new Web3(provider)
let web3 = new Web3('\\\\.\\pipe\\geth.ipc', net)
let abi = 省略，同前
let from = '0x02c0070b4bdafba61748e80602db5875058957ff'
let myContract = new web3.eth.Contract(abi, {
    from: from,
    gasPrice: '20000000000',
    gas:'200000'
})
console.log(myContract.options)
letbytecode='0x60806040523480156100105760008fd5b506040516020806102118339016040526101e28061002f6000396000f30060806040526004361061006157633ffffffff7c01000000000000000000000000000000000000000000000000000000006000350416631d0e3cd81146100665780631461009a5780637716027f146100c057806
3fc774b8a146100ed575b600080fd5b348015610072576000080fd5b50610081600435
60243561011156560408051928352602083019190915280519182900390f35b3480156
100a6576000080fd5b506100be6004356024356044356064356043561011c565b005b34
80156100cc576000080fd5b506100db60043560243561016756560408051918252519081
1900360200190f35b3480156100f957600080fd5b506100be6004356024356044356064
3560843561016b565b6001918201929101905b604080518481526020810184905280
201839052905185918791f87d8af89fa680ed80c26a8ff2141af69ad9f4be9ff034026
6685035b1857753c9181900360600190a35050505050565b0190565b604080518681526
```

```
0208101869052808201859052905182918491 7f36252eabec043128486f3cfaf73f1730
f21112668f2b0f138029f0e93557b0a59181900360600190a350505050505600a165627
a7a723058202efcf67cbf1181abbbe6319da265e5e68620af6eea1e934511ecd4621c38
7b5f0029'
//设置部署合约参数
let deployOptions = {
    data:bytecode,//bytecode 是合约字节码
    arguments:[1]
}
//使用 deploy 方法执行合约部署
instance = myContract.deploy(deployOptions)
//send 方法用于触发实际的部署
instance.send({from:from}).on('error',function(error){
    console.log(error)
}).then(function(instance){
    console.log(instance.options.address)
    //部署成功之后,可以通过 options 的 address 获取部署的合约地址
    myContract.options.address = instance.options.address
    //通过 once 监听指定事件
    myContract.once('LogOne', {
        filter: {a: [1,3], b: [2,3]},
        fromBlock: 0
        }, function(error, event){
            if(error){
                console.log(error)
            }else{
                console.log(event)
            }
    })
}).catch(function(error){
    console.log(error)
})
```

细心的朋友可能发现本例中并没有使用 HTTPProvider 方式,这是因为 HTTPProvider 并不支持 subscriptions,而我们的事件订阅需要 subscriptions。所以本例不是使用 Ganache 来进行测试,而是使用的 Geth,可以按照前面介绍启动的方法启动 Geth。

提几个要点,Geth 没有预置账户,可以通过 Ganache 生成账户,然后配置到创世块中,就是前面介绍的初始化创世块到 JSON 文件的 alloc 中。另外,需要指定参数 rpc,配置 rpccorsdomain,否则 MetaMask 没有办法访问,可以设置为*,最后记得要解锁对应的账户。

最好使用 console 模式,因为要手动开启挖矿,如我们前面管理接口中介绍的,挖矿之前需要指定 Coinbase 地址。另外和 Ganache 不同,Geth 的字节码要加上 0x 前缀。

代码部分比较简单,先部署合约,然后在部署合约结束之后把合约实例设置上合约地址,最后调用 once 方法。这里订阅了当参数 a 为 1 或者 3,并且参数 b 为 2 或者 3 的事件,从第 0 个区块开始。

如何触发事件?我们可以把上面输出的部署合约地址复制一下,然后在 Remix 的 run 面板中有一个 At Address,将复制的地址粘贴进去,然后单击 At Address 就会有相应的接口出现。我们可以通过 Remix 触发事件。如果我们 Geth 配置的是 Ganache 生成的账户,

就可以通过生成账户的助记词来恢复 MetaMask 钱包。合约实例中还有一个 events 属性，这个属性和 methods 属性非常相似，但是用来处理事件的。

```
myContract.events.MyEvent([options][, callback])
myContract.events.allEvents([options][, callback])
```

上面代码中，MyEvent 是事件的名称，例如 LogOne，allEvents 是固定的。两个方法接受两个可选参数，参数的含义和 once 方法一样。不同的是方法的返回值。返回值是一个 EventEmitter，EventEmitter 中包含 3 个事件，分别是 data、changed 和 error。data 是当有事件被触发时就会执行，和 once 事件不同，data 事件会一直执行，changed 事件是在日志从区块链上移除时被触发，data 事件返回对象和 changed 事件返回对象相同。

如表 14.8 所示为 data 和 changed 事件被触发时的返回对象属性，其中有很多常用的属性，如交易 hash、raw 对象等。

表 14.8　data 与 changed 事件返回对象属性说明

属性	说明
event	String，事件名称
signature	String 或者 null，事件签名，如果是 anonymous 则为 null
address	String，事件来源
returnValues	Object，事件返回值
logIndex	Number，日志在区块中的索引
transactionIndex	Number，创建日志的交易在区块中的索引
transactionHash	32 字节，创建日志的交易 Hash
blockHash	String，创建日志的区块 Hash，如果处于 pending 状态则为 null
blockNumber	Number，初级日志的区块号，如果处于 pending 状态则为 null
raw.data	String，非索引参数
raw.topics	Array，主题，最多 4 个 32 字节，1～3 是索引参数

我们还是来看一个实例了解一下：

```
const Web3 = require("web3")
const net = require('net')
// let provider = new Web3.providers.HttpProvider("http://localhost:8545")
// let web3 = new Web3(provider)
let web3 = new Web3('\\\\.\\pipe\\geth.ipc', net)
let abi = 省略、同前
let from = '0x02c0070b4bdafba61748e80602db5875058957ff'
let myContract = new web3.eth.Contract(abi, {
    from: from,
    gasPrice: '20000000000',
    gas:'200000'
})
console.log(myContract.options)
letbytecode='0x608060405234801561001057600080fd5b5060405160208061021183
39016040526101e28061002f6000396000f30060806040526004361061006157636fffff
```

```
fff7c010000000000000000000000000000000000000000000060003504
166315d0e3cd8114610066578063415cf4e31461009a578063771602f7146100c057806
3fc774b8a146100ed575b600080fd5b34801561007257600080fd5b5061008160043560
2435610111565b6040805192835260208301919091528051918290030190f35b3480156
100a657600080fd5b506100be6004356024356044356064356084356101c565b005b34
80156100cc57600080fd5b506100db6004356024356101675650b6040805191825251908
1900360200190f35b3480156100f957600080fd5b506100be6004356024356044356064
3560843561016b565b6001918201929101905650b6040805184815260208101849052808
2018390529051859187917f87d8af89fa680ed80c26a8ff2141af69ad9f4be9ff034026
6685035b1857753c9181900360600190a35050505050565b0190565b6040805186815260
20810186905280820185905290518291849017f36252eabec043128486f3cfaf73f1730
f21112668f2b0f138029f0e93557b0a59181900360600190a350505050505600a165627
a7a723058202efcf67cbf1181abbbe6319da265e5e68620af6eea1e934511ecd4621c38
7b5f0029'
let deployOptions = {
    data:bytecode,
    arguments:[1]
}
instance = myContract.deploy(deployOptions)
instance.send({from:from}).on('error',function(error){
    console.log(error)
}).then(function(instance){
    console.log(instance.options.address)
    myContract.options.address = instance.options.address
    //通过 events 的方式监听事件
    myContract.events.LogOne(function(error, event){
        console.log(event)
    }).on('data', function(event){
        console.log(event);
    }).on('changed', function(event){
        console.log(event)
    }).on('error',function(error){
        console.log(error)
    })
}).catch(function(error){
    console.log(error)
})
```

在本例中还是使用之前的合约，省略了合约的 ABI 部分，本例基本和 once 的实例一致，但这里使用的是合约实例的 events 属性来捕获相应的事件。其中，LogOne 可以替换为实际的事件名称。关于事件还有最后一个比较重要的方法，就是搜索事件。

```
myContract.getPastEvents(event[, options][, callback])
```

getPastEvents 方法和 once 方法的参数基本相似，但返回值不同，返回的是一个 Promise。Promise 返回的是一个数组，数组中的对象和前面介绍的 data 和 changed 事件返回对象一样。下面给个简单的示例，还是使用前面的合约，示例如下：

```
instance.send({from:from}).on('error',function(error){
    console.log(error)
}).then(function(instance){
    console.log(instance.options.address)
    myContract.options.address = instance.options.address
    //使用 getPastEvents 获取指定事件数据
```

```
    myContract.getPastEvents('LogOne', {
    filter: {a: [1,2,3]},
    fromBlock: 0,
    toBlock: 'latest'
    }, function(error, events){
        if(error){
            console.log(error)
        }else{
            console.log(events);
        }
    }).then(function(events){
        console.log(events)
    })
}).catch(function(error){
    console.log(error)
})
```

14.7　web3.js 交易的相关方法

在我们的应用中基本上使用最多的是交易，创建合约是交易，转账是交易，调用合约也是交易，所以交易基本是最重要的内容之一了。本节就来了解一下 web3.js 中关于交易的相关方法，通过这些方法能够更好地理解以太坊的交易过程。

14.7.1　签名简介

前面我们介绍过关于椭圆曲线签名的知识，签名本身不是特别复杂的事情，但是签名和交易碰撞在一起时有很多细节需要注意，下面就来了解一下签名和交易的相关流程。

前面介绍 JSON-RPC-API 时介绍了一个 eth_sign 方法，这个方法就是用来签名的。这个方法和椭圆曲线签名一样，会获得 r 和 s 的值。不过 eth_sign 中会多返回一个值 v，就是 recovery id，是一个字节。

eth_sign 会把 r、s 和 v 拼接成一个 65 字节的十六进制。前 32 字节是 r 的值，第二个 32 字节是 s 的值，最后一个字节是 v，v 是 "00" 或者 "01"，计算 ecrecover 的时候 v 的值要加上 27。对于区块号大于等于 2675000（百万级）的区块，v 的取值又有所不同，v = CHAIN_ID * 2 + 35 or v = CHAIN_ID * 2 + 36，其中 CHAIN_ID 就是以太坊网络 ID，主网的值为 1，Ropsten 的网络为 3。更加具体的内容可以参考 EIP155 以下网址：https://github.com/ethereum/EIPs/blob/master/EIPS/eip-155.md。

web3.js 中也有一个对应的方法：

```
web3.eth.sign(dataToSign, address [, callback])
```

第一个参数是要签名的数据，第二个参数是使用哪个账户地址，我们知道签名是用的私钥，或通过地址找到对应的私钥来签名数据。第三个参数是一个可选的回调函数，回调

函数的第一个参数是错误信息,第二个参数是执行结果。返回值是一个 Promise。下面先来看一个例子:

```
const Web3 = require("web3")
let provider = new Web3.providers.HttpProvider("http://localhost:8545")
let web3 = new Web3(provider)
let dataOne = "Hello world"
let dataTwo = "Schoolbus"
// sign(keccak256("\x19Ethereum Signed Message:\n" + len(message) +
message))
web3.eth.sign(web3.utils.utf8ToHex(dataOne),
"0x09bf50d7abb3ff9a6c011ffe686458270cd7abf6").then(function(result){
    console.log(result)
}).catch(function(err){
    console.log(err)
})
//使用指定账户对应的私钥签名数据
web3.eth.sign(dataOne, "0x09bf50d7abb3ff9a6c011ffe686458270cd7abf6").
then(function(result){
    console.log(result)
}).catch(function(err){
    console.log(err)
})
web3.eth.sign(dataTwo, "0x09bf50d7abb3ff9a6c011ffe686458270cd7abf6",
function(err,result){
    if(err){
        console.log(err)
    }else{
        console.log(result)
    }
})
```

sign 的第一个参数是 string,其实会被使用 utf8ToHex 转换为十六进制,所以我们看到第一个参数的执行结果和第二个参数的执行结果相同。除了使用 Pormise 的方式之外,也可以利用 sign 方法的第三个参数的回调函数来获取对应的结果。

web3.js 调用的就是 eth_sign 方法,签名的数据也不是 message,而是 message 的 keccak256 哈希值。计算 keccak256 哈希值时加了一个固定的前缀"\x19Ethereum Signed Message:\n" + len(message)。

14.7.2 签名与交易

对应签名本身没有太大问题,问题是如何对交易进行签名,就是 sign(message)的 message 和交易的关系。交易包含的一些属性如表 14.9 所示。

对于区块号小于 2675000 的区块,使用了表 14.9 中的前 6 个属性,对于区块号大于等于 2675000 的区块,使用了表 14.9 中的 9 个值。计算方式如下:

```
sign(keccak256(rlp([nonce,gasPrice,gasLimit,to,value,input,v,r,s])))
```

把表 14.9 中的属性值组成一个列表,然后计算这个列表的 RLP 编码,再计算 keccak256

哈希值。细心的读者可能会问，v、r、s 是 sign 之后得到的，那么 rlp 函数中使用的 v、r、s 值是怎么来的？其实很简单，使用的是默认值，其中 v 的值默认使用 28，r 和 s 的默认值为 0。

表 14.9 交易属性说明

序 号	交易属性	说 明
1	nonce	一般为发送交易的已交易数量，可修改
2	gasPrice	交易gas价格
3	gasLimit(gas)	交易最多使用的gas
4	to	目标地址，可以为空
5	value	发送的以太币的值
6	input(data)	创建合约的字节码，或者调用接口的ABI编码
7	v	recovery id
8	r	椭圆曲线签名生成的r
9	s	椭圆曲线签名生成的s

对于上面的过程我们可以参考其他的库写一点代码来验证这个过程，下面通过一个例子了解这个过程。首先创建一个目录，假设目录名称为 etx，在目录下执行下面的命令：

```
cnpm init --yes
cnpm i rlp -S
cnpm i ethereumjs-tx -S
cnpm i ethereumjs-util -S
cnpm i ethjs-util -S
```

上面的命令是初始化一个工程，然后安装相应的依赖，其实只需要安装 ethereumjs-tx 就可以，因为 ethereumjs-tx 依赖 ethereumjs-util，而 ethereum-util 依赖 ethjs-util 和 rlp。

下面我们来看一个具体的例子：

```
const EthereumTx = require('ethereumjs-tx') //引入 ethereumjs-tx 用于签名交易
const RLP = require("rlp")                  //引入 rlp，用于计算 RLP 编码
const createKeccakHash = require('keccak')  //引入 keccak 用于计算 keccak256
const ethUtil = require('ethereumjs-util')
let toBufferTxs = ["0x","0x4a817c800","0x5208","0x3535353535353535353
5353535353535353535","0xde0b6b3a7640000","0x","0x25","0x4f4c17305743700
648bc4f6cd3038ec6f6af0df73e31757007b7f59df7bee88d","0x7e1941b264348e80c
78c4027afc65a87b0a5e43e86742b8ca0823584c6788fd0"]
let rawTx = {
        nonce: '0x0',
        gasPrice: '0x4a817c800',
        gas: '0x5208',
        to: '0x3535353535353535353535353535353535353535',
        value: '0xde0b6b3a7640000',
        input: '0x',
        v: '0x25',
        r: '0x4f4c17305743700648bc4f6cd3038ec6f6af0df73e31757007b7f59df7
bee88d',
        s: '0x7e1941b264348e80c78c4027afc65a87b0a5e43e86742b8ca0823584
c6788fd0',
        hash: '0xda3be87732110de6c1354c83770aae630ede9ac308d9f7b399ecfba
23d923384'
    }
```

```
let tx = new EthereumTx(rawTx);
// console.log(tx.hash().toString('hex'))
// console.log(tx.hash(true).toString('hex'))
// console.log(tx.hash(false).toString('hex'))
for(let i = 0;i<toBufferTxs.length;i++){
  toBufferTxs[i] = ethUtil.toBuffer(toBufferTxs[i])
}
let result = RLP.encode(toBufferTxs)
// console.log(tx.raw)
// console.log(toBufferTxs)
console.log(tx.serialize().toString('hex'))
console.log(result.toString('hex'))
console.log(createKeccakHash('keccak256').update(RLP.encode(toBufferTxs)).
digest('hex'))
console.log(createKeccakHash('keccak256').update(RLP.encode(tx.raw)).
digest('hex'))
```

如上例所示，我们引用了 ethereumjs-tx 库，ethereumjs-tx 库最主要的作用就是获取交易的 raw 编码和交易 Hash。在实际使用中交易一般是一个对象，如上例中的 rawTx 对象一样，但是很多时候我们会使用 raw 编码（签名之后的交易）的形式，例如前面介绍 JSON-RPC-API 提到的 eth_sendRawTransaction 方法。

为什么我们需要 eth_sendRawTransaction 方式，因为我们通常使用的不是以太坊的全节点，我们使用轻客户端或者自己写代码去连接特定的以太坊全节点没有我们的账户信息，不能对我们的操作进行签名，所以我们需要自己把签名之后的数据发送到以太坊的全节点上，需要 eth_sendRawTransaction 和 raw 编码。上面的例子验证了交易的 raw 编码就是：

```
rlp([nonce,gasPrice,gasLimit,to,value,input,v,r,s])
```

就是把交易中的值按一定的顺序组成列表，在使用 RLP 对列表进行编码就可以获得 raw 编码。当然这其中有一些细节地方，自己写代码验证容易出错，可以参考 ethereum-util 库中的代码。在 defineProperties 函数中的字段处理的 setter 方法中，有一些关于是否允许填充 0 前缀，是否允许 0 值等问题的处理，这些被定义在 ethereumjs-tx 中。

还有就是值转换为 Buffer 时的一些细节，比如十进制转为 Buffer 时是低位填充，这个值就被改变，所以转换之前要先进行高位填充 0，填充到偶数位，这就是 ethereum-tx 的源码中看到 padToEven 函数的作用。

另外，十六进制转 Buffer 时不能有 0x 前缀，要去掉 0x 前缀，所以用 stripHexPrefix 函数。Buffer 可以直接使用 Node.js 中的 Buffer，也可以使用 safe-buffer 库中的 Buffer。交易的 Hash 值计算方式是：

```
keccak256(rlp([nonce,gasPrice,gasLimit,to,value,input,v,r,s]))
```

理解了 raw 编码，对 raw 编码进行 keccak256 哈希运算就简单了。

如图 14.1 所示为对前面的一个简化流程的总结，首先是用户定义了一个交易，通过交易对象获取或计算 nonce、gasPrice、gasLimit、to、value、input 的值，把 v、r 和 s 设置为默认值，构造一个列表，对列表使用 RLP 编码，计算 keccak256 哈希值，对获取到的

keccak256 值使用椭圆曲线签名算法签名，获取签名，得到 r、s、v 的值，使用 r、s、v 的值替换原列表 r、s、v 的值，再计算列表的 RLP 就是 raw 编码的交易数据。对 raw 编码数据进行 keccak256 哈希获得的就是交易的哈希值。

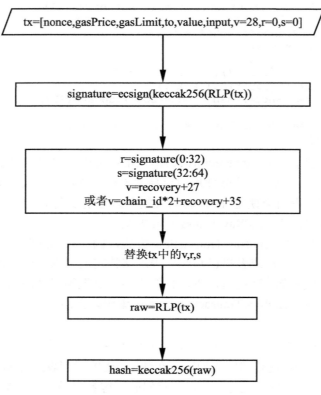

图 14.1　交易签名、编码与 Hash

14.7.3　发送交易

发送交易是使用最多的方法。web3.js 中发送交易的方法是：
`web3.eth.sendTransaction(transactionObject [, callback])`

方法的第一个参数是一个对象，对象的属性和前面介绍的 RPC 方法 eth_sendTransaction 方法的参数对象的属性类似，因为 web3.js 就是调用的 eth_sendTransaction 方法，不过鉴于 sendTransaction 方法的重要性，我们在这里再一次把这个参数对象的属性列举一下，如表 14.10 所示。

sendTransaction 的第二个参数是一个可选的回调函数。返回值是 PromiEvent，PromiEvent 有多个可用的事件，参照表 14.4。

表 14.10　sendTransaction参数对象属性说明

属　　性	说　　明
from	String或者Number，交易发起地址或者本地钱包地址索引
to	String，目标地址，可选
value	Number、String、BN、BigNumber，发送以太币数量，可选
gas	Number，交易最多使用gas，可选
gasPrice	Number、String、BN、BigNumber，交易gasPrice，可选
data	String，ABI Byte,函数调用编码，或者合约字节码
nonce	Number,交易数

下面我们看一个例子：

```
const Web3 = require("web3")
let provider = new Web3.providers.HttpProvider("http://localhost:8545")
let web3 = new Web3(provider)
let from = '0x01c4e648634250b02650fdd0526664fe9d585be1'
let to = '0xd49e0f53a8ba22fd14e8a695e14eca5a8278ec57'
// 使用回调函数方式
web3.eth.sendTransaction({
    from: from,
    to:to,
    value:'5000000000000000000'
}, function(error, hash){
   if(error)  {
    console.log(error)
   }else{
    console.log(hash)
   }
})
// 使用promise方式
web3.eth.sendTransaction({
    from: from,
    to: to,
    value: '5000000000000000000'
})
.then(function(receipt){
    console.log(receipt)
});
// 使用事件方式
web3.eth.sendTransaction({
    from: from,
    to: to,
    value: '5000000000000000000'
})
.on('transactionHash', function(hash){
    console.log(hash)
})
.on('receipt', function(receipt){
    console.log(receipt)
})
```

```
.on('confirmation', function(confirmationNumber, receipt){
    console.log(confirmationNumber)
    console.log(receipt)
})
.on('error',function(error){
    console.log(error)
})
```

启动一个以太坊客户端，这里使用的是 Ganache，随便选取两个账户分别作为 from 和 to，使用 Node 可以运行测试。

我们有 3 种方式可以获取返回数据，最直接的是使用回调函数方式，可以获取到交易的 Hash，使用 Promise 方式可以获取到交易收据。使用 PromiEvent 方式可以有更多的选择。

14.7.4 签名交易与发送签名交易

一般情况下我们是不会自己搭建以太坊全节点客户端，所以我们必须自己签名交易，再发送到远程的全节点以太坊客户端，但远程的全节点客户端没有我们的私钥。web3.js 提供了一个签名交易的方法是：

```
web3.eth.signTransaction(transactionObject, address [, callback])
```

这个方法也需要远程节点有私钥，并且调用的是 eth_signTransaction 方法，很多客户端都不支持这个方法。signTransation 需要远程全节点以太坊客户端有签名交易的私钥，如果是我们自己的全节点以太坊客户端，可以直接使用 sendTransaction，为什么还要分成两步？

虽然 signTransaction 方法比较"鸡肋"，但还是可以了解一下，有助于我们理解交易的过程，web3 提供的另一个发送签名交易的方法就非常有用，方法如下：

```
web3.eth.sendSignedTransaction(signedTransactionData [, callback])
```

这个方法的第一个参数是一个字符串，就是一个签名的交易数据的十六进制串。第二个参数是一个可选的回调函数。方法的返回值 sendTransaction 一样，是一个 PromiEvent。

我们来看一个发生签名的例子：

```
const Web3 = require("web3")
const Tx = require('ethereumjs-tx')
let provider = new Web3.providers.HttpProvider("http://localhost:8545")
let web3 = new Web3(provider)
let from = '0x01c4e648634250b02650fdd0526664fe9d585be1'
let to = '0xd49e0f53a8ba22fd14e8a695e14eca5a8278ec57'
// from对应私钥
letprivateKey=Buffer.from('be3b9ab38e657cf26c21bff2273f603bb7ba78612d3dcc3db7ff6a5d9d0a1ade', 'hex')
let rawTx = {
  nonce: '0x05',
  gasPrice: '0x09184e72a000',
```

```
      gasLimit: '0x186A0',
      to: to,
      value: '0xDE0B6B3A7640000',
      data: ''
}
let tx = new Tx(rawTx)
tx.sign(privateKey)                                    //使用私钥签名交易
let serializedTx = tx.serialize()                      //获取签名之后的数据
let signData = '0x' + serializedTx.toString('hex')
console.log(signData)
//使用 sendSignedTransaction 发送签名之后的数据
web3.eth.sendSignedTransaction('0x' + serializedTx.toString('hex')).on
('receipt', function(receipt){
    console.log(receipt)
}).on('error',function(error){
    console.log(error)
})
```

这里我们使用了一个库 ethereumjs-tx，注意安装相应的依赖。建议读者自己动手测试一下这个例子，因为实际中经常会需要我们自己进行签名交易。

虽然可以使用 MyEtherWallet 的 Offline Transaction 方式，但是了解这个过程还是有必要的，可以在遇到问题时帮助我们快速定位和排除问题，有助于理解输出和日志。比如要看 MetaMask 的日志文件，如果读者对交易不熟悉，可能很多地方都不明白。

14.7.5　获取交易的相关数据

本节我们来了解几个获取交易数据的方法，因为和交易相关的数据会经常用到，所以这几个方法的使用频率也非常高。示例如下：

```
web3.eth.getTransaction(transactionHash [, callback])
web3.eth.getTransactionFromBlock(hashStringOrNumber, indexNumber [, callback])
web3.eth.getTransactionReceipt(hash [, callback])
web3.eth.getTransactionCount(address [, defaultBlock] [, callback])
```

上面的 4 个方法都和交易相关，最后一个参数是一个可选的回调函数，返回值是一个 Promise。getTransaction 是用来获取交易信息，必填参数是要获取交易的 Hash，Promise 的 resolve 参数是一个对象，对象具体的属性可以参考前面介绍的交易属性相关内容。

getTransactionFromBlock 也用来获取交易，不过参数不同，第一个参数是要获取交易的区块 Hash 或者区块号，第二个参数是交易在区块中的索引。

getTransactionReceipt 是获取交易收据，参数是交易 Hash，最终获取到的是一个对象，对象中有几个需要注意的属性，一个是 status，标识交易是否成功，logs 是一个交易生成的日志，更多的属性可以参考 eth_getTransactionReceipt 方法返回的对象属性。

getTransactionCount 用来获取账户交易数量，第一个参数是账户地址，第二个可选参数是指定区块，可以是区块的 Hash 或者区块号。需要我们自己签名交易时会经常使用这

个方法。下面给出一个示例,读者可以根据自己的实际数据做一些修改与测试,具体代码如下:

```
const Web3 = require("web3");
let provider = new Web3.providers.HttpProvider("http://localhost:8545")
let web3 = new Web3(provider)
let account = '0x93D30d1FfaA4005af593F27742f4C55B87898403'
let txHash = '0x0e02501ad8ae5c0b9aae9b8af66263b84b8a3bb556a8c80386e0595d8e0c7fca'
let blockHash = '0x5de8e3bbedc426037762be5e7b140c5139322f0bba3601d0080b04da2955b502'
let blockNum = 3
//根据交易 Hash 查询交易信息
web3.eth.getTransaction(txHash).then(function(transation){
    console.log(transation)
    console.log('----------------------------------------')
})
//查询交易收据
web3.eth.getTransactionReceipt(txHash).then(function(receipt){
    console.log(receipt)
    console.log('----------------------------------------')
})
//根据区块 Hash 和和交易在区块中的索引查询交易信息
web3.eth.getTransactionFromBlock(blockHash,
0).then(function(transation){
    console.log(transation)
    console.log('----------------------------------------')
})
//根据区块号和交易在区块中的索引查询交易
web3.eth.getTransactionFromBlock(blockNum,
0).then(function(transation){
    console.log(transation)
    console.log('----------------------------------------')
})
//根据账户查询账户的交易数量
web3.eth.getTransactionCount(account).then(function(num){
    console.log(num)
    console.log('----------------------------------------')
})
```

读者可以选一个自己知道的账户,例如选择账户 account,在 account 账户中的一个交易 txhash 上修改示例的值,然后观察一下交易对象属性和交易收据对象的属性,看一看自己是否明白每一个属性的含义和作用。

14.8　web3.js 和 IBAN 的相关接口

web3.js 也提供了和 IBAN 相关的接口,IBAN 是为了和传统银行对接而引入的,所以了解其相关的接口很有必要。本节我们就来了解一下 IBAN 和 web3.js 中的相关接口。

14.8.1 IBAN 简介

IBAN（International Bank Account Number）就是国际银行账号，以太坊引入 IBAN 是为了和传统的银行对接。不管数字货币怎样"火"，现在的主流还是传统的银行模式，所以和传统银行对接对于数字货币的推进还是非常有帮助的。

IBAN 地址最多可以包含 34 个字母或者数字。IBAN 主要由 3 部分组成，分别是：国别码，用来标识国家；校验码，用来对账户进行校验；基本银行账号，即 BBAN（Basic Bank Account Number）用来标识账号。

其中，以太坊的 BBAN 编码方式又分为 3 种，分别是 direct、basic 和 indirect。使用最多的是 direct 编码方式，如图 14.2 所示。

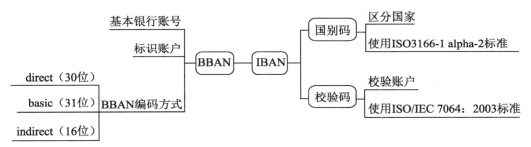

图 14.2 IBAN 相关概念

如图 14.3 所示为以太坊地址转换为 IBAN 的流程图，需注意的是后缀中 XE 代表以太币，00 是计算交易码的填充位，后缀只有在计算校验码的时候用。

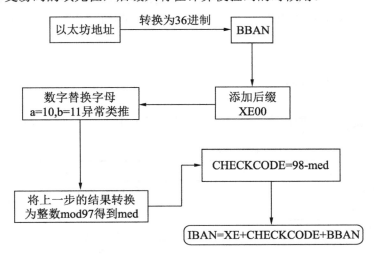

图 14.3 以太坊 BBAN direct 编码方式

indrect 编码方案中的 BBAN 长度为 16 个字母或数字,包含三部分内容,分别是:资产编号,由 3 个字母或者数字组成;机构编号,由 4 个字母或数字组成;机构内账户编号,由 9 个字母或数字组成。对于以太坊来说,资产编号固定是 ETH。

14.8.2 BBAN、IBAN 与地址

前一节我们介绍了从以太坊地址可以计算出 IBAN,计算过程比较简单,不需要任何以太坊数据,可以通过 JavaScrip 直接实现,web3.js 也提供了一些相应的实现,本节我们就来看一下这些转换。直接来看一个例子:

```
const Web3 = require("web3");
// let web3 = new Web3(new Web3.providers.HttpProvider("http://localhost:8545"))
let web3 = new Web3()
//从地址计算 iban
let i = web3.eth.iban.fromAddress('0x108e3e7f6c73f45352d7462b20bbf958c634f08a')
console.log(i.toString())
//从 bban 计算 iban
i = web3.eth.Iban.fromBban('1XMB9RU60OA226F6EUXUi3U2LIMKQDM')
console.log(i.toString())
//通过 new 创建 iban
i = new web3.eth.Iban("XE741XMB9RU60OA226F6EUXUi3U2LiMKQDM")
console.log(i.toAddress())
```

如上例所示,我们可以从地址计算出 iban,也可以从 bban 就算出 iban,当然也可以从 iban 计算出地址。

需要注意的是,web3.js 的 0.2x.xx 版本中使用的是 iban 对象,而 1.0.0 版本使用的是 Iban 对象,0.2x.xx 版本中使用的是 address 方法获取地址,而 1.0.0 版本使用的是 toAddress 方法。

14.8.3 IBAN 的其他方法

除了地址 IBAN 转换的内容之外,还有一些其他的接口,来看表 14.11 的说明。

表 14.11　IBAN的其他方法

方　　法	说　　明
toIban	地址到iban,和fromAddress一样
isValid	是不是合法的iban
isDirect	是否是direct编码
isIndirect	是否是indirect编码
checksum	iban校验码

(续)

方 法	说 明
institution	iban的institution
client	iban的client
createIndirect	创建indirect编码的iban

这里主要说最后 3 个方法，institution 就是获取 indirect 编码方式的机构名称，client 是 indirect 编码方式中的客户端账户编号，direct 编码方式 institution 和 client 的值为空。createIndirect 是创建 indirect 编码的 iban。

注意：这里所说的 direct、indirect 和 basic 都是针对 bban 部分。

14.9　web3.js 的其他方法

web3.js 库中还有很多其他方法，下面来简单了解一下这些方法能够完成什么功能，在什么地方找到具体的文档，在需要的时候，可以根据前面的测试方法快速地学习。

14.9.1　订阅事件

前面我们已经介绍了一些事件日志处理的方法，但都是合约中的事件，其实 web3.js 还能够捕获一些区块链本身的事件，例如当产生一个新的区块或有新的日志产生的情况。web3.js 提供了一个订阅事件的方法和一个取消订阅事件的方法。

```
web3.eth.subscribe(type [, options] [, callback]);
```

subscribe 是订阅事件的方法，第一个参数是指定要订阅事件的类型，例如想要订阅产生日志时 type 就可以设置为 logs，如果想要订阅新的交易进入 pending 队列时 type 就可以设置为 pendingTransactions，想要订阅新的区块产生时 type 可以设置为 newBlockHeaders，当要订阅区块链数据同步事件时 type 可以设置为 syncing。

第二个参数是一个可选的对象参数，不同的事件参数对象不同，例如 logs 就可以设置开始区块、结束区块等条件。第三个参数是一个可选的回调函数。

如表 14.12 所示为 subscribe 返回值 EventEmitter 包含的属性，注意不同的事件可能只包含部分属性。

不同的事件中，data 和 changed 代表不同的含义，参数也不一样，回调函数的参数也有所不同，不过还是有规律可循，就是回调函数的第一个参数一般是错误对象，第二个参数是订阅的事件对象。

```
web3.eth.clearSubscriptions()
```

如上所示，要取消订阅，除了使用 subscribe 返回值对象中的 unsubscribe 方法，还可以使用 clearSubscriptions 方法。

表 14.12　subscribe方法的返回值EventEmitter属性说明

属　　性	说　　明
id	订阅ID
subscribe(callback)	函数，用来使用相同参数重订阅事件
unsubscribe(callback)	函数，取消订阅
arguments	数组，订阅参数
on("data")	事件，当事件产生的时候被触发
on("changed")	事件，当区块链状态改变的时候被触发
on("error")	事件，当遇到错误的时候被触发

14.9.2　网络及 ENS 的相关方法

web3.js 也提供了一些和网络与 ENS 相关的方法，特别是和网络相关的方法，还是非常有用的。通过下面的示例，getId 是获取以太坊网络 ID 的方法，这个方法使用非常多，因为经常要判断用户连接的是不是以太坊的主网。isListening 用于检查监听是否发现节点，getPeerCount 可以获取节点连接其他节点的数量。

```
web3.eth.net.getId()
web3.eth.isListening()
web3.eth.net.getPeerCount([callback])
```

下面的示例中是一些和以太坊 ENS 相关的方法，这些方法都和 ENS 相关，例如 registry 就是返回网络指定的注册对象。resolver 是根据名字获取解析对象。

```
web3.eth.ens.registry;
web3.eth.ens.resolver(name);
web3.eth.ens.getContent(ENSName);
web3.eth.ens.setPubkey(ENSName, x, y, options);
web3.eth.ens.getPubkey(ENSName);
web3.eth.ens.setAddress(ENSName, address, options);
web3.eth.ens.getAddress(ENSName);
```

当然还有很多其他的方法，因为一般使用较少就不多做介绍了，如果读者感兴趣，可以在 https://web3js.readthedocs.io/en/1.0/web3-eth-ens.html 上找到相应的文档。

14.9.3　与 Swarm 和 Whisper 交互的方法

web3.js 中也提供了一个和 Swarm、Whisper 交互的方法。在 web3.js 的 bbz 模块中就是和 Swarm 进行交互的方法和属性。示例如下：

```
web3.bzz.setProvider(myProvider)
web3.bzz.givenProvider
web3.bzz.currentProvider
web3.bzz.upload(mixed)
web3.bzz.download(bzzHash [, localpath])
web3.bzz.pick.file()
web3.bzz.pick.directory()
web3.bzz.pick.data()
```

从例子中可以看到 setProvider、givenProvider 和 currentProvider 方法，在很多模块中都能看到设置 provider 的方法和 provider 属性，我们以 setProvider 为例：

```
web3.setProvider(myProvider)
web3.eth.setProvider(myProvider)
web3.shh.setProvider(myProvider)
web3.bzz.setProvider(myProvider)
```

调用 web3.setProvider 就相当于同时调用了 web3.eth.setProvider(myProvider)和 web3.shh.setProvider(myProvider)，但是要使用 bzz 模块，就需要单独调用 web3.bzz.setProvider(myProvider)。

bbz 中提供了很多方法，upload 上传文件，download 下载文件，pick 用于打开文件选择器查看文件、目录和数据。

关于 ssh 模块中的方法就更多了，这里就不一一介绍了，想要具体了解的读者可以参考：https://web3js.readthedocs.io/en/1.0/web3-shh.html。

14.10 与 Ethereum 相关的 JavaScript 库

除了 web3.js 之外，还有很多 Ethereum 相关的 JavaScript 库，有些是 web3.js 库依赖的库，有些是依赖 web3.js 的库。

本节我们简单介绍一下这些库，有助于理清楚 web3.js 与 Ethereum 之间的关系，也可以让我们在实际开发中有更多的选择。

14.10.1 BigNumber.js 库

BigNumber 是一个 web3.js 依赖的库，主要用来处理大值，或者浮点的精度问题的库，BigNumber 库的使用比较简单，下面我们来了解一下 BigNumber 库的简单使用。

我们使用 node 的方式，首先新建一个文件夹 bn，然后在 bn 目录下执行：

```
cnpm init --yes
cnpm i bignumber.js -S
```

其中，-S 是--save 的简写，说明是运行时依赖。在介绍具体例子之前，先介绍 BigNumber 的两个重要配置，一个是 DECIMAL_PLACES，另一个是 ROUNDING_MODE。

DECIMAL_PLACES 控制小数位数，就是 BigNumber 的精度，ROUNDING_MODE 控制舍入，如表 14.13 所示。

表 14.13 BigNumber舍入方式

方　式	值	说　明
ROUND_UP	0	入
ROUND_DOWN	1	舍
ROUND_CEIL	2	向大取
ROUND_FLOOR	3	向小取
ROUND_HALF_UP	4	四舍五入
ROUND_HALF_DOWN	5	五舍六入
ROUND_HALF_EVEN	6	让最后一位为偶数

简单说明，表 14.14 是常见的舍入方式，ROUND_UP 表示进位，比如 1.23 和 1.25 保留一位小数都会是 1.3。ROUND_DOWN 表示舍弃，比如 1.23 和 1.25 保留一位小数时都是 1.2。

ROUND_HALF_UP 表示四舍五入，ROUND_HALF_DOWN 表示 0.5 舍弃，与四舍五入对比就是五舍六入。ROUND_HALF_EVEN 表示让最后一位变为偶数，例如 1.25 和 1.35 保留一位小数就会分别变为 1.2 和 1.4，一个是舍，一个是入。下面来看实例，创建一个 bg.js 进行保存：

```
const BigNumber = require('bignumber.js');
// BigNumber 创建
var x = new BigNumber(123.456)
var y = BigNumber('123456e-3')
var z = new BigNumber(x)
console.log(x.isEqualTo(y) && y.isEqualTo(z) && x.isEqualTo(z))
// 舍入
BigNumber.config({ DECIMAL_PLACES: 2, ROUNDING_MODE: 6 })
console.log(new BigNumber(1.25).toFormat(1))
console.log(new BigNumber(2.35).toFormat(1))
// 指定进制
var two = new BigNumber('1111', 2)
var thirtySix = new BigNumber('zz', 36)
var sixteen = new BigNumber('ff',16)
console.log(two.plus(thirtySix).plus(sixteen).toString())
// 格式化
var num = new BigNumber(888.8)
console.log(num.toExponential(5))
console.log(num.toFixed(5))
console.log(num.toPrecision(5))
console.log(num.toNumber())
console.log(num.toString(16))
console.log(num.toFormat(2))
// 字面量问题
console.log(new BigNumber(1.0000000000000001).toString())
```

```
console.log(new BigNumber(0.3 - 0.1).toString())
// 计算
BN = BigNumber.clone({ DECIMAL_PLACES: 5, ROUNDING_MODE: 4})
var one = new BN(16)
console.log(one.squareRoot().toString())
console.log(one.times(2).toString())
console.log(one.div(2).toString())
console.log(one.pow(2).toString())
```

可以通过下面的命令来执行：

```
node bg.js
```

想要了解更多 BigNumber 的内容，可以参考 https://github.com/MikeMcl/bignumber.js/。另一个和 BigNumber 比较相似并且使用比较多的是 bn.js，想要了解 bn.js 的内容，可以参考 https://github.com/keybase/bn。

14.10.2 ethjs-abi 库

ethjs-abi 是一个处理合约 ABI 的库，非常实用，后面要介绍的 Truffle 使用的就是 ethjs-abi 库。ethjs-abi 可以编码方法，我们知道使用 JSON-RPC 协议调用智能合约方法使用的是 eth_sendTransaction 或者 eth_sendRawTransaction 的 data 参数，是需要编码的，ethjs-abi 就可以做这个编码工作。

下面写一个合约来测试一下 ethjs-abi 的方法编码和解码。首先编写一个合约，合约的内容如下：

```
pragma solidity ^0.4.24;
contract AbiContract {
  function one(uint[2] twoNums) public pure returns(uint256) {
      return twoNums[0] + twoNums[1];
  }
  function two(uint32 x, bool y) public pure returns (uint32,bool) {
     return(x,y);
  }
  function three(bytes name, bool isNice, uint[] data) public pure
  returns(bytes,bool,uint[]){
      return(name,isNice,data);
  }
}
```

然后在 Remix 中编译合约，合约的 ABI 如下：

```
[{
    "constant": true,
    "inputs": [{
        "name": "twoNums",
        "type": "uint256[2]"
    }],
    "name": "one",
    "outputs": [{
        "name": "",
```

```
            "type": "uint256"
        }],
        "payable": false,
        "stateMutability": "pure",
        "type": "function"
    }, {
        "constant": true,
        "inputs": [{
            "name": "x",
            "type": "uint32"
        }, {
            "name": "y",
            "type": "bool"
        }],
        "name": "two",
        "outputs": [{
            "name": "",
            "type": "uint32"
        }, {
            "name": "",
            "type": "bool"
        }],
        "payable": false,
        "stateMutability": "pure",
        "type": "function"
    }, {
        "constant": true,
        "inputs": [{
            "name": "name",
            "type": "bytes"
        }, {
            "name": "isNice",
            "type": "bool"
        }, {
            "name": "data",
            "type": "uint256[]"
        }],
        "name": "three",
        "outputs": [{
            "name": "",
            "type": "bytes"
        }, {
            "name": "",
            "type": "bool"
        }, {
            "name": "",
            "type": "uint256[]"
        }],
        "payable": false,
        "stateMutability": "pure",
        "type": "function"
    }]
```

把 Remix 的 environment 选择为 Rejected web3，本地启动一个 Ganache，配置 MetaMask 连接本地的 Ganache 节点，然后在 Remix 中部署合约。因为我们还没有介绍 Truffle，所

以这里把合约部署在本地稍微麻烦一点，等介绍了 Truffle 后部署合约就会方便很多。

我们先来看 ethjs-abi 关于合约 ABI 编码，还是先创建一个文件夹，名字自定义，这里命名为 ethabi，然后在 ethabi 目录下执行：

```
cnpm init --yes
cnpm i ethjs-abi -S
cnpm i safe-buffer -s
```

然后创建一个 index.js 的文件，文件内容如下：

```
const abiUtil = require('ethjs-abi')
const Buffer = require('safe-buffer').Buffer
const abi = [{"constant":true,"inputs":[{"name":"twoNums","type":"uint256
[2]"}],"name":"one","outputs":[{"name":"","type":"uint256"}],"payable":
false,"stateMutability":"pure","type":"function"},{"constant":true,
"inputs":[{"name":"x","type":"uint32"},{"name":"y","type":"bool"}],
"name":"two","outputs":[{"name":"","type":"uint32"},{"name":"","type":
"bool"}],"payable":false,"stateMutability":"pure","type":"function"},
{"constant":true,"inputs":[{"name":"name","type":"bytes"},{"name":"isNice",
"type":"bool"},{"name":"data","type":"uint256[]"}],"name":"three",
"outputs":[{"name":"","type":"bytes"},{"name":"","type":"bool"},{"name":
"","type":"uint256[]"}],"payable":false,"stateMutability":"pure","type":
"function"}]
const one = abiUtil.encodeMethod(abi[0], [[1,2]])
console.log(one)
const two = abiUtil.encodeMethod(abi[1], [1,true])
console.log(two)
const tim = new Buffer('tim', 'utf8')
const three = abiUtil.encodeMethod(abi[2], [tim,true,[1,2]])
console.log(three)
```

其中，abi 就是前面合约的 ABI，ABI 是一个数组，数组中是对于函数或者事件的 ABI，ethjs-abi 的 encodeMethod 可以用来编码函数和参数，第一个是函数的 ABI，第二个参数是一个数组，是传递给函数的参数。

- abi[0]是合约中 one 函数的 abi，传递参数是一个数组[1,2]；
- abi[1]是合约中 two 函数的 abi，传递参数是一个数组 1,true；
- abi[2]是合约中 three 函数的 abi，传递参数是一个数组 tim,true,[1,2]。

注意：参数的写法，多个参数之间用逗号分隔，数组使用[]。

使用下面的命令来执行 index.js 文件：

```
node index.js
```

输出如下：

```
0x18fb14b20000000000000000000000000000000000000000000000000000000000
00010000000000000000000000000000000000000000000000000000000000000002
0x76aef03a0000000000000000000000000000000000000000000000000000000000
00010000000000000000000000000000000000000000000000000000000000000001
0x880eade60000000000000000000000000000000000000000000000000000000000
00600000000000000000000000000000000000000000000000000000000000000001000
0000000000000000000000000000000000000000000000000000000000a00000000000
```

```
000000000000000000000000000000000000000000000000374696d000000000000
0000000000000000000000000000000000000000000000000000000000000000000
000000000000000000000000000000200000000000000000000000000000000000
0000000000000000000000000000000000000100000000000000000000000000000
00000000000000000000000002
```

可以在 Remix 中使用相同的参数执行 one、two、three 函数，然后在 Remix 的 console 的 detail 中参考 input 的内容，对比一下可以发现是一样的。

我们上面说的是 ABI 编码，关于返回值的解码，要先获取返回值，因为 Remix 的 console 中我们看到的是已经解码之后的内容，所以我们要通过其他方式获取，这里我们还是通过 Postman 执行 eth_call 方法来获取。先来使用 Postman 通过 eth_call 方法来调用合约的 one 函数，使用 Post 请求，请求体如下：

```
{
    "jsonrpc": "2.0",
    "method": "eth_call",
    "params": [{
        "from": "0x70303fa668c7a16050aeb3b499ea9e59ca40cca8",
        "to": "0x92e1d42b670280daf1daee75b8c84f50db5eccf2",
        "data": "0x18fb14b200000000000000000000000000000000000000000
                000000000000000000000100000000000000000000000000000000
                00000000000000000002"
    }],
    "id": 1
}
```

返回值如下：

```
{
    "id": 1,
    "jsonrpc": "2.0",
    "result": "0x0000000000000000000000000000000000000000000000000000000000000003"
}
```

from 会随便选一个 Ganache 已经有的地址，to 是合约地址。data 是前面获取的各个方法的 ABI 编码。

同样的方法可以执行 two 方法和 three 方法，执行完成之后，我们把 result 使用 ethjs-abi 来解码。解码方法如下：

```
const oneR = abiUtil.decodeMethod(abi[0],"0x000000000000000000000000
0000000000000000000000000000000000000003")
console.log(oneR)
const twoR = abiUtil.decodeMethod(abi[1],"0x000000000000000000000000
00000000000000000000000000000000000000010000000000000000000000000000
00000000000000000000000000000001")
console.log(twoR)
const threeR = abiUtil.decodeMethod(abi[2],"0x00000000000000000000000
0000000000000000000000000000000000000006000000000000000000000000000
000000000000000000000000000000000010000000000000000000000000000000
0000000000000000000a000000000000000000000000000000000000000000000
0000000000000374696d00000000000000000000000000000000000000000000
0000000000000000000000000000000000000000000000000000000000000000
```

```
0020000000000000000000000000000000000000000000000000000000010000
0000000000000000000000000000000000000000000000000000000002")
console.log(threeR)
```

上面使用了 decodeMethod 方法解码，第一个参数是方法的 ABI，第二个参数就是前面使用 Postman 执行方法的返回值的 result。把上面的内容添加到 index.js 中再执行一次，可以看到执行的结果如下：

```
Result { '0': <BN: 3> }
Result { '0': <BN: 1>, '1': true }
Result { '0': '0x74696d', '1': true, '2': [ <BN: 1>, <BN: 2> ] }
```

从上面的内容可以知道解码的结果其实就是各个函数的返回值。ethjs-abi 还可以对事件 event 进行编码和解码，这一部分如果读者感兴趣，可以自己尝试一下。

想要了解更多关于合约 ABI 编码规则的内容，可以参考 https://github.com/ethereum/wiki/wiki/Ethereum-Contract-ABI#examples。

关于 ethjs-abi 的内容，可以参考 https://github.com/ethjs/ethjs-abi。

ethjs 相关的其他库，可以参考 https://github.com/ethjs。

14.10.3　其他 Ethereum 库

除了前面介绍的库之外，还有很多关于 Ethereum 的库，很多时候需要我们自己写代码和以太坊交互，多了解一些这些库，可以让我们少写代码。自己写的代码很多时候不一定经过反复的测试，而且容易出错，所以使用经过验证的代码是明智的选择。

ethereumjs-tx 库是一个和以太坊交易相关的库，我们前面已经提到和使用了一个库，这个库非常有用，可以帮助我们进行交易签名、发送交易等操作。ethereumjs-tx 库的 GitHub 地址是 https://github.com/ethereumjs/ethereumjs-tx。其中，ethereumjs 下还有很多和 Ethereum 相关的库，可以访问 https://github.com/ethereumjs。

Hooked-Web3-Provider 库主要用来与 Hook 交易做交易签名的库，用来解决以太坊全节点客户端没有发起交易的账户密钥情况。例如我们没有以太坊全节点客户端，连接到别人的以太坊全节点客户端，别人的客户端肯定没有我们的私钥，所以需要我们自己签名交易。Hooked-Web3-Provider 提供了一个 hasAddress 来判断是否需要本地签名交易，如果是则调用 signTransaction 签名交易，相当于对交易签名部分做了封装。

Hooked-Web3-Provider 的 GitHub 地址是 https://github.com/consensys/hooked-web3-provider#readme。

第 4 篇
项目案例实战

▶▶ 第 15 章　工程化项目开发利器——Truffle

▶▶ 第 16 章　项目流程与众筹实战案例

▶▶ 第 17 章　以太坊代币标准与 ERC20 代币案例

第 15 章　工程化项目开发利器——Truffle

如果我们要做一些工程化的项目，则推荐使用 Truffle。本章我们简单介绍 Truffle 的基本内容，后面的章节中会经常用到 Truffle，因此在后面的内容中会不断补充和完善 Truffle 的相关知识。

本章涉及的主要知识点有：
- Truffle 简介；
- Truffle 安装；
- Truffle 的配置；
- Truffle 的基本命令。

15.1　Truffle 简介

本节首先了解什么是 Truffle，其作用是什么，能帮助我们处理哪些事情，这些内容便于我们对 Truffle 有一个整体了解和概念。

Truffle 是一个世界级的开发环境和测试框架，可以更好地帮助开发者创建项目、执行测试、安装依赖和部署发布项目，目标是让开发者的工作更加轻松。

有些读者可能会对什么是区块链资源管道不理解，没有关系，因为后面会介绍到相关的内容，现在只需要知道 Truffle 可以帮助我们创建项目、测试及部署项目即可。

15.1.1　Truffle 的主要功能

我们需要知道 Truffle 的功能范围，以便于在需要时，知道有哪些工具可以帮助我们更好地实现目标。接下来看一下 Truffle 提供了哪些具体功能。

1. 编译、链接、部署

Truffle 内建智能合约编译、链接、部署和字节码管理，这个是我们使用 Truffle 的重要原因，可以通过一个简单的 Truffle 命令就能完成智能合约的编译，而不是使用 solc 这样的命令工具去编译，简化了编译的流程和难度。

2．自动化合约测试

测试对于一个项目是很重要的，Truffle 也提供了自动化的智能合约测试功能，能够方便地进行自动化测试，而我们需要做的就是编写测试，执行 Truffle 测试命令就可以了。

3．部署与迁移

部署（deployment）和迁移（migrations）这两个功能其实是一样的，可能是 Truffle 的开发者认为智能合约的部署和一般的项目部署还是有区别的。

开发智能合约的流程一般是先自己在本地做一个私链测试，部署到私链上，本地测试如没有问题可以发布到公链上，但是这个发布和测试发布基本没有区别，只是改了 IP 和端口，所以从测试到线上更像是一次迁移过程，所以开发了一个 migration。Truffle 就是一个支持脚本化的可扩展的部署和迁移框架，不仅仅是一个部署和迁移框架。

4．网络管理

这里的网络管理指的是以太坊的网络。我们知道以太坊有很多网络，例如主网、各个测试网络、私有网络等。Truffle 就可以通过配置 IP 和端口来决定使用哪个网络进行测试，把智能合约部署到哪个网络。

5．包管理

包管理很重要，让我们能够进行代码重用，我们可以使用别人编写的经过严格测试和审核的公共模式代码，提升自己的开发效率。Truffle 使用的是 EthPM 和 NPM 进行管理，使用的是 ERC190 标准。

6．合约交互

Truffle 提供了一个控制台可以直接和合约交互，可以帮助我们进行简单的测试和调试。

7．脚本执行

脚本执行器，可以在 Truffle 环境中执行脚本。

8．内建管道

用来支持高度集成的内建的、可配置的管道

15.1.2 Truffle 的安装及其相关命令

下面来看一下 Truffle 的安装和 Truffle 命令。Truffle 是 JavaScript 写的已经有打包好的 NPM 模块可以使用，所以可以直接通过 NPM 命令安装。使用 NPM 直接执行以下命令：

```
npm install -g truffle
```
如果安装了 cnpm 也可以使用 cnpm
```
cnpm install -g truffle
```

安装完成之后可以直接执行：
```
truffle version
```

我们可以看到 Truffle 和使用的 Solidity 的版本：
```
Truffle v4.1.14 (core: 4.1.14
Solidity v0.4.24 (solc-js)
```

可以执行下面的命令来查看 Truffle 的命令和帮助：
```
truffle h
```

如表 15.1 所示为 Truffle 的所有命令，下面通过一些具体例子来说明这些命令的含义和用途。

表 15.1 Truffle 命令与说明

命令	说明
init	初始创建一个新的空以太坊工程
compile	编译合约源码文件
migrate	部署智能合约文件
deploy	部署智能合约文件
build	构建打包
test	运行 JavaScript 和 Solidity 测试
debug	调试区块链上的交易，测试阶段
opcode	打印指定合约的操作码
console	运行一个控制台
develop	打开一个控制台使用本地开发区块链
create	帮助创建一个新的合约，部署文件和测试文件
install	从以太坊库安装一个包
publish	发布一个包到以太坊库
networks	查看用来部署合约的网络地址
watch	查看文件系统的变化和自动重新构建工程
serve	启动服务器
exec	在 Truffle 环境中执行一个 JavaScript 模块
unbox	下载一个 Truffle Box 在创建一个 Truffle 工程之前

15.2 Truffle 创建项目

本节我们来学习一下 Truffle 的 init 命令和 unbox 命令，以及如何通过这两个命令来简化以太坊智能合约的创建流程。

15.2.1 init 命令

Truffle 的 init 的命令会下载一个初始化工程,这个工程里面已经包含了部署项目的文件、配置文件和测试文件。下面来看一下具体的执行情况,首先创建一个 create 目录,然后在 create 目录下执行:

```
truffle init
```

这个命令和 NPM 的 init 命令非常相似,其实 Truffle 在包管理方面很多的地方都参考了 NPM 的模式。执行完后看到类似下面的输出说明就执行成功了:

```
Downloading...
Unpacking...
Setting up...
Unbox successful. Sweet!
Commands:
  Compile:        truffle compile
  Migrate:        truffle migrate
  Test contracts: truffle test
```

执行完 truffle init 命令之后的目录结构如图 15.1 所示。

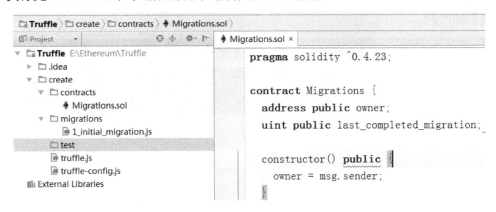

图 15.1 执行 truffle init 命令生成的目录结构

如图 15.1 所示为使用 truffle init 命令之后生成的目录结构,可以看到,在 create 目录下生成了一个 contracts 目录,下面有一个 Migrations.sol 的合约文件,这个文件就是部署合约文件。我们自己的合约文件也会添加到 contracts 目录中。

- migrations 目录是部署配置文件,里面是 JavaScript 代码。我们会为每一个合约文件添加一个对应的部署文件。
- test 是存放测试代码的目录,测试代码将会添加到这个目录中。
- truffle.js 和 truffle-config.js 是配置文件,用来配置网络。

truffle.js 和 truffle-config.js 的作用一样，因为 Windows 下命令行有冲突才会生成 truffle-config.js 配置文件。所以建议使用 git bash 执行 Truffle 命令，因为使用 Windows cmd 执行有时有问题，就是因为命令执行冲突。笔者就遇到过在 Windows 的 cmd 窗口执行 truffle compile 命令时没有问题，但一执行 truffle migrate 命令就会自动打开编辑器，并且打开 truffle.js 文件，刚开始以为是配置问题，后来发现是 Windows 的 cmd 窗口执行 Truffle 命令冲突的问题。

> **注意**：在图 15.1 中我们看到有提示错误，是因为 Truffle 使用的 Solidity 版本比 Idea 的 Intellij-Solidity 插件版本高的原因，之所以使用 Idea 是为了截图，因为 Sublime 的主题都是 dark 的，印刷之后会看不清楚，使用 Idea 遇到这个问题就顺便说一下。

15.2.2　unbox 命令

除了通过 init 命令创建项目外，还可以使用 unbox 命令来创建项目，相比于 init 命令，unbox 命令给了我们更多选择。

如何知道有哪些选择？如图 15.2 所示，可以访问 https://truffleframework.com/boxes。通过访问下面的网页可以查看和我们需求相似的项目，可以将其下载下来作为项目模板，节约我们的时间。

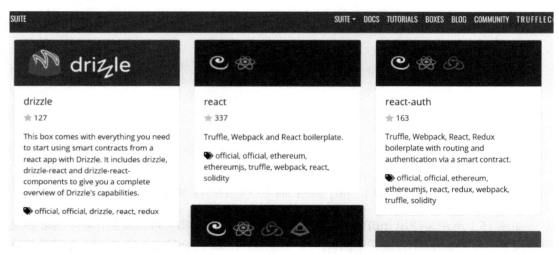

图 15.2　truffle box 项目选择

先来看一下如何使用 truffle unbox 命令，首先选择一个我们需要的项目，这里就选择 webpack，首先运行 unbox 命令：

```
truffle unbox webpack
```

上面的命令可能会执行很久，会下载项目，还会下载项目依赖的 JavaScript 包。执行时可能会出现问题，一般是 NPM 执行超时的问题，注意，配置 NPM 使用国内镜像。自动运行时使用的是 NPM 命令，如果使用 CNPM，那么需要把 NPM 也配置成国内镜像。可以通过 npm config ls –l 命令来查看相关的 NPM 配置，还可以直接修改 npmrc 文件方式来配置国内镜像，记得先看一下 npmrc 的位置，不要弄错了。另外需要注意的是否安装 webpack，如没有安装的话，可使用下面的命令来安装：

```
npm install -g webpack
```

下面来看一下执行命令之后的文件目录结构。如图 15.3 所示为一个常见的工程化项目中的目录结构及包含的各种文件。

图 15.3　常见的项目目录结构

其中，app 目录用来放 Web 客户端，一般发一个 DApp 给用户使用，很多用户不会直接使用我们提供的服务，所以一般还会提供一个 Web 客户端应用，方便用户使用，app 目录下放的就是 Web 客户端的相关代码。

- contracts 目录存放项目的智能合约文件。
- migrations 目录存放项目的部署文件。
- node_modules 目录存放使用 NPM 管理 JavaScript 依赖包的依赖文件。
- test 目录存放所有测试的文件。
- .eslintrc 文件存放 Eslint 相关的配置，Eslint 是一个插件化的语法规则和代码风格检查工具。
- .eslintignore 文件存放 eslint 跳过检查的目录或文件。
- babelrc 是用来将 ES 6 的特性转换为浏览器支持的工具，.babelrc 是它的配置文件。
- package.json 是 NPM 使用的项目依赖等配置文件。
- truffle.js 是 Truffle 使用的配置文件。
- webpack.config.js 是 webpack 使用的配置文件。

上面的目录结构基本上就是现阶段创建 DApp 时的工程化目录结构。

15.3　通过 Truffle 编译项目

前面一节介绍了如何通过 Truffle 来创建一个项目，本节继续介绍如何使用 Truffle 来编译项目。

15.3.1　前置条件与编译

使用 Truffle 编译项目是有要求的，不过都是简单的限制。例如，所有的智能合约文件必须在 contracts 目录下，并且只能是 Solidity 语言编写的代码，扩展名必须是 sol，关联的 Solidity 的代码库的扩展名也必须是 sol。然后可以使用下面的命令来编译：

```
truffle comiple
```

我们在 Windows 的 cmd 窗口下执行命令，会出现如图 15.4 所示的错误。

如图 15.4 所示就是我们前面提过的冲突问题。这是因为在 node_modules 目录下有一个 truffle.cmd 文件，感兴趣的读者可以自己搜索检查一下是否有这个文件。而 truffle.js 的文件名中也有 truffle，但其是一个可执行的 JavaScript 文件，并且 truffle.js 的优先权比 truffle.cmd 文件高，所以执行时出现了未知的异常。

这里就可以直接把 truffle.js 配置文件重命名为 truffle-config.js，作为配置文件就可以解决这个问题，或者显式地使用 cmd 后缀，像下面这样：

```
truffle.cmd compile
```

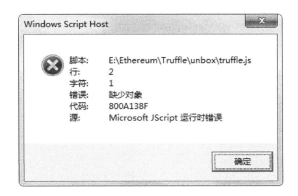

图 15.4　Windows 的编译异常

当然，我们也可以直接使用 git bash 命令，使用 git bash 执行编译后的结果如图 15.5 所示。

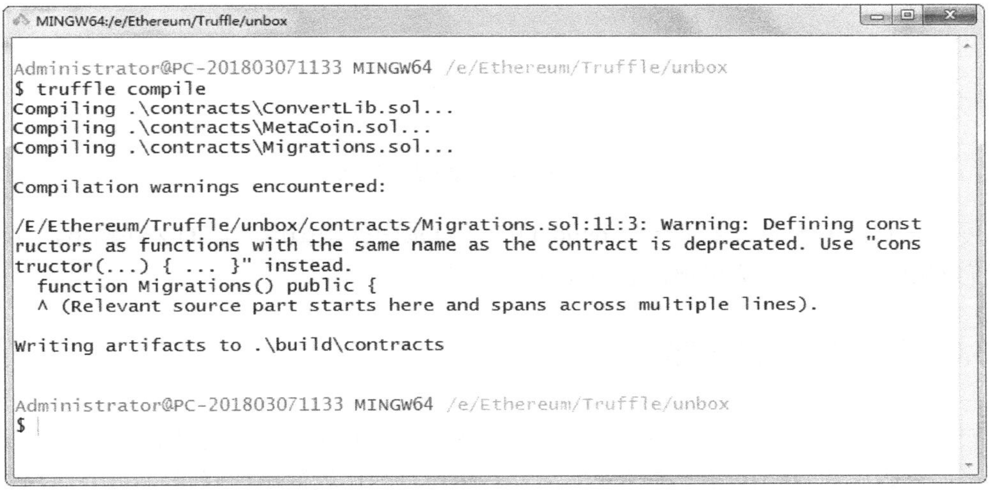

图 15.5　执行 git bash 命令的编译结果

如图 15.5 所示，使用 Git 来执行编译完全没有问题，另外，需要注意 Truffle 编译在第一次时会编译 contracts 目录下的全部文件，但在之后的编译过程中只会编译修改过的智能合约文件，如果想要全部编译，可以使用下面的命令：

```
truffle compile --all
```

通过添加--all 参数，可以改变 Truffle 的编译行为。

15.3.2　Truffle 编译输出

下面我们来看一下编译之后的目录结构，如图 15.6 所示。

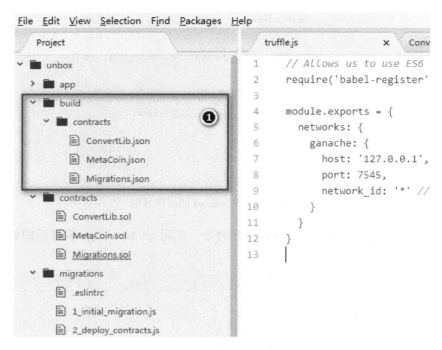

图 15.6 Truffle 编译之后的目录

可以看到，编译之后多了一个 build 目录，目录中就是编译之后的文件输出，其实就是我们使用 solc 编译的输出项，后面会详细介绍。

15.3.3 Truffle 编译依赖

Truffle 也能够处理编译的路径依赖问题，主要是两种依赖，一种是相对路径的依赖，就是字节工程中的合约；另一种是外部依赖。相对路径比较简单，就是 Truffle 能够处理下面的导入语句：

```
import "./DependenceContract.sol";
```

DependenceContract.sol 也在 contract 目录下。另一种处理依赖就是外部依赖，外部依赖是什么？其实和 NPM 一样，要依赖第三方的包，先使用 npm install 命令把第三方包安装到项目目录下，然后 require 进来就可以使用。

Truffle 的包管理机制和 NPM 一样，如果想要导入第三方的智能合约，可以先使用 EthPM 或者 NPM 安装第三方包，然后在合约中使用下面的方式导入。

```
import "third/ThirdContract.sol";
```

这里使用的是 import，同 ES 6 一样的方式导入文件，路径就是包名加上智能合约的文件名称。

15.4 Truffle 配置文件

在学习测试之前需要先了解 Truffle 的配置文件，因为我们要使用以太坊客户端，但是默认的配置满足不了要求，需要根据自己的实际情况来配置 Truffle。

15.4.1 网络配置

前面的内容中已经介绍了 Truffle 默认的配置文件是 truffle.js，现在先来看一看使用 truffle unbox webpack 为我们生成的 truffle.js 文件的内容。示例如下：

```
// Allows us to use ES6 in our migrations and tests.
require('babel-register')
module.exports = {
  networks: {
    ganache: {
      host: '127.0.0.1',
      port: 7545,
      network_id: '*' // Match any network id
    }
  }
}
```

从上面的配置中可以看到在导出对象中已经有一个 networks 对象，这个对象中又包含一个 Ganache 对象。Ganache 对象中有包含 host、port、network_id 属性。其实这个就是配置了一个以太坊的网络连接节点，以太坊有很多网络，执行合约测试可以在测试网络中，合约上线就可以发布到主网，我们也可以在本地搭建一个私链用以测试。

上面 Ganache 配置的是一个私有网络节点。Ganache 是这个网络配置的名称，使用 Ganache 的原因可能只是因为创建这个项目的人使用的是 Ganache 来搭建私链测试。host 配置的是 IP，是节点运行的 IP 地址，port 是节点的 RPC 端口。network_id 是网络 ID，ID 主要是用来区分不同的网络，就是以太坊客户端节点只会发现和自己网络 ID 相同的节点。这里的 network_id 配置的是*，表示不限制 network_id，只要是 IP 和端口匹配就可以。

除了 host、port 和 network_id 参数外，每一个网络还有一些其他的参数，没有显示给出的参数都有默认值，下面来看一下这些参数及其默认值，如表 15.2 所示。

表 15.2　Truffle network参数说明

参　　数	说　　明
gas	部署合约最多使用的gas值，默认值4712388
gasPrice	部署合约的gas的价格，默认值100000000000wei
from	部署合约的账户，默认值是以太坊客户端提供的第一个可用账户
provider	new Web3.providers.HttpProvider("http://<host>:<port>")

表 15.2 就是 Truffle network 相关的参数。注意，provider 和（host/port）二选一，如果要使用 HTTPProvider，直接配置 host 和 port 就可用。

既然是 networks，当然可用配置不止一个网络，我们来看一下可以配置多个以太坊网络，然后可以根据实际需要选择网络。示例如下：

```
// Allows us to use ES6 in our migrations and tests.
require('babel-register')
module.exports = {
  networks: {
  development: {
    host: "127.0.0.1",
    port: 8545,
    network_id: "*",
    gas:4712388,
    gasPrice:100000000000,
    from:
  },
  test: {
    provider: function() {
      return new HDWalletProvider(mnemonic, "http://127.0.0.1:8545/");
    },
    network_id: '*',
  },
  live: {
    host: "172.11.11.11",
    port: 8588,
    network_id: 1
  }
 }
}
```

> 注意：很多的 Truffle 命令都有 --network 参数，这些参数就可用通过 networks 中的各个对象来指定，默认使用的是 development 对象。

如果想指定其他网络可使用 --network 参数，来几个例子：

```
truffle compile --network test
truffle console --network test
```

15.4.2 输出目录配置

contracts_build_directory 配置的是边缘的输出目录，默认的目录是项目根目录下的 build 文件夹下的 contracts 目录，即 ./build/contracts/ 目录。

如果想让输出的目录在 dist 目录下，可以用配置，示例如下：

```
module.exports = {
  contracts_build_directory: "./dist",
  networks: {
    development: {
      host: "127.0.0.1",
```

```
      port: 8545,
      network_id: "*",
    }
  }
}
```

那么编译输出的目录就会是项目根目录下 dist 目录下的 contracts 目录中，即在./dist/contracts/目录中。当然也可用使用相对路径和绝对路径，示例如下：

```
module.exports = {
  //contracts_build_directory: "F:\\data\\eth",
  contracts_build_directory: "../../../dist",
  networks: {
    development: {
      host: "127.0.0.1",
      port: 8545,
      network_id: "*",
    }
  }
}
```

注意：编译的输出可以不在项目目录内，Windows 配置绝对路径时使用两个反斜杠"\\"。

15.4.3 测试配置

mocha 配置主要和测相关，这个配置其实就是 MochaJS 的配置，我们可用像下面这样来配置测试相关的配置：

```
module.exports = {
  mocha: {
      useColors: true
    },
  networks: {
    development: {
      host: "127.0.0.1",
      port: 8545,
      network_id: "*",
    }
  }
}
```

更多的测试配置内容，将在 15.5 节介绍。

15.4.4 编译配置

Truffle 配置文件中的 solc 配置主要用来配置编译选项，关于 solc 的编译选项，前面已经介绍过了，这里就不详细介绍了，我们直接来看一下配置：

```
module.exports = {
  solc: {
```

```
    optimizer: {
      enabled: true,
      runs: 200
    }
  },
  networks: {
    development: {
      host: "127.0.0.1",
      port: 8545,
      network_id: "*",
    }
  }
}
```

15.4.5　包管理相关配置

前面我们已经说过 Truffle 的管理模式和 NPM 的包管理模式基本相同，下面我们先来看一下包管理配置的示例。

```
module.exports = {
  networks: {
    development: {
      host: "127.0.0.1",
      port: 8545,
      network_id: "*",
    }
  },
  package_name: "mypackage",
  version: "1.1.1",
  description: "包介绍",
  authors: [
    "Tim <tim@xxx.com>",
    "Allen <allen@xxx.com>"
  ],
  keywords: [
    "ethereum",
    "test"
  ],
  dependencies: {
    "package1": "^0.0.1",
    "package2": "1.0.0"
  },
  license: "APACHE2.0",
}
```

我们知道 Truffle 也是一个包管理的工具，像 NPM 一样，不过 NPM 管理的是 JavaScript 依赖包，Truffle 管理的是智能合约的依赖包。

Truffle 包管理实现的是 ERC190 的标准。下面就来解释一下上面示例中各个配置的含义。

- package_name：包名称配置。
- version：版本号，遵循 SemVer 规范。

- description：包的描述，方便其他想要使用这个包的人进行查看。
- authors：包的作者。
- keywors：包的关键字，方便搜索。
- dependencies：包的依赖，使用 SemVer 规范，包含 NPM 的扩展部分。
- license：版权协议。

上面的这些配置都和包管理相关，当要发布自己的包时会使用到这些配置信息。

15.5 Truffle 单元测试与部署

单元测试与部署是一个非常常见的操作，本节我们就来了解一下怎样编写单元测试，怎样使用 Truffle 进行单元测试与部署。

15.5.1 使用 JavaScript 测试

Truffle 可以使用 JavaScript 来编写测试代码，使用的是 Mocha 测试框架和 Chai 断言库。原理其实也比较简单，因为以太坊客户端有 JSON-RPC-API 接口，可以通过 JavaScript 调用相应的接口。其实和 Web3.js 一样，不过 Truffle 使用的是 truffle-contract，而 truffle-contract 也是依赖 Web3.js。

注意：Truffle 使用的是 Web3.js 的版本。

下面通过简单的例子介绍使用 JavaScript 来测试 Solidity 代码。首先执行下面的命令，如图 15.7 所示。

truffle init

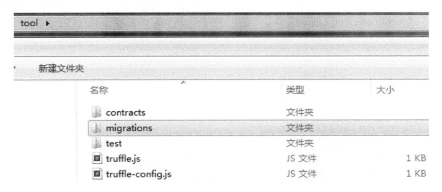

图 15.7 执行 truffle init 命令初始化项目目录结构

如图 15.7 所示为使用 truffle init 命令执行初始化项目之后的目录结构。初始化完成之后在 contracts 目录中添加一个 MathContract.sol 文件，内容如下：
```
pragma solidity ^0.4.24;
contract MathContract {
    function add(uint a,uint b) public pure returns(uint){
        return a + b;
    }
    function sub(uint a,uint b) public pure returns(uint){
        return a - b;
    }
}
```

然后在 migrations 目录中添加一个 2_initial_migration.js 文件，内容如下：
```
var Math = artifacts.require("./MathContract.sol");

module.exports = function(deployer) {
  deployer.deploy(Math);
};
```

上面的代码用来部署合约，文件的后缀都一样，数字前缀表示部署的先后顺序。这个文件一定要记得添加，部署和测试都要用。

然后在 test 目录中创建一个 mathcontract.js 文件，文件内容如下：
```
var MathContract = artifacts.require("MathContract")
// console.log(MathContract)
contract('MathContract', function(accounts) {
  // console.log(accounts)
  // console.log(web3.eth.getBalance(accounts[0]))
  it("first", function() {
    return MathContract.deployed().then(function(instance) {
      // console.log(instance)
      console.log(instance.address)
      instance.add(1,1).then(function(result){
          console.log(result)
          assert.equal(result, 2, "add prompt");
      })
      instance.sub.call(5,1).then(function(result){
          console.log(result)
          assert.equal(result, 4, "sub prompt");
      })
    })
  })
  it("sencode", function() {
    return MathContract.deployed().then(function(instance) {
      // console.log(instance)
      console.log(instance.address)
      instance.add(1,1).then(function(result){
          console.log(result.toNumber())
          assert.equal(result, 2, "add prompt");
      })
      instance.sub.call(5,1).then(function(result){
          console.log(result.toNumber())
          assert.equal(result, 4, "sub prompt");
```

```
      })
    })
  })
})
```

JavaScript 测试的文件名字没有太多要求，建议遵循一定的规律，这样好区分不同的测试，这里使用合约文件对应小写名字。

如上例所示，我们使用 artifacts.require("MathContract") 来获取一个合约对象。

```
contract('MathContract', function(accounts) {…}
```

上面的 contract 相当于 Mocha 的 describe，用来执行测试。合约实例 deployed 方法返回的是一个 Promise，Promise 返回的是合约实例。有了合约实例，我们就可以调用合约中的函数了，assert 可以用来做断言，如果结果和预期不同就会给出一个错误。

测试代码有了，可以进行测试，但是在这之前还需要在 truffle.js 中配置一下网络，代码如下：

```
module.exports = {
  networks: {
    development: {
      host: '127.0.0.1',
      port: '8545',
      network_id: '*'
    }
  }
}
```

上面 host 配置的是本机，端口是 8545，这意味着需要在本机启动一个以太坊客户端，RPC 端口设置为 8545，一般情况下使用 Ganache 测试就可以了。

可以在项目的根目录下使用 Git 执行下面的命令。

```
truflle test
```

然后 Truffle 就会自动编译合约、部署合约，然后执行测试的 JavaScript 脚本。

15.5.2 JavaScript 测试交易

前面我们使用 JavaScript 来编写测试，只是一个简单的 pure 方法，如果要涉及交易呢？本节就来学习如何使用 JavaScript 测试交易的方法。我们还是来一个实例，先在 contracts 目录下添加一个 TransferContract.sol 文件，内容如下：

```
pragma solidity ^0.4.24;
contract TransferContract {
    mapping (address => uint) balances;
    event Transfer(address indexed fromAddr, address indexed toAddr, uint256 amount);
    constructor() public{
        balances[tx.origin] = 10000;
    }
```

```solidity
    function sendCoin(address receiver, uint amount) public returns(bool) {
        if (balances[msg.sender] < amount) return false;
        balances[msg.sender] -= amount;
        balances[receiver] += amount;
        emit Transfer(msg.sender, receiver, amount);
        return true;
    }
    function getBalance(address addr) public view returns(uint) {
        return balances[addr];
    }
}
```

可以看出，这个合约比前面复杂一些，有改变合约状态的方法，也有事件。合约中有一个 balances，用于保存地址和对应的余额，初始时创建合约的地址设置为 10000。

我们还是在 test 目录下创建一个测试文件 transfercontract.js，文件内容如下：

```js
const TransferContract = artifacts.require("TransferContract")
const fromAddr = "0x6e86367e0d45a39cc29d4732da8e99b5e18e41d2"
const toAddr = "0x35620e390abbc938e8e7374ea2fe02364109a0f5"
contract('TransferContract test', function(accounts) {
  it("first", function() {
    return TransferContract.deployed().then(function(instance) {
        console.log(web3.eth.getBalance(fromAddr).toNumber())
        console.log(web3.eth.getBalance(toAddr).toNumber())
        instance.sendCoin(toAddr, 10, {from: fromAddr}).then(function(result){
          console.log(result)
          console.log(web3.eth.getBalance(fromAddr).toNumber())
          console.log(web3.eth.getBalance(toAddr).toNumber())
          // instance.getBalance.call(fromAddr).then(function(result){
          //   console.log(result.toNumber())
          // })
          // instance.getBalance.call(toAddr).then(function(result){
          //   console.log(result.toNumber())
          // })
          instance.getBalance(fromAddr).then(function(result){
            console.log(result)
          })
          instance.getBalance(toAddr).then(function(result){
            console.log(result)
          })
        })
    })
  })
})
```

上面是 TransferContract 的测试方法，fromAddr 和 toAddr 可以从启动 Ganache 的账户中随便选取两个。我们要关注的是通过合约函数的名称调用时最后一个可选对象可以配置一些属性，最重要的是 from 属性，可以指定从哪一个账号发起交易。

我们还可以使用 web3.js 方法，在测试中有更多的发挥空间，另外需要注意通过函数名称调用和通过 call 调用的区别。通过函数名称调用是发送一个交易，会返回一个 receipt，在结果中还可以捕获对应的事件。

建议读者亲自动手测试一下,需要注意的是在 migrations 目录中添加对应的部署脚本,复制并修改文件名,然后在文件中修改 require 部分,改为要部署的脚本。执行时可以使用下面的命令:

```
truffle test ./test/transfercontract.js
```

使用 truffle test 命令执行所有的测试,可以通过指定测试文件名的方式来执行指定的测试。

15.5.3　使用 Solidity 测试

除了使用 JavaScript 进行测试之外,还可以使用 Solidity 来编写测试。下面来看一个简单的例子,来了解一下使用 Solidity 针对签名的 MathContract 合约编写测试。我们在 test 目录下创建一个 TestMath.sol 文件,注意是 sol 文件,因为是 Solidity 代码。文件内容如下:

```
import "truffle/Assert.sol";
import "truffle/DeployedAddresses.sol";
import "../contracts/MathContract.sol";
contract TestMath {
  function testAdd() {
    MathContract instance = MathContract(DeployedAddresses.MathContract());
    uint expected = 2;
    Assert.equal(instance.add(1,1), expected, "some prompt");
  }
  function testSub() {
    MathContract instance = new MathContract();
    uint expected = 2;
    Assert.equal(instance.sub(4,2), expected, "some prompt");
  }
}
```

如例中所示,最主要的是导入 DeployedAddresses.sol 文件和要被测试的文件,一般情况下,合约名称可以和合约文件名称不同,但是用 Solidity 编写测试时合约文件名称最好和合约相同,否则可能出错。

在 Solidity 中使用 MathContract instance = MathContract(DeployedAddresses.MathContract()),创建合约实例,也可以直接通过 new 创建,创建完成之后就可以调用对应的方法。

Assert 是一个断言库,主要用来做一些预期判断。

15.5.4　合约部署

使用 Truffle 最方便的是部署合约,之前我们部署合约或使用以太坊客户端 JSON-RPC-API 中的 eth_sendTransaction 方法,或使用 web3.js 中的 deployed 方法,或者在 Remix 中,连接指定节点编译部署,都不方便。

但在 Truffle 中就方便多了，只需要编写部署代码即可，每一个合约在 migrations 目录下可以创建一个新的部署文件，然后复制、修改文件名，修改合约中引用的合约名称。如表 15.3 所示为 truffle migrate 命令的子命令与参数，一般情况下我们在部署智能合约时只需要执行下面的命令。

```
truffle migrate
```

表 15.3　truffle migrate 子命令与参数

参　　数	说　　明
--reset	部署所有合约，而不是新修改的
-f number	指定从哪一个前缀开始部署
--network name	指定部署到哪一个网络
--compile-all	编译所有的合约
--verbose-rpc	输出与以太坊客户端的交互信息

对于部署不同的环境也非常方便，只需要多配置一个 network 就可以，然后就可以使用下面的命令待部署到指定的环境。

```
truffle migration --network dev
```

dev 是 truffle.js 文件中配置的 network 的名字，指定哪一个 network 的名字就可以部署到哪一个网络中。

15.6　Truffle 的其他命令

除了上面我们介绍到的一些常用的命令之外，Truffle 还有另外一些非常有用的命令，本节我们简单介绍一下 Truffle 中的其他命令的含义与使用。

15.6.1　create 命令

create 是一个比较有用的命令，可以自动根据文件模板创建对应的文件，这样可以省去我们手动创建相关的文件之后添加公共部分代币，create 命令的格式如下。

```
truffle create action name
```

如表 15.4 所示为 truffle create 命令的子命令，主要包括 3 个子命令，分别是 contract、migration 和 test。

```
truffle create contract math
truffle create migration math
truffle create test math
```

上面是 truffle create 命令的示例，使用 truffle create contract Math 命令会在 contracts 目录下生成一个 Math.sol 的智能合约文件，并且文件中有一些公共的元素，例如 program 部分、构造函数部分等。

表 15.4 truffle create子命令

action（子命令）	说　　明
contract	创建一个新的合约，放在contracts目录中
migration	创建一个部署脚本，放在migrations目录中
test	创建一个测试脚本，放在test目录中

migration 与 test 子命令会分别在 migrations 目录和 test 目录下生成对应的部署脚本和测试脚本文件，会包含一些公共的代码，我们只需要做简单修改就可以使用。

15.6.2 包管理相关命令

我们可以使用 Truffle 来进行包管理，Truffle 的包管理和 NPM 非常相似，本节就来了解一下和包管理相关的命令。示例如下：

```
truffle init
truffle install name@version
truffle publish
truffle unbox
truffle networks [--clean]
```

其中，truffle init 命令用来初始化工程，可以创建一个项目模板，truffle unbox 命令和 truffle init 命令相似，可以用来选择指定的模板，使用更加灵活。

truffle install 命令是安装依赖包，truffle publish 命令是发布自己的包给其他人使用，truffle networks 命令是在发布包之前清除网络配置，因为网络配置还是比较敏感的信息。

15.6.3 其他命令

本节对在前面没有介绍到的 Truffle 命令做一些简单介绍，虽然这些命令使用的频率不高，不过有时却能派上用场。示例如下：

```
truffle console
truffle exec name.js
truffle opcode name.sol
truffle version
truffle watch
truffle help
```

其中，truffle console 命令是启动一个控制台和以太坊客户端交互，其和 Geth 的 console 子命令有点像。console 命令可以通过 network 指定网络，也可以使用--verbose-rpc 打印交互的信息。exec 命令可以用来执行脚本。opcode 命令可以用来查看合约操作码。watch 命令可以用来监听项目文件修改，如果修改了，就自动重新构建项目。version 命令查看 Truffle 版本，help 命令查看帮助文档。记住读者也可以只 help 命令，其他命令可以使用 help 命令查看。

到这里关于 Truffle 的知识就介绍完了，有些知识读者可能暂时不能理解，因为本章的有些知识还依赖其他没有学到的内容。当学习完后面章节的知识再来看本章的知识，相信读者会对 Truffle 有新的认知。

建议读者可以做一个小结，总结一下本章的知识结构和其他相关的知识，对 Truffle 在整体上的认知会更加清晰。

第 16 章 项目流程与众筹实战案例

本章来看一个具体的实例,把前面的知识整合起来。本章主要内容有:
- 实际项目中需要注意的一些问题;
- 众筹项目实例。

16.1 合约部分

本章将要介绍一个简单的众筹项目,项目的业务逻辑非常简单,目的是让读者了解现阶段基于以太坊的 DApp。我们首先来了解一下项目的合约部分。

16.1.1 项目简介

本章的众筹项目非常简单,但麻雀虽小五脏俱全,我们主要了解和认识一下现阶段的 DApp 项目主要包含哪些部分。如图 16.1 所示为项目的目录结构,主要包含两部分:一部分是 Web 项目,例如 app 目录、dist 目录、package.json 文件等;另一部分是合约,如 contracts 目录、migrations 目录和 truffle.js 文件等。

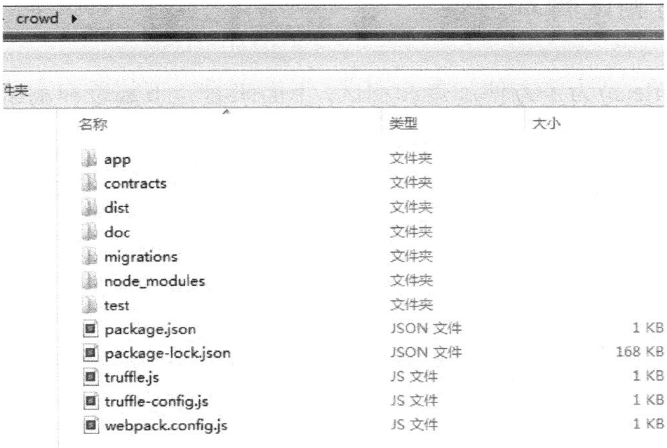

图 16.1 使用 truffle init 命令初始化项目目录结构

如图 16.1 所示的结构应该看起来比较熟悉，和前面 Truffle 和 webpack 中介绍过的目录结构相似。

16.1.2 初始化与合约目录

这个众筹项目并没有使用 Truffle 的 box 命令，而是通过简单的初始化之后，一步步添加的。初始化命令如下：

```
truffle init
```

首先执行的是 truffle init 命令初始化合约项目，可以得到一个基本的 Truffle 项目，然后通过 truffle create 命令添加合约，非常方便。

如图 16.2 所示为众筹中包含的基本合约。其中，Owned.sol 和 SafeMath.sol 是其他开源库中的代码，主要用来处理合约所有者和基本计算，Crowd.sol 是众筹合约，Migrations.sol 是我们使用 Truffle 的部署合约。

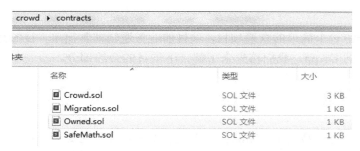

图 16.2　合约文件目录

16.1.3 部署与测试脚本目录

我们使用 Truffle 是为了方便部署和测试，下面来看一下部署和测试的内容，如图 16.3 和图 16.4 所示。

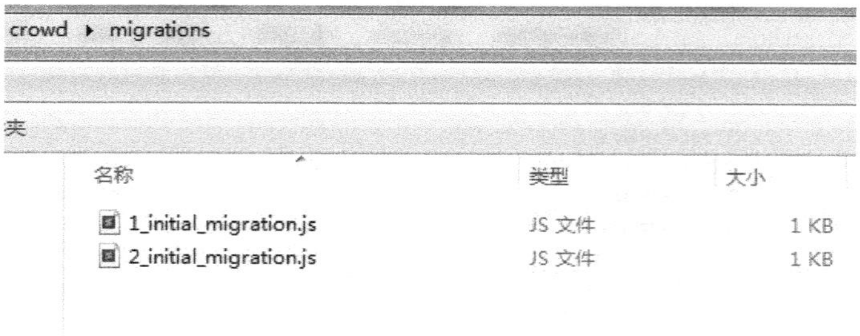

图 16.3　部署脚本目录

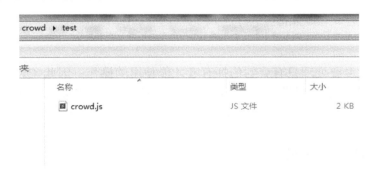

图 16.4　测试脚本

16.2　众筹合约

上一节我们了解了基本众筹目录结构，本节来了解一下具体的众筹合约的内容。

16.2.1　Owned 合约

在图 16.2 所示的合约文件目录中可以看到，除了众筹合约，还有一些依赖合约，主要有两个，一个是 Owned 合约，另一个是 SafeMath 库合约。其中 Owned 合约非常常见，示例如下：

```
pragma solidity ^0.4.24;
/**
 * @title Owned
 * @dev 用于辅助合约拥有者修改、处理合约
 */
contract Owned {
    //合约拥有者地址
    address public owner;

    constructor() {
        owner = msg.sender;
    }
    /**
     * @dev 函数修改器，用于检查调用者是否为合约拥有者
     */
    modifier onlyOwner {
        require(msg.sender == owner);
        _;
    }
    /**
     * 合约拥有者转移
     */
    function transferOwnership(address newOwner) onlyOwner {
```

```
            owner = newOwner;
        }
    }
```

Owned 合约主要处理只有合约的拥有者才能使用的操作，因此 Owned 就是为这些操作加上限制。Owned 还提供了一个合约拥有者转移的方法，可以从一个主体转移到另一个主体。

16.2.2　SafeMath 合约

SafeMath 合约也是一个非常常见的合约，主要处理的是 uint256 类型的安全基本运算，例如检查是否溢出等。代码如下：

```
pragma solidity ^0.4.24;
/**
 * @title SafeMath
 * @dev 用于安全计算，检查条件不满足时回退
 */
library SafeMath {
  /**
   * @dev 乘法，溢出的时候回退
   */
  function mul(uint256 a, uint256 b) internal pure returns (uint256) {
    if (a == 0) {
      return 0;
    }
    uint256 c = a * b;
    require(c / a == b);
    return c;
  }
  /**
   * @dev 除法，除 0 的时候回退
   */
  function div(uint256 a, uint256 b) internal pure returns (uint256) {
    require(b > 0); //
    uint256 c = a / b;
    return c;
  }
  /**
   * @dev 减法，溢出的时候回退，例如 a < b 的时候
   */
  function sub(uint256 a, uint256 b) internal pure returns (uint256) {
    require(b <= a);
    uint256 c = a - b;
    return c;
  }
  /**
   * @dev 加法，溢出的时候回退
   */
  function add(uint256 a, uint256 b) internal pure returns (uint256) {
    uint256 c = a + b;
```

```
    require(c >= a);
    return c;
}
/**
 * @dev 求余,mod 0 的时候回退
 *
 */
function mod(uint256 a, uint256 b) internal pure returns (uint256) {
    require(b != 0);
    return a % b;
}
}
```

16.2.3　Crowd 合约

Crowd 就是我们项目的众筹合约,主要的众筹逻辑都在这个合约之中,本节来具体了解一下这个众筹合约。代码如下:

```
pragma solidity ^0.4.24;
import "./SafeMath.sol";
import "./Owned.sol";
contract Crowd is Owned{
    using SafeMath for uint256;
    // 众筹收款地址
    address public beneficiary = 0x3f5d03527016a7C5f2Fc660A8a7cC960b9
C30cF5;
    uint public fundingGoal = 2 ether;                //众筹目标
    uint public amountRaised;                         //已经众筹金额
    uint public deadline = now + 5 minutes;           //截止时间
    mapping(address => uint256) public balanceOf;     //出资地址及金额
    bool public fundingGoalReached = false;           // 是否达到众筹目标
    bool public isWithdrawed = false;                 // 是否已提款
    uint256 public donateCount;                       // 参与人次
    event Withdraw(address addr, uint amount);
    event Refund(address addr, uint256 amount);
    event Donate(address addr, uint256 amount);
    constructor() public{
    }
    /**
     * Fallback function
     */
    function () payable public {
    }
    modifier afterDeadline() {
        if (now >= deadline)
         _;
    }
    modifier beforeDeadline() {
        require(now < deadline);
        _;
    }
    modifier onlyFundingSuccess() {
```

```solidity
        require(fundingGoalReached);
        _;
    }
    modifier onlyFundingFail() {
        require(!fundingGoalReached);
        _;
    }
    function donate () public payable beforeDeadline onlyFundingFail{
        uint256 amount = balanceOf[msg.sender];
        uint256 value = msg.value;
        if(value != 0){
          amount = amount.add(value);
          balanceOf[msg.sender] = amount;
          donateCount++;
          amountRaised = amountRaised.add(value);
          if(amountRaised >= fundingGoal){
              fundingGoalReached = true;
          }
          emit Donate(msg.sender,value);
        }
    }
    /**
     * 提现接口，发布合约的账户可以提取
     */
    function safeWithdrawal() public onlyOwner onlyFundingSuccess afterDeadline {
      require(!isWithdrawed);
      isWithdrawed = true;
      beneficiary.transfer(amountRaised);
      emit Withdraw(beneficiary, amountRaised);
    }
    /**
     * 众筹失败退款
     */
    function refund() public afterDeadline onlyFundingFail{
      uint amount = balanceOf[msg.sender];
      balanceOf[msg.sender] = 0;
      if (amount > 0) {
         msg.sender.transfer(amount);
         emit Refund(msg.sender, amount);
      }
    }
}
```

在代码中，状态变量包括收益人的账户，众筹成功之后把以太币转移到这个账户中。众筹目标表示要众筹的以太币的数量，已众筹金额表示当前已经筹集到的以太币数量，众筹截止时间是众筹结束时间，出资人账户与对应金额是为了众筹失败后退款。

合约中有 3 个事件，**Withdraw** 表示众筹成功之后的提款事件；**Refund** 是众筹失败，参与者自己调用执行退款的事件；**Donate** 是参与众筹会触发的事件。还有一些函数修改器，检查是否到达众筹期限和众筹目标，如果已经到达期限就不能参加众筹了，提款必须在众筹结束之后才能提款。

合约中有个 donate 函数，是用于参与众筹的接口，这个函数有一个 payable 函数修饰符，前面有提到过 payable 关键字，表示这个函数可以接受以太币。当然还可以添加一个 payable 的回退函数，可以直接向合约账户发送以太币。

safeWithdrawal 是众筹成功之后，合约的拥有者提款的函数，当然要在众筹结束之后达到众筹目标才可以。refund 是在到达众筹的结束日期之后，但没有达到众筹的目标，参与众筹的账户可以通过 refund 发起退款操作。

> 注意：address.transfer 是 address 转以太币，在合约中能够使用 msg.sender.transfer，如果是向合约转以太币显然是科学的，因为这样合约可以直接从调用接口的账户转入以太币到自己的账户。另外，消耗的 gas 都是由调用合约的账户支付，所以不会出现众筹了 2ether，提取时却没有 2ether 的情况。

16.3　合约的部署与使用

16.1 节和 16.2 节我们介绍了合约，了解了合约的部署和测试目录，本节通过众筹项目实例来具体了解合约的部署与测试。

16.3.1　本地部署与测试环境搭建

在本地部署测试，需要搭建一个简单的测试环境，也可以直接使用 Ganache，因为 Ganache 就是为了搭建测试链使用的。使用 Ganache 非常简单，可以使用命令行的方式来启动。

```
ganache-cli
```

当然，如果想要更加接近主链情况，可以使用 Geth 命令来搭建本地环境，命令如下：

```
geth –datadir –dir –networkid 18 –rpc console
```

> 注意：Geth 需要指定 crosdmain，否则 MetaMask 可能无法访问。当然也可以通过第 7 章中介绍的方法配置一些初始化的账户，这样能够方便测试。

16.3.2　本地部署与测试网络配置

在部署之前先配置网络，就是配置 truffle.js 文件。代码如下：

```
module.exports = {
  networks: {
    development: {
      host: '127.0.0.1',
```

```
        port: '8545',
        network_id: '*'
    }
  }
};
```

可以看出代码非常简单，这里只配置了一个端口，如果读者使用 ganache-cli 作为以太坊客户端进行测试，默认的就是 8545 端口。

16.3.3　本地部署

先来看一下本地部署，因为测试也会使用到部署脚本，测试之前都会先部署合约，所以我们先看一下部署合约的脚本。图 16.3 所示的部署脚本目录中我们已经看到了，有两个部署脚本，部署脚本的名字不重要，重要的是前缀数字。

Truffle 自带的 Migrations.sol 脚本还是需要的，我们的部署脚本只需要复制一下 Migrations.sol 脚本，然后修改其中的内容就可以了。

```
var Crowd = artifacts.require("./Crowd.sol");
module.exports = function(deployer) {
  deployer.deploy(Crowd);
};
```

需要部署哪个合约，就把哪个合约文件 require 进来，然后修改 deploy 的名字。

```
truffle migrate
```

全部配置好之后，就可以执行上面的命令，把相应的合约部署到链上。

16.3.4　本地测试

我们使用的是 Truffle 来搭建管理项目，所以测试和部署都非常简单，直接使用 Truffle 命令即可。代码如下：

```
var Crowd = artifacts.require("Crowd")
contract('Crowd test', function(accounts) {
  // it("ok", function() {
  //     return Crowd.deployed().then(function(instance) {
  //         console.log(instance.address)
  //         instance.fundingGoalReached.call().then(function(result){
  //             console.log(result)
  //         })
instance.donate({from:"0x06ffd84dc2582af8fc2ccb9f6beffcf66136777d",
value:"0xDE0B6B3A7640000"}).then(function(result){
  //         console.log(result)
  //     })
instance.donate({from:"0x06ffd84dc2582af8fc2ccb9f6beffcf66136777d",
value:"0x1BC16D674EC80000"}).then(function(result){
  //         console.log(result)
  //     })
  //     instance.fundingGoalReached.call().then(function(result){
```

```
//          console.log(result)
//      })
//    })
// })
//使用异步模式
  it("fundingGoalReached test", async() => {
//部署合约
    let instance = await Crowd.deployed()
//合约部署成功后打印合约地址
    console.log(instance.address)
//调用 donate 函数
    let receipt = await instance.donate({from:"0x06ffd84dc2582af8fc2
    ccb9f6beffcf66136777d",value:"0x3782DACE9D900000"})
//调用 fundingGoalReached 函数检查是否众筹成功
    let fundingGoalReached = await instance.fundingGoalReached.call()
    console.log(fundingGoalReached)
  })
})
```

还是先来看一下测试代码，这里使用的是 JavaScript 编写的代码，每一个 it 是一个测试用例，都会单独地部署一次合约。

我们主要看一下下面这个测试用例，使用的是同步模式，我们先部署合约，然后调用 donate 函数，最后检查是否达到众筹目标，当然还可以添加一些断言。

```
truffle test
```

有了测试脚本，接下来就可以使用 truffle test 命令执行测试脚本，测试合约的调用是否符合我们的预期。

16.3.5　Ropsten 网络测试部署

在本地测试完之后，还可以放在以太坊的测试网络上进行测试，可以选择 Ropsten 测试网络，能更好地模拟以太坊主链的行为。我们可以通过 MetaMask 获取一些 Ropsten 网络的测试以太币，然后将项目文件在 Remix 中打开、编译，然后部署。

当然也可以使用 Truffle，使用 infura 提供的服务注册一个账户，然后在 Truffle 中配置网络，代码如下：

```
const HDWalletProvider = require("truffle-hdwallet-provider");
const mnemonic = "receive lemon tag illegal pair gentle photo voyage payment
reward bridge hundred";
module.exports = {
  networks: {
    ropsten: {
      provider: function() {
        return new HDWalletProvider(mnemonic, "https://ropsten.infura.io/
        <INFURA_Access_Token>")
      },
      network_id: 3
    }
```

```
    }
};
```

> 注意：需要安装 truffle-hdwallet-provider。

16.4 项目的 Web 部分

前面介绍了合约的部分，算是完成了 DApp 最重要的部分。不过因为现在以太坊浏览器还不完善，所以一般会提供一个 Web 网站给普通用户使用。

16.4.1 初始化 Web 项目

一般我们会提供一个 Web 应用给一般的用户使用，这样他们才能更好地和 DApp 交互。

```
cnpm init --yes
```

首先使用 NPM 初始化 Web 项目，会使用到 webpack，所以先安装对应的依赖。

首先使用 NPM 安装相关的依赖，代码如下：

```
## webpack
cnpm i -g webpack
cnpm i -S webpack
cnpm i -S webpack-cli
cnpm i -D jquery
cnpm i -S html-webpack-plugin
cnpm i -S webpack-dev-server
```

这里主要是为了使用 webpack-dev-server，简化了安装，一般还需安装 ES 6 和 CSS 相关的库，这里就不安装了。

16.4.2 webpack 配置

我们使用的是 webpack 打包工具，本节就来看一下 webpack 的相关配置内容，代码如下：

```
const path = require('path');
const HtmlWebpackPlugin = require('html-webpack-plugin');
const HtmlWebpackPluginConfig={
    title: 'webpack-server',
    filename: 'index.html',
    template: './app/template.html',
    inject:'body'
}
module.exports = {
```

```
    entry: './app/main',
    output:{
        filename:'index-[hash].js',
        hashDigestLength: 8
    },
    devServer: {
      contentBase: path.join(__dirname, "../dist"),    //默认根目录
      port: 8088,                                       //设置服务器断开
      open:true,                                        //自动通过浏览器打开
      index:"index.html",                              //默认打开页面
      inline:true,
      hot:true,                                         //是否热加载
      compress:true                                     //是否开启压缩
    },
    plugins: [new HtmlWebpackPlugin(HtmlWebpackPluginConfig)]
}
```

代码中主要配置了 HtmlWebpackPlugin 插件，这个插件可以生成最终的页面，HtmlWebpackPluginConfig 是插件的配置，title 是生成的 HTML 文件的标题，读者可以按自己的喜好起一个名字，最好和项目相关。

filename 指定生成文件的名字，template 指定模板文件的位置，inject 指定编译好的 JavaScript 注入到哪个位置。

devServer 配置服务器，是为了方便进行本地开发测试，它有个很好的作用是可以自动刷新，就是我们修改相关文件之后，会自动编译和刷新页面。

contentBase 是指定服务的根目录，和配置 Nginx 之类的服务一样，这里指定的是项目目录下的 dist 目录。index 指定初始加载文件，这里配置的是 index.hmlt，这样就会在项目目录下的 dist 目录下找到 index.html 文件并打开。port 是指定打开的端口，hot 指定热启动，就是修改文件之后浏览器自动刷新，compress 指定是否开启压缩。

entry 是项目目录下的 app 目录下的 main.js 文件，这里省略了 js 文件名后缀，webpack 会加载 main.js 文件，找到相关依赖把它打包输出到 output 指定的文件中，我们引用这一个生成的文件就可以了，这也是前面介绍的生成 HTML 文件中注入的 JavaScript 文件。

16.4.3 package.json 配置

package.json 中主要是项目的依赖等内容，这里我们可以了解一下 scripts 部分，代码如下：

```
{
  "name": "crowd",
  "version": "1.0.0",
  "description": "",
  "main": "truffle-config.js",
  "directories": {
    "doc": "doc",
    "test": "test"
```

```
  },
  "scripts": {
    "test": "echo \"Error: no test specified\" && exit 1",
    "build": "webpack --config webpack.config.js",
    "server": "webpack-dev-server --config webpack.config.js --open",
    "start": "webpack-dev-server --config webpack.config.js"
  },
  "keywords": [],
  "author": "",
  "license": "ISC",
  "devDependencies": {
    "html-webpack-plugin": "^3.2.0",
    "webpack": "^4.24.0",
    "webpack-cli": "^3.1.2",
    "webpack-dev-server": "^3.1.10"
  }
}
```

scripts 部分是脚本，使用 npm start 命令就会执行 scripts 中 start 对应的命令，除了 start 命令，其他的命令需要在其前面加上 run。例如要运行 server 命令，就要使用 npm run server 命令，只有 start 命令时前面可以省略 run。

16.4.4　运行 Web 项目

在运行项目之前，先来了解一下 app 目录的具体内容，前面介绍了我们打包的入口是在 app 目录下的 main.js 文件，下面我们来看 app 目录，如图 16.5 所示。

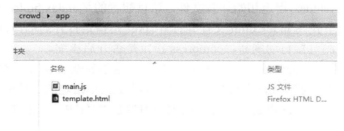

图 16.5　app 目录

app 目录中有两个文件，一个是 webpack 的入口文件 main.js；另一个是要生成 HTML 的模板文件 template.html，内容如下：

```
<!DOCTYPE html>
<html lang="en">
  <head>
    <meta charset="utf-8">
    <title>Ethereum Crowd</title>
    <style type="text/css">
      .container{
          width: 500px;
          height: 500px;
```

```html
        margin-left: auto;
        margin-right: auto;
        margin-top: 20px;
      }
      .item{
         padding: 20px;
         width: 300px;
         height: 30px;
      }
    </style>
  </head>
  <body>
    <div class="container">
    <form>
    <div class="item">
        <label>金额</label>
        <input id="amount" type="text" placeholder="请输入金额" />
    </div>
    </form>
      <button id="donate">donate</button>
      <button id="checkSuccess">查看是否众筹成功</button><span id="isSuccess">
      </span>
    </div>
  </body>
</html>
```

内容非常简单,就是一个输入众筹金额的输入框,一个发起众筹的 donate 按钮,以及一个检查众筹是否成功的按钮。下面的代码就是 main.js 代码,main 是我们配置在 webpack 中的入口文件,JavaScript 代码部分都写在 main 中,或者在 main 中引入,而不能写在 html 文件中,代码如下:

```javascript
const $ = require("jquery")
let abi = 省略
let address = '0x1f18f5ce82A73D9d1e2e6515c0aF93F2351De1B9'
window.addEventListener('load', function() {
  if (typeof web3 !== 'undefined') {
    web3js = new Web3(web3.currentProvider);
  } else {
    web3js = new Web3(new Web3.providers.HttpProvider("http://localhost:8545"));
  }
  contract = web3js.eth.contract(abi).at(address)
  $("#checkSuccess").on("click",function(){
     contract.fundingGoalReached(function(err,result){
     if(result == false){
        $("#isSuccess").text("否")
     }else{
        $("#isSuccess").text("成功")
     }
   })
  })
//为 donate 添加单击事件
  $("#donate").on("click",function(){
```

```
        let value = $("#amount").val()
        contract.donate({gas:200000,gasPrice:web3js.toWei(3,'gwei'),value:
        value},function(err,result){
            if(err){
                console.log(err)
            }else{
                console.log(result)
            }
        })
    })
})
```

main 中的逻辑也比较简单，就是处理 donate 单击时，获取输入框的值，然后通过 MetaMask 注入的 Web3 对象，调用我们已经部署的合约的 donate 函数。

还有一个按钮是调用 fundingGoalReached 函数，检查是否达到众筹目标。如图 16.6 所示，当我们单击 donate 按钮时，会唤醒 MetaMask 交易界面，因为我们使用的是 MetaMask 注入的 Web3 对象，最终交易还是 MetaMask 在处理。

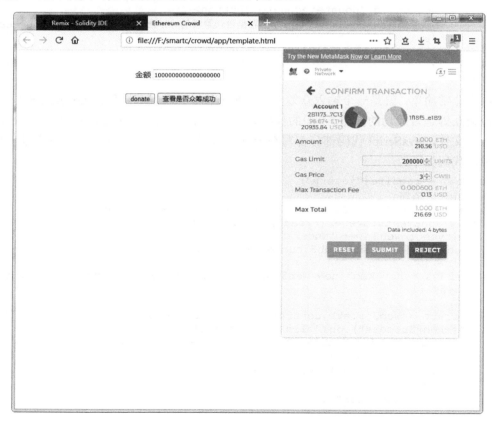

图 16.6　单击 donate 按钮执行交易

注意：MetaMask 的 web3.js 的版本是 0.2x.xx 还是 1.0.0 版本，这两个版本有很大的差别。

第 17 章 以太坊代币标准与 ERC20 代币案例

最后一章我们介绍一下读者比较感兴趣的内容——代币。以太坊提供了一种机制,可以非常容易地发行自己的代币。

本章主要内容有:
- 什么是代币;
- 代币的规范;
- 代币实例。

注意:本章中提到的 Token 和代币有相同的语义。

17.1 代币简介

例如比特币、以太币、莱特币都属于加密数字货币,加密数字货币被"炒"得最热时,很多人都开始自己发币。

简单的方法是找一个开源的加密数字货币的源码修改一下,或者做个侧链就可以自己运行。但是这种发币成本比较高,后来以太坊有了一个 ERC20 标准,可以通过以太坊发布自己的加密数字货币,而以太坊本身是一个去中心化的应用平台,通过以太坊发布的加密数字货币一般就称为代币(Token),其本质上还是一个智能合约。

17.1.1 ERC20 简介

通过以太坊发布自己的代币本质上是一个智能合约,智能合约基本没有太多限制。这样就有一个问题:缺少第三方的支持,别人要和特定的代币交互,就需要自己写代码和代币合约交互,这带来的问题就是限制了很多人的参与。

于是就有了标准,第三方的应用就可以支持这些标准,这样对于普通玩家来说成本低了很多,只需要选择一个支持这些标准的应用就可以。有了这些标准对于开发者也是好事情，学习成本降低了。

ERC20 就是一个关于在以太坊上发布自己代币的标准，ERC20 规定了一些状态变量和接口，只需要实现对应的接口即可，这一点后面再详细介绍。

17.1.2　ERC223 简介

ERC223 也是一个在以太坊上发布自己的代币的标准，主要是对 ERC20 标准做了一些改进，ERC223 标准也对 ERC20 标准多了一些兼容。ERC233 标准主要是解决 ERC20 标准中存在的问题：

- ERC20 标准可能会丢失 Token。
- 账户和代币合约的 Token 交易被拆分。
- 代币合约不会通知接收账户。
- 代币交易和以太币的交易行为不同。

这里不详细介绍ERC223标准，如果读者对ERC223标准感兴趣，可以访问https://github.com/ethereum/EIPs/issues/223，了解更多 ERC223 标准的内容。

17.1.3　ERC721 简介

ERC721 也是一个以太坊代币的标准，和 ERC20 标准不同，ERC721 标准是为了创建非同质代币（non-fungible tokens）。使用 ERC20 标准创建的代币，每一个代币都一样，一个 Token 就兑换一个 Token。举一个形象的例子，ERC20 代币就像是 100 元钞票，不会因为钞票上的编号不同而有不同的价值，这种算是同质的、等价的。

而 ERC721 标准则不同，为的就是构建不同质的 Token，比如通用的一个碗，西周的碗和商周的碗肯定不同。每一个 ERC721 标准都有一个 TokenId，另外还有一些 MetaData 数据，这些数据标识这个 Token 和其他 Token 的不同。这样就可以用来区分一个碗是西周的还是商周的；一个房子是 72 平米还是 720 平米；一把斧子是金斧子还是银斧子等。有了这些区别，我们就可以把代币用于收藏、房产管理、游戏等方面。

想要了解更多关于 ERC721 标准的相关内容，可以参考 https://github.com/ethereum/EIPs/blob/master/EIPS/eip-721.md，EIP-721 的状态已经是 final 状态的了，也就是说 ERC721 这个提案已经被最终确认为以太坊标准的一部分了。

17.2　ERC20 标准接口简介

前面我们已经了解了一些 ERC20 标准的内容，本节就具体介绍 ERC20 标准的相关内容。

17.2.1 基本信息

ERC20 标准定义了 3 个代币基本信息的相关接口，这 3 个接口是可选的，主要是为了说明代币的基本信息。

```
function name() public view returns (string)
function symbol() public view returns (string)
function decimals() public view returns (uint8)
```

上面是 ERC20 标准中定义的 3 个获取基本信息的接口，name 返回的是一个字符串，表示代币的全称。symbol 返回的也是一个字符串，表示代币的符号或者简称，就是代币的标识，如人民币的标识是 RMB，美元的标识是 USD 一样。

decimals 表示保留几位小数，最多 18 位，可以根据代币的实际情况来定义。例如，要定义一个授权代币，一个代币就是一个授权，可以不要小数。

上面 3 个接口是可选的，在具体的实现中我们常常把它们直接定义为 public 的状态变量，这样编译器就会自动为它们生成 getter 方法。

17.2.2 总额与余额

一个代币除了基本信息之外，还需要知道代币的总额，这样才能参考估值。除了总额之外，还应能够查看到账户的余额，知道自己的存款。

```
function totalSupply() public view returns (uint256)
function balanceOf(address _owner) public view returns (uint256 balance)
function allowance(address _owner, address _spender) public view returns
(uint256 remaining)
```

上面代码中，totalSupply 接口是获取总共有多少代币的接口，balanceOf 接口是获取指定地址还有多少代币的接口。allowance 接口有点特殊，用来查看一个账户还允许使用另一个账户中的多少代币。

17.2.3 转账与授权

没有转账就没有交易，没有交易就没有流动性，所以转账的接口还是非常必要的。转账与授权相关接口如下：

```
function transfer(address _to, uint256 _value) public returns (bool success)
function transferFrom(address _from, address _to, uint256 _value) public
returns (bool success)
function approve(address _spender, uint256 _value) public returns (bool
success)
```

上面代码中，transfer 接口就是把自己的 Token 给_to 账户转入_value 个代币。approve 接口可以看做一个授权的操作，就是运行_spender 这个账户从自己的账户中最多转走

_value 个 Token，可以转多次，只要总数不大于_value 就可以。

授权操作也有对应的场景，例如，一个公司账户有很多 Token，公司的很多部门都需要 Token，这时可以根据部门的权限，给不同部门的账户授权可以动用 Token 的数量。

transferFrom 接口就是和授权接口 approve 配套的，因为不是从自己的账户中转 Token，所以还要多一个参数_from，指定从哪一个账户转出。

上节的 allowance 就是查看通过 approve 接口接受授权的账户还可以操作被授权账户余额的接口。举一个简单的例子，假设有一个账户 A，账户 A 想让账户 B 帮他操作买股票，但是账户 A 有底线，就是账户 B 最多动用账户 A 中 1000 个 Token 来买股票。那么账户 A 可以调用 approve(B,1000)，然后账户 B 就可以调用 transferFrom(A,C,10)来买股票。现在可以调用 allowance(A,B)的结果就是 990，因为可以转移 1000，现在已经转移了 10，因此还能转移 990。

17.2.4 事件

ERC20 标准中还定义了两个事件：

```
event Transfer(address indexed _from, address indexed _to, uint256 _value)
event Approval(address indexed _owner, address indexed _spender, uint256 _value)
```

当一个 Token 被转移的时候，就必须触发 Transfer 事件，包括转移 0Token，都必须触发 Transfer 事件。Token 被创建的时候也应该触发一个_from 为 0x0 的事件。

当授权操作 approve 执行成功的时候必须触发 Approval 事件。

17.3　ERC20 代币实例

上一节我们了解了 ERC20 的具体标准，这一节讲一些 ERC20 标准的具体实现，我们自己动手来实现一个 Token。

17.3.1　查看以太坊上已有的 Token

在创建我们自己的代币之前，先来看一下如何通过 Etherscan 查看以太坊上已经有的代币。我们这里查看的是以太网网络 ID 为 3 的测试网络 Ropsten，主网的查看方式和测试网络查看方式是相同的。

Ropsten 网络的 Etherscan 地址是 https://ropsten.etherscan.io/，如图 17.1 所示为 Etherscan 的 view token 页面的部分示意图，标注①的位置可以搜索以太坊账户、交易、block 和 Token 等，标注②可以切换语言。

标注③可以选择查看 Token 的一些菜单，从图中可以看到，主要支持的标准有 ERC20 和 ERC721 的 Token。标注④是专门用来搜索 Token 和 Token 的合约地址。

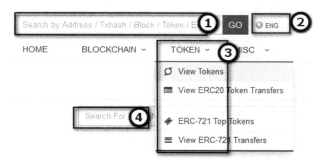

图 17.1 Etherscan 查看 Token

17.3.2 创建 Token

本节我们来创建一个 ERC20 标准的 Token，并且把它发布到以太坊的测试网络 Ropsten 网络中。首先来看一下 ERC20 标准的 Token 合约，代码如下：

```solidity
pragma solidity ^0.4.24;
/**
 * @title FakeToken
 * @dev ERC20 代币合约
 */
contract FakeToken{
    string public name = "FakeToken";                    //代币名称
    string public symbol = "FTK";                        //代币符号
    uint8 public decimals = 2;                           //保留多少位小数
    uint256 public totalSupply = 1000000;                //发行总量
    mapping(address=>uint256) private balances;          //账户与余额
    mapping(address=>mapping(address=>uint256)) private allowances;
    //Token 转移的时候触发
    event Transfer(address indexed from, address indexed to, uint256 value);
    //授权的时候触发
    event Approval(address indexed owner, address indexed spender, uint256 value);
    //构造函数，设置 Token 持有的初始账户为创建代币合约的账户
    constructor() public{
        balances[msg.sender] = totalSupply;
    }
    /**
     * @dev 查看指定账户还有多少 Token
     * @param owner 要查看的账户
     * @return Token 数量
     */
    function balanceOf(address owner) public view returns (uint256){
```

```solidity
        return balances[owner];
    }
    /**
     * @dev 向指定账户转移 Token
     * @param toAddr 要转移 Token 的目标账户
     * @param value 要转移的 Token 数量
     * @return 是否转移成功
     */
    function transfer(address toAddr, uint256 value) public returns (bool){
        require(balances[msg.sender] >= value);
        balances[msg.sender] -= value;
        balances[toAddr] += value;
        emit Transfer(msg.sender, toAddr, value);
        return true;
    }
    /**
     * @dev 从授权账户转移 Token
     * @param fromAddr 授权账户
     * @param toAddr 目标账户
     * @param value 要转移的 Token 数量
     * @return 是否转移成功
     */
    function transferFrom(address fromAddr, address toAddr, uint256 value)
    public returns (bool){
        require(balances[fromAddr] >= value);
        require(allowances[fromAddr][msg.sender] >= value);
        balances[fromAddr] -= value;
        allowances[fromAddr][msg.sender] -= value;
        balances[toAddr] += value;
        emit Transfer(fromAddr, toAddr, value);
        return true;
    }

    /**
     * @dev 授权给指定账户指定数量 Token 的使用权
     * @param spender 要授权的账户
     * @param value 要授权的 Token 数量
     * @return 授权操作是否成功
     */
    function approve(address spender, uint256 value) public returns (bool){
        allowances[msg.sender][spender] = value;
        emit Approval(msg.sender, spender, value);
        return true;
    }
    /**
     * @dev 查看指定账户还有多少授权 Token 可以使用
     * @param owner 授权账户
     * @param spender 被授权账户
     * @return 可以使用 Token 数量
     */
    function allowance(address owner, address spender) public view returns
```

```
        (uint256){
            return allowances[owner][spender];
        }
}
```

合约只是实现了 ERC20 标准中的方法，我们创建的 Token 名字就叫做 FakeToken，简称就是 FTK。合约方法的含义和我们前面介绍的 ERC20 标准中的含义完全一致。其实 FakeToken 合约的本质就是保存账户和账户对应的 Token，以及授权地址和授权对应的 Token。

Solidity 现阶段没有办法处理小数，而 ERC20 合约中有 decimal 表示小数位数，怎么处理呢？答案是在合约中放大 decimal 倍，例如在很多合约中会有下面的表达式：

```
uint256 public constant totalSupply = 1e8* (10 ** decimals);
```

其实上面表示 Token 的总量是 1 亿，而不是 1e26，我们把前面的合约部署到 Etherscan 上之后查看就会发现，totalSupply 不是 1000000，而是 1000000/(10 e2)，也就是 10000。

🔔注意：构造函数中把发行的 Token 初始化到创建 Token 合约的账户中。

我们可以在 Remix 中编译和部署 FakeToken 合约，和普通的合约没有区别，如果想要部署到 Ropsten 测试网络，可以通过配置 MetaMask 网络让 MetaMask 连接到 Ropsten 网络，如果账户在 Ropsten 网络中没有以太币，可以通过 https://faucet.metamask.io 这个地址请求获取一些。如图 17.2 所示，创建完成 Token 合约之后，Balance 还是使用 Ether，Transaction 只有一个，就是创建合约的交易。

图 17.2　Token 合约

17.3.3　查看和转移 Token

前面我们创建了 Token，本节来了解一下查看和转移 Token。查看 Token，可以使用

MetaMask 直接查看,但是不能使用 MetaMask 转移 Token,因为 MetaMask 现在还不支持转移 Token。下面我们先来使用 MetaMask 查看 Token。

如图 17.3 所示,是我们使用最新的 Beta 版本的 MetaMask,如标注①所示,我们选择的是 Ropsten 网络,标注③是一些账户的余额信息,单击 DEPOSIT 按钮后可以查看账户的相关信息,以及请求获取一些测试用的以太币。单击 SEND 按钮可以发送以太币。

图 17.3　账户信息

标注④是一些账户关联的交易信息,一个是创建 Token 合约的交易,另一个是发送 Token 的交易。标注②是一个账户相关的菜单,添加 Token 的入口就在这个菜单之中。

如图 17.4 所示为 MetaMask 账户的详情页面,通过标注①的菜单可以查看一些账户的信息,也可以导出账户的密钥。标注②可以复制账户,标注③就是本节需要了解的内容——添加 Token。

如图 17.5 所示,我们选择 Custom Token 面板,然后在 Token Address 文本框中填写 Token 的合约地址。MetaMask 会自动获取对应的 Token Symbol 和 Decimals。最后单击 NEXT 按钮添加 Toke,就可以看到对应账户中我们自己创建的 Token——FakeToken 的数量。

前面我们说过,MetaMask 只能查看 Token,并没有提供发送 Token 的接口,所以我们只能通过其他的方式来发送 Token,比如 MyEtherWallet。

如图 17.6 所示为我们在 MyEtherWallet 中的 Send Transaction&Token 菜单中选择使用钱包的方式,这里我们选择使用 MetaMask,然后单击 Connect to MetaMask 按钮。

注意:选择对应的网络,这里我们选择的是测试网络 Ropsten。

第 17 章 以太坊代币标准与 ERC20 代币案例

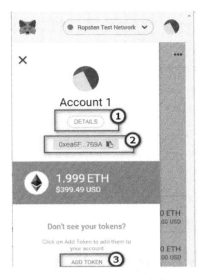

图 17.4　MetaMask 账户信息

图 17.5　MetaMask 添加 Token

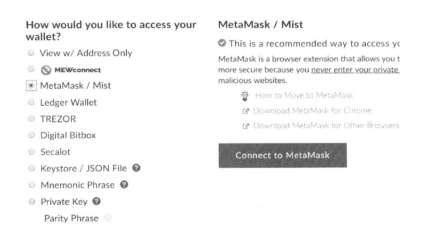

图 17.6　MyEtherWallet 使用 MetaMask

在发送 Token 之前，还需要添加我们自定义的 Token，如图 17.7 所示，单击 Add Custom Token 按钮，即可添加。单击 Show All Tokens 按钮可以显示其他以太坊上存在的 Token，如果要交易其他的 Token，可以单击 Show All Tokens 按钮查看。

如图 17.8 所示为添加的自定义的 Token，和通过 MetaMask 添加自定义的 Token 一样，首先复制我们的 Token 合约的地址，然后 MyEtherWallet 也会自动获取对应的 Token Symbol 和 Decimals。

如图 17.9 所示，我们在 To Address 的输入框中填入接受 Token 的地址，在 Amount to Send 的输入框填入要发送 Token 的数量，在右边的下拉框选择要发送的代币，然后单击

Generate Transaction 按钮即可。

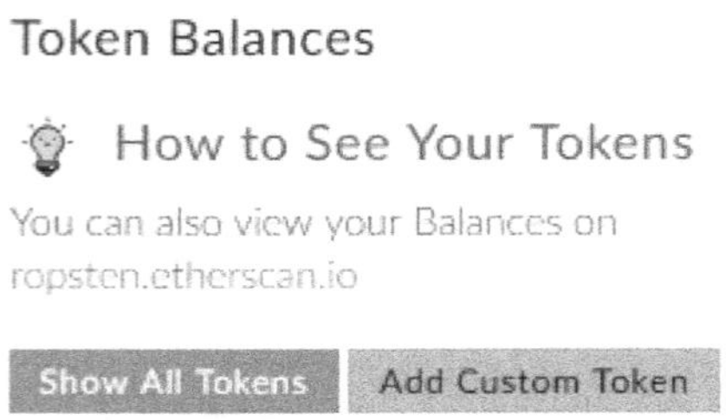

图 17.7　MyEtherWallet 添加 Token

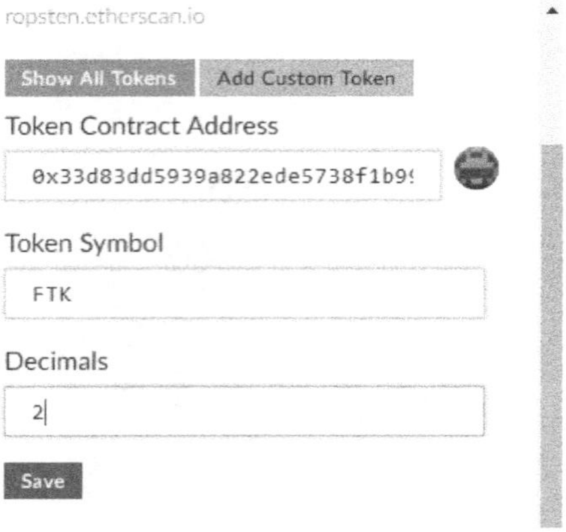

图 17.8　MyEtherWallet 配置 Token

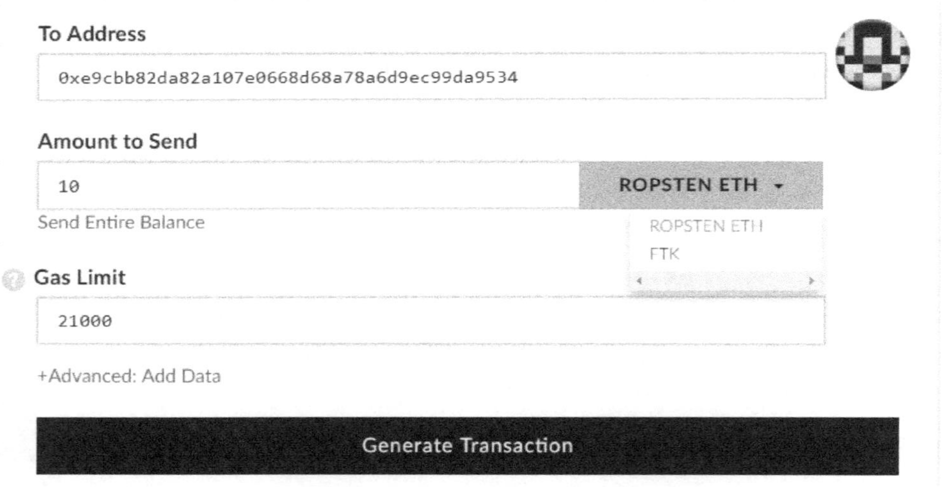

图 17.9　MyEtherWallet 发送 Token

如图 17.10 所示，可以看到发送 Token 其实执行的还是交易，从生成的交易中可以看到原始的交易和签名之后的交易，最后单击 Send Transaction 按钮发送交易。

如图 17.11 的标注①所示，我们在转移了一笔 Token 之后，会发现在 Etherscan 查看对应的 Token 合约时会多一个 Token Tracker。

在标注②面板中可以参考交易、合约代码，合约代码要自己验证，没有验证时看不到 Read Contract、Write Contract 和 Events 等面板。

在没有验证代码之前会提示验证代码，验证代码比较容易，只需要填写代币合约地址、代币合约名称、代币合约编译时选择的编译器，以及是否优化。如果是在 Remix 编译部署的这些信息就非常容易获取。

> **注意**：是否优化非常重要，如没有优化就选择 NO，否则验证不通过。

图 17.10　Token 交易

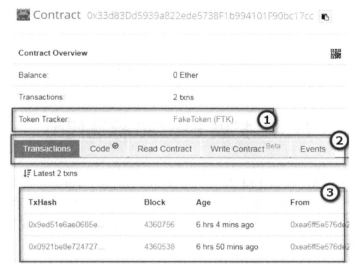

图 17.11　Token Transaction

验证过代码之后，在 Code 面板中就可以看到合约的源代码、ABI 和字节码等信息，在 Read Contract 中也可以看到一些只读的接口，在 Write Contract 面板中可以看到一些能够修改合约状态的接口，在 Events 面板中可以看到 Token 合约事件。在标注③处可以看到合约相关的交易。

如图 17.12 所示为 Token Transfer 页面中的内容，我们可以看到的是更多和 Token 相关的信息。标注①是 Token 的名字。标注②部分可以看到 Token 的使用标准、Token 的总数量、Token 持有的账户数量、转移 Token 的笔数、Token 合约的地址和 Token 的 Decimals 等信息。

从标注③的 Transfers 面板可以看到转移 Token 的交易，Holders 面板可以查看持有 Token 的账户地址。ReadContract 面板与 Write Contract 面板中的接口内容和在合约页面中看到的 ReadContract 面板与 Write Contract 一样。

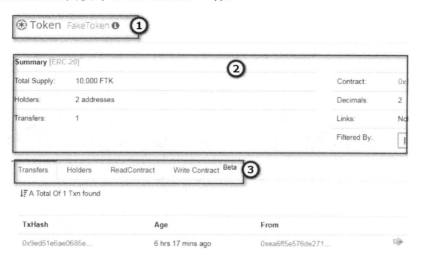

图 17.12　Token Tracker

17.4　扩展 ERC20 标准代币

前面我们介绍了怎样根据 ERC20 标准创建我们自己的 Token，但是很多时候只实现 ERC20 标准的 Token 是完全不够用的。例如，我们还想动态地添加或者减少 Token 的数量、使 Token 的买卖方便一些，或者要冻结一些账户中的 Token 等。本节我们就来了解一些扩展 ERC20 标准代币的实现。

17.4.1　销毁代币

物以稀为贵，很多时候如果我们发行的代币数量过多了，就需要销毁一些代币，但是在 ERC20 标准中没有提供销毁代币的接口，怎么办呢？

如下示例所示，可以做一些扩展，提供一个销毁代币的方法，销毁代币的逻辑非常简单，就是减少对应账户的代币和代币总数量。

```
function burn(uint256 value) public returns (bool) {
    require(balanceOf[msg.sender] >= value);
                                                    //首先检查账户中有足够的代币
    balanceOf[msg.sender] -= value;                 //然后从账户中减去对应的代币
```

```
        totalSupply -= value;                    //从代币的总数中减去对应的代币
        emit Burn(msg.sender, value);            //触发销毁代币的事件
        return true;
}
```

最好添加一个销毁代币的事件,因为销毁代币算是一个比较重要的操作,这样可以监听销毁事件,想要检索相应的数据也方便很多。

当然,也可以提供一个从其他账户中销毁代币的方法,代码如下:

```
function burnFrom(address fromAddr, uint256 value) public returns (bool) {
        require(balanceOf[fromAddr] >= value);
        balanceOf[fromAddr] -= value;
        allowance[fromAddr][msg.sender] -= value;
        totalSupply -= value;
        emit Burn(fromAddr, value);
        return true;
}
```

上述代码中的逻辑和销毁代币的逻辑基本一致,不过是从指定的账户中销毁 Token。

17.4.2 添加 Token

当 Token 数量发行过少,想要增加 Token 的数量时,添加 Token 的方法如下代码所示。

```
function mintToken(address target, uint256 mintedAmount) onlyOwner {
        balanceOf[target] += mintedAmount;
        totalSupply += mintedAmount;
        emit Transfer(0, owner, mintedAmount);
        emit Transfer(owner, target, mintedAmount);
}
```

上面代码中添加代币的逻辑也比较简单,接受两个参数,第一个参数是要添加 Token 的账户,第二个参数是给第一个参数指定的账户添加 Token 的数量。mintToken 函数有一个函数修改器 onlyOwner,只能是 Token 合约的拥有者才能调用。

除了要给目标账户添加 Token 之外,还要给总的 Token 数量添加。需要注意的是,最后是触发了两个 Transfer 事件,一个是从 0 地址到 owner,也就是 Token 合约创建者,这和创建合约的时候需要触发的情况一样;另一个 Transfer 就是正常地从 owner 到目标账户转账的 Transfer 事件。

17.4.3 冻结与解冻账户

有时候也需要冻结账户的操作,就像银行一样,发现一个账户有异常时就可以调用冻结账户的方法。

下面我们需要添加一个 mapping 来记录账户的冻结情况和一个冻结账户的事件。

```
mapping (address => bool) public frozenAccount;
event FrozenFunds(address target, bool frozen);
function freezeAccount(address target, bool freeze) onlyOwner {
    frozenAccount[target] = freeze;
    emit FrozenFunds(target, freeze);
}
```

冻结账户的函数逻辑也比较简单，只有两个参数，一个参数表示要冻结（或者解冻）的账户，另一个参数表示是要冻结账户还是解冻账户。

冻结账户的操作看似简单，其实很多地方的逻辑都需要修改，例如转账时，先检查对应的账户是否已被冻结，这可以做成一个函数修改器。

17.4.4　买卖 Token

在 ERC20 标准中没有买卖 Token 相关的方法，我们可以调用 transfer 来转移 Token，但是如果要买卖 Token 还需要自己处理。

本节我们就来添加一些关于买卖 Token 相关的代码，让 Token 合约更加完善，毕竟方便交易对于一个 Token 来说还是非常重要的。示例代码如下：

```
uint256 public sellPrice;
uint256 public buyPrice;
function setPrices(uint256 newSellPrice, uint256 newBuyPrice) onlyOwner{
    sellPrice = newSellPrice;
    buyPrice = newBuyPrice;
}
function buy() payable returns (uint amount){
    amount = msg.value / buyPrice;
    _transfer(this, msg.sender, amount);
    return amount;
}
function sell(uint amount) returns (uint revenue){
    require(balanceOf[msg.sender] >= amount);
    balanceOf[this] += amount;
    balanceOf[msg.sender] -= amount;
    revenue = amount * sellPrice;
    msg.sender.transfer(revenue);
    Transfer(msg.sender, this, amount);
    return revenue;
}
```

首先，既然要买卖 Token，那么当然需设置 Token 的价格，所以我们添加两个状态变量，sellPrice 和 buyPrice，然后添加设置价格的接口 setPrice，因为通常价格需要动态变化。

buy 函数是买 Token 接口，比较简单，根据交易传入的以太币和当前的价格可以计算获取的 Token 数量，然后从 Token 合约的账户中向购买 Token 的账户转让一笔 Token。

sell 是出售 Token，参数就是要卖出的 Token 数量，首先检查要卖出 Token 的账户中是否有足够的 Token，然后给合约账户加上对应数量的 Token，卖出账户减去对应账户的 Token，再计算对应 Token 以太币的价值，最后给卖出 Token 的账户转入对应的以太币。

17.4.5　小结

前面几节中介绍了一些扩展 ERC20 代币的方法，这些方法都非常灵活，完全看自己的实现。我们可以根据需求扩展更多的方法，可以参考以太坊上其他代币的实现，看看它们做了哪些扩展。

最后我们介绍两个 Token 的开源库，它们不仅包含 ERC20 标准的实现，也包含 ERC721 标准的一些实现，并且做了一些扩展，可供参考地址如下：

- https://github.com/ConsenSys/Tokens/tree/fdf687c69d998266a95f15216b1955a4965a0a6d；
- https://github.com/OpenZeppelin/openzeppelin-solidity/tree/9b3710465583284b8c4c5d2245749246bb2e0094。

17.5　ERC20 代币扩展实例

在 17.3 节中我们介绍了一个简单的实例，本节中我们将介绍一个扩展 ERC20 代币的实例，用来帮助读者了解更多代币合约实现的细节。

17.5.1　初始化项目

首先创建一个 fake 文件夹作为项目的目录，然后在 fake 目录下执行：

```
truffle init
```

truffle init 初始化命令是用来初始化工程的，在使用命令之前如果还没有安装 Truffle，记得先使用下面的命令进行安装。

```
npm intall truffle -g
```

如果执行 truffle init 出现找不到对应的库的问题，那么可以在 Truffle 官网下载一个 box 项目使用 unbox 方式来初始化项目。当然也可以直接使用下面的命令：

```
git clone https://github.com/truffle-box/bare-box.git
```

上面的命令是把 GitHub 上的 bare-box 项目直接拉取到本地，当然需要先检查一下项目是否存在于 GitHub 上。通过上面的方式初始化项目，记得修改项目的名称。

如图 17.13 所示为完成初始化项目之后的项目目录，fake 是项目名称，contracts 目录是存放智能合约的目录，migrations 是存放部署脚本的目录，test 是存放测试脚本的目录，truffle-config.js 是配置文件。

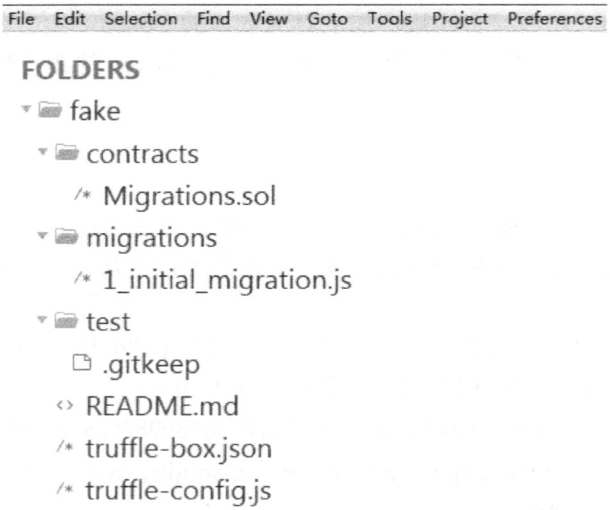

```
File  Edit  Selection  Find  View  Goto  Tools  Project  Preferences
FOLDERS
▼ 📁 fake
    ▼ 📁 contracts
        /* Migrations.sol
    ▼ 📁 migrations
        /* 1_initial_migration.js
    ▼ 📁 test
        □ .gitkeep
    <> README.md
    /* truffle-box.json
    /* truffle-config.js
```

图 17.13 初始化之后的项目目录

17.5.2 添加三方库合约

编写 Token 智能合约，很多是有库借鉴的，有的甚至可以直接使用，这里我们先看 OpenZeppelin 库。OpenZeppelin 库就是为了开发安全的智能合约，它提供了一些标准的 ERC20 和 ERC721 代币合约，OpenZeppelin 的 GitHub 地址是 https://github.com/OpenZeppelin/openzeppelin-solidity/。

OpenZeppelin 的开源协议是 MIT，是非常友好的开源协议，可以放心使用，我们可以通过安装包然后导入的方式安装 OpenZepplin 库。例如，通过下面的命令安装 OpenZepplin 库。

```
npm install openzeppelin-solidity
```

然后通过下面的方式引入 OpenZeppelin 库：

```
pragma solidity ^0.4.24;
import 'openzeppelin-solidity/contracts/token/ERC721/ERC20Mintable.sol';
contract MyToken is ERC20Mintable {
}
```

这种方式的优点是可以直接使用，修改的地方较少；缺点是编译的时候会麻烦一点，需要指定前缀，这些在前面的 Solc 章节介绍过。另外，如果在其他地方编译的时候，可能找不到对应的库，在 Remix 中编译配置也比较麻烦，需要在本地启动一个 Remixd 服务以便于 Remix 访问 import 库。

当然，如果使用 Truffle 还是非常方便的，只需要将 MyToken 放在 contracts 目录下，然后使用 truffle compile 命令就可以编译合约，Truffle 会自动找到对应的库，前提是先安装对应的库。另一种方式就是直接复制代码,这也是我们这里要使用的方式,先复制代码,然后根据自己的实际需求进行修改。

如图 17.14 所示为 OpenZeppelin 库中的 ERC20 目录,目录中都是和 ERC20 标准相关的合约。

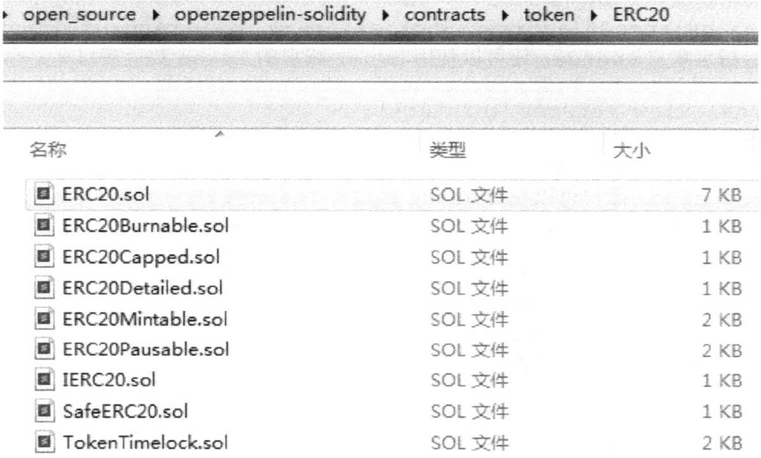

名称	类型	大小
ERC20.sol	SOL 文件	7 KB
ERC20Burnable.sol	SOL 文件	1 KB
ERC20Capped.sol	SOL 文件	1 KB
ERC20Detailed.sol	SOL 文件	1 KB
ERC20Mintable.sol	SOL 文件	2 KB
ERC20Pausable.sol	SOL 文件	2 KB
IERC20.sol	SOL 文件	1 KB
SafeERC20.sol	SOL 文件	1 KB
TokenTimelock.sol	SOL 文件	2 KB

图 17.14 OpenZeppelin ERC20 目录

IERC20 是 ERC20 标准接口,ERC20 合约继承了 IERC20,是 ERC20 标准合约的一个比较基本的实现,SafeERC20 是一个工具合约,用于安全转移代币,其实就是使用 Require 包装了一下,以便于在出错的时候自动回滚。

ERC20Burnable 是一个可以销毁 ERC20 代币的合约,也是一个可以暂停的 ERC20 代币合约,它是有挖矿逻辑的 ERC20 代币合约。ERC20Capped 继承了 ERC20Mintable 合约,添加了可以挖矿的上限。ERC20Detailed 直接继承了 IERC20 接口,可以获取一些基本信息,显然是一个为了继承而实现的合约,它没有实现 IERC20 中的接口,所以还是一个抽象合约。

TokenTimelock.sol 也是一个工具合约,让代币可以质押,应用场景是购买代币的时候会有一些赠送,但是赠送部分的代币会有一段质押时间,就是在质押时间内代币先存放在质押合约地址指定的地址中,到指定的时间之后再转移到购买者的地址中。

这里我们需要的是 4 个合约,第一个是 IERC20,也就是 ERC20 代币的标准接口。第二个是 ERC20 合约,我们会根据自己的逻辑做一些修改。第三个是 SafeERC20 用于执行 ERC20 标准中的基本操作,第四个是 openzeppelin-solidity\contracts\math 目录下的 SafeMath 合约,我们只需要稍作修改就可以使用。添加的 IERC20.sol 合约内容如下:

```
pragma solidity ^0.4.24;
/**
 * @title ERC20 接口
 * @dev ERC20 标准相关:
```

```
 *   https://github.com/ethereum/EIPs/issues/20
 *   https://github.com/ethereum/EIPs/blob/master/EIPS/eip-20.md
 */
interface IERC20 {
  /// 查看代币总量接口
  function totalSupply() external view returns (uint256);
  /// 查看指定账户余额接口
  function balanceOf(address who) external view returns (uint256);
  /// 查看指定账户 spender 还可以使用 owner 账户的 Token 数量接口
  function allowance(address owner, address spender)
    external view returns (uint256);
  /// 转移 Token 的接口
  function transfer(address to, uint256 value) external returns (bool);
  /// 授权 spender 账户可以花费 value 数量的 Token 接口
  function approve(address spender, uint256 value)
    external returns (bool);
  /// 使用授权账户的 Token 接口
  function transferFrom(address from, address to, uint256 value)
    external returns (bool);
  /// 转移 Token 之后触发的事件
  event Transfer(
    address indexed from,
    address indexed to,
    uint256 value
  );
  /// 授权之后触发的事件
  event Approval(
    address indexed owner,
    address indexed spender,
    uint256 value
  );
}
```

以上代码所述是 ERC20 标准的接口,我们引入这个文件之后,直接继承 IERC20 接口合约即可。ERC20.sol 文件的内容如下:

```
pragma solidity ^0.4.24;
import "./IERC20.sol";
import "./SafeMath.sol";
/**
 * @title ERC20
 * @dev ERC20 标准接口,基本实现与简单扩展,扩展了挖矿和销毁 Token 的函数
 */
contract ERC20 is IERC20 {
  using SafeMath for uint256;
  /// 用于 Token 的账户地址与拥有的 Token 数量的映射
  mapping (address => uint256) private _balances;
  /// key 是授权地址,value 是被授权地址与被授权数量的映射
  mapping (address => mapping (address => uint256)) private _allowed;
  uint256 private _totalSupply;
  /**
   * @dev 获取 Token 的总的数量
   */
  function totalSupply() public view returns (uint256) {
```

```solidity
    return _totalSupply;
}
/**
 * @dev 获取指定地址的余额
 * @param owner 要查询余额的地址
 * @return 指定地址拥有的 Token 余额
 */
function balanceOf(address owner) public view returns (uint256) {
    return _balances[owner];
}
/**
 * @dev 检查指定的地址 owner 还允许 spender 使用的 Token 数量
 * @param owner token 的拥有者地址
 * @param spender 被授权使用者地址
 * @return spender 还可以使用 owner 账户的 Token 数量
 */
function allowance(
    address owner,
    address spender
)
    public
    view
    returns (uint256)
{
    return _allowed[owner][spender];
}
/**
 * @dev 发送合约到指定地址
 * @param to 接收 Token 的地址
 * @param value 转移 Token 的数量
 */
function transfer(address to, uint256 value) public returns (bool) {
    require(value <= _balances[msg.sender]);
                                        //转移数量必须小于等于被转移账户的余额
    require(to != address(0));          //接收地址必须存在
    _balances[msg.sender] = _balances[msg.sender].sub(value);
                                        //更新被转移账户的余额
    _balances[to] = _balances[to].add(value);    //更新接收账户余额
    emit Transfer(msg.sender, to, value);
    return true;
}
/**
 * @dev 授权给指定地址，指定数量的 Token 使用权限
 * @param spender 被授权地址
 * @param value 授权 token 数量
 */
function approve(address spender, uint256 value) public returns (bool)
{
    require(spender != address(0));              //被授权地址必须存在
    _allowed[msg.sender][spender] = value;       //授权账户指定数量使用权限
    emit Approval(msg.sender, spender, value);
    return true;
```

```solidity
}
/**
 * @dev 从指定地址 from 转移指定数量 value 的 Token 到地址 to
 * @param from 授权账户，也就是时间被转移 Token 的账户
 * @param to 接收 Token 的账户
 * @param value 转移 Token 的数量
 */
function transferFrom(
  address from,
  address to,
  uint256 value
)
  public
  returns (bool)
{
  require(value <= _balances[from]);//转移数量必须小于等于被转移账户的余额
  require(value <= _allowed[from][msg.sender]); //转移数量必须小于被授权的数量
  require(to != address(0));                    //接收账户必须存在
  _balances[from] = _balances[from].sub(value);  //更新授权账户余额
  _balances[to] = _balances[to].add(value);      //更新接收账户余额
  _allowed[from][msg.sender] = _allowed[from][msg.sender].sub(value);
                                                 //减少账户被授权的数量
  emit Transfer(from, to, value);
  return true;
}
/**
 * @dev 增加指定地址 spender 授权使用 Token 的数量，如果已经已经有了，使用 approve
 必须先检查
 * @param spender 被授权地址
 * @param addedValue 添加授权的 Token 的数量
 */
function increaseAllowance(
  address spender,
  uint256 addedValue
)
  public
  returns (bool)
{
  require(spender != address(0));                //账户必须存在
  _allowed[msg.sender][spender] = (
    _allowed[msg.sender][spender].add(addedValue));
                                                 //给 spender 添加授权的数量
  emit Approval(msg.sender, spender, _allowed[msg.sender][spender]);
  return true;
}
/**
 * @dev 减少指定账户地址授权 Token 的数量
 * @param spender 要减少授权的地址
 * @param subtractedValue 要减少授权的 Token 数量
 */
function decreaseAllowance(
  address spender,
```

```solidity
    uint256 subtractedValue
)
    public
    returns (bool)
{
    require(spender != address(0));                          //账户必须存在
    _allowed[msg.sender][spender] = (
      _allowed[msg.sender][spender].sub(subtractedValue));
                                        //减去被授权的数量，如不够自动回滚
    emit Approval(msg.sender, spender, _allowed[msg.sender][spender]);
    return true;
}
/**
 * @dev 挖矿，给指定账户添加指定的 Token，总量也会添加
 * @param account 要添加 Token 的地址
 * @param amount 要添加 Token 的数量
 */
function _mint(address account, uint256 amount) internal {
    require(account != 0);                                   //账户必须存在
    _totalSupply = _totalSupply.add(amount);//Token 总量添加挖出的代币数量
    _balances[account] = _balances[account].add(amount);
                                        //账户余额添加挖出的代币数量
    emit Transfer(address(0), account, amount);
}
/**
 * @dev 销毁指定账户的 Token 数量，总量也要减少
 * @param account 要销毁 Token 的账户
 * @param amount 要销毁 Token 的数量
 */
function _burn(address account, uint256 amount) internal {
    require(account != 0);                                   //账户必须存在
    require(amount <= _balances[account]);
                                //销毁数量必须小于账户拥有的 Token 数量
    _totalSupply = _totalSupply.sub(amount);
                                //Token 的总量中减去销毁的 Token 数量
    _balances[account] = _balances[account].sub(amount);//更新账户拥有的余额
    emit Transfer(account, address(0), amount);
}
/**
 * @dev 从调用者被 account 账户授权部分中销毁 amount 数量的 Token
 * @param account 授权账户地址，也就是实际销毁 Token 地址
 * @param amount 要销毁的数量
 */
function _burnFrom(address account, uint256 amount) internal {
    require(amount <= _allowed[account][msg.sender]);
                                        //销毁数量必须小于被授权的数量
    _allowed[account][msg.sender] = _allowed[account][msg.sender].sub(
      amount);
    _burn(account, amount);              //调用内容的销毁 Token 方法
  }
}
```

以上代码所述的 ERC20 合约中除了实现了 IERC20 接口合约中的转移 Token、授权其他账户使用 Token、从其他账户转移 Token 之外，还增加了 increaseAllowance 用于增加授权 Token 的数量；decreaseAllowance 用于减少授权代币的数量；_mint 用于增加指定账户的 Token 数量，并且增加总的数量；_burn 用于销毁指定账户的 Token 数量，并且减少总的 token 的数量；_burnFrom 是由被授权账户发起的销毁 Token 的操作，最终执行的还是 _burn 函数。

SafeERC20.sol 的内容如下：

```solidity
pragma solidity ^0.4.24;
import "./ERC20.sol";
import "./IERC20.sol";
/**
 * @title SafeERC20
 * @dev ERC20 操作包装合约，当操作失败的时候自动回滚
 * 使用方式 可以在合约中通过`using SafeERC20 for ERC20;`方式引入
 */
library SafeERC20 {
  function safeTransfer(
    IERC20 token,
    address to,
    uint256 value
  )
    internal
  {
    require(token.transfer(to, value));//通过实现 IERC20 接口执行代币转移操作
  }
  function safeTransferFrom(
    IERC20 token,
    address from,
    address to,
    uint256 value
  )
    internal
  {
    require(token.transferFrom(from, to, value));
                                    //通过实现 IERC20 接口执行代理代币转移操作
  }
  function safeApprove(
    IERC20 token,
    address spender,
    uint256 value
  )
    internal
  {
    require(token.approve(spender, value));
                                    //通过实现 IERC20 接口执行代币授权操作
  }
}
```

以上所述代码中的 SafeERC 合约是一个库合约，最终调用的还是实现了 IERC20 接口合约的合约，但执行是放在 require 函数中，如果执行错误，就会自动回滚。SafeMath.sol

合约内容如下：

```solidity
pragma solidity ^0.4.24;
/**
 * @title SafeMath
 * @dev 基本算术运算时执行安全检查，当出现错误的时候执行回滚
 */
library SafeMath {
  /**
   * @dev 两个 uint256 数相乘，溢出的时候回滚
   */
  function mul(uint256 a, uint256 b) internal pure returns (uint256) {
    if (a == 0) {
      return 0;
    }
    uint256 c = a * b;
    require(c / a == b);
    return c;
  }
  /**
   * @dev 两个 uint256 类型数相除，除数为 0 的时候回滚
   */
  function div(uint256 a, uint256 b) internal pure returns (uint256) {
    require(b > 0);
    uint256 c = a / b;
    return c;
  }
  /**
   * @dev 两个 uint256 数相减，溢出时回滚，例如，减数大于被减数的时候
   */
  function sub(uint256 a, uint256 b) internal pure returns (uint256) {
    require(b <= a);
    uint256 c = a - b;
    return c;
  }
  /**
   * @dev 两个 uint256 数相加，溢出回滚，例如，超出 uint256 上界
   */
  function add(uint256 a, uint256 b) internal pure returns (uint256) {
    uint256 c = a + b;
    require(c >= a);
    return c;
  }
  /**
   * @dev 求余 mod 0 的时候回滚
   */
  function mod(uint256 a, uint256 b) internal pure returns (uint256) {
    require(b != 0);
    return a % b;
  }
}
```

对于 SafeMath，我们已经比较熟悉了，在其他的开源智能合约中会经常看到 SafeMath，SafeMath 非常实用，可以帮我们避免一些不容易察觉的溢出错误。例如，两个 uint256 类

型的数相加的结果超出了 uint256 的范围，但是这个错误没有被暴露出来，例如：

```solidity
pragma solidity ^0.5.0;
/**
 * @title UnSecureAdd
 * @dev 加法溢出测试
 */
contract UnSecureAdd {
  function add() public pure returns(uint256){
      /// uint256 的最大值
      uint256 a = 115792089237316195423570985008687907853269984665640564039457584007913129639935;
      uint256 b = 1;
      return a + b;//溢出
  }
}
```

这是一个简单的加法溢出的测试例子，编译合约，执行 add 函数时不会出现任何错误，但是得到的执行结果是 0，这样的结果显然是不能接受的，所以合约中最好使用 SafeMath 库合约来执行基本的运算。

如图 17.15 所示为添加完第三方库合约之后的项目结构，现在基本的辅助智能合约都有了，接下来实现我们自己的 Token 合约的逻辑。

图 17.15 当前项目结构

17.5.3 代币合约的逻辑实现

在上节中添加了一个 ERC20 标准实现合约 ERC20，本节根据我们自己的业务逻辑做些修改。

假设我们的业务逻辑是按不同的阶段将 Token 售卖不同的价格,例如第 1 个阶段 1 ether 可以购买 8000 个 Token,第 2 阶段 1 ether 可以购买 4000 个 Token,第 3 阶段 1 ether 可以购买 2000 个 Token,第 4 阶段 1 ether 可以购买 1000 个 Token,怎样实现呢?

为了方便,直接创建一个新的文件 TierToken.sol,创建一个 TierToken 的智能合约,让 TierToken 继承 ERC20 合约,这样在 TierToken 中就可以使用 ERC20 中已经实现的 ERC20 标准的方法了。

不过首先需要对 ERC20 合约做一些简单的修改,这是因为 ERC20 中关于 Token 总量、余额、授权信息的状态变量都是私有的,为了改动尽量小一些,我们给 ERC20 合约添加一个构造函数即可,具体如下:

```
constructor(uint256 totalSupply) public payable{
    _totalSupply = totalSupply;        //设置 Token 总量
    _balances[msg.sender] = totalSupply;
                                       //将 Token 全部放在创建 Token 合约的账户
    _allowed[msg.sender][msg.sender] = totalSupply;
                                       //自己给自己授权,方便在继承合约中使用
}
```

上面所述代码是我们在 ERC20 合约中添加的构造函数,接受一个 totalSupply 的参数用来初始化 Token 的总量等,这样就可以在子合约中设置 Token 的总量了。

下面来看一下 TierToken.sol 的内容:

```
pragma solidity ^0.4.24;
import "./ERC20.sol";
import "./SafeERC20.sol";
/**
 * @title TierToken
 * @dev 分阶段 Token 合约
 */
contract TierToken is ERC20 {
  using SafeERC20 for TierToken;
  struct Tier {
     uint256 tier;                   //阶段
     uint256 rate;                   //兑换率
     uint256 bound;                  //阶段上限,超过这个 bound 就是另一个 tier(阶段)
  }
  /// Token 的名字
  string public name = "TierToken";
  /// Token 的符号
  string public symbol = "TTK";
  /// 小数的位数
  uint256 public decimals = 18;
  /// Token 总量是 1e8,也就是 1 亿个,乘以 10 ** decimals 是因为合约中的 Token 被放大了
  uint256 public totalSupply = 1e8 * (10 ** decimals);
  /// 是否暂停
  bool public paused = false;
```

```solidity
    /// 开始时间
    uint256 public startTime = now;
    /// 结束时间
    uint256 public endTime = now + 30 days;
    /// 每个阶段的信息映射
    mapping (uint256 => Tier) tiers;
    /// 第 4 阶段 ether 兑换 TierToken 的汇率
    uint256 public constant rateFour = 1000;
    /// 第 3 阶段汇率是第 4 阶段的 2 倍
    uint256 public constant rateThree = rateFour * 2;
    /// 第 2 阶段汇率是第 3 阶段的 2 倍
    uint256 public constant rateTwo = rateThree * 2;
    /// 第 1 阶段汇率是第 2 阶段的 2 倍
    uint256 public constant rateOne = rateTwo * 2;
    /// 创建合约的账户, 也就是 Token 合约的拥有者
    address public owner;
    /// 已经卖出的 Token 数量
    uint256 public tokensRaised;
    /// 已经筹到的以太币数量, 单位 wei
    uint256 public etherRaised;
    /// 构造函数, 调用父类构造初始化总的 Token 数量
    constructor() ERC20(totalSupply) public payable{
      owner = msg.sender;
      tiers[1] = Tier(1,rateOne,totalSupply * 10 / 100);//前 10%为第 1 阶段
      tiers[2] = Tier(2,rateTwo,totalSupply * 20 / 100);//10%~20%为第 2 阶段
      tiers[3] = Tier(3,rateThree,totalSupply * 30 / 100);//20%~30%为第 3 阶段
      tiers[4] = Tier(4,rateFour,totalSupply);              //余下的为第 4 阶段
    }
    /**
     * @dev 修改器, 检查是否暂停
     */
    modifier onlyNotPaused {
        require(!paused);
        _;
    }
    /**
     * @dev 修改器, 检查是否为合约的拥有者
     */
    modifier onlyOwner {
        require(msg.sender == owner);
        _;
    }
    /**
     * @dev 修改器, 检查是否在开始和结束时间之内
     */
    modifier onlyOnSalingTime() {
        require (now >= startTime && now <= endTime);
        _;
    }

    /**
     * @dev 回退函数, 没有找到函数默认调用 buy
```

```solidity
     */
    function () public payable {
        buy();
    }

    /**
     * @dev 购买代币函数
     */
    function buy() public payable onlyNotPaused onlyOnSalingTime{
        uint256 tokensCanBuy;
        uint256 amount = msg.value;
        uint256 tier = _getThisTier();
        Tier storage thisTier = tiers[tier];
        tokensCanBuy = _calculateTokenCanBuySpecificTier(amount,tier);
//如果可以购买的数量加已经购买的数量超过了这个阶段的数量，就调用跨阶段函数来处理
        if(tokensRaised + tokensCanBuy > thisTier.bound) {
            tokensCanBuy = _calculateTwoTierTokenCanBuy(amount,tier);
        }else{
            etherRaised.add(amount);                //更新已经筹集的 ether
            tokensRaised.add(tokensCanBuy);         //更新已经卖出的 Token 数量
        }

        // 转移 Token 到购买 Token 的账户
        this.safeTransferFrom(owner,msg.sender, tokensCanBuy);
    }

    /**
     * @dev 获取当前处于哪一个阶段
     */
    function _getThisTier() internal view returns(uint256)  {
        if(tokensRaised < tiers[1].bound){
          return 1;
        }else if(tokensRaised < tiers[2].bound){
          return 2;
        }else if(tokensRaised < tiers[3].bound){
          return 3;
        }else{
          return 4;
        }
    }

    /**
     * @dev 计算跨阶段的情况，只允许跨一个阶段，如果超出，只购买本阶段可以购买的数量，
     * 多余的以太币退回
     * @param amount 购买 Token 的 ether
     * @param tier 要计算的阶段
     * @return 实际购买的 Token 数量
     */
    function _calculateTwoTierTokenCanBuy(uint256 amount,uint256 tier)
      internal returns(uint256 totalTokenCanBuy) {
        require(amount > 0 && tier >= 1 && tier < 4);
        Tier storage thisTier = tiers[tier];
        uint256 thisTierCanBuy = thisTier.bound.sub(tokensRaised);
```

```solidity
                            //这个 tier 可以购买的 Token 数量
    uint256 weiThisTier = thisTierCanBuy.div(thisTier.rate);
                            //这个 tier 购买 Token 使用的 wei
    uint256 weiNextTier = amount.sub(weiThisTier);
                            //下一个 tier 可以使用的 wei
    uint256 next = tier.add(1);
    Tier storage nextTier = tiers[next];
    /// 计算剩余的 wei 可以购买多少 Token
    uint256 nextTierCanBuy = _calculateTokenCanBuySpecificTier(weiNext
    Tier, next);
    if(nextTierCanBuy > nextTier.bound){
                    //如果超出下一阶段限制,就只购买这个阶段的,超出的退款
      msg.sender.transfer(weiNextTier);    //退回多余的 ether
      totalTokenCanBuy = thisTierCanBuy;    //实际可以购买的 Token 数量
      etherRaised.add(weiThisTier);         //更新已经筹集的 ether
    } else {
      totalTokenCanBuy = thisTierCanBuy.add(nextTierCanBuy);
                    //实际可以购买的 Token 数量
      etherRaised.add(amount);              //更新已经筹集的 ether
    }
    tokensRaised.add(totalTokenCanBuy);     //更新已经卖出的 Token 数量
}
/**
 * @dev 计算使用指定金额在指定阶段可以购买 Token 的数量,假设只购买这个阶段
 * @param amount 购买的金额
 * @param tier 指定的阶段
 * @return 可以购买的 Token
 */
function _calculateTokenCanBuySpecificTier(uint256 amount, uint256 tier)
    internal constant returns(uint256 tokenCanBuy){
    require(amount > 0);
    require(tier >= 1 && tier <= 4);
    tokenCanBuy = amount * (10 ** decimals) / 1 ether * tiers[tier].rate;
}
/**
 * @dev 结束之后,合约拥有者可以提取以太币
 */
function extractEther() public onlyOwner {
    require (now > endTime);
    owner.transfer(address(this).balance);
}
}
```

以上所述代码是 TierToken 的内容,含义基本在代币中说明得非常详细了,下面强调几个需要注意的地方。首先,我们看到设置总量的代码:

```
uint256 public totalSupply = 1e8 * (10 ** decimals);
```

我们知道 decimals 用来设置小数位数,但是 Solidity 现在还不支持小数,怎么处理呢?就是在 Token 合约中放大 10 的 decimals 次方倍,这样就没有小数了。麻烦的是,有时候需要转换一下,但很多工具自动完成了这一步。在使用 Web3.js 调用 ERC20 相关的接口的时候记得一定要先转换一下,转换过程比较简单,就是 value * (10 ** decimals),其中**

表示次方。另外，我们可以看到合约构造函数：

```
constructor() ERC20(totalSupply) public payable
```

这里是向父合约传递构造参数，当然也可以在定义的时候就传递：

```
TierToken is ERC20(10000000)
```

因为定义的时候必须指定值，而不能使用变量的方式，参数不能共用，所以这里选择了前一种方式。最后一个比较难理解的就是：

```
this.safeTransferFrom(owner,msg.sender, tokensCanBuy);
```

这里的 this 指的就是 TierToken 的实例，也是一个地址，因为我们在前面定义了：

```
using SafeERC20 for TierToken;
```

所以，this.safeTransferFrom(owner,msg.sender, tokensCanBuy);就相当于把自己作为 SafeERC20 的 safeTransferFrom 方法的第一个参数来调用该方法。

TierToken 基本上就是目前以太坊上 ERC20 标准的基本用法，根据自己的实际需求也会有一些其他特性，如质押、按时间分阶段（TierToken 是按数量分阶段）等。

还有一种形式是 Token 的出售逻辑写在单独的合约中，然后在这个合约中创建 Token 合约，这种形式有一个问题，就是代币转移的逻辑也需要出售逻辑的合约来代理。如果 Token 合约是单独部署的，那么只要代币合约没有被销毁，持有 Token 的账户就可以相互转移，而通过合约创建 Token 合约则不可以。感兴趣的读者可以自己动手试一试。

17.5.4 代币合约的部署

本节简单地介绍一下代币合约的部署，我们使用的是 Truffle，如果是本地部署，添加一个部署脚本在 migrations 目录下就可以了。下面按顺序添加一个 2_initial_migration.js 文件，文件的内容如下：

```
var TierToken = artifacts.require("./TierToken.sol");
module.exports = function(deployer) {
  deployer.deploy(TierToken);
};
```

然后启动一个本地的以太坊客户端，例如 ganache-cli，再配置 truffle-config.js 配置文件，这个操作前面都已介绍，这里简单地修改 networks 就可以了。

接下来就可以使用下面的命令部署了：

```
truffle migration
```

这里没有写测试脚本，可以通过 truffle console 来和合约交互，也可以使用 MetaMask 插件，使用浏览器打开一个新的页面，切换到开发者模式，可以看到 MetaMask 注入的 Web3 对象，当然，还需要先配置 MetaMask 连接，让 MetaMask 连接到本地的以太坊客户端。

对于 web3.js 的 0.2.x 的版本，可以使用类似于下面的脚本：

```
var contract = web3.eth.contract(abi).at('0x2a55c78f2762953654984bbc8
```

```
dfaf0c682c82ad5')
contract.buy({value: 1000000000000000000, gas: 200000, gasPrice: web3.
toWei(3, 'gwei')}, function(err, res){if(err){console.log(err)}else{console.
log(res)}})
```

合约 ABI 可以在部署合约后的 build 目录对应合约的 json 文件中找到。at 是合约的地址，合约的地址可以在部署完成时在执行命令的终端输出中找到。上面所述的代码中是执行 buy 函数，其他的函数都与之类似。

上面的方式稍微麻烦了一点，我们还可以使用 Remix 这个"神器"。通过 Remix 文件功能打开需要的合约文件，然后选择环境，执行编译部署就可以了。编译部署之后可以找到对应的方法，然后直接通过 Remix 与合约交互即可。

如图 17.16 所示，标注①是打开文件的地方，可以同时打开多个文件，直接选中项目的 contracts 目录下所有需要打开的文件即可。

图 17.16　Remix 部署合约

标注②是选择环境，主要有 JavaScript VM 和 Injected Web3。标准③是配置 MetaMask，如果选择的是 Injected Web3，一定要配置 MetaMask，这样才会注入 Web3 对象。

通过标注④上方的选择框选择要部署的合约，然后单击 Deploy 按钮即可，部署成功之后会看到标注⑤的区域就是部署合约中的接口，通过这个接口，可以和智能合约交互，非常方便，不需要我们自己写 JavaScript 代码。

可以配置 MetaMask 连接，然后将 MetaMask 连接到 Ropsten，这样就可以将合约部署到 Ropsten 测试网络，MetaMask 连接到 Main，就会将智能合约部署到主网上。

一般 Token 合约部署到主网的时候都会将合约复制到一个文件中，这样方便在 Etherscan 上进行 Token 合约源码验证，如果读者想要学习更多 Token 合约的技巧，通过 Etherscan 查看以太坊上已经有的经过源码验证的智能合约也是一个非常不错的选择。